絕對經典 CLASSIC

蜜蜂的寓言

The fable of the Bees

私人的惡德，公眾的利益

Bernard Mandeville
伯納德・曼德維爾 /著
劉霈 /譯

揭開人性的現實與本質
西方思想史上的一部奇書

經濟學大師海耶克、米塞斯、熊彼得，推崇為「年輕人必備書目」！

「曼德維爾悖論」：從道德角度講，奢侈、虛榮、自利等惡德應該受到譴責，但是從經濟角度來看，上述惡德更有助於促進商業繁榮，增加經濟繁榮的是消費而不是儲蓄。

序言

　　對於市民社會的政治團體而言，法律與政府就如同靈魂對於生命本身一樣。我們透過解剖屍體進行研究發現：真正讓人體這部機器得以運轉的核心在於那些不足掛齒的薄膜與導管，而非表面上看起來的那些堅硬的骨骼、強壯的肌肉及神經，抑或它們表面上那些優雅、細膩白皙的皮膚，這些薄膜與導管是如此普通，以致人們長期忽視了它們的存在，認為它們可有可無。把人的天性從藝術與教育中剝離出來進行研究時，情況也是這樣。這種研究會告訴我們：人之所以被稱為社會性動物，其原因並不是人具有團結合作、善良天性、憐憫及友善等最高尚、最優秀的品德，也不是人追求造就賞心悅目外表的其他優點；恰恰相反，最不可或缺的造詣其實存在於人的那些最低賤、最可恥的品德之中，是它們使人在最龐大（參照世人的標準考量）、最幸福與最繁榮的社會中世代繁衍，生生不息。

　　我所要表達的思想都涵蓋在下面這則寓言裡了。在八年前，它剛剛問世時還只是一本價值六便士的小冊子，題目是《抱怨的蜂巢或騙子變作老實人》[1]。沒想到這本小冊子出版後盜版接踵而至，很快就成為被印在僅值半個便士的紙張上的廉價品，賣遍街頭巷尾。小冊子的第一版問世之後，我就碰到了一些人，他們既不是有意，也不是愚昧，卻誤讀了它的意圖（假如說它能有什麼意圖的話），認為它旨在嘲諷美德與道德，全篇皆是吹捧惡德之詞。這種誤讀使我下定決心：無論這本書何時再版，我都要盡我所能讓讀者瞭解我寫這首詩的真正意圖。我還打算在詩歌的名義下去藉

機吹捧這幾行鬆散文字，這不是為了讓讀者多讀到一首韻律齊全的詩，所以，給它們取名，著實讓我大費腦筋，因為它們無法歸於史詩、田園詩的一種；也無法歸於諷刺詩、滑稽詩或英雄喜劇詩任意一種。它們缺少作為故事所需的現實可能性；也因過長而無法看作寓言。對此，我只能說：它們是一個用打油詩形式敘述的故事，其中沒有半點賣弄聰明的意思。我已盡我所能把它敘述得通俗易懂：無論它在讀者眼中是什麼，我都不反對。傳聞，蒙田對論述人類的缺點了然於胸，卻對人類種種最好的天性渾然不知；只要人們對我的評價比對他稍微好點，那我就心滿意足了。

　　寓言中蜂巢所指代的，無論大家認為是這個世界上的哪個國家，對這個國家的法律和體制的形容，對其居民的榮譽、財富、權力及勤勉的形容，都印證了一點：這個國家一定疆域遼闊、物產富饒而又好戰，他們的人民在一種有限度的君主政體統治下幸福地生活著。因此，這個寓言的諷寓將包含下面將提及的幾種專業及職業，並且各個等級和各種身份的人幾乎都被囊括其中，這絕不是為了去傷害、去針對特定的某些人，只不過是要藉此表明：各種卑劣的成分混合在一起，便會建構成一個健康的存在，也就是形成一個井井有條的社會。

　　我們不得不佩服政治智慧的驚人力量，這種力量的源泉是一種幫助，它來自一部美妙無比的機器，而正是那些最無足輕重的部件構成了這部機器。這是因為，這個寓言旨在（如同這個寓言的「寓意」一樣）表明：正所謂魚與熊掌不能兼得，想要既享受一個勤勉、富裕和強大的民族所具備的最安閒自在的全部生活，同時又要有一個黃金時代所能希望的一切美德與清白是不可能的。因此，我將揭穿一些人荒謬和愚蠢的嘴臉，他們夢想著成為有錢人，並且異常貪婪，把一切能夠攫取的收益都收入囊中，卻總是或小聲嘀咕，或高調地抱怨那些惡德及不便。要知道，從世界誕生之日起，那些惡德及不便就與一些王國及國家形影相隨，而那些王國及國家卻

同時是強大、富裕和文雅的代名詞。

我將分散部分闡釋以達目的，首先我會大致描述一些專業及職業經常導致的某些謬誤及腐敗。之後我再證明：充分利用每一個人內心潛伏的惡德，對於全體的偉大乃至世間的幸福都不無裨益。最後，我要講述普遍的誠實、美德及全民的節制、無邪和滿足的最終導向，並以此表明：假如人類真的能夠治癒其天性邪惡所造成的惡果，那麼，人類將與如此龐大、有效而文雅的社會說再見了，因為他們與繁榮起來的聯邦政體及君主政體的統治早已融為一體，不可分割。

如果你問我做這一切是為了什麼，有什麼好處？這些見解對大家有什麼用？事實上，除了能開拓讀者的思維之外，估計就沒有任何其他用處了。然而如果有人問我：從這些見解當中能順其自然地推論出什麼？我便會告訴他們：首先，人人都在不斷地熱衷於算計別人，而在讀到我這些見解之後，人們將學會反省並拷問自己的內心，他們將會為自己犯下的錯誤卻不知悔改而感到羞愧。其次，一些人熱衷於安逸和舒適的生活，他們將所有利益都收入囊中，而這些利益原本屬於一個偉大、繁榮的民族。這些人將學會對那些不便之處有更大的容忍之心，地球上所有的政府都對它們無可奈何，而這些人應當看到：要想享受安逸舒適就必須要面對那些不便之處，這是無法逃避的。

如果人們虛心接受對他們的片語忠告，想要變得比之前更好，我自忖，我所發表的這些見解，足以幫他們達到這一目的。可是，世事輪迴，時代變遷，人類卻止步不前，儘管這期間有不少鴻篇巨著得以問世，那些著作曾盡其所能幫人類變好。可能是我的虛榮心作怪，使我希望用這本不足掛齒的東西去獲取改善人類的更大成功。

懷著這小小的奇想可能產生的這點小小的優越，我想我有義務去證明：這本書沒有歧視任何人，因為一本書如果沒有意義，那至少不應帶來

任何負面影響。為了做到這一點，我用一些解釋性的評論加以補充，在那些看上去可能會產生歧義的段落裡，這樣的評論隨處可見。

素未謀面（抱怨的蜂巢）的挑剔者告訴我：只要我所說的與寓言有關（它們最多也就只有這本書的十分之一），那都只是為了介紹那些評論；我不僅沒法理清那些值得懷疑的或晦澀難懂的地方，反而從客觀上加深了人們對我的質疑；我不僅沒法把以前所犯錯誤的影響降到最小，反而錯上加錯。他們想以此證明：在閒扯那些無關緊要的事時，我比在寓言裡所做的對惡德的吹捧更加恬不知恥，爐火純青。

面對這些責難，我根本就無瑕顧及。對於那些心存偏見的人，所有的道歉或解釋都無濟於事。我知道有些人認為：惡德存在於世間每個角落，這種假設是有罪的；這些人將永遠參不透其中的奧祕。不過，如果對這個假設所能造成的一切冒犯加以深究的話，那錯誤的推導必然會得到錯誤的結論，而我不願這樣的錯誤發生在任何人身上。我說惡德與偉大而有效的社會須臾不離，我說那些社會的財富和莊嚴與惡德形影相隨，並不意味著這些社會裡有罪的那些成員可以逃脫應有的制裁，不用為他們的過錯付出應有的代價。

在倫敦，只有數目極少的人需要隨時步行，但我相信人們卻會希望倫敦的街道比通常標準更乾淨一些；他們只會關注與自己休戚相關的衣服和私人便利，對其他事情一概漠不關心。不過，一旦意識到是這個大城市熙攘熱鬧的交通和它的富裕使得他們如此氣憤，一旦開始關注這個大城市的福利，人們便不再關心這個大城市的街道是否需要清潔一下了。這是因為，我們若是想到：因循慣例的話，數以萬計的商業和手工業消耗著這一切材料，我們若想到這個城市每天消費數量驚人的食物、飲料和燃料的同時，也會產生垃圾和廢物，想到無數馬匹及其他牲畜總是在街道上逡巡遊蕩，想到這些街道被來來往往的運貨馬車、四輪馬車及更為沉重的客運馬

車磨損得千瘡百孔，最重要的是想到熙來攘往的人群把這些街道的邊邊角角都糟蹋得面目全非⋯⋯如果我們想到這一切，便會發現：汙物時時刻刻都在出現。試想那些大街離河邊如此之遠，那些汙物一旦產生就要清除的話，代價是多麼昂貴，又是多麼耗費腦筋，因此，想讓倫敦變得更清潔，勢必要以犧牲它的部分繁榮作為代價。現在我要問：如果一位良好公民考慮到上述這一切，他是否會認為對於倫敦的幸福生活而言，髒亂的街道是它密不可分的一種副產品呢？那些街道並不妨礙清潔鞋子及清掃街道，因為擦鞋者和清道夫對這項工作沒有絲毫成見。

但是，倘若不考慮這個城市的價值取向而問我：哪裡才是最適合散步的地方？那麼，毫無疑問，相比於邋遢骯髒的倫敦街道，那沁人心脾的花園，抑或鄉村裡草木青蔥的小樹林才是最理想的所在。同理，倘若不考慮世間一切虛無縹緲而又讓人豔羨的繁華而問我：人在哪裡才最有可能獲得真正的幸福？我便會認為和平的小型社會再合適不過了。那裡的人們既不會相互妒忌，也不會相互諂媚，他們自給自足，怡然自得，兵強馬壯，富甲一方。而正是憑藉這樣的財富和實力，他們能夠對外出兵去侵略其他民族，因而把他們本國的快樂建立在別國的痛苦之上。

本書第一版中我想要對讀者表達的，就是上述內容。在本書第二版的前言裡，我沒做任何刪減改動。但是，反對這本書的浪潮自那時已然形成，這全都在我對那些好心人的正義、智慧、慈善及公平品德的預料之中。我對他們不抱任何希望。這本書曾被大陪審團提起公訴[2]，並且遭到數千人的口水圍攻，而實際上他們並不知道這本書究竟寫的是什麼。他們在倫敦市長面前痛陳這本書的罪惡。一位牧師每天都在對它進行洗禮，此人登廣告詆毀我，並揚言將在兩個月，或至多五個月後反駁我這本書[3]。我在本書的結尾，迫不得已為自己做了聲明。那個大陪審團的裁定及一封寫給尊敬的C爵士[4]的信也包含其中。此信不但言辭縝密，而且雄辯、舌燦蓮

花。作者表現出詬罵的天賦，表現出一種偉大的睿智，即洞察秋毫、明辨是非。作者激烈反對邪惡的書籍，矛頭直指《蜜蜂的寓言》，並對其作者怒目相向。此人指出該書作者的滔天大罪足有四項之多，說此類作者目前岌岌可危，而上帝將會懲罰整個國家。因此，他憂心忡忡，提醒眾人對這個作者要多加小心。

　　鑑於此信的長度，鑑於它並不僅針對我一個人，我本想先摘錄下其中與我有關的部分，但是，經過仔細研究，我發現想要把那些與我無關的部分剔除是如此的困難，因此，我只好勞駕讀者耐著性子讀完了。我也希望，儘管該信冗長之至，其浮誇之辭仍能使曾經品讀過它所批評的那篇論文的讀者讀得饒有興致。

【注釋】

　　1. 作者在1714年寫的那本小冊子。——譯者注

　　2. 此事發生在1723年。1728年11月28日，米德爾塞克斯的大陪審團再次認定這本書是「恥辱的、不光彩的作品」，並准許將原書及1723年該陪審團的裁定一同發表。——譯者注

　　3. 在1723年8月12日，《真正不列顛人報》刊發了一則新書廣告，說那本新書在為慈善學派辯護時，將不遺餘力地反駁曼德維爾等人的許多「不正確的、卑劣的、狠毒的」觀點。該報於8月16日、26日和9月2日多次刊登這則廣告。但廣告中的新書1724年8月才得以面世。因此，曼德維爾在此所說的5個月並沒有誇張之語。——譯者注

　　4.「尊敬的C爵士」可能是漢諾威的卡特萊特男爵。——譯者注

目錄
CONTENTS

序言

第一部分：詩歌

抱怨的蜂巢，或騙子成為老實人　　/12

寓意　　/31

第二部分：評論

美德的源起　　/34

評論　　/45

第三部分：關於社會本質的探究

第四部分：對話

1. 荷瑞修、里歐・門尼斯與維耶爾薇婭的對話　　/232

2. 荷瑞修與里歐・門尼斯的對話　　/261

3. 荷瑞修與里歐・門尼斯的對話　　/ 296

4. 荷瑞修與里歐・門尼斯的對話　　/ 337

5. 荷瑞修與里歐・門尼斯的對話　　/ 376

6. 荷瑞修與里歐・門尼斯的對話　　/ 436

第一部分

詩歌

抱怨的蜂巢，或騙子成為老實人

寬闊的蜂巢聚居著許多蜜蜂，
小傢伙們的生活真可謂是奢靡鋪張；
這蜂國因法律和軍隊聞名遐邇，
它培養了龐大而又辛勤的蜂群；
這蜜蜂的王國絕對可以稱之為
一方科學與勤勉的肥沃熱土。
這群蜂有著舉世無雙的政府，
簡直無可挑剔，對此非常知足；
他們無須忍受殘暴君主的奴役，
也不用做狂熱民主制的試驗品；
有一點卻毫無異議：他們有國王，
然而法律的權威卻在國王之上。

這些昆蟲生活在這年復一年，
恰如人類世界的翻版一般；
城市人會做的事他們無一不會，
長劍及法衣的工作也悉數精通；
他們用細胳膊細腿完成各種工作，
精細而複雜，肉眼難以分辨；
儘管我們不知道引擎和勞工在哪，

更別說船隻、城堡、軍隊和技工
及那工藝、科學、商店、工具，
然而蜂國卻有其相應的替代品；
我們不知道蜜蜂所言意為何物，
然而每個名詞必定都有所指代。
有一點可以確認：除了其他事物，
錢也是必需品，他們仍有國王；
他們也有衛兵；因此我們能夠
恰當地推論：他們也欣賞戲劇；
如果軍團的士兵不去每日巡行，
他們的存在又所為何來。

大量蜜蜂來到繁榮的蜂巢，
那眾多的蜜蜂使他們人丁興旺；
成千上萬的蜜蜂竭盡全力，
滿足著彼此的巨大胃口；
而雇來的另外數百萬蜜蜂，
則見證自己的手工被糟蹋；
他們佔據了蜂國的半邊天，
與工蜂相比工作卻要更多。
有些天生資本富足，沒有困擾，
集中精力忙於生意，收穫頗豐；
有些則命定每日使用斧頭和鐵鏟，
做著所有最辛苦沉重的工作；
那不幸者，甘心天天揮汗如雨，

待到耗盡力氣、疲憊不堪才有飯吃；

另一些則做著些神祕技藝，[A][1]

將為數甚少的蜜蜂收為徒弟；

他不求股本，只對黃銅感興趣，

即使一文不名，也能發家致富；

他們是騙子、寄生蟲、皮條客和唱戲的，

是小偷、造假幣的、街角醫生和卜卦者。

對於辛勤的勞作，他們統統

不懷好意，因此紛紛費盡腦筋，

將誠實又粗心的鄰居的勞動成果，

無一例外全都收入自己囊中。

把這類人叫作騙子，他們並不認同，[B]

嚴肅勤勉者也可能徒有虛名：

所有地方所有行業都有欺騙，

任何一種行業裡謊言都存在。

律師，這個行業最大的訣竅，

是把辦案所得瓜分完畢，狂斂錢財，

與所有登記抗衡，而這些偽君子

會為抵押的財產而喪盡天良；

他們如同不法者，儘管不是被告，

然而他們瞭解自己的所作所為。

他們一直存心延遲出席聽證，

卻掐指計算聘人收取的費用；

為了給一樁邪惡的案件申辯，

他們就翻遍所有的法律法典。
就像竊賊在商店和客棧的舉動，
找尋著乘虛而入的一點可能。

醫生們對自己的財富及名聲
比垂危患者的健康還要珍視，
也重於其醫術：他們最費心鑽研的，
並非醫術的規則細文；
而是專注的外表和無用的舉止，
以此贏得藥劑師的交口稱讚；
以此贏得接生婆、神父和源於
所有為生與死服務者的齊聲稱讚。
以便與那些精於口角的人相融，
洗耳恭聽我太太的姑媽的指令；
用一成不變的笑容，問候日安，
去奉承家庭當中每一個成員；
並且，最該受譴責的事情是
忍受護士們的各種粗俗野蠻。

以服務主神為業的眾多神父，
他們的職責是贏得上界賜福，
其中少數人擁有口才和學識，
大部分卻全都是無知和粗魯；
然而全部考核通過，
並把其懶惰、驕淫、貪財和無禮悉數掩藏；

憑這些嗜好而出眾，

如同縫衣匠鍾愛白菜、水手嗜好白蘭地一樣。

有些神父相貌醜陋，衣著不堪，

常常鬼鬼祟祟地為麵包祈禱；

原想憑這個收穫豐厚的存貨，

但是他們並沒有因此而多得；

當這些神職苦役忍飢受凍時，

他們所服務的那幫懶散之人卻悠閒自得，

他們的臉上

正閃耀著健康富裕的灼灼光澤。

有些士兵必須要去征戰沙場，[C]

若僥倖生還，他們會滿載榮譽；

有一些儘管沒有以死亡收場，

然而卻肢體不全地倉皇逃竄；

一些英勇的將軍們浴血奮戰，

另一些卻貪戀錢財，放走對方；

有些向來都英勇地投入戰鬥，

這次沒了腿，下次又沒了胳膊；

直到沒有一絲能力，被棄置一旁，

只憑著他們一半的工資生存；

而另一些人卻沒有上過戰場，

待在家裡，還坐擁著雙份酬金。

國王們被服侍妥帖，卻最易受騙，

被那些內閣大臣騙得團團轉；

許多大臣為自己的福祉效勞，

死死地盯著他們的每枚錢幣；

儘管年金不多，生活卻驕奢而鋪張，

他們向來因為自己的坦誠揚揚得意。

他們每每揮霍自己的權力時，

就把狡猾騙術視為暫且為之；

百姓如果揭穿了這些嘴臉，

他們常常會用津貼進行交換；

但凡所有與獲取有關的事務，

他們就不想節約，也毫不知足；

這是由於任何一隻蜜蜂都想，[D]

（我不點明）得到更多的回報；

可這想法卻生怕讓別人知道，

他為此努力，如同你們賭徒，[E]

雖然機會都一樣，然而在輸家

贏過之前，贏家沒有贏的機會。

然而誰會總把他們稱作騙子？

他們把拋之於大街上的東西全都當成垃圾，

那些卻可滋養土地，

買主們會頻頻發現：

自己常常在與一大群一無是處的流氓

以及骯髒的地痞摻和在一起；

連枷²卻沒有可供抱怨的藉口，

他賣另一種鹽只為換取黃油。

正義女神[3]向來憑其公平無私出名，
她儘管目不能視，卻仍有感情；
她的左手，原本持著天秤以維護公平，
卻被黃金賄賂，頻頻扔掉天秤；
還有，雖然她表面上公正無私，
其懲罰其實只是因為一己之私，
審判謀殺及所有暴力犯罪之時，
卻假裝是透過正常的法律程式；
可有人儘管由於欺騙備受譏諷，
最後仍以失敗告終且處以絞刑；
有些人覺得：這位女神的利劍
只是用來懲治絕望者與貧窮漢；
那利劍只是因為逼不得已罷了，
高懸於那株惡名累累的病樹，
那些罪人真的不該受此責罰，
接受福澤的乃是尊崇的富人。

所以，所有部分儘管滿是邪惡，
但是，整個蜂國卻堪稱樂園；
蜂群喜歡和平，同時恐懼戰爭，
這蜂群被異邦群蜂尊崇備至，
一擲千金的生活也享之不盡，
無比受用與其他蜂巢的差額。

而這已成為這個蜂國的福澤，
其共有的罪惡讓其繁榮強大。
而美德則早就從政客們那裡[F]
學得了各種狡猾奸詐的計謀，
在政客們的高聲呼籲之下，
美德與惡德以朋友相稱，自此，
眾多蜜蜂中的那些最卑微的[G]
對公眾的共同福祉貢獻巨大。

這就是蜂國的計謀，所有的分支
都牢騷滿腹，其整體卻運轉良好：
這就好像是那音樂裡面的和聲，
總體和諧中也有一些不諧和音；
那截然相對的黨派互為助力，[H]
儘管表面上看好像勢不兩立；
而約束飲酒的規定更是會讓
眾蜂都爛醉如泥且暴殄天物。

貪婪，這個孕育邪惡的根源，[I]
這備受譴責、與生俱來的惡德，
乃是那些揮霍者的虔誠奴僕，
揮霍是一種崇高罪責；[K]而奢侈[L]
也掌控著千千萬萬窮苦大眾，
討厭的驕傲則掌控著更多人：[M]
都出於嫉妒心與虛榮心唆使[N]

都在鼓舞積極進取的傳道人；
他們那種天真的愚昧與無常
呈現在飲食、傢俱及服裝中，
那惡德儘管尤為荒誕滑稽，
卻是貿易車輪前進的動力。
他們的法律還有他們的服裝，
也全部都是一樣的變化莫測；
因為這一刻被視為正當行徑
半年過後就可能被當成犯罪；
而他們根據這個修改法律時，
還幻想尋找並改正某些過錯，
他們被頻頻犯下的過錯修正，
怎樣的精明都不能預知謬誤。

惡德就是如此培養機智精明，
它與時代及勤勉一同進步，
並且讓生活擁有了諸多便利，
它是確切的快樂、舒適與安然，[O]
其威力巨大，居然讓赤貧之眾[P]
過得比曾經的富人還要快樂，
因此他們已不存在太多奢求。

但凡眾生知道了福樂的範圍，
就會明白其幸福是多麼渺茫！
芸芸眾生所具備的那種完美，

已不是上界眾神所全都擁有的；
這些怨氣沖天的畜生一直都
對傳道士們和政府非常滿意。
可是他們儘管此次僥倖成功，
卻委實喜歡病入膏肓的生靈，
即那些卑鄙的政客、軍隊及艦隻；
所有人都在叫囂著「騙子該死」，
雖然明白自己也是個大騙子，
卻非常希望其他人心地坦蕩。

有人由於欺瞞主人、國王、窮漢，
擁有了王侯貴族一樣的家資，
他居然狂呼：
這國土必會由於其所有的欺瞞而淪喪；
你覺得誰能算這說教的流氓呵斥的對象？
是那用羔羊換取孩子的商人。

最不該做的錯事木已成舟，
最有礙公眾生意的也成事實；
然而惡棍們卻都卑鄙地狂呼：
「善良的神，我們要是誠實多好！」
他們對無恥袒露無邪的笑容，
而被另一些人視作好壞不分，
他們對其所愛之德牢騷滿腹，
然而憤怒的主神卻聽信抱怨，

主神最後斬釘截鐵立下誓言：
「消除那牢騷滿腹的蜂巢中的欺詐。」
神踐行了誓言。欺詐離開須臾，
誠實就填塞了蜜蜂們的心窩。
如同那知善惡樹[4]，讓蜜蜂們洞悉
他們的那些面目無光的罪行；
他們虔誠地懺悔自己的罪行，
臉兒因自身的醜惡而羞紅：
就像兒童，頻頻隱藏其過失，
他們的臉紅就揭露了其思緒；
他們還認為：當旁人發現他們，
會瞭解他們曾經的所作所為。

眾神啊！蜜蜂是多麼心慌意亂，
其變化又是多麼廣泛而迅速！
過了半個小時，在整個蜂國裡
一鎊的價值只值一文錢而已。
偽善面具全都被棄置於一旁，
無論大政治家還是卑微笨蛋：
那假面附身者原本鼎鼎大名，
現在看上去卻很陌生。
酒館從那天開始就生意冷清，
如今欠債者都甘心償還
甚至是已被債主忘卻的欠帳；
債主將其刪掉，沒有銘刻在心。

那些曾犯錯誤的人靜默一邊，
褪下了滿是補丁的粗鄙外衣：
在一個坦誠的蜂巢中，
眾律師已經失去了能夠致富的東西，
只有那些不辭辛苦、勤勤懇懇的律師，
才能賺取應有的薪水。

正義女神懲治一些罪犯，放走其他，
在她自己的目標已然實現之時，
她就再也沒有存在的必要，
其所有儀仗及輝煌到此為止。
首先是鐵匠還有枷鎖和鐵欄、
腳鐐和用鐵片打造的監獄門板；
之後是看守、獄吏及其助理，
正義女神目之所及之處，是
她那最珍視最虔誠的踐行者——
凱奇老爺[5]，這位傑出的執法者，
那看不見的利劍已脫離他手，
握住自己的工具：斧頭及絞索。
蒙眼的正義女神矗立雲霄，
她本人已然被拋諸一旁；
車輦就在身旁，在她後面
是形形色色的員警和執行官、
法警及法院的官吏，
他們通通靠淚水維持生存。

當眾蜂患病時，儘管還有醫術，
卻只有老道的蜂醫可以看病，
蜂醫來往的蜂巢都非常遙遠，
他們本無須對患者虛情假意，
也無須泛泛爭論，
而是儘量幫助患者去擺脫病痛的糾纏。
無論欺詐的國家有何種藥材，
眾蜂只會用本國所產的藥品；
他們明白：眾神如果讓哪個蜂國染上疾病，
良藥也必會相隨。

蜂國的教士們從懶散中振奮，
已無須從副牧師那獲取利潤；
而是自力更生並且擺脫惡行。
由祈禱者和犧牲侍奉的神明、
所有落伍的神，以及那部分
明白供奉自己沒有必要的神，
都各自退去；所以聖事的數量
就大大縮減，（如果眾蜂有敬神的需求）
少數聖事由專職大主教負責，
眾蜂全部都聽憑他任意差遣。
他本人恪守關懷的神聖使命，
對其他一切國事都絕不干涉。
他不會把飢餓者驅之於門外，
也不會敲詐窮困者們的所得。

飢餓者可以在他家飽餐一頓，
雇工在那可以發現許多麵包，
貧困旅人也能因此衣食無憂。

在國王的各個權貴重臣當中，
在國家的一切下屬官員當中，
變化是這般明顯，因他們這時[Q]
已經克勤克儉，只憑薪俸生活。
窮蜜蜂會多次頻繁地
來討要本應屬於他的薪水，小錢而已；
教士的職業全都是只求奉獻，
付給某個在職教士一個金幣，
如今會當成名副其實的詐騙，
雖然這曾經被稱為額外貼補，
所有事務都由三巨頭來負責，
他們都要相互監督以免不端。
曾經他們這樣的感覺出現時，
它激勵他們去力行盜竊之事；
現在他們心中只有一種感情，
那感情與數千蜜蜂並無二致。

所有的榮譽都無法讓人知足，[R]
只希望具備該有的生活、器具。
掮客把制服擱置在其商號裡，
他們高興地告別了四輪馬車；

為還錢，他們把鄉間別墅賣掉，
還賣掉富麗堂皇的整套馬匹。
眾蜂遠離虛偽的價值與騙術，
他們在國外已經不再設防禦；
眾蜂譏諷異國蜜蜂自命不凡，
譏諷以戰爭獲取的空洞虛榮。
在正義、自由身處危險境地時，
他們也奔赴沙場，以祖國之名。

如今我們審視這偉大的蜂巢，
審視誠實與商業的彼此配合。
虛飾已成為過去，正快速退卻，
而另一種面貌已然登場。
由於如今已不僅是某個蜜蜂
每年都在市場消耗大宗錢財；
而是靠勞作謀生的許多蜜蜂
每天都必須要幹相同的工作。
他們就算改行也是依舊如此，
因為全都只有這項工作技能。

土地和房屋的價格迅速回落，
雄渾瑰麗的殿宇宮牆開始貶值；
就像底比斯宮殿被充當賭注，
尋求出租；而身處殿堂的眾神雖曾經歡欣，
如今卻甘心被焚，

也不希望目睹門上簡陋鐫銘
譏諷那被眾神所憎恨的虛榮。
建築業也基本上全都被廢棄，
所有人都不想雇用建築工匠。
沒有一個測繪師聲名遠播，[S]
石匠和雕刻匠也都隱姓埋名。
壓抑欲望的眾蜂在好好學習，
不學怎樣花錢，而學如何生活。
雖然他們曾浪費自己的酒錢，
今後他們卻不能再踏入酒館。
整個蜂國沒有哪個葡萄酒商
可以穿織金衣裝或發家致富。
托凱酒也不能賺取巨額利潤，
勃根地、奧特朗酒命運全都如此。
眾廷臣已然辭官，與自己的妻子
在家享用聖誕晚餐的豌豆粒。
他們每天都需要花兩個小時，
去餵養自己手中大群的馬匹。

傲慢的克洛伊⁶為了生活舒適，[T]
一度逼迫她丈夫去搶劫國家。
而如今她把所有的傢俱變賣，
酒鬼們一直在竭力找尋它們。
她正靠勞動賺錢來維持生計，
年復一年都只穿耐磨的粗布衣。

浮華俏麗的時代已成過去時，
而服裝與時尚卻一直在變化。
彙集美麗絲綢與金箔的織工，
及依附於這行當的各種職業，
銷聲匿跡。安寧與豐饒已漸成時尚，
所有器用既簡陋且廉價。
仁慈早已經不被園丁所左右，
任由世間萬物生長和結果。
眾群蜂都沒有資格享用珍饈，
因為擁有它們委實苦大於甜。

驕傲與奢侈已經越來越稀缺，
眾蜂再也無須到大海上受苦。
不僅是商號，而且全部公司，
如今已讓工廠作坊歇業停頓。
各行與各業全都厭惡欺詐，
而那種摧垮了辛勤的自得[V]
則讓眾蜂稱頌粗鄙的器具，
不祈求也不渴慕更多東西。

這樣，各個蜂國極少能存活，
蜜蜂數量減少到敵國百分之一，
儘管無法抵擋眾仇家的騷擾，
仍英勇地與其勁敵頑強抗衡。
直至最後一刻，他們才想撤退，

或死於戰鬥，或與國土共存。
其軍隊的士兵都不是雇傭的，
而是為自己去勇猛衝鋒上陣。
他們的英勇和眾志成城，
最終讓其戴上了勝利的桂冠。
他們為凱旋付出沉重的代價，
因為數千蜜蜂已經為國捐軀。
苦難和磨礪讓他們無比堅韌，
讓他們把安於享樂當成惡過。
這極大提升了他們的自制力，
以致為了遠離那些奢華鋪張，
他們全都飛進一個空樹洞裡。
以此來安享自己的心地坦誠。

【注釋】

1. 為了和後面的「評論」部分對應起來，方括號中的字母是標出「評論」的地方，用於跟後面的評論相互對應。——譯者注

2. 連枷，農具，由一個長柄和一組平排的竹條或木條構成，用來拍打穀物、小麥、豆子、芝麻等，使籽粒掉下來。也作槤枷。這裡是指那些想盡一切辦法發財的人。——譯者注

3. 正義女神，也就是古羅馬神話中的朱斯提提亞，古希臘神話中的狄刻。其形象為一蒙眼女性，白袍，金冠。左手提一秤，置膝上，右手舉一劍、一束棒。束棒纏一條蛇，腳下坐一隻狗，案頭放權杖一支、書籍若干及骷髏一個。——譯者注

4. 知善惡樹，根據《聖經》舊約創世紀記載，耶和華上帝將一男（稱亞

當）一女（稱夏娃）安置在伊甸園中。伊甸園的中央有兩棵樹，一棵是「生命樹」，另一棵是「知善惡樹」。上帝吩咐說園內所有樹上結的果子他們都可以當作食物，唯獨知善惡樹上的果子例外，上帝吩咐他們不可吃，因為他們吃的日子必定死。後來夏娃受蛇的哄誘，偷食了知善惡樹上所結的果子，也讓亞當食用，二位人類的祖先遂被上帝逐出伊甸園。——譯者注

5.「傑克‧凱奇」這個名字在當時被看作劊子手的代名詞。——譯者注

6. 克洛伊，這裡指善良的鄉村少女，克洛伊本來是古希臘田園傳奇中的牧羊女，其戀人為牧羊少年達夫尼。——譯者注

寓意

因此無須抱怨：傻瓜只會竭力

去讓一個優秀而直率的蜂國[X]

安享世間的豐裕便利，[Y]

既擁有戰爭的榮譽，還要生活得舒適，

沒有嚴重的惡德；然而這只是

他們頭腦裡的美妙幻想而已。

每當我們享用各種便捷之處，

一定會同時發現欺詐、奢侈和驕傲；

飢餓肯定是一種巨大的劫數，

然而有誰終其一生沒被困擾？

我們難道不能把酒業的興旺

算作乾枯、醜陋、扭曲的葡萄藤的功勞？

葡萄枝藤的成長儘管無人關注，

卻扼殺了其他植物，終成樹木；

而它一旦枯乾萎縮而被切斷，

就為我們提供果實，無比甜美。

我們知道：只要被正義修繕調教，

惡德就能帶來利益；

一個國家一定離不開惡德，

就像飢渴必會讓人吃喝飲用。

單憑美德不能把各國變得興旺發達；

各國如果想要重回黃金時代，

就一定還需接納

坦誠無欺和無比艱澀的橡果。

第二部分

評論

美德的源起

　　有自知之明的人之所以非常少，最主要是因為：大多數作者都在教讀者應當做什麼樣的人，但告訴讀者他們實際上是什麼樣的人這樣的想法卻幾乎很少。於我而言，我既不想拍謙遜讀者的馬屁，也不想誇讚我自己。我相信：所謂人（除了皮膚、肌肉、骨骼等肉眼可視的部分之外），不過是各種激情的組合而已；因為這些激情都能被喚起並首先出現，它們就輪流成為人的主人，無論人願意與否，都必須要接受這一點。我們表面上會以此為恥，然而前面那首詩的主旨卻要表明正是這些資質支撐著一個社會的繁榮。可是，那首詩的有些部分似乎前後不通，邏輯混亂。

　　在前言裡我承諾要對此加以闡釋，這會更有助於闡明（我想它們可能也適合探究）：人雖然沒有擁有更為優秀的品德，卻足以依靠自身的現有條件，有能力把美德與惡德區分開來。在此，我必須最後一次要求讀者注意：我口中的人，既不是猶太人，也不是基督徒，只是人而已——自然的、沒有任何神性的人。

　　未開化的動物只會對愉悅自己感興趣，因而會率性而為，卻不會考慮這樣的愉悅會帶給他人什麼後果。因而，自然野生的生靈，最適合聚居生活，平靜安詳，不需要具備什麼理解能力，一定要滿足的欲望也不多。所以，如果沒有政府的管制，人類會比任何一個動物物種都要缺失長期過群體生活的能力。但是，這剛好就是人的特性。至於這種性質究竟是好是壞，我不想予以評判，因為人類是唯一能被賦予社會性的生靈：不過，作為一種動物，人既精明無比，也特別自私頑固。無論用多大的力量對人進

行壓制，都不可能只憑蠻力讓人臣服，並且真正有所改善。

因此，為建立社會而耗盡心力、孜孜以求的立法者及其他智者們的主要目標，一直就是說服被他們治理的人們：相比放縱私欲而言，克服私欲將會讓每個個人受益更多；而關注公眾利益也比關注私人利益要好處多多。這項任務任重而道遠，為此，他們試過了一切機智與雄辯，而各個時代的倫理學家和哲學家也絞盡腦汁，去證明這個如此有用的命題是不容置疑的。然而，無論人類是否曾經相信過這一命題，如果每個人不能同時向人們提供一種能為他們所用的替代品，以此來補償對他們天性的冒犯，那麼，他想要說服人們對抗自己的天性，或者要做到先人後己也是枉然，因為人們這樣做，是要以違背自己的天性作為代價的。那些把人類文明作為自己使命的人也並不是不知道，但就算這樣，他們也沒有辦法為每一種個人行為都提供相應的物質獎勵，以取悅每一個人。因此，他們只好發明一種精神獎勵，作為一種普適的替代品，用以獎勵人們每時每刻因為克己造成的困擾。這種替代品不需要他們自己或其他人有絲毫損失，卻仍不失為最能被接受者認同的慰藉。

他們徹查了人類天性中的全部力量及弱點，結果發現：人就算再野蠻也會為讚揚所陶醉；人就算再卑鄙也絕不會容忍輕蔑。由此他們做出了正確的決定，即恭維一定是一種最好的獎勵，人世間通用。於是，他們便利用這令人著迷的動力之源，盛讚人類天資卓越，聲稱人類是最高級的動物，並用最華美的辭藻，述說人類歷史上的豐功偉績，說明人類擁有無法比擬的知解力。他們集千種讚譽於人類理性，說因為理性，人類才能夠獲得那些最高尚的成就。他們這種精心編織的恭維，潛移默化，深入人心。接著，他們開始向人們宣揚榮辱觀，說其中一種是萬惡之源，而另外一種則能使人類進入至善。這一切做完之後，他們便向人們說明：以如此尊崇的生靈之身，去追逐那些與禽獸沒有任何差別的欲望，而不關注那些更高

級的品德是不明智的，因為正是這些品德使他們超脫於一切可見的生物之上，這樣的情況與人類的地位如此不匹配。當然，他們也承認：那些源於人類天性的衝動是客觀存在的；抗拒那些衝動會招致許多麻煩，而徹底撲滅它們也困難重重。不過，這一點只是成了他們的另一個論據，來證明正因為困難才使得戰勝這些衝動變得何其光榮，而如果不去盡力壓制它們又會是怎樣的不得人心。

除此之外，為給人類樹立榜樣，他們還將整個人類劃分為兩個極端：一類人，行為卑劣、思想低俗。這些人總是追逐當下的享受，沒有克制能力，從不考慮他人的利益，將個人私利當作更高目標，除此之外別無他求。此類人淪為各種肉欲的奴隸，臣服於各種粗俗欲望毫無還手之力，從來不去利用他們的理性機能，只會去追求自己的感官快樂。他們說：這些卑鄙粗俗、匍匐於地的壞蛋就是人類中的敗類，徒有人形而已，除去外表與野獸沒有差別。然而，另外一類人，思維高尚、情志高潔。他們不受蠅頭小利的誘惑，將增進心智看作自己最偉大的財富。此類人對自己具有自知之明，他們的最大快樂是砥礪心智，讓自己更為卓越。他們不屑自己與無理性動物之間存在的共性，憑藉理性的幫助，抗拒自己最強烈的天然欲望，時刻與自己做鬥爭，以維持他人的太平盛世。此類人將公眾福祉及戰勝自身激情作為畢生追求，一生無悔。

不輕易發怒的，勝過勇士；治服己心的，強如取城。

他們認為此類人才能真正代表人類這一最高物種，其價值不僅遠遠高於上面提及的那一類人，而且也遠遠超過那類人高出野獸的水準。

我們發現：在一切尚有瑕疵以致還會驕傲的動物中，那些最完美，因而也是最高貴、價值最大的動物，往往也是最驕傲的動物。所以，在人這種最完美的動物身上，驕傲之心與人的本性就可謂是形影不離（無論有些人怎樣巧妙地學習隱藏與掩飾驕傲），以致沒有驕傲，組成人的複合物便

會不完整。如果我們細心考察，就會發現：毋庸置疑，缺失的不過是些教訓及責備而已。它們極為巧妙地切合了人的自我嘉許（那些好評我在前面已經提及），以致如果將它們散佈開來，那些擅長思辨的人甚至大多數都會對其高度贊同；而且很可能還會勸誡一些人，尤其是那些最激進、最果斷，也是最優秀的人，去忍受重重不便，去克服各種困難，甚至使他們可能樂於認為自己是上面所說的第二類人，由此認為自己擁有那類人的一切優秀品德。

因此我們說：首先，由於英雄們為了克制自己的天然欲望，承受了常人不能承受的痛苦，先天下之憂而憂，後天下之樂而樂，我們便應當希望他們能夠堅持他們擁有的有關理性動物尊嚴的良好信念，希望政府永遠支持他們，用可以預見的一切活力，弘揚理應屬於第二類人的尊崇，宣揚他們比其餘人優越的原因。其次，由於一些人不夠驕傲或果敢，沒有能力透過克制自己最看重的欲望去提升自己，而臣服於天性中種種感官層次的誘惑。我們還應當希望：因為往往被人看作與畜生無異，他們終究會因為承認自己與低等類別的卑鄙壞蛋之流為伍而感到羞恥。希望如同其他人一樣，他們在自我申辯時盡力掩飾自己的不足，極力頌揚自我克制和公眾取向的高尚情操。希望他們會說：他們當中的一部分人，在親眼看見了那些毅力與自勝的真實證據後會心悅誠服，因此轉而去讚美他人身上那些自己欠缺的品德。由於第二類人的果敢與英勇令另一部分人害怕，我們希望他們能完全被震懾於統治者的威力之下。因此，我們有理由確信：他們當中所有人（無論他們怎樣看待自己）都不可能敢於為自己被其他一切人看作犯罪嫌疑的行為進行公開的辯解。

他們就是用這種方式來打敗野蠻人的，事實上，這是他們已經應用的手段。因此，道德的最初基礎，明顯是由老道的政客們謀劃出來的，旨在將人們變得互相牽制，變得容易管理。這個基礎的主要目的在於：使雄心

勃勃的人從中受益更多，即能夠更從容、更安全地管理大量的人群。一旦建立了這樣的政治基礎，人類就會很快擺脫不文明狀態。這是因為：只是追求個人欲望滿足的人，儘管有同樣追求者從中加以阻撓，但即使是他們也會清楚地看到：一旦他們克制了自己的天然價值取向，或以更為委婉曲折的方式去順應這些價值取向時，他們就不會惹來數不清的煩惱，並常常能規避許多災難，因為那些急於尋歡作樂的人才會經常成為災難的載體。

首先，如同他人那樣，他們在社會公益行為中獲得了實惠，因此，對公益行為的實施者、其類別高於他們的人，他們會自然而然地產生一種好感。其次，他們越是執著於謀求自身利益，置他人利益於不顧，他們就越發堅定地認為：他們前進路上的障礙，其實是他們自己，而非其他人。

因此，他們當中那些最惡劣的人一旦產生宣導公眾精神的旨趣，結果會對他最為有利——既可以獲得來自他人的勞動，又能享受他人克己的成果，而且還沒有任何東西會妨礙他放縱自己的種種欲望，可謂一箭三鵰。因此，他也會效仿其他人，將一切置公眾於不顧、只關心滿足種種私欲的東西叫作惡德。如果他透過這種做法看到其發展趨勢，那便可能要麼對某個社會成員造成傷害，要麼使自己付出更少的公益服務。如果要把人對抗天性的行為都稱作美德的話，那麼就應當把他人的福祉當作目標，或者以善之名去打敗自己的激情。

有人會持相反意見，認為：無論在什麼社會，只要大多數人沒有對一種統治力量形成絕對崇拜，那麼這個社會就無論如何都沒有實現文明化；因此，善與惡的含義及美德與惡德的分別，就絕對不是政客間的陰謀，而只可能是單純意義上的宗教問題。在回應這個質疑之前，我只好重提我前面已經說過的那句話，即在這篇《美德之起源》中，我所談的既不是猶太人，也不是基督徒，而是自然的、沒有任何神性的人，與宗教毫無關聯。然後我要再次重申：所有其他民族的各種圖騰般的迷信，以及他們腦海中

對最高存在的那些可憐觀念，都不能構成刺激人追求美德的動力。這些東西沒有一丁點用，只能充當嚇一下或逗一下粗俗而蒙昧大眾的幌子而已。歷史證明：在一切我們比較關注的社會裡，無論他們給民眾灌輸的觀念怎樣愚昧、怎樣荒誕（就像他們說自己崇拜的神明的觀點一樣），人類的天性始終會盡力張揚自己的所有部分；我們原以為關於財富及權力的俗世智慧或道德美德會引人注目，然而事實上它們並不存在，只是偶爾在一切君主政體及聯邦政體中，有一些人會做得比別人要好一點。

古埃及人並不滿足於將他們能想像出的所有醜陋妖魔全部奉為神明，愚蠢地去崇拜他們自己播種的種子；而與此同時，他們的國土卻孕育了世上最為著名的藝術與科學。而相比其他任何民族而言，埃及人本身也更加瞭解自然界各種神祕莫測的自然現象。

相較其他任何國家或王國而言，古希臘和古羅馬帝國產生美德的模式都要更多、更偉大，甚至古希臘也無法與古羅馬帝國相媲美。但是，古羅馬人對於神聖事物的態度卻多麼輕率放肆，多麼荒誕滑稽！這是由於，如果不考慮那些被古羅馬人無限誇大的神明數字，僅僅考慮他們給這些神明編撰的那些可恥故事，我們便只能承認：他們的宗教絕對不是教導人們去克服個人激情，絕對不是為人們明示通向美德的坦途；恰恰相反，他們的宗教竭盡全力祖護人欲，並宣導人的惡德。不過，如果想探明到底是什麼東西使古羅馬人比起其他人來說更為堅毅、英勇和胸懷寬廣，我們就一定要關注一下他們盛大的凱旋儀式，關注一下他們恢宏的紀念碑和拱門，關注一下他們那些戰利品、雕像及碑銘。我們還要看到他們對軍功的豐富獎賞、贈予死者的無上榮耀、社會公眾對生者的稱頌，以及他們賞贈給有功者的所有能賞賜的一切。這樣我們便不難發現：古羅馬人之所以能做到最高程度的自我克制，不是因為別的什麼原因，而正是源於他們的一種政策，即將最有效的逢迎人類驕傲之心的手段應用到最大化。

因此，最先使人類戰勝私欲、讓自己最珍愛的天性泯滅的，明顯不是什麼野蠻人的宗教或其他什麼圖騰式的封建迷信，而是精明政客的老練謀劃。我們越是細緻地研究人的本性，就越會深信不疑：所有的道德、美德都不過是逢迎驕傲的政治副產品而已。

沒有一個人能夠全然抵抗得住阿諛奉承的妖法，無論他多麼能力超群、多麼洞悉一切，只要這種妖法的手段足夠高超，就能夠發揮作用。兒童與傻瓜常常會對別人給予的讚美全盤收下，而對更加聰慧的人，則不得不採用更加迂迴委婉的方式奉承。阿諛越是包羅萬象，接受阿諛的人就會對此越少心存懷疑。你讚美全城的人，全體居民會欣然接受；你讚美一般水準的文人，每一位博學之士都認為他本人才最符合這樣的誇讚。你可以不用帶有絲毫顧慮地稱讚一個人的職業，或是頌揚一個人的祖國，因為是你給了這人一個機會，使他可以佯裝尊重別人觀點的同時，掩飾一下他自我驕傲產生的快感。

精明的人一般都知道阿諛對於驕傲的威力，生怕自己上當受騙，懷疑別人誇大了他們的（儘管這往往與他們的良心相左）榮譽、公平交易、家族甚至是他職業的清正廉潔；因為他們懂得：人的決心有時會動搖，做出有違天然欲望的舉動；雖然他們可能繼續讓自己的行為契合某種觀念，卻意識到事實上自己志不在此。如此一來，聖明的倫理家便將人歸為天使之列，至少是希望某些人在驕傲的簇擁下會去仿效他們本應該具有的那些美好表現。

無可比擬的理查·斯蒂爾爵士以其一貫的優雅文風，口若懸河地讚美著人這一最高物種，在聽著他用華美辭藻敍說著人類天性是多麼卓越時，人們必定會沉浸在他豁達的思想及優美的詞句中。然而，儘管我經常會為他的雄辯家的風采所折服，並隨時準備接納他狡猾的辯駁，但我充其量只會將其視作兒戲，我要對他那些精妙的讚譽進行審慎地反思。我想到了那

些陷阱，女人們會用它們去教育孩子們要溫文爾雅。一個還在牙牙學語的小女孩都還不懂得怎樣得體地說話和走路，就要因為諸多懇請而要試著開始行屈膝禮的第一次嘗試，儘管笨手笨腳、跌跌撞撞，而保姆卻驚喜若狂，盛讚道：真是一位優雅的小姐啊，這個屈膝禮行得太優雅啦！雖然年齡還小，但簡直就是位淑女嘛！媽媽！小姐比她姐姐莫莉的屈膝禮行得優雅多啦！眾使女也點頭稱是，而那位媽媽則把那孩子緊緊擁入懷中，高興得幾乎要把她揉碎。只有那位年長妹妹四歲的莫莉小姐，知道真正優美的屈膝禮需要怎樣做，因此她搞不清楚那些人的判斷為何這般不公平，於是怒火中燒，幾乎要為自己忍受的不公待遇而哭天搶地，直到有人悄悄告訴她：那只不過是為逗那寶貝樂一下而已，而她已經長成一個女人了，這時她那顆驕傲的心才會因為大人與她分享這個祕密而漸漸膨脹起來，並為了自己高高在上的通情達理而分外高興，還濃墨重彩、反反覆覆地重提大人告訴她的話，狠狠地羞辱妹妹的弱點。在這段時間裡，她妹妹卻正在幻想著大家眾星捧月般地只寵溺她一個人。每個人，只要能力比那幼兒稍強一點，都會透過言過其實的讚美看到背後過度的阿諛奉承之意。當然只要你樂意，也可以稱之為讓人嫌惡的謊言。但是，經驗卻告訴我們：年輕小姐們正是在這種裹著糖衣的華美辭藻的轟炸下，才迅速學會了優雅地行屈膝禮，而在培養淑女氣質方面，相比不被阿諛奉承的小姐，她們掌握得要快得多。在這方面男孩子也完全相同。大人們想方設法勸誡男孩子：一切真正的紳士都很順從，只有乞丐的孩子才舉止粗俗、缺乏教養，才會把自己的衣服弄得髒亂不堪。一旦那個尚未馴化的野小子試著去笨拙地玩弄自己的帽子，他的母親為了讓他擺脫那頂帽子，便會立即告訴這個一歲多的孩子說，他已經是個男子漢了。如果她想讓這孩子重複這一動作，就會為他冠以各種職業，譬如海軍軍官、市長、國王或其他某個更高級的角色，只要她想得出就能說得出。結果，那個淘氣鬼便會一改野蠻本色，在讚美力

量的刺激下，恨不能動員全身每個細胞，使自己看上去真的像是大人眼中的那種人物，儘管這極其幼稚可笑。

即使是最卑鄙的壞蛋也會認為自己價值連城；而雄心勃勃的人的最高願望，乃是讓全世界都認為自己正確無比，這二者本質上是一樣的。因此，對聲譽的追逐是每一位英雄最終極的追求；這種追逐，完全是超乎個人掌控的貪婪，即夢想著獲得後起之秀對他的無上尊崇，而不僅滿足於獲得同代人的尊崇與讚美。並且（無論一位亞歷山大或一位凱撒事後會對這個真理感到怎樣的痛徹心扉、悔不當初），豐厚的回報馬上可見，為了擁有它，連內心最高潔的人也非常願意以他們的安寧、健康、快樂及自己的一切為代價。這豐厚的回報從來都不是別的什麼，而只能是人類的回應，即讚譽的空頭支票。一切偉人都曾這般認真地看待那位馬其頓狂人[1]的理想，看待他寬廣的靈魂及他那顆強大的心臟。在羅倫佐・格拉提安[2]眼中，這個世界只能佔據那偉人心臟的小小一角，而那心臟仍顯得十分空曠，以致放下六個世界絕對綽綽有餘。思及此，有誰會按捺得住不哈哈大笑呢？我是說，把那位作者將對亞歷山大的溢美之詞，與亞歷山大自己定下的遠征目標相對比時，誰能繃住不露一絲笑容呢？亞歷山大自己就解釋了他為何要遠征。他歷盡艱難險阻渡過海達斯佩斯河[3]時，曾痛苦地長嘯：啊，雅典人，你們是否想過：為了聽到你們的讚美，我讓自己經歷了多少凶險劫難啊！因此，若要定義作為回報的、恰如其分的光榮，就要理清對光榮的常用說法，而應該說：光榮乃是一種無與倫比的歡愉，一個人意識到自己行為高尚，便會在自我欣賞中享受這種美好，而他人的喝彩對他來說猶如錦上添花一樣。

不過，這裡會有人告訴我：野心勃勃的人除了立下赫赫戰功及在大庭廣眾之下大聲喧譁之外，很多時候也在默默地奉獻，做出了許多高尚慷慨的舉動；這些舉動並沒有被遺忘，美德就是它的回報，真正善良的人只意

識到這一點就已經心滿意足。他們希望那些最有價值的表現能得到的回報也僅此而已。在眾多野蠻人之中也有一部分人，他們為別人做好事，卻絕不希望別人用感激與喝彩作為回報，做了好事不留名。可見，人要想在驕傲的刺激下達到最高水準的自我克制是根本不可能的。

對此，我的回應是：如果不對一個人究竟根據怎樣的原則及動機做出行動追根究底，就貿然評判他的表現是不合適的。在所有的激情中，我們最溫和、最無害的感情唯有憐憫二字，即便這樣，它和惱怒、驕傲及恐懼構成了我們本性中的軟肋。最柔弱的人同情心往往最大，可以說，女人和兒童是最有同情心的了。不能否認，在我們的所有弱點當中，沒有比憐憫更容易讓人產生好感的了，它也是與美德最接近的弱點。如果一個社會中缺乏一定比例的憐憫，這個社會就基本不能稱其為社會。不過，憐憫源自天性，它不會將公眾利益，抑或我們自身的理性考慮在內。因此，憐憫既能引發善，也能造就惡。憐憫可以使處女的名譽毀於一旦，也能使法律的公正頃刻坍塌。無論是誰，如果把憐憫作為處事的依據，那麼，無論他如何有益於社會，都不會獲得人們的稱讚，因為他只是一時激情作怪，而這樣的結果也恰好是一個巧合而已。讓一個無辜嬰兒脫離火海，這並沒有多麼了不起。因為這樣的舉動無所謂好壞，無論那個嬰兒受益多少，我們也只不過是身不由己才出手罷了。這是因為，如果不努力阻止那個嬰兒掉下去的話，我們可能會痛苦不已，而潛意識裡會避免讓自己遭受這種折磨。

然而，有些人卻不會受制於自己的弱點，因此會根據對自己的評價，以及僅僅源自對善舉的一腔熱情，私底下做著令人稱讚的舉動，不讓人知曉。我承認，相比我上述提及的那類人而言，這類人對美德的含義有更高層次的認知。然而，就算這樣（這種情況在世界上畢竟是少數），我們仍會很容易從中發現驕傲的端倪。就算是最謙虛的人也不會否認：對善舉的回報，即因為善舉所引發的滿足感，也就是某種快樂，即他一想到自己的

價值就會心生快感。這種快樂，加上製造這種快樂的機會，都是驕傲的外在表現，這和在所有迫在眉睫的危險出現時，面無血色、戰戰兢兢，都是恐懼的表現一樣。

　　如果一些喜歡追根究底的讀者剛開始會批判這些關於美德起源的觀點，可能會將它們看作對基督教的無禮，我希望他在想到這一點時會控制一下自己對這些觀點的成見，即人類在標榜高不可及的神聖智慧方面，任何東西都難以望其項背。上帝造就了社會中的人，他們會在自身的弱點及缺陷指引下暫時踏上幸福的坦途，但自然因素使然，他們也會對自身的弱點及缺陷或多或少有所體悟，而正因如此，未來人會在那種真正的宗教中完善自我，並在其指引下，走向永恆的幸福。

【注釋】

　　1. 馬其頓狂人，指亞歷山大大帝，他曾是馬其頓的國王（前356-前323）。皮埃爾·貝爾（1647-1706），法國哲學家。他在編纂的《辭典》及其《雜憶》中把亞歷山大大帝稱作是「狂人」。——譯者注

　　2. 出自皮埃爾·貝爾《辭典》的「馬其頓」詞條下的文章。原文說一個西班牙作者在1757年寫了一本書，將亞歷山大的心臟比作「慈善的大殿」，這個世界只占一角，仍寬敞無比，足以可以再裝六個世界。根據注釋，那個西班牙作者名叫羅倫佐·格拉提安。——譯者注

　　3. 海達斯佩斯河，即當今巴基斯坦境內的傑盧姆河。西元前326年，亞歷山大率領1.5萬騎兵在此與對岸印度王波魯斯的3.4萬步兵和200頭大象激戰，成功利用一處山峽偷渡此河，將印軍擊敗。——譯者注

評論

[A] 另一些則做著些神祕技藝，

　　為數甚少的蜜蜂收為徒弟；

　　……

　　在對青年的教育上，為了使他們長大後能夠維持生計，大部分人都會幫他們找那些沒有後顧之憂的行業，在每個大型的人類社會當中，這些行業有著完善的行業體系和從業標準。這些行業，既涵蓋各種貿易和手工業，也包羅了所有的藝術和科學，而只要是有用於社會的行業，都能在社會共同體中長久地擁有一席之地。這些行業每天都有新人加入，連綿不絕地進行著新老更替。然而，其中的一些行業享有比其他行業更高的聲譽，這個區分，是源自掌握從事某個行業技能所付出的金錢的差別。所有精明的父母主要會根據自身的財力和家庭情況而為青年選擇行業。如果一個人為了兒子而付給一位大商人三四百鎊，卻存不下兩三千鎊用以傍身，那麼，在為兒子開闢未來方面，他便是選擇了一個錯誤的方法。他的做法實在不值得讚許，因為他本應讓自己的孩子從事那些可以花較少的錢去學習的行業。

　　許許多多接受了上等教育的人，每年拿著微薄的工資，因而只能依靠他們較高的職業聲望，以維持自己高於常人的地位，而他們的收入卻只及

常人的二分之一。如果這樣的人有了孩子（事實大抵如此），他們往往無力承擔讓孩子去從事確有保障的行業所需要的資費，而他們的驕傲又不容許他們讓孩子去做一些低下而勞苦的貿易。於是，他們要麼夢想著希望自己哪一天財運亨通，要麼希望某些朋友能助他們一臂之力或天賜良機。而朋友或良機卻遲遲不能給他們提供幫助，直到皺紋爬滿了他們的額頭，也終無所獲。這種疏忽怠慢究竟是對兒童殘暴，還是在戕害社會，這點我不得而知。古代雅典規定，一切兒童都要在必要時對自己的父母施以援手。然而，梭倫[1]卻制定過一條法律：任何做兒子的都沒有義務去救濟沒有使他有一技傍身的父親。

　　一些家長讓自己的兒子在自己能力所能負擔的範圍內從事良好貿易，但是，在他們的孩子還沒出師或掌握那行生意之前，他們要麼死去，要麼破產，因此，許多年輕人便中途再次喪失了相應的經濟來源，而只能依靠自己謀生。有些年輕人太過懶惰，或者對自己那個行業所知甚少；另外一些人則耽於享受；還有少數幾個人是時運不濟——他們窮困潦倒，根本沒辦法用他們所學之事去供養自己。這裡我所提到的大意、管理不佳及厄運，不一定只會發生在人口眾多的地方，因而這個廣闊的世界裡每天都會平添許多失去生計的人，無論一個國家多麼富庶，多麼有為，也無論一個政府為避免此類現象做了多少努力，結果依然會是這樣。究竟該拿這些人怎麼辦呢？據我所知，海洋及軍隊能夠吸納一部分人，而這個世界海洋與軍隊比比皆是。如果能夠從事艱苦勞動，任勞任怨，那些人將成為所在行業的熟練工人，或者轉行：其中那些有知識、有文化並被送進大學接受深造的人，將來能成為小學校長、家庭教師，少數一些人則能成為辦公室的辦公人員等。然而，懶漢卻壓根不想去工作，浮躁的人則極其討厭各種約束，這些人將來又會怎樣呢？

　　一些人可能會中意於戲劇和浪漫傳奇，並對其有一點旨趣，他們極其

可能將目光鎖定在舞臺上，如果能說會道、長相頗佳，他們就去從事演員的工作；有些人喜歡犒勞自己的肚子高過一切，如果味覺靈敏，對烹調之術略知一二，他們便會竭盡全力成為饕餮者及美食者中的一員；學會拍馬屁，學會容忍一切規矩，而成為食客、寄生蟲，他們會對主人假意奉承，對家庭中的其他人來說，他們的存在就是一種禍端；另外一些人，他們及其同伴的淫蕩都使他們相信人人皆為裙下之奴，自然會沉湎於私通之事，並且以賣淫作為生財之道，還用沒有時間或缺乏生存技藝當作藉口；至於那些最無視道德原則的人，如果他們聰敏狡猾，則會變成騙子和扒手，而如果他們的技能和智力都能充分利用，他們便會去製造假幣；還有一些人發現欺騙那些頭腦簡單的女人及其他一些蠢人非常容易，如果他們沒有廉恥，並且有幾分小聰明，便會當起醫生或假裝能夠占卜吉凶、預測未來。你看，每個人都充分利用他人的惡德和缺點，憑藉這點為自己謀求生存之道，這對他們來說是能力範圍之內的最方便、最容易的謀生方式。

這些人必然是文明社會的蛀蟲。但他們也非常愚鈍，因為他們把我們已經說過的那些話當作耳旁風，卻高聲抱怨那些把他們的生活搞得苦不堪言的法律漏洞。相反，聰明人則小心翼翼地躲避著那些疏漏，只要沒有為其所害就心存感激，他們並不會去埋怨那些即便是再聰明謹慎的人類都無法左右的東西。

[B] 把這類人叫作騙子，他們並不認同，

嚴肅勤勉者也可能徒有虛名：……

我不否認，這不過是在公公正正地稱頌一切從業者。但是，如果我們能夠明晰騙子這個詞的全部含義，並且意識到所有人的誠實都只是表象而已，每個人都不會把自己不想要的東西給別人，那麼我就會對這項指控深

信不疑，並承認它的存在不無道理。買賣雙方的交易中充斥著無數詭計，他們用詭計博弈算計，即便是最光明磊落的交易者，對這種做法也都是默許的，而且每天都在上演。這讓我發現：商人總是能夠洞悉自己貨物的缺點，那些貨物因為缺點的存在而貶低了其價值，任何時候都向買主坦率地承認貨物的缺點，你見過哪一個商人會這麼做嗎？良心泯滅，對自己的貨物大加稱讚，將貨物誇讚得物超所值，儘快將它們兜售給買主，你見過哪一位商人不是這麼做的嗎？

　　德西奧是個非常富有的商人，他從國外多個地方購進大量白糖。目前他正在就一大宗白糖的買賣與阿爾桑德進行談判，這位商人在西印度群島非常有名。雖然兩個人都對市場非常熟悉，卻沒能達成協議，因為德西奧家底雄厚，認為自己買進白糖的價錢應該比所有人都低；而阿爾桑德也是如此，他有的是錢，所以認為自己的出價沒有任何討價還價的餘地。起初兩個人在交易所附近一家小酒館裡談判，阿爾桑德手下的一個人給主人送來了一封信，那封信來自遙遠的西印度群島，信中說：此刻大量白糖正在運往英國，數量龐大遠超預期。此時此刻，阿爾桑德只希望：在德西奧獲知這個消息之前，按照他的買價把白糖賣給德西奧。可是，他老奸巨猾，認為自己既不能顯得像是熱鍋上的螞蟻，又不能把買賣砸在手中。於是，他便提議中止談判，讓自己顯得很愉快。他聊起了舒適的天氣，藉機談及自己的花園帶給他的樂趣，還邀請德西奧到自己的鄉間別墅遊玩，那裡離倫敦最多只有十二英里之遙。那時正是五月，事實上，那是個星期六的下午：德西奧是個單身漢，一直等到下個星期二，他才需要回到城裡做生意。於是，德西奧覺得盛情難卻，便欣然前往，兩個人坐上阿爾桑德的馬車去了他的花園。當天晚上一直到第二天，德西奧都被奉為座上賓，受到了最好的接待。星期一上午，德西奧到阿爾桑德的別墅外面散步，怡然自得，非常開心。他散步回來的路上，剛好與一位熟人偶遇，此人告訴他：

昨夜傳言，一場暴風雨把巴巴多斯船隊摧毀了，還說，在這之前，勞埃德咖啡館²已經確認那個消息準確無誤，那裡的人都確信，到交易時，白糖價格將升至百分之一百二十五。德西奧急匆匆回到阿爾桑德的別墅，想立即恢復之前中斷的談判。而阿爾桑德確信自己手下人的消息沒有任何問題——大批白糖即將來到英國，所以並沒有立刻開始繼續談判，一直等到晚餐時分，他看到自己的計謀得逞按捺不住心中竊喜。然而事實上，阿爾桑德恨不能馬上賣掉自己的白糖，而德西奧卻更著急買進白糖。但是，兩個人都對對方心生恐懼，因此多數時間裡，他們都佯裝漫不經心。最後，德西奧被自己聽到的消息攪得六神無主，認為再拖延下去沒有必要，只能徒增風險，便狠下心來，同意按照阿爾桑德的出價買進這批白糖。第二天，兩個人回到倫敦後，那個消息被證明是千真萬確，最終德西奧在這樁白糖交易中省了五百鎊。雖然阿爾桑德想狂賺一筆，結果卻是聰明反被聰明誤，到頭來損失了錢財。然而，所有這一切交易卻不曾有失公允。但我相信：這兩個人不會希望自己對付對方的手段在自己身上再上演一次。

[C] 有些士兵必須要去征戰沙場，
　　若僥倖生還，他們會滿載榮譽；……

　　每個人都想給他人留下好的印象，這種欲望是永遠不會滿足的，以致盡管人們逼不得已被拖入戰爭的泥潭，有些人為了抵消自己的罪責因而在各種威逼利誘下作戰，並且作戰時常常忍受鞭撻之痛。人們仍然會尊重他們，因為他們本意並非如此，因為他們已經盡了最大努力。然而，如果一個人理性的分量與他的驕傲相等，他便不會滿足於這樣的讚揚，因為他覺得自己其實當不起這份讚揚。
　　所謂榮譽，它的本質沒有什麼特別的，其實只是來自他人的讚揚而

已。榮譽在我們看來是一種或多或少具有一點存在感的東西；而展示榮譽時則或多或少總是浮躁或熱鬧的。

我們說榮譽產生於君主，也就是說君主被賦予了一種權力，即為她請來的人冠上一個頭銜或加諸某個儀式（或二者兼備），以此為其加上印記。如同君主發行的貨幣一樣，這樣的記號全國通用，能為擁有它的人贏得每個人的讚譽，無論他事實上有沒有這個資格。

榮譽的反義詞是惡名，也叫恥辱。他人的惡評或輕蔑都會帶來惡名。良好行為會被嘉獎以榮譽；惡劣行為則會被施以恥辱的懲罰。他人越是公開、極端地輕蔑，遭受輕蔑者就越會聲名狼藉。恥辱最終的結果，往往是被稱為羞恥的東西。這是由於：雖然榮譽之善與恥辱之惡都是虛幻的，但羞恥卻是一種切切實實的感覺。羞恥其實是一種激情，這種激情能夠產生各種相應表徵。羞恥控制我們的理性；我們要付出巨大努力把羞恥消弭於無形，就如同消弭其他激情一樣，這需要自我克制的能力。這種激情常常會影響我們生活中那些至關重要的行為，因此，徹底理清羞恥是怎樣一種激情，一定會對闡明世人對榮譽和恥辱的看法有所裨益。所以，我下面將對這種激情加以詳細的闡釋。

首先，我界定一下羞恥這種激情。在我看來，我們可以將羞恥稱作對我們自身卑鄙之處的一種悲哀的反思，正是對事實的領悟構成了這種羞恥。也就是說，如果我們這些卑鄙之處為其他人所知曉，對我們的蔑視必定會油然而生，無論他們是真知道還是假知道，情形都不會有所改變。唯一有能力可以駁斥這個定義的說法是：其一，未經世事的處女常常會感到羞恥，即使她們清白無瑕，也會陡然臉紅，並且根本沒有辦法給出一個合乎情理的解釋；其二，男人也經常替別人感到羞恥，即便他們與那些人非親非故，毫無交情；所以說，羞恥的表現形式有千千萬萬種，而上述定義卻不能將那些表現包羅其中。對此，我想說：我們首先要考慮到，女

人的羞怯源自習俗及教育。因為羞怯，她們會恐懼一切不合時宜的袒胸露背和粗俗言語，對其生發憎惡之心。非但如此，一切最貞潔清白的年輕女子（雖然年紀輕輕）常常都喜歡幻想，容易把想像和現實混為一談，卻絕不會輕易與別人分享她們內心的想法。因此在我看來，當著一位天真無邪的處女的面說些骯髒下流的話語，這會讓她憂慮：有人會認為她能聽懂那些話，因此便以為她對那類勾當了然於胸，而非對那類勾當一竅不通──而這不是她所希望的。她考慮到這一點，想到人們那些想法會給自己帶來不良後果，於是就出現了那種我們稱之為羞恥的激情的東西。無論是什麼（儘管都與淫蕩相差無幾）讓她心生我方才暗示的那套想法（她認為那些想法是罪惡的），其效果實際上是一樣的，特別是當著男人的面，只要她的羞怯還能奏效。

如果想要證明這一點準確無疑，可以以一位貞潔的年輕女子做個實驗。讓那些男人在她隔壁的房間裡，毫無顧忌地大談淫穢之事。而在隔壁，那女子以為男人們不會發現自己，便會毫不羞恥地偷聽他們的交談（如果算不上偷聽的話），因為此時她認為自己與別人都毫無瓜葛。如果這位女子因隔壁的那場談話而面紅耳赤，那麼，無論她天真的腦海裡浮現了些什麼，我們都可以斷言：此時此刻，她之所以臉紅完全是因為糾結於一種類似羞恥一樣的激情。然而，如果在同一個地方，她聽見有人把她的某些顏面盡失的事情當作談資，或者涉及了任何一件她心存慚愧的事情，那她十之八九也會因羞恥而面色緋紅，儘管這一刻並未被別人看見，她的惶恐是有原因的，她害怕人們會因為洞悉了一切而小瞧她。

上述第二個反對的論據是，我們經常會替別人羞恥和臉紅。這種情況之所以出現不足為奇，它並不是因為別的，而完全是由於：我們讓自己身臨其境，設身處地將他人的境況想成是我們自己的境況了。因此，看見旁人身處險境時，人們才會大聲尖叫。我們太過急切地去思考這種應嚴加苛

責的行為（如果發生在我們自己身上）將會對我們產生怎樣的後果。我們的思維，我們的血液，也會潛移默化地出現相同的活動，我們應該就是那個行為的發出者，於是各種相同的症狀相繼出現也就是情理之中了。

面對比自己強的人，幼稚、愚昧及缺乏教養的人會感到羞恥，雖然這好像無跡可尋，但這種羞恥卻與（並且往往是來自）一種意識相伴而生，即發現自身存在的缺陷及窩囊。即便是最謙虛的人，無論他心地多麼善良、博學多才、聰慧過人而又文質彬彬，都一定曾有過因為某種內疚和不自信而深感羞愧的時刻。有些人因為天生樸實和沒有文化，沒有緣由地拜倒在「羞恥」這種激情腳下，或次次臣服於這種激情，這種情形我們稱作靦腆。有些人因為驕傲自大、目中無人，缺乏自知之明，卻又學不會在必要時不被這種錯誤估價所左右，這種情形我們稱作「恬不知恥」或「不要臉」。人是一個多麼奇怪的矛盾結合體！羞恥與驕傲相對而生（參見評論M），然而如果任何人都不曾有過哪怕一絲驕傲的激情，也就絕對不可能心存羞恥之意。這是由於：我們全都太過關注旁人對我們的想法，我們的一切行為全都出於我們對自己的無上尊重，而非其他。

驕傲和羞恥這兩種激情孕育了大多數美德，它們是在我們身上真真切切存在著的品德，並非看不見、摸不著。各種清清楚楚、情形迥異的影響就可以將其顯露無遺，雖然我們在其中任何一種激情的作用下都會立刻喚醒我們的理性。

一個被羞恥壓垮了的人往往會心臟陣陣緊縮，五臟翻騰；臉部灼熱，胸悶氣短。他的心情也跌落谷底，他目光遊移，眼神半刻不曾離開地面。此刻他不會對任何東西燃起絲毫興趣，他討厭自己的存在，恨不得能夠立刻找個地縫鑽進去。相反地，當他的虛榮心得到滿足、因驕傲而按捺不住心中狂喜時，他便是一種截然不同的情形。他的精力使心跳加快、血流量增大，一種異乎尋常的溫暖使他的心臟強勁有力、心胸澎湃；他的四肢舒

展，他覺得自己走路輕飄飄的，彷彿飄在雲端。他昂首挺胸、環顧四周，眼神帶笑。他慶幸自己的存在，常常喜歡發點無名小火，並且常常會因為成為世人關注的焦點而心中竊喜。

我們彼此之間能夠進行交往依賴諸多要素，而羞恥這種成分是絕對不可缺失的，這幾乎讓人無法相信。羞恥是我們的一種天性。每當羞恥之心作怪，人人都臣服於它，並盡可能不讓這種情形出現。可是，我們卻仍舊會把交談的巨大快樂建立在羞恥之上。如果羞恥之心無法支配整個人類，那任何一個社會的改良都無從談起。所以，羞恥感導致麻煩重重，人人都企圖潔身自保。努力避免出現這種不舒適感的人，憑藉自己的成長就有可能在很大程度上克服他的羞恥感。然而，這種做法對社會而言卻毫無裨益，因此，從一個人呱呱學語的孩提時代至其整個受教育時期，我們便竭力強化而不是削減或克制他的羞恥感，而對此我們給出的唯一解決之道，就是要求他遵守某些規則的約束，以此來避免他可能會因為這種麻煩重重的羞恥感做出的那些舉動。不過，如果要讓他完全與羞恥感說再見，或者讓他完好如初不再受其桎梏，政治家甚至情願以他的生命作為代價。

我所提到的規則，就在於高明地約束我們自身，克制我們的欲求，以及在他人面前絕不袒露我們內心最真實的感覺。有些人在孩提時代沒有學會如何遵循這些規則行事，因而在之後的成長過程中，他們便很少有取得進步的機會。擁有驕傲之心與常識絕對是想要獲得我上面提及的那種造就並且加以完善的不二法門。我們非常希望他人能尊重我們，我們想讓自己獲得他人的垂青，甚至可能因為他人的溢美之詞而沾沾自喜、得意忘形，這些都可以說是對克制最強烈激情的回報，非常划算，因為它們的存在，我們便可以跟那些帶給我們造成恥辱感覺的言行永遠說再見。為了社會的幸福安康與日臻完善，這些激情是我們最需要隱瞞起來的，那便是：貪婪、驕傲及私心。因此，「羞怯」二字包含了三層意思，根據它所掩蓋的

激情不同來具體界定。

　　第一層含義是羞怯的一個狹小領域。通常會讓它的對象因為貞潔之軀而感到自視清高。要做這樣的努力雖然是真心實意卻又痛苦不堪，即在他人面前竭力消弭和掩飾我們那種天然性向，而大自然之所以賦予我們這種性向，是為了讓人類這個物種能夠繁衍生息。我們接受這個應該怎麼去做的教育，要追溯到很久之前，遠遠早於在我們有機會瞭解或掌握這些課程的實用性之前，就像在我們不懂語法有何用之時便已經學會了那樣。因此，在兒童還不知道我所暗示的那種自然衝動究竟是什麼之前，他們就經常會因為羞赧而心生羞恥之心同時面紅耳赤。一個從小便接受羞怯教育的女孩，在不到兩歲的小小年紀，便可能已經開始注意（跟她說話的）那些女人在面對男人時是怎樣謹小慎微地掩蓋自己的真性情。大人也透過以往的經驗及血淋淋的教訓，不斷地告誡她要恪守這樣的謹慎守則。因此，這女孩很可能在六歲時便認為露出自己的腿是件多麼不雅的事，卻既想不通究竟為什麼露腿被視為是恥辱的，也搞不懂她的這般羞澀究竟是為何。

　　要做到羞怯，首先我們就應當注意合乎時宜的袒露自己的身體：如果一個國家的風俗許可的話，女人們袒露脖頸上街便無可厚非。如果女人把胸衣的領口開得極低是出自時尚的需要，那麼一位花季的處女便可以無所畏懼所有以理性為名的譴責，而大膽地向世人展示：

　　　　她胸前的雙乳如此堅挺，如同白雪一樣美麗，

　　　　在豐滿的胸膛上安然對視，靜默生長。

　　但此時此刻，她卻會因為腳踝的裸露而痛苦萬分，因為時尚要求女人把雙足收起，而裸露腳踝卻是對羞怯的挑釁。如果一個國家的禮法要求女人把臉遮蓋住，那麼，即便只是露出半個臉，那女人也是恬不知恥的。

　　羞怯的第二層意思，在我們的話語體系中一定是貞潔。它不僅要求自己不能滿口穢言，而且要與低賤粗俗的話語劃清界限。換言之，我們這個

物種的繁殖行為絕對不能出現在我們的話語中，至少，只要是與我們的繁殖行為之間稍微有一點點聯繫的話，都該三緘其口。

羞怯的第三層意思是，所有只要能夠有損想像的姿勢及舉止。也就是一切姿勢及舉止只要能使我們聯想到我所提及的淫穢之事的，全都應當慎之又慎，竭力規避。

更有甚者，如果年輕女子想要看上去富於涵養，還應當在男子面前讓自己的舉止端莊，絕不輕易收受男子的恩惠，更不對男子施以恩惠。除非這男子德高望重、年歲頗大，或者是她的直系親屬，或者恩惠施受的雙方地位極為懸殊，她才能為自己的做法開脫。教養良好的年輕女士不但應嚴格謹言慎行，同時也應對自己的外表嚴格把關。她可能會有意識地展示出自己非常自重的一面，雖然不是因為擔心墮落，羞怯卻使她有毅力時刻保持自重。對假裝正經的女人，人們對其千般諷刺、萬種指責；同理，對貞潔美女毫無顧慮的優雅舉止及心不在焉的氣質，人們對其讚譽有加。但是，更聰明的人都會篤定：與具有令人知難而退的眼神、言行謹小慎微的美女相比，笑靨如花的美女的那種爽朗輕率的表現更能吸引人，更能讓被誘引者胡思亂想。

所有年輕女子，特別是處女，都應當恪守這種嚴苛的戒律，只要她們非常在意高雅傑出人士的尊重，這就是必然要注意的。男人的行動不會有這麼多限制，因為男人的欲求太過強烈，難以把持。如果男人和女人同時背負這樣嚴苛的戒律，那麼，他們便都不會是最先做出行動的，而所有上流社會人士當中的繁衍則必定會因此停滯不前，無法延續，而這種結果脫離了政治家們預期的目的。因此，更為妥當的辦法是：放鬆一下這兩個性別中那個因為嚴格戒律而吃苦最多的性別，縱容他們的性欲，制定相應的規則，以削弱他們對自己的嚴苛節制，因為他們激情太過強烈，而如果施以嚴苛限制，他們將無法承受那樣的重負。

於是，男人便可以把自己對女人的崇敬和無上尊重表露無遺，並因為女人相伴左右，心中會獲得較之以前更大的滿足、更多的歡愉和興奮。男人在一切場合都會對女人彬彬有禮、關懷備至，而且可能承認自己有義務充當女人們的保護傘。男人可能會對女人的良好品德讚美有加，費盡心機地對女人的優點誇誇其談、大肆頌揚，並使自己的言談舉止優雅得體。談及愛情，他或許會慨歎美女的自律太過嚴苛而抱怨不止。男人有權用自己的目光表達他心底深處的意思，他用眼睛毫無顧忌地訴說自己的想法。他的表達分寸拿捏到位，可能只是一個隨時瞥過來的眼神就已足矣。然而，追求一個女人時跟她走得太近，或緊緊盯著那個女人，這些做法卻會讓他風度盡失，原因非常簡單：這會使女人感到不自在。並且，如果這女人還沒有在藝術和自我掩飾下實現自我完善，她就會因為這些做法變得無所適從。眼睛是心靈的視窗，因此，這種可恥的注視會使一個缺乏歷練的幼稚女人心神不定，生怕自己的想法會被那男人看透（或者生怕自己早就洩露）。這讓她彷彿置身於一場無休無止的拷問之下，強迫她說出自己心底深處潛藏的私欲，並且像是為了從她嘴裡套出關係重大的事情一樣，而她會礙於羞怯，不遺餘力地否認這一點。

　　大家基本上都很難相信教育到底有何等威力，因而認為男女之所以羞怯有別完全是自然天性使然，殊不知這種差別實際上卻應該完全歸因於後天的早期教育：一位不到三歲的小女孩，大人便反反覆覆地告訴她要把自己的腿藏起來別讓人瞧見，如果她自己的腿無意間露出來，大人們那些最嚴苛的話語將會鋪天蓋地地朝她砸來；而一位年齡相仿的小男孩則被要求穿戴齊整，並要像成年男人一樣小解。把所有優雅文明的種子包羅在內的，不是別的，正是所謂的羞恥與教育。既缺乏羞恥之心，又沒什麼文化的人常常清清楚楚地袒露自己的心跡，心裡想什麼就直接說出來，儘管這樣做本也無可厚非，可他們仍然是世界上最讓人瞧不起的物種。如

果一個男人膽敢跟一個女人說：他認為她是生育他的後代的最佳人選，而她恰好也認為是這樣的；在那一瞬間，他心底萌發出一種以她為中心的強烈欲望，於是想當然地便把她攬入懷中，那麼，之後的故事必然如此：這個男人會被看作與禽獸無異，而那女人會溜之大吉，而這個男人將再也無法融入任何文明的族群。無論是誰，哪怕只有一點羞恥之心，都情願克制住性欲這種最強烈的激情，也不願忍受此般對待。不過，男人並不需要把各種激情消滅在萌芽狀態，而只要適時將它們掩飾起來就可以了。美德要求我們壓抑激情，而良好教育卻只是要求我們掩飾自己的欲望即可。對於女人，一位衣著時尚的謙謙君子的強烈欲望與那個禽獸般的傢伙相差無幾，但這位紳士卻採取了另外一種方式去達成目的。他先從那女士的父親入手，說服他，說自己有足夠的能力養活他的女兒。如此一來，這位紳士便獲得了與那女士交往的許可。然後，他試圖透過曲意逢迎、百般拍馬、禮物相送及關懷備至的方式，盡力謀求他在那女士心中能留下良好印象。一旦他獲得了這種好感，那女士馬上就會在萬眾矚目之下以最莊嚴的方式投入他的懷抱。夜幕降臨，這兩人相擁而眠時，那最保守的處女會百般溫順，任憑這男人為所欲為，最終結局便是：男人甚至無須提出要求，便得償所願了。

第二天，這兩人開始宴請來賓，而沒有人會把他們當作笑柄，沒有人會對他們的所作所為指指點點。就這對年輕夫婦本身而言，兩人並不會對彼此投以比之前更多的關注（我這裡所說的是受過良好教育的人）。他們照常吃喝玩樂，與平日無異，沒有什麼會使他們覺得有任何羞恥。在別人眼中他們堪稱世上最羞怯的人，事實上他們可能果真如此。我說這些話旨在闡明：只要擁有良好的教養，我們便絕不會因為削弱感官的快樂而痛苦糾結，相反只會為男女間的相互幸福而辛勤奮鬥，並且會互幫互助，攜手享盡世間一切榮華富貴。我所提到的那種良好紳士不需要比野蠻人還強烈

地壓抑自己的激情，而後者做事，比起前者更加率性且毫不顧慮。如果一個男人去滿足自己的欲望的方式在自己國家習俗許可範圍之內，他便沒有必要擔心任何責難；如果他的性欲強烈到比公羊、公牛更甚，只要舉行完結婚儀式，他完全可以縱情歡樂，直至精疲力竭；只要他有足夠的體力和男子氣支撐，他便可以無所顧忌；他可以大膽地嘲笑那些妄圖要譴責他的所謂聰明人，因為他的背後站立著所有的女人及十分之九的男人。這男人可以參照對自己縱容激情的狂怒，無拘無束地進行自我評價，而他越是沉溺在淫欲當中，越是全力縱情於聲色犬馬，那麼祝福及女人的好感便會更快地紛至沓來，這種好感也包括那些年輕、虛榮和淫蕩女人的好感，以及謹小慎微、美麗端莊和最理性的主婦的好感。

無恥是一種惡德，我們因此說羞怯是一種美德——但這種推斷是不成立的。羞怯以羞恥心為基礎，是源自我們自然性向中的一種激情，它是好是壞完全在於以它為動機的行為是怎樣的。羞恥心可能使一個妓女不會當眾屈從於一個男人，也可能會使一個羞澀的女人（由於拜倒在脆弱面前）狠心對自己襁褓中的孩子下殺手。各種激情有時也能夠導致好結果，但是，只有壓制激情才會真正有所裨益。

如果美德也存在於羞怯之中，那它就應是黑暗中的一種力量，等同於光明中的力量，但它卻並非這樣。耽於享樂的男人們對此非常瞭解，他們從來不會考慮女人的美德，因此能夠打敗女人的羞怯。所以，誘引者不會選擇正午時分侵犯女人，而是會在夜幕降臨之後暗修戰壕，去偷襲女人。

喧鬧的白天之後是蠢蠢欲動的年輕男女，

訂婚新郎為羞恥找到了多麼膽小的藉口。

家境富裕的人因為追求偷情的歡愉而犯下的罪責，卻有可能並不為外人知曉；但低賤的女僕及家境更貧寒的女人卻幾乎沒有辦法掩飾自己因懷孕而日漸隆起的肚子，至少她們生下的嬰兒無處可藏。一個出身良好的

女孩若不幸遭遇此劫，很可能會流於貧困，除了去做保姆或女僕，別無他選。她或許勤勞、忠誠，有教養，並且羞澀萬分；如果你願意，還可以說她是虔誠的基督徒。她可能曾經克服了重重誘惑，並一直保持處女之身。但是，在一個不幸的時刻，一個位高權重的騙子毀壞了她的名譽，而之後她卻又被人遺棄。如果她因此懷孕，她就更無法言說自己內心的苦痛。她深陷這種悲慘的泥潭，無法自拔。她時時刻刻都飽受羞恥的困擾，每每提及此處她都幾乎痛不欲生。她的美德獲得了所在家庭的全體成員的全部稱讚，甚至在上一位女主人心中，她如同聖女一樣。那些嫉妒她美德的敵人是多麼雀躍！親戚們對她又是多麼鄙夷！而今，她越是羞怯，恥辱和恐懼就越使她無所適從，她想到的解決之道便會更加野蠻、更加卑劣，那個辦法既讓她愧對自己，也讓她愧對肚子裡的孩子。

　　人們常常認為，一個對自己的嬰兒痛下殺手的女人，一個親手殺死自己親骨肉的女人，內心一定非常殘忍，是邪惡的妖魔轉世，與其他女人截然不同。但是，這種看法其實並不正確。我們之所以會有這種錯覺，往往是因為不瞭解各種激情的性質及威力。這個女子用最邪惡的方式將自己的私生子置於死地，即便是同一個女人，如果後來結婚生子的話，依然也會精心照看自己的嬰兒，把自己的嬰兒視為掌上明珠，因為嬰兒而心底萌生出最慈愛的母親所能給予的全部溫情。天底下沒有哪個母親不愛自己的孩子；但這種愛是一種激情，所有激情又全都圍繞白愛而產生，因此，一旦更高的激情產生，這種激情就可能甘拜下風，而這都是為了滿足那同一種自愛，如果沒有任何外來因素，這種自愛將使她對自己的後代寵溺有加。世人皆知，通常很少會有妓女對自己的孩子痛下殺手；即便是搶劫犯和殺人犯也很少聽聞他們會犯這種罪行。他們之所以如此，並非因為他們不夠殘忍或美德氾濫，而是因為他們已經沒有那麼多羞恥心，而對恥辱的恐懼已經幾乎不能拿他們怎麼樣了。

對一切我們無法感知的事物，我們很少會對其心生憐愛，即便有愛也非常微小。因此，女人對自己腹中胎兒的愛並非天性如此。自嬰兒出世之後，女人才會母愛氾濫，而在嬰兒降生之前她們對孩子的那種感情，乃是源自理智、教養及義務。即便是第一個孩子已經出世，這份母愛也是非常微弱的，只有對孩子的感情日漸深厚，母愛才會慢慢被喚醒，並讓人驚訝，而這時孩子的喜怒哀樂已經能用不同的動作進行表達了，他們讓人瞭解自己想要什麼，開始對新鮮的事物產生興趣，並且很多欲望也都能展露無遺。為了撫養和照顧自己的孩子，婦女們要背負怎樣的重擔，要歷經多少凶險！為了孩子，婦女們要擁有遠遠超過男人的力量與堅忍！但是，即便是最低賤的女人也會為此拚盡最後一份力。每個女人會如此行事完全是出於天性和自然性向的激勵，從不顧及這種做法給社會帶來哪些利弊影響。我們沉醉於歡樂，不會對社會有絲毫裨益，由此而生的後代往往會毀在父母的寵溺之中，並且無可救藥。這是由於，雖然兩三歲的孩子如果能得到母親的精心呵護會生活得更好，但以後如果不對這份呵護加以節制，它只能將孩子完全慣壞，甚至許多孩子會因此走向斷頭臺。

　　如果讀者認為我對羞怯的第一層含義的敘述太囉嗦了（我們儘量用它來標榜自己的貞潔），那麼，我將轉變讀者的這個觀點，因為接下來我對另外兩部分的闡述將會非常簡明扼要。這一部分的主旨是，我們要說服大家：我們尊重他人的程度遠遠超過了我們之前的預估；事實上我們最無瑕顧慮的，乃是我們自己的切身利益。這種令人稱讚的品德，常常被冠以風度與良好教養這類詞，它實際上是一種當下比較流行的習慣，人們在不斷的教訓和實例中逐步培養了這種習慣，即主動逢迎他人的驕傲和自私，同時透過審慎判斷和機智的反應來遮蓋我們自己的驕傲與自私。這種做法只在和地位與我們相仿或高於我們的人交往時才能行得通，我們與這種人相處下來會覺得如沐春風。這是由於我們的溫文爾雅絕不能背棄榮譽的規

則，也不應削弱僕人及我們贍養的其他人對我們應有的尊重。

　　我堅信透過以上的提醒，這個定義可以適用於一切冠之以良好教養或卑劣行徑的實例了。要想從人類生活的全部事件和討論當中，或從古今中外所有國家所有地方找出一個完全沒有羞怯或無恥字眼的實例，抑或找出一個用羞怯或無恥沒辦法解釋的實例，實在不是一件容易的事。向一個素昧平生的人索要大量的恩惠卻毫無顧慮，這樣的人被看作恬不知恥，因為這人毫不掩飾他自私的醜惡嘴臉，卻不曾想到他人也有自私之心。我們也許能從中瞭解到為什麼一個男人言談中很少涉及他的妻子、孩子及一切他所看重的東西，就連他自己也很少提及，那種自賣自誇、驕傲自大的神情更是難得一見。有著良好教養的人也會期待，甚至是渴求得到他人的讚美和尊重，但當面讚美卻傷害了他的羞怯之心，其原因在於：在還沒有經過磨礪昇華之前，所有的人都會因為對自己的讚美而高興至極；對於這一點我們全都毋庸置疑，眼見一個人在大家面前毫無顧忌地享受這種快感，而這卻與我們毫不相干，我們只有在充當觀眾的角色時，無法按捺心中自私的想法，並且會對這個人暗生嫉妒，甚至對他陡生恨意。因此，真正有良好教養的人會把自己的歡樂掩飾起來，並且絕不承認自己有歡樂可言，用這樣的方式來撫慰和抹平我們心中的自私，當然也就不需要忍受我們的嫉妒和憎恨，要不然，他極有可能對它們抱有恐懼之心。我們自孩提時代起便對這一點耳聞目睹，即安然享受對自己的溢美之詞的人總是會受到別人的譏笑諷刺，因而，我們很可能會盡力遠離那種歡樂，時日已久，每每聽到他人對我們的當面讚揚，我們心中都會惴惴不安。但是，這並不意味著我們要因此遵從天性的旨意，而是要將天性藏匿在教育和習俗之後，因為如果絕大多數人都沒有因為被人讚美而心生快感的話，那麼，抗拒這種讚美也就不可能是因為羞怯了。

　　面對一道菜餚，真正有涵養的人並不會選擇它最鮮美的部分，恰恰

相反，他會選擇眾人最不屑的部分；除非無可奈何，他面對所有東西時都會選取別人最不看重的部分。他憑藉這種修養，把最好的東西留給別人享用，悄無聲息地恭維了全體在場者，每個人都會因此而心生愉悅。眾人越是自愛，就越是必須要認可他這種舉動，於是逐漸對他心存感激，無論是否出自本心，對他的印象都會越來越好。正是由於這種涵養，教養良好的人漸漸自然而然地得到了與之交往的所有人群的尊重。

如果說他最終雞飛蛋打、一無所得，那麼，對於一個驕傲自大的人來說，人們稱讚他之前的自我約束帶給他的快樂，較之他贏得了人們心中的喝采而言是絕對微不足道的。而在他看來因此獲得了眾人的好評這樣的回報，對他的自愛而言也是非常值得的，這大大抵消了他因為對他人的溫文爾雅所遭受的實際損失。

如果有七、八個蘋果或桃子擺在六位文質彬彬的人士面前，大小幾乎相同，那麼有資格最先挑選水果的人所選擇的（如果這些水果差異明顯肉眼可見），必定會是連三歲小孩都知道是最差的那個。此人之所以要這樣做，是為了對別人暗表恭維，也就是說，在他看來和他在一起的人都在某些方面或多或少遠優於他（三人行必有我師），他希望所有人都能得到比他的更好的水果。這種習慣和行為方式到處都有，雖然我們已經非常瞭解這種流行的欺騙方式，但卻沒有驚訝於它的荒誕可笑。因為如果人們直到二十多歲都還習慣於把自己內心的想法和盤托出，並且做事時習慣傾聽自己內心的聲音，那麼，人們就避免不了在做出這類滑稽之舉時要麼捧腹大笑，要麼怒火中燒。不過，有一點卻是毋庸置疑的，因為這樣的行為我們會更容易包容彼此。

擁有自知之明，並能把良好品德與美德截然區分開來，這是非常有用的。社會的紐帶要求每個社會成員都要在一定程度上尊重他人；那些處在社會最高層的人，就算是面對一個帝國中最為卑劣的人，也要以禮相待，

不失半點禮數。但是當我們面對自己時，「羞怯」和「無恥」這樣的詞語便毫無意義可言，因為我們不在眾人視線之內，遠遠脫離了眾人可以感知的界限。一個人可能是無恥的，但他獨處時卻一定會心存羞恥，而他深埋心底不為外人知曉的思想也絕不會是恬不知恥的。也許一個驕傲自大的人會竭力掩飾內心的優越感，以致誰都不知道他有驕傲之心，然而，此人因為在這種激情中獲得的滿足感要遠遠超過另一個人，而後者則縱容自己，恨不能全天下的人都知道自己的驕傲。良好的風度與美德或與宗教毫無瓜葛，它並不是克制各種激情，恰恰相反，它喚醒各種激情。在那些理性、有涵養的人用最擅長的技巧巧妙掩飾自己的驕傲之時，也是他自傲之心最能得到滿足的時刻。他認定所有擁有良好判斷力的人都會高度稱讚他的行為，他沉醉在這種讚揚中，怡然自得；而目光短淺、傲慢無禮的市政議員則與這種快樂毫不沾邊，他臉上的那份高傲毫無顧忌、眾人皆知——他不曾對任何人脫帽施禮，不屑於和比自己身份低的人搭個訕，哪怕只是說上一句話。

　　一個人不需要壓抑自己，也壓根不需要克服自己的激情，就可以審慎地不讓任何人察覺到其行為是源自驕傲。他所要摒棄的，可能只是將自傲表露在外的那些無聊的部分而已，只有愚昧的人才會認為那個部分是有快樂可言的。他以此換得內心的那部分自傲，而最文雅的人及尊崇備至的天才，則心中極為竊喜，靠著這種自傲度日。在涉及禮儀及社會聲望的議題中，位高權重的高層人士的驕傲最惹人關注。在這些地方，他們有機會給自己的惡德戴上美德的面具，說服世人：世人之所以會憂慮，世人之所以會關心他的職責尊嚴或主人的榮譽，是他們自身的驕傲及虛榮作怪的緣故。這一點在所有使節及全權大使談判時，最顯而易見；並且，所有公共契約交易的旁觀者，也把這一點盡收眼底。志趣最高雅的人，在他們的德行為外人知曉時，他們絕不會心存驕傲之念，這一點是毫無疑問的。

[D] 這是由於任何一隻蜜蜂都想，
（我不點明）得到更多的回報；
可這想法卻生怕讓別人知道，……

　　我們認為自己高高在上，對他人卻給予極低的評價，這使我們只要是涉及自己的事情就會極度偏心，無法做出公正的判斷。沒有幾個人能認同這樣的理由：在買賣中，他們所獲得的其實已經遠遠超出他們售出的東西。然而無論他們的收穫多麼豐厚，他們都會矢口否認這一點。同時，他們卻會為了一點雞毛蒜皮的微小利益而對賣主橫加指責。因此，某件商品令賣主幾乎無利可圖，便成了讓買主最容易動心的理由。商人經常會為了自身利益而不得不謊話連天，卻絕不願意讓人知道他們從自己的商品中究竟賺取了多少利潤。當然，一些老商販也會佯裝比其鄰居更為誠實（更多的情況是試圖看上去更傲慢），對顧客經常是惜字如金、從不贅述，堅決不同意自己的貨物賣得比最初標價的價格低哪怕一絲一毫。但是，此類商人卻全是最奸詐狡猾的老油條，他們深知如果有錢人野蠻高傲，他們的收穫往往會遠遠超過那些禮數周全的人。大多數人以為一個神情莊重、面帶怒意的老手所表露的誠意會遠遠大於一個溫和的、揚揚自得的年輕新手。但是，這種認知其實是非常錯誤的，事實並非如此。如果他們是賣綢緞、布料之類的商人，他們的商品琳琅滿目，同一類商品也會有許多不同的款式，於是，你的滿足感很快就能達成。如果細心檢查他們的貨物，你會知道，商人會在每一種貨物上都留下自己才能看懂的記號，而那正是一個如山的鐵證，表明自己在掩飾的貨物到底價值幾何這點上，這兩類商人同樣謹慎細心。

[E] 他為此努力，如同你們賭徒，

雖然機會都一樣，然而在輸家

贏過之前，贏家沒有贏的機會。

這種做法非常普遍，那些曾經親眼見過賭博的人都知道有這種做法存在。因此，我們一定能從人的天性中找到這種做法存在的理由。然而，許多人都認為探究這個原因實在談不上是一件明智的事情，所以，我倒希望讀者可以對這一條評論視若無睹，除非他脾氣非常溫和，並且實在是無聊至極。

面對輸家時，賭博的贏家往往都盡力掩飾自己贏得賭博的利益。在我看來，這種做法實在是出於一種感激、可憐及摻雜著自我保護的心思。每次利益加身的時候，每個人都會順理成章地感激在心，只要是在這種感激之情的陶冶下，只要它讓人們如沐春風，那麼，人們的言行就全部都是真情實意、發自肺腑的。但是，一旦這些言行完結，之後出現的反應便往往全都因為考慮到美德、良好風度、理性及義務，而全然無關於感激了，因為感激這種動機是源自天然性向的、自然而然的東西。我們對自己過度的操縱，如同暴君一般，使得我們不得不把是否會產生有利於我們的行動作為評價每一個人的標準；對一些了無生機的東西，我們還常常對其善意相向，因為我們認為那些東西對於我們眼前而言是有益的。如果我們將這一切考慮在內，就很容易發現我們之所以會喜歡那些輸給我們錢的人，完全是因為心存感激。第二個動機則是可憐，因為我們覺察到了輸家的悔恨。我們期待得到每個人的尊重，因此，我們恐懼因為自己帶給輸家的損失而令他們不再對我們心存尊重。第三個動機是，我們已經覺察到輸家嫉妒我們，因此，自我保護意識便使我們竭力削弱讓我們產生憐憫之心的責任及原因，並且期待輸家對我們不那麼恨之入骨，不那麼咬牙切齒。當激情表

現得一覽無遺時，它們便眾所周知了。一個大權在握的人之所以給一個人很高的官位，是因為此人曾經在掌權的人年輕時給過他一點微薄的恩澤，我們把掌權者這種行為稱作感激；一個女人因為失去孩子而呼天搶地，雙手緊握，控制她的激情乃是悲慟；我們目睹巨大不幸（例如一個人腿摔折了或其他事故）時產生的不安，常常被稱作憐憫。但是，各種激情的柔和表現及小小徵兆，卻往往被漠視或曲解。

要證明我這個論斷的正確性，僅僅需要瞭解一下贏家與輸家之間常常產生的那些激情就可以了。贏家產生的激情通常都是感激，而只要輸家不失態惡語相向的話，贏家常常還會心存歉疚之意。贏家時刻準備著討好輸家，舉手投足慎之又慎，展現出良好的教養，期望彌補自己的失誤。輸家則如坐針氈，挑三揀四，鬱鬱寡歡，或許還會大聲咒罵。然而，只要輸家的一言一行不是有意與贏家作對，贏家便會利益盡收而又不會開罪輸家，不會使輸家心亂如麻，不會與輸家作對，從此老死不相往來。古語有云：一定要容忍輸家抱怨。所有這一切都表明：每個人都認為輸家有權利抱怨，有權利因為自己的損失而獲得憐憫。我們恐懼輸家對我們惡語相向，這顯然是因為我們覺察到自己已經惹得輸家不開心，頓生恐懼之意，一想到自己比別人幸福得多，我們總會害怕遭人嫉妒。因而，贏家竭力掩飾自己的收穫，其目的便是避免他所覺察到的那些災禍變為現實，因此是一種自我保護機制。只要誘發這些擔憂的動機沒有消逝，這些擔憂就一直在我們身邊，如影隨形。

但是，再過一個月，再過一個星期，甚至僅僅是再過幾天，關於義務的念頭、贏家的感激之情就會消失殆盡，而輸家也會重現往日神情，以平和之心面對自己的損失，到那時，贏家的憐憫便了無蹤跡了。贏家心知輸家已經不會對自己抱有多少惡意和嫉妒，換言之，只要這些激情逝去，只要贏家的思想不再受源於自我保護的擔憂控制，贏家轉瞬間就會對自己得

到的收益心安理得，而如果此刻他的虛榮心逐漸生發，他還很可能會得意揚揚地去向眾人炫耀自己的收穫。

彼此暗藏敵意或成心招惹事端的人聚在一起賭博，或者參與賭博的人，其實只是為了炫耀自己賭技有多麼高明這種不值一提的滿足感，他主要是為了獲得屬於勝利者的光榮。如果是這樣的情形，也可能我所說的那些情況壓根就不會出現。我們不得不根據各種不同的激情來採取相應的舉措。我所提到的那些情況在一般的金錢賭博中會比較常見，參與其中的人不顧失去那些對他有用的東西的風險，搏命一拚只為能贏。但據我所知，就算是指這種賭博，許多人也都會對此持反對意見，即雖然掩飾自己的收穫使人們心存愧疚，但他們絕不可能將我所說的那些激情看作導致那種弱點的因素。這不足為奇，因為只有為數不多的人才能有工夫去反思自己，而其中能夠用正確的方式去反思自己的人則更是少之又少。種種激情對於人類而言，就如同種種顏色對於布料而言。如果是許多塊不同的布料，紅、綠、藍、黃、黑等顏色清晰易辨；然而，要想從一塊染著比例適中、顏色多樣的複合色布料上找出所有顏色及其比例，就只能是畫家獨有的能力了。同樣，當一個人被一種顯而易見的激情——而且是純粹只此一種激情控制的時候——它躲不過任何一個人的眼睛；然而，如果一些行動是源於多種混合的激情，那想要找尋到那些行動的每個單一動機就比登天還難了。

[F] 而美德則早就從政客們那裡
　　學得了各種狡猾奸詐的計謀，
　　在政客們的高聲呼籲之下，
　　美德與惡德以朋友相稱，……

勤勤懇懇的人維持一家人生存，無私地將自己的子女養大成人，給社會納稅，並一直以各種方式成為對社會有用的人。他們以某種行業作為生計來源，這些行業則有賴於他人的惡德而存在，或者大多受到他人惡德所左右。這些人自己不會去犯罪，也不去充當犯罪的幫凶，而只是腳踏實地地做著自己的工作，正如藥劑師並不一定會去毒害別人，鑄劍者並不一定會去充當殺手一樣。鑑於這種情況，我們就可以斷言：美德與惡德真正結成了狐朋狗友。

　　商人就是這樣。他們把穀物和布匹銷售到國外，又從當地買來葡萄酒和白蘭地，刺激了自己國家的種植業和製造業的發展。航運業因商人而獲利，關稅收入也因此增加，公眾生活也有了諸多便利。但是，毋庸置疑的卻是，商人牟利的最大支撐正是奢侈和酗酒。因為如果只有出自必要才會有人去喝酒，如果只有因為有益健康才會有人去喝酒，那麼，這些讓這個城市繁榮昌盛興旺發達的人就會淪落到極為悲慘的境地。同理，如果國家此刻就明令禁止驕傲與奢華，那麼，不出半年時間，不光是紙牌和骰子製造商（他們直接以惡德人群為服務對象），而且還有綢緞商、室內裝潢商、裁縫及其他諸多人便會餓死街頭。

　　[G] 眾多蜜蜂中的那些最卑微的
　　　　對公眾的共同福祉貢獻巨大。

　　我明白，也許很多人會認為這個說法可能會顯得難以自圓其說。這些人會問我這樣的問題：從盜賊或入室搶劫的人那裡，公眾到底有何利益可圖呢？毫無疑問，這些罪犯肯定是人類社會的蛀蟲，每個政府都應當維護治安，將他們一網打盡。但是，如果所有的人都誠實無欺，如果每個人都安分守己，絕不眼紅他人的東西，那麼，國內的半數鐵匠就會無事可做。

無論是在城鎮還是鄉村，眾多的手藝人隨處可見，他們現在既做保衛工作，也做裝飾工作；如果沒有竊賊和強盜，想必沒有人會想到正是因為這些手藝人的存在，竊賊和強盜才無法侵犯我們的利益。

如果認為以上結論不夠直白，如果認為我的論斷仍然難以自圓其說，那麼，我期盼讀者能夠耐心回顧一下各種物品是怎樣被消費的。讀者會認識到，那些最慵懶、最怠慢的人，那些最能浪費、最無法無天的人，都一定要為公眾福祉做點貢獻；只要他們的嘴還沒有被填滿，他們就會持續地耗費乃至破壞一些物品，而這些東西正是由那些被雇用的勤勤懇懇的人每天生產、製造和完成的。因為這些人的胃口，窮人的生計才能夠維持，公眾的消費也才能得以延續。假若沒有數以萬計的人，如我在《寓言》中所言那樣：

……被雇來，

眼見他們的手工被破壞殆盡。

那麼，數以萬計的勞動者頃刻間就會餓死街頭。

但是，我們不能依據其行為可能導致某種結果而評判一個人，而要以事實及行為產生的動機來評判一個人。一個向來卑劣的守財奴，坐擁大量的金錢，甚至有十萬鎊之多。雖然並沒有人繼承他的財產，但他每年仍然只給自己五十鎊的花銷額度。如果有人搶了這個守財奴一百個或一千個金幣，那麼，這筆錢就一定會進入流通領域，而整個國家就會因為這次搶劫而有所收益。國家因這次搶劫收穫的利益，與一位紅衣主教向大眾募集同樣數量的錢所獲得的利益相比，二者並無實質差異。然而，社會出於正義和安寧則要求把搶劫守財奴的那個人或那批人送上絞刑架，即使其中的幾個與搶劫毫無瓜葛。

小偷和盜賊可能因為沒有工作而偷盜，可能因為他用誠實勞動獲得的收益不足以果腹而偷盜，可能因為天生討厭一成不變的工作而偷盜。他

們需要滿足自己的感官快樂，需要吃飯，需要召妓飲酒，需要為所欲為的生活。飯館老闆讓他們有飯可吃，以此賺取他們口袋裡的金錢，他瞭解他們是怎樣做事的，因而，他其實與這幫顧客並無區別，一樣都是大惡棍。但是，如果飯館老闆能夠順利地把盜賊的金錢騙到自己的腰包裡，能夠精明地打理好自己的生意，那他就既能把錢賺到手，又能與盜賊顧客和諧相處。信貸公司那些奔波在外的雇員，他們最重要的任務是讓雇主穩賺不賠，讓雇主能夠毫無顧忌地踏進任何一家啤酒店的門檻輕鬆享受，並且要慎之又慎地避免流失顧客。只要雇主有錢，雇員就會覺得，探究雇主那些錢的來龍去脈，並不是自己的分內之事。此時此刻，那富裕的啤酒製造商的一切都是由僕人打理的，儘管對啤酒釀造一竅不通，卻能夠享用私人馬車，能夠大肆宴請賓客，能夠輕而易舉而又心安理得地享受快樂。他購置地產，建造房屋，教導自己的孩子怎樣享受富貴榮華，卻絲毫不關心那些倒楣蛋從事著怎樣的勞作，絲毫不關心那些笨蛋又是怎樣艱苦度日的，絲毫不關心那騙子在商品上動過的手腳。他真正關心的只是如何能夠更多地銷售自己的商品，源源不斷地積累巨大的財富。

　　一個攔路搶劫的強盜滿載而歸之後，拿出十鎊給一個頗得自己歡心的妓女，讓她從頭到腳置辦一身行頭；而天下會不會有品行還算得上高尚的綢緞商，在他得知這妓女幹了什麼勾當之後，在良心的驅使下會不答應賣給她一丁點綢緞呢？除此之外，這妓女還需要有鞋子、長襪、手套以及裙撐，而相應地做女外套的裁縫、縫紉婦、布料商等，也一定都因此而小賺一筆。此外，上百個不同行業的商人會依賴這妓女花出去的錢存活下來，一個月之內，他們就能將這妓女的一部分錢收入囊中。此時此刻，那位一擲千金的「紳士」的錢快要花完了，他便只好再度隻身涉險，回歸自己的老本行。但是第二天，他卻因在海蓋特周邊搶劫行凶時，與一個同夥一起被抓入獄，之後兩人都罪責加身，接受了法律的懲罰。他們因犯罪得到的

錢輾轉被三個鄉下人拿到，那三個人急等這筆錢用。其中一個是老實的農夫，省吃儉用、勤勞，卻因遭逢厄運而窮困潦倒。去年夏天，他養的十頭母牛中有六頭都死了，如今，地主為了追討他欠的三十鎊，把剩下的牛都牽去抵債了。另一個農夫是個臨時工，家境貧困，家中妻子有病在身，而幾個嗷嗷待哺的小孩也在等米下鍋。第三個農夫在一位紳士家做園丁，牢獄中的父親還要靠他供養，他的父親為了十二鎊而欺詐鄰居，在獄中已被囚禁了將近一年半。他這種行動完全是為了盡孝道，值得稱讚，因為他之前曾與一位年輕女子有婚約在身，儘管那女子的父母家境殷實，卻一定要這位園丁奉上五十個金幣作為聘禮才肯同意他們的婚事。這三人每人都獲得了八十多鎊，這些錢足以讓他們擺脫眼前的困境，在他們看來此刻世上最幸福的人非他們莫屬。

無論是對於窮人的健康、自律心，還是對於窮人的勤懇，沒有哪樣東西比那種臭名遠揚的飲料更有毀滅性了。此種飲料取名於荷蘭語裡的杜松子果[3]。

現今，鑑於此字的使用頻率之高，鑑於這個國家極力推崇簡潔，此字已從中等的長度簡化為一個單音節的、沁人心脾的字——「琴酒」[4]。這酒引誘著那些懈怠懶惰、絕望之至、瘋瘋癲癲的男男女女，使快要餓死的酒鬼要麼對自己衣不蔽體的可憐投以愚昧的眼神漠然以對，要麼以麻木不仁的大笑及更無趣的笑話聊以自慰。這酒是熱湖之水釀製，使頭腦驟然發熱，使人五臟灼燒，把體內的一切燃盡。這酒還是忘川[5]之水，那些倒楣蛋將他們最悲苦的怨憤連同其理性全都傾倒其中，因為其理性會讓他想到飢寒交迫的孩子、冬日冰冷刺骨的暴風雪和一貧如洗的家境而萬分急躁。

這酒入口辛辣，狂躁易怒，因而很容易讓人與他人出現口角，將人們頃刻間變得如同畜生和野獸一般，使人們沒有緣由地打架鬥毆，並且常常誘發謀殺案；這酒將體格最強壯的人打倒在地，讓他們癆病纏身，並且成

為中風、發狂和快速發病的第一誘因。然而，因為這些後來的災禍極少發生，它們便可能被視若無睹。不過，酒精時常引發的諸多病症譬如胃病、高燒、黑疸症或黃疸症、痙攣、結石、水腫及白液增多等卻人盡皆知，時時刻刻都在出現。

那些沉溺其中並稱頌這種毒液的人，有好多都被歸為最卑賤的人群，從如假包換的酒桌癮君子到酒商，無一不是。他們全都成了經銷酒的中間人，而且都把能為協助他人實現自愛出一份力當作樂趣，就像妓女認為老鴇所從事的行業可以幫助他人帶來歡樂一樣。不過，鑑於這些貧窮者在喝酒上的花費常常造成入不敷出，甚至導致他們的收支嚴重不平衡，他們就不可透過銷售讓自己辛苦勞動的境地有任何改變，因為這時的他們常常僅是酒的消費者而已。在城鎮的貧民區或郊區，在一切最貧窮齷齪的地區，無論是哪個屋子裡都有個賣酒的角落，通常都是在地窖裡，有時也在閣樓上。從事這種讓人感覺漫步雲端的飲料的零售小販，都從一些大抵算得上更高層次的酒商那裡進貨，而專門銷售白蘭地的商店也從這些酒商那裡進貨，他們和零售小販一樣不配擁有眾人羨慕的眼神，因為本質上也屬於中間人。我想不出選擇其他哪種行業來維持生計比靠賣酒的行當更可憐。無論是誰，一旦跨進這一行的門檻，都一定要慎之又慎，未雨綢繆，同時也必須要果敢決絕。他需要時刻避免騙子設下的陷阱，避免被卑劣的車夫及地痞流氓的惡語咒罵所欺辱。其次，他還應當非常善於爆粗口和放聲大笑，並對那些吸引顧客、讓他們主動掏腰包的一切可行手段都了然於心，對那些卑賤玩笑和嘲弄諷刺也非常熟稔，這些嘲弄被暴民用來取笑那些小心節儉的人。就算是面對最卑劣的人，他也要笑臉相迎，小心伺候。他必須時刻準備幫助腳夫卸下肩上的挑子，時刻準備與提籃販婦握手搭訕，時刻準備向賣牡蠣的鄉下女孩行脫帽之禮，時刻準備與乞丐把酒言歡。他一定要學會克制情緒，脾氣一定要溫和。只有這樣，他才能容忍下流妓女和

頭等淫棍最卑鄙的行徑和最骯髒的語言，才能對著一切惡臭、汙穢、吵鬧和粗俗不會面露愠色，而最窮困潦倒、最懶散怠惰、最嗜酒如命的人，則善於用最卑鄙、最囂張的粗俗手段做這種下流事。

我提到的這些賣酒的店鋪星羅棋佈，整個城鎮及其郊區可謂無處不在，它們都明確地證明了一點：雖然許多引誘者從事的職業是合乎法律的，但實際上卻全都是同流合汙之輩，他們培育和助長了一切懶散怠惰、嗜酒如命、貧窮和災難的事物，大舉銷售烈酒，他們就可以維持中等以上的收入，其收益可能還要高於那些經營同樣酒類的批發商。而那些零售商（雖然他們已經擁有上述的素質）卻關門大吉，這是源於他們按捺不住要向他人捧出那只喀耳刻[6]酒杯；這還算幸運的，有的人則一生都要受到非同一般的痛苦折磨，暗自忍受我上述提及的所有殘酷和打擊，徹底成為那種只依靠體力生存的人，整日為下頓的麵包而苦苦掙扎。

就這條因果鏈而言，目光短淺的人最多就只能看到其中的一個環節。但其中一些人眼界要更為寬廣一些，能透過見證環環相扣的事件發展而心生歡樂，這是因為同樣的情境他們已經在不同地方見到數百次之多了，即「善」正在被「惡」所孕育，就像小雞從雞蛋中破殼而出一樣。國家收入的很大一部分是由麥芽酒稅的收入構成的，如果禁止用這些麥芽酒去蒸餾燒酒，公共財富就一定會因此而損失慘重。然而，如果我們就事論事，仔細地考量一下由我眼中的「惡」順勢而生的好處及各種真真切切的利益，我們就會想到因為麥芽酒而收取的稅收，種麥仰仗的土地，為此而生產的工具，為此而請來的運輸馬車及賴以度日的諸多窮人，他們從事著各種與其相關的勞動，例如種植麥子、發麥芽、運輸麥芽和蒸餾麥芽，然後麥芽酒才能送到我們手中，我們將其稱作「低度酒」，而釀造各種烈酒正是要以它們為原料。

更有甚者，那些眼神犀利、生性淳樸的人還會將大量的「善」從我一

直在譴責的「惡」中撿拾出來。他還會跟我說：痛飲麥芽烈酒吧，別去想它會讓人們變得多麼懶散怠惰，多麼嗜酒如命，適度的飲用卻能夠帶給窮人不可計數的好處。窮人沒錢去買價格更高的興奮劑，因此麥芽烈酒就成了他們差不多都能夠承受的「奢侈品」，不只是在他們飢寒交迫或困頓乏力的時候，而且更多的是在他們憂愁煩躁、只能任由命運玩弄的時候。最需要這些烈酒的，常常是那些食品、飲料、衣服和住所這些生活必需品最不完備的人。愚昧遲鈍地容忍因這些東西的匱乏而導致的凄慘境遇（我始終在埋怨這樣的境況），對於其他上千人則是一個福音，當然也一定是對最開心、最無憂的人們的福音。他會說：雖然酗酒會使一些人疾病纏身，但它也會讓另一些有病在身的人康復痊癒，如果說飲酒過量會使極少數人猝死，但每天喝點，卻使得許多曾有這種習慣的人的生命得以延續；酒雖然在國內引起了無足輕重的爭論，然而，這些爭論給我們帶來的損失，與用酒在國外獲得的利益相比簡直微不足道，因為酒能讓士兵的士氣大振，使海軍、水手神采奕奕地投入戰鬥；如果沒有酒的「幫助」，前兩次戰爭就不可能有勝利可言。

我已經根據酒的零售商及其無奈服從的惡德這方面進行了一番讓人失望的論述，對此，善良者會給出這樣的回應：憑藉這種生意實現中等富裕的人只是少數，而我所指出的這種行業裡存在的那些讓人嫌惡的地方，對於那些處變不驚的人而言只是小事一樁；被一些人看作讓人作嘔和禍患無窮的東西，卻常常被另一些人看作讓人陶醉的仙品，這是由於不同的人所處的環境及所受的教育背景都不相同。他會告誡我：一種行業所帶來的利益，會彌補它的內在涵蓋的辛勤和勞碌。他會讓我謹記：「酒香不怕巷子深。」他還會對我說：就算是那些上夜班的勞作者，他們也會認為收穫的美妙是無與倫比的。

如果我提示他關注一下：在某地突現一個著名的大釀酒商，他向其他

數以千計的倒楣蛋提供的所謂必需品，並不能緩解他們的悲慘境遇、困頓不堪和接連不斷的苦難。對此，善良者會說我壓根就並沒有資格評判這件事，因為我並不知道他們後來將給全體國民帶來了多麼豐盈的利益。他會說：藉此謀生的人可能會使自己盡全力承擔和平或其他事業的重任，並極力避免揮霍無度及滿腔抱怨，克制自己暴躁的脾氣，就如同灌裝自己的酒時那樣勤勤懇懇，他們在人口眾多的城鎮裡宣揚忠誠的精神，並宣導改革陳規陋習。最終，這位釀酒商也會斥責妓女、流浪漢及乞丐，極力斥責暴民、憤憤不平的叛逆者還有那些攪擾安息日的屠夫。對此，我的那些善良的反對者會比我還熱烈地稱頌和褒獎那些釀酒商，特別是當他能向我陳述一個如此偉大的實例時，就更毋庸置疑。他會大聲呼喊：此人對其國家而言是多麼至高無上的福音啊！他的美德是多麼耀眼、多麼炫目啊！

為了證明他的稱頌句句在理，他會讓我看到這樣一種情形：一個廣施仁德的人，其自我約束的最明顯表徵，就在於他願意賠上自己的安寧生活，不顧生命危險，一直飽受著折磨，甚至任憑那些人（他正是從他們那裡賺得的財富）叨叨碎語，其動機卻只是因為他生性討厭懶惰，只是因為對宗教及公眾福祉的無限熱忱。

[H] 那截然相對的黨派互為助力，

　　儘管表面上看好像勢不兩立；……

在加快宗教改革方面，羅馬僧侶的懶散及愚昧無疑是更有效的工具。不過，同樣的宗教改革也使他們變得不再那麼閒散與愚笨了，由此可見，路德[7]、加爾文[8]等人的擁護者既改變了那些他們非常關心的人，與此同時也改變了他們的反對者。英格蘭的僧侶對教會分立派非常苛刻，指責他們沒有文化，於是，英格蘭僧侶就成了他們極難扳倒的宿敵。同理，反對國

教者則緊盯實際生活，密切監視他們強勁敵手的一切活動，使國教的活動變得盡可能慎之又慎，就怕給反對者留下把柄，而如果國教不用擔心這些居心不良的監督者，結果可能會是另一番情形。在所有羅馬天主教國家裡，法蘭西王國的僧侶以節儉有度且博學多識而聞名，這在極大程度上是法國一直就有的諸多胡格諾教徒[9]的功勞。在義大利，羅馬天主教的僧侶遠比任何其他國家都要更高高在上，因而也比任何其他國家的僧侶的生活都更為糜爛。而在西班牙，那裡的僧侶則比其他國家的更為愚昧，這是由於在那裡他們信奉的教義所遭遇的反抗遠比其他任何國家都要少得多。

誰能料想到貞潔女子的無心之舉竟然客觀上幫助妓女獲益了呢？此外，誰又會想到（這種狀況更像是不可能的）淫蕩不羈竟然能有助於保持貞潔呢？不過，這卻是無可辯駁的事實。一個舉止輕浮的年輕人，在教堂、舞會或其他吵鬧的公共場所耗費了一兩個小時之後（那些地方有許多盛裝打扮的漂亮女人），他的想像力無限地延展開來，遠比他在市政廳參加國會的投票選舉，或是伴著羊群在鄉間漫步時更為火熱，不可抑制。最終結局便是，他會盡力去討好心中蓬勃的欲望。如果他發現端莊的女人食古不化，不解風情，那我們自然而然地就能想到：他會迫不及待地去找那些風情萬種的女人。誰能因此就說：犯錯的是這個貞潔的女人？這些悲哀的靈魂，她們打扮修飾自己時，對男人的心理毫不知曉，只是竭力讓自己穿著得體，端莊大方——每個人都會考慮自己的品德而竭力做到最好。

我並不是頌揚惡德。如果一個國家能禁止那些不雅的罪行，我也會覺得那是這個國家舉世無雙的福音，但是我所害怕的是，這些罪行是難以遏制的。一些人的激情非常狂躁，沒有法律或守則能夠遏制得住，而所有的政府都運用了一種聰明的手段，即允許一些不便，以避免更多的不便。如果根據更嚴厲的法律對上等妓女及一般妓女施以重罰，就像某些蠢人所期待的那樣，那麼，用怎樣的鎖具與圍欄，才能夠保護我們的妻子和女兒們

的名譽免遭侵犯呢？這是由於：不只是大部分女人將會遭遇更多的誘惑，而且即使在人類當中比較理性的人看來，企圖騙取天真處女芳心的舉動也變得比以往更容易獲得理解。然而，有些男人卻會變得卑鄙無恥，毫無人性可言，而強姦就會因此成為一樁再普通不過的犯罪。無論在哪，如果有六七千名水手來到一個地方（這種情形經常在阿姆斯特丹出現），而在相當長一段時間內，這些人眼前只有男性，在此種境況之下，如果這裡沒有價格適中的妓女，我們又怎麼能想像忠貞的女人能自在地走在街上不會遭遇一絲騷擾呢？鑑於此，那個將城市管理得井井有條的統治者，就一直會允許一定數量的妓院存在，一些女人公開在妓院工作，就像馬匹受雇於馬車出租所一樣。在如此的寬容之下，大量的精明與節儉隨處可見，因此說，對它做一番簡短的描述，想來不應該是讓人嫌惡的題外話。

首先，我上面所說的那些妓院，一般來說都設在城中最骯髒、最低賤的地方，而大多數海員和一些臭名遠揚的外鄉人就居住於此，或經常在此流連忘返。他們大部分人消磨時間的那條臭名昭著的街道，則充斥著各種醜聞；其次，這些妓院更多地只是為了創建讓嫖客與妓女有進一步聯繫的機會，他們會在這裡碰頭並且商定價格和時間。在這個過程中沒有絲毫不雅舉止，因為對此已經明令禁止，避免了這類交易當中經常發生的醜聞和吵鬧。發生在那裡的下流行徑，不會比我們在劇場裡見到的多，那裡的淫蕩之舉往往也要比劇場裡少得多；最後，那些來這裡進行晚間交易的女交易者，幾乎都是最低劣的那種人。白天，她們有正常的工作，比如用小推車搬運水果和吃食。而到了晚上，她們的一舉一動，就與她們在白天時迥然有別。然而，她們常常都是那樣嫵媚妖嬈、放蕩不羈，甚至她們好像更傾向於穿招搖過市的羅馬女戲子的服裝，而不喜歡淑女的服裝。這種衣著再附帶她們笨拙的舉止、形狀難看的雙手及東施效顰的淑女氣質，我們也就無須擔心許多有良好修養的人會成為她們的裙下之臣了。

在這些維納斯神廟中，風琴演奏著各種優美的樂章，但這並不是因為尊重其中供養的那位神明，而是因為神廟老闆的小氣。這些老闆的能耐，就是用最少的錢弄出最多的聲響，而政府的政策也是非常不鼓勵風笛手及琴手這些行業。而所有背井離鄉出海遠航者，特別是荷蘭人，都喜歡那種大吵大鬧、高聲吼叫的嘈雜環境。他們覺得興致高時，五、六個人大聲吼叫的聲音，已經遠遠超過十幾支長笛或小提琴發出來的聲音了。不過，兩架風琴製造的聲音，就能使整個屋子聲響震天，其花費只要養活一個風琴手就足矣。對老闆而言，這點花費完全就是小菜一碟，而且非常合乎這些性愛交易的完備規定。本地治安官及其下屬其他官員，習慣對那些不幸老闆中最老實的人怒火相向並處以重罰：這種政策有兩大好處：其一，它讓大部分官員有機可乘。地方官儘量充分利用每一次機會，從這種下流行業所獲取的巨大利益中剝削一部分，留作己用，這對他們來說是必不可少的；當然，他們同時也會處罰鴇母和皮條客中那些一向無法無天的人。他們雖然對這些人恨之入骨，卻仍然情願給這些人留下一條活路。其二，有一個祕密眾人皆知，也就是對於那些妓院及淫業，地方官其實是睜一隻眼閉一隻眼的，有時這種態度會危及自身，於是，透過採取這種表面上似乎很嚴厲的方式，這些精明的地方官便能夠讓自己贏得那些昏頭昏腦者的稱讚，那些人會覺得：政府一直在盡力消滅那種它事實上暗許的事情，只是無能為力而已。其實，地方官如果想要將賣淫業趕盡殺絕，他們可以行使正義的力量是非常強悍、非常廣泛的。他們完全清楚該怎樣將淫業斬草除根，只需一個星期，不，只要一夜足矣，他們便能掃蕩所有妓院。

在義大利，對妓女的縱容則更加明目張膽，妓女可以在光天化日之下賣淫，這便是最好的證明。在威尼斯和拿波里，淫業充其量只是商業中的一種，一種謀生的行當；而在羅馬和西班牙，那裡的高級妓女則是國家的一個群體，她們的生意與販賣水果一樣是合法的，也像納稅人一樣繳納稅

金，人盡皆知。數目龐大的良好政治家能對妓院如此包容，並不是由於他們沒有宗教信仰，而是由於他們要避免社會上出現一種更下流的罪行，一種會引來更多責罵鞭笞的卑劣行徑——也就是說，他們要保衛享有優雅聲譽的女人的安全。聖・迪蒂爾先生之前說過：

大概在距今250年前，威尼斯的高級妓女非常匱乏，於是，公國只得從外邦大量吸納高級妓女。對威尼斯重大事件有著詳細記錄的道格里昂尼，之前也對威尼斯公國解決這個問題的明智讚譽有加，稱它捍衛了享有優雅聲譽的女人的貞操，因為她們天天都受到公開暴力的威脅；它捍衛了教堂和神聖處所，使它們不會成為潛在的玷汙她們貞操的地方。

在英格蘭，大學裡的這種事情要相對祕密得多，就是有的學院每個月都會有「解禁期」：在解禁期期間，德國那些修士和神父的情婦們有責任讓他們享受每年一度歡愛的義務。培爾（這裡的最後一段出自他的著作）說：

人們普遍認為，這種可恥放縱的根源在於貪婪；然而更可能發生的情況卻是：對這般放縱的行為持默許態度，目的在於避免這些人去騷擾貞潔女人，撫平丈夫們心中的擔憂，神職人員始終都在努力削減丈夫們的憤怒。上面提及的內容清晰地印證了一點：想要保護一部分女性，想要避免發生性質更卑劣的事情，就一定要以另一部分女性作為代價。我覺得我應該有把握據此進行推論（我將證明裡面部分看上去荒誕的地方）說：貞潔可以藉助放蕩而得以捍衛，最好的美德也不能擺脫最壞的惡德的協助。

[I]貪婪，這個孕育邪惡的根源，

　　這備受譴責、與生俱來的惡德，

　　乃是那些揮霍者的虔誠奴僕，……

「貪婪」這個詞已經被我賦予了這麼多的臭名，這旨在適從人類的風尚，鑑於人類對貪婪的激烈譴責，一般要比對其他所有惡德加起來的譴責還要多，這的確非常易理解。這是由於：無論在今朝還是在往昔，貪婪基本都會是某種禍害的原因所在。但是，人人都激烈批評貪婪，其根本意圖卻是：基本上所有人都受盡貪婪的摧殘，由於某些人積攢的錢越多，其他人手頭的錢就越少，因此，每當人們猛烈地斥責守財奴時，心裡頭想的往往只有自己的利益而已。

　　沒有錢，優雅生活就無從談起，所以，自己缺錢，又沒人施捨的人，就必須要先為社會做些這樣或那樣的服務工作，之後才能得到錢。然而，每個人卻都把自己的勞動當作為了自己。缺錢者的勞動往往能拿到相應回報，不過，大部分沒錢的人往往只要掙到了錢，頃刻間又會將它花掉，不留一分，這是由於他們認為自己付出的勞動已經遠遠物超所值，因而並沒有絲毫心疼。人們無論工作還是不工作，總是情不自禁地將生活必需品當成自己分內應得的東西，因為他們意識到：自然天性並不會想人們有沒有飯吃，只要人們有點飢餓就會命令他們去填飽肚子。因此，每個人都盡力用最方便的手段去贏得那些必需的東西。人們在贏得錢財的路上總會困難重重，而困難的大小每個人的感受可能不同，要看其處理麻煩的毅力和水準。人們常常對不知滿足的人心生憤慨，這也是情理之中的事情，因為不知滿足的人逼迫他們丟棄原本有可能得到的東西，或者逼迫他們為贏得那些東西去經歷更大的痛苦。

　　雖然貪婪可能引發諸多的惡果，但它對社會來說卻是非常必要的，因為它集聚和拉攏了惡德所摒棄和消費的東西。如果貪婪不存在了，奢侈的物質基礎也即刻就會土崩瓦解。設想一下，如果每個人都不儲蓄、每個人都不是賺錢的速度遠高於花錢的速度，那就只有極少數人才會花錢快於賺錢了。我在上面已經提到揮霍奴役著貪婪，這一點能夠從眾多守財奴身

上得以驗證：我們親眼看見，為了讓那些揮金如土的繼承人豪闊地一擲千金，他們每天孜孜不倦地工作，勤儉持家，甚至不惜守著大把錢財過忍飢受凍的日子。貪婪與揮霍，這兩種惡德儘管表面上互相對立，但私下裡卻又頻頻互施援手。弗羅里奧是個年紀輕輕且性情多變的紈褲子弟。他是家中獨子，父親又是個大富翁，所以，作為巨額財產的繼承人，他需要奢靡度日，需要餵養馬狗，需要四處揮灑金錢，他身邊有不少夥伴就是這樣做的。但是，他父親那個老傢伙卻極為摳門，對自己的獨生子也一樣剋扣，很多時候連保證生活必需的錢都很難給夠他。所以，弗羅里奧極小的時候就頻頻以自己的名義去借債度日了。然而，如果他早於他父親死去，那麼借給他的錢便會一去不返了，於是，那些精明的人對他就分文不借。最後，弗羅里奧結識了貪婪的科那羅，此人答應借錢給他，但條件是百分之三十的利息。而今弗羅里奧認為自己很快樂，每年都有一千鎊的花銷。而如果沒有弗羅里奧這樣的笨蛋，為了豪爽地一擲千金，寧願負擔這麼高的利息，科那羅又從哪兒去收回這般巨大的利益呢？如果弗羅里奧不認識科那羅這麼貪心的高利貸者，又怎麼能有錢去揮霍呢？科那羅的過分貪婪讓他無視了一個巨大風險——他是在斥鉅資用一個放蕩浪子的生命做賭注。

如果貪婪的潛臺詞是對金錢的無恥迷戀，那它就不再是揮霍的反義詞了。小肚雞腸，會讓守財奴愛財如命且只是單純地為了存錢這個目的而貪戀金錢。但是，還有一種貪婪的表現卻大不相同，是為了花錢而財迷心竅，恰恰是在這些人身上，這種貪婪常常與揮霍為伍，譬如大部分朝廷重臣及文武高官就是這樣。在他們的住處、家居、車馬及縱樂上，他們明目張膽地揮霍，事事奢靡浮華。此時此刻，他們又為贏得錢財而現出種種卑劣行徑，而他們運用的各種陰謀與狡詐，顯示出其貪婪已經達到爐火純青、無以復加的地步。這兩種對立惡德的雜糅，徹徹底底在加蒂蘭這個人的身上得到最好的詮釋。傳聞說此人「渴望他人的，揮霍自己的」，即對

他人的錢財虎視眈眈，對自己的錢財一擲千金。

[K] 揮霍是一種崇高罪責；……

　　我所稱之為「崇高罪責」的揮霍，並不是與貪婪相伴相生，也不是使人揮霍從他人那裡巧取豪奪來的財富，而是一種源自讓人笑納的良好天性的惡德，它能讓煙囪青煙嫋嫋，能讓所有商人眉開眼笑。我所說的是不以為然、沉迷享樂者那種純粹的揮霍。這種揮霍者往往出身於富貴榮華的環境，自己沒有多少賺錢的本事，只是醉心於揮霍他人費盡心機積攢起來的錢財。這些人用自己的錢財去滿足自己的種種欲求，每天都要用舊金錢去置換新快樂，以填飽私欲。這種揮霍是心靈豁達大度的開朗者的專利。他們的罪責，在於太過小瞧了被大部分人太過在意的那些東西。

　　就揮霍這一惡德，我給出了這樣的稱讚，並心胸寬廣地去對待它。恰在此時，我又考慮到了一個問題，它使我對與這種惡德相矛盾的惡德（貪婪）做出各種激烈譴責，這個問題就是公眾福祉。這是由於：貪婪者對其自身毫無效用，撇開其繼承人不談，只會對其他所有人產生危害，可謂有百害而無一益；而揮霍者卻是整個社會的福音，除了揮霍者自己之外，不會對其他任何人有所損傷。確實，極大部分貪婪者都是流氓敗類，而一切揮霍者卻全都是笨蛋。然而，要想保障公眾的生存，揮霍者就可稱之為了不起的衣食父母，就像是法國人把修士比作「女人們的小鴿子」一樣，揮霍者也可被比作社會的豪華大餐。撇開奢靡無度，我們就沒有任何機會去匡正權勢者的敲詐勒索。一個貪婪的政客，終其一生都在侵犯國民的利益，塞滿自己的腰包，藉助敲詐和搶劫，積聚累累財富。在他死後，社會的所有善良成員眼見此人之子非同小可的奢華無度，心中都會泛起點點欣慰。此人之子的揮霍，是把從公眾那裡劫掠的財富最終物歸原主。劫取某

人已經擁有的財富，這只不過是掠奪的一種下流手段。當一個人這般執著於浪費自己的財富時，要用比他自取滅亡更迅速的手段去摧毀他，這種做法就不能說是光明磊落。儘管此人從來沒有打過獵，他養的狗卻數不勝數，品種齊備，一應俱全；儘管此人從來沒有騎過馬，他養的馬卻比國內所有貴族養的都要多；對一個原本為生計發愁的妓女，儘管此人從不和她睡覺，但在她身上花費的錢足以養活一位公爵夫人。難道這不是事實嗎？在他可以物盡其用的事情上，此人難道不是更加奢靡無度嗎？所以，讓他就這樣去奢華好了；或者，我們試著去頌揚他的奢華，把他看作投身公益的公爵，稱讚他樂善好施、不拘小節。不出幾年時間，他自己就會用獨有的方式把他的財富揮霍一空，而只要國民可以挽回自己被劫掠的財富，我們就無須在意回敬侵犯者的手段。

據我所知，有很多脾性溫和的人，他們十分討厭揮霍與貪婪這兩種絕頂的惡德。他們會跟我說：可以用節約去有效地替換我提到的這兩種惡德；如果沒有這麼多元的方式去揮霍財富，人們就不會被其引誘，不會用這麼多種罪惡手段去積累財富；而一旦缺乏這些途徑，相同數目的人就會避開這兩種絕頂的惡德，讓自己更為幸福快樂，而這兩種惡德一旦缺失，他們的性情也不可能如此頹廢了。我相信有這種想法的人——不論是誰——都說明他本身比政客善良。就像忠誠一樣，節約也是一種讓人忍飢受凍的可憐巴巴的美德，只在一些由淳樸溫和的人組成的小型社會裡比較實用。這些人安守本分，不貪戀錢財，這是由於貧窮讓他們有機會生活得恢意閒適。不過，在一個一直浮躁難耐的大國裡，你很快就會厭煩貧窮。人人都悠然自得，這是閒散者所夢寐以求的一種美德，而在一個看重商業的國度中，這種美德卻一無是處，因為在那樣的國度裡，大部分人都必須做著這樣或那樣的工作。揮霍自會挖空心思，不讓人們閒極無聊，而節儉者卻肯定想不出這般妙計。因為揮霍一定要花費累累財富，貪婪就同樣要

依賴數不勝數的計謀去劫取財富，而節儉者則對運用這些計謀嗤之以鼻。

記者們的天性就是將小事說成大事，如果他們事前得到了許可，就更是這樣了。只要之前有例可循就行。但是，把大事說成粗俗繁雜的東西，卻是不合適的，除非這樣的比喻是在滑稽文章裡應用。如果不是這樣，我原想把國家政體比喻成一個裝滿潘趣酒的碗（我知道，這個比喻非常惡俗），那麼，貪婪就是其中的酸味劑，揮霍就會讓碗中的酒變甜。而人民的孤陋寡聞、愚昧遲鈍和輕信他人，就是這碗酒中的水，淡而無味。明智、榮耀、堅強及人類的其他偉大的品德，就被從人性的精粗中人為地剔除出來，成為光榮的火焰，並被凝聚提升，聚集成一種偉大的烈性因數，冉冉升騰，而適合被比作白蘭地。我非常篤定：一個西發利亞人或拉普蘭人，抑或其他所有無知的外國人，如果不清楚這碗對健康有好處的混合飲料的製作由來，只是分別嘗試其中的幾種成分，一定會認為它們沒有可能混合成能夠入口的飲料。其中的檸檬精過酸，而糖又太甜；他還會說，其中的白蘭地委實太烈，就算是一小口也難以下嚥；他還會將其中的水說成是淡而無味的液體，只該用來讓牛馬飲用。不過，經驗卻提醒我們：把我所說的這些成分按照恰當的比例進行配製，就可以釀製出一種非常奇妙的飲料，會贏得品位高尚人士的青睞和讚譽。

對我們目前提到的這兩種惡德，也可以用差不多的比喻來形容。貪婪會誘發許多的禍害，只有守財奴才對其呵護備至，而其他人都在排斥它；我可以把貪婪比作讓人滿腹牢騷的酸，它讓我們的牙齒感到疼痛，只有揮霍者對其滿心歡喜，所有品位高尚的人都對此心生不悅。而一個一擲千金的浪蕩子弟，他那讓人眼花繚亂的華美衣著，光芒萬丈的馬車座駕，用最無瑕的方糖閃爍著明亮剔透的光澤來比喻最合適不過了。這是由於：如果削弱前者的濃烈水準，就能避免碗中飲料的強烈酸味所引起的傷害；所以，後者就成了一種讓人心曠神怡的芬芳液體，能夠癒合和彌補前者所引

起的痛感，而芸芸眾生一直由於在貪婪的掌控之中而產生刺痛感。待到這兩種東西全部消融，它們自身就會對因它而生的某些混合物有所裨益，而且被其徹底消弭殆盡了。我還能夠更進一步地把這個比喻延伸開來：這還牽涉兩種東西的合理配比，牽涉到怎樣才能保證讓其配比恰如其分，這配比揭示了在兩種混合物當中每一種成分的比例到底應該是多少。然而我還有別的東西去奉迎讀者，那些事情的作用愈加重要，所以，我不希望太過延伸如此滑稽的比喻，讓讀者心生困頓。為了回顧我上述對此表露過的想法，以致能進行更深層的評析，我想在此補充一下：我把社會中的貪婪與揮霍比作醫學上兩種彼此相克的毒藥。對於二者，有一點是不容置疑的。如果它們的相克修正了它們彼此的毒性，它們就可以互相施以援手，並且經常能夠組合成為良藥。

[L]……而奢侈
　　也掌控著千千萬萬窮苦大眾……

能稱得上（標準含義上的）奢侈的東西，如果是指所有間接意義上迎合人的生存之需的東西，那麼，世上就壓根沒有奢侈二字可言，就算是那些食古不化的野蠻人，也不見蹤影。在野蠻人的生活裡，對他們之前的生活方式進行合乎時宜的調整，也都是奢侈之舉。同理，無論是他們對食物的烹飪，還是對居住地方的管理，或者給之前已讓他們滿足的東西再添置些什麼附屬物品，都屬於奢侈。每個人都覺得：這個對「奢侈」的界定過於嚴苛。我也對這一觀點表示贊同。不過，我們如果對這個嚴苛的界定稍加放鬆，想必我們就不曉得究竟何處是盡頭了。如果人們跟我們說他們只是想讓自己舒舒服服而又清潔衛生，我們就壓根無從得知他們到底指代何物。他們如果依據標準的字面含義使用這些詞，又有充足的水源，那麼，

他們的要求很快就能夠實現，無須花多少錢財，也不會遭遇多少困難。不過，這兩個形容詞是麻雀雖小，卻五臟俱全，有著豐富的內涵，特別是在一些女士的字典裡更是這樣，任憑誰都想不到它們的外延到底可以延伸至何處。生活的舒服也大致如此，其內涵豐富，非常廣博，以致如果不曉得說話的人過著怎樣的生活，就沒有人可以道明說話者到底所指為何物。我發覺：諸如「莊嚴」和「方便」這類詞，它們的含義也是模棱兩可，如果不是我瞭解其使用者的性情，我都始終參不透個中含義。人們可以一起去教堂，如果願意，他們甚至可以心懷同樣的思想，而我卻常常相信：當人們為每日的麵包而雙手合十默默禱告時，主教的禱詞裡蘊藏著教堂司事從未考慮過的一些東西。

到此為止，我所有的話語，都是為了說明：只要我們從此不把間接意義上迎合生存之需的東西看作奢侈，那麼，世界上就壓根不存在奢侈。這是由於：如果說人們的需要數不勝數，那麼，本應為人們供應的東西也就是沒完沒了、遙遙無期的。被某個階層的人看作多餘的東西，在更高階層的人那裡則被認為是必需品，而無論是自然還是人的技巧，都不可能生產出這麼稀缺、這麼奢靡的東西，然而對於一些最高貴的君王等人而言，這些東西則定要歸入生活必需品之列，這是由於它們要麼能讓他舒適，要麼能讓他歡喜。之所以是生活必需品，並不是針對平凡人的生活，而只是對於君王威嚴的私人生活而言。

奢侈可能會損傷整個國家的財富，同理，揮霍也可能損傷所有奢侈者的個人財富；而國家的節儉可以讓國家更富裕，如同個人的節儉可以使其家族財產同比上升一樣。這個觀點大家都已經廣泛認可。我不否認：我已發覺有些人對這個觀點的認識比我更深入，雖是這樣，我還是忍不住要給出己見。他們堅持以下的觀點：（他們認為）例如，我們向土耳其出口羊毛產品和其他一些國內產品，其每年的收益為一百萬英鎊；我們用這些錢

從當地買回了生絲、馬海毛、藥品等產品，其花費為一百二十萬英鎊，而這些物品都被我們國內人民消耗掉了。他們認為，我們這樣做最終會讓我們空手而歸；然而，如果我們大部分人認為我國本土的商品已經足夠，而只是消費這些外國一半的商品，那麼，鑑於土耳其人仍然需要相同數量的我國產品，他們就將被迫用現金去購買其他商品。如此一來，只是因為這項貿易的收支差額，國家每年就會有六十萬英鎊的利益入帳。

為了考察這個論點是否能說得通，我們暫且（根據他們的說法）假設：英國現在進口的生絲等商品只被國內消費了一半。我們也假設：雖然我們買回的土耳其人的商品只有從前的一半，土耳其人卻必須要有（或者不想缺少）和以前同樣數目的英國商品，所以，他們就要用現金抵消貿易差額。換言之，他們將支付給我們同樣數目的黃金或白銀。這是由於他們購買我們商品的花費，遠遠超出了我們購買他們商品的花費。我們所假設的情形儘管可能存在一年，卻不會一直持續這樣：所謂購買是物品的交換，即以物易物，所有國家，都不可能選擇那些不購買本國商品的國家的產品。西班牙和葡萄牙每年都會獲取新的黃金及白銀，它們均產自本國金銀礦，但凡它們的金銀年年遞增，它們就不可能為了獲取現金而去消費外國商品。但如此一來，金錢就成了本國的產品，成了本國的商品。我們明白，如果其他國家不希望我們用商品抵帳給它們，我們就沒有機會一直購買它們的商品；所以，我們憑什麼覺得其他國家會與我們的想法有別呢？如果上天賜予土耳其人的金錢並不會多過賜予我們的金錢，那就讓我們靜候我們的假設會出現怎樣的結局。第一年，他們手中餘下的那一半生絲、馬海毛等商品能值六十萬英鎊，這肯定會讓那些商品的價格暴跌，嚴重縮水。正是這些商品，會使荷蘭和法國贏得跟我們同樣數目的利益。如果我們堅持反對土耳其人用自己的商品購買我們的商品，他們就不可能延續與我們之間的貿易，而肯定會轉身從另外一些國家購買他們需要的商品，那

些國家願意購買他們那些被我們拒之門外的商品，即使那些商品沒有我們的商品考究。如此一來，不出幾年，我國與土耳其的商業貿易就一定會以徹底中斷收場。

然而，這些人有可能說：為了避免產生我上述所說的情形，我們需要像之前那樣購買土耳其的商品，只是不再消費像之前那麼多商品，只是消費半數的商品而已，而把另一半用於出口，把消費轉移給其他國家。我們倒是可以看一下這個辦法是否可行，看一下這六十萬英鎊的貿易差額能否讓一個國家由此變富。首先，我樂於接受他們的觀點，即我國人民消費了這麼多的本國商品，而之前雇用來生產生絲及馬海毛等產品的人，也可以透過做些加工毛紡產品的各種工作來養家糊口。其次，我並不認同那些商品會像之前那樣被銷售出去的說法；這是由於：假設將國內消費的那一半商品採用以往的價格銷售，那麼，準備再出口的另一半商品就自然會非常欠缺，因為我們一定得把這些商品投入已有貨源的市場，除此之外，我們還一定要把運費、保險金、預備金及其他所有費用剝離出來。如此一來，這一半再出口商品讓大部分商人產生的虧損，就一定會超過國內消費的一半所帶來的回報。這是由於：雖然毛紡商品是我們本國的產品，它們卻既是出口商賴以養家糊口的根本，也是國內零售商賴以養家糊口的基礎。所以，如果出口商品的回報相對於商人在國內銷售及其他所有開支而言入不敷出，不足以讓他從出口商品上贏取金錢及豐厚的現金利潤，這商人就一定會傾家蕩產。其最終結局便是：大部分出口土耳其商品的商人發覺自己損失慘重，因而不再從事出口我國商品以換取國內所需要的生絲、馬海毛等商品的行當。另一些國家會迅速想撤去和補齊那些我們無法供應的商品，並在某個地方處置那些我們會拒之門外的貨物。如此一來，我們這種縮減最終必然走向的唯一結局便是：土耳其人將只會購買我們的一半商品，而我們卻刺激並消費了他們的商品，如果沒有那些商品，他們也就不

會購買我們的商品。

寒來暑往數十載，我始終倒楣地碰到形形色色對這個觀點持反對意見的「聰明人」，他們堅持認為我的計算存在問題，之後，我欣喜地等到了親眼看見我國的智者也出現相同感覺的那一天：在1721年，一項國會法案非常充分地表露了這一點。那時，立法機構背離了一家資產豐厚的公司的初衷，無視在國內帶來的諸多不便，去抬升與土耳其貿易的利潤，不但支持對生絲及馬海毛的消費，而且迫使受處罰者也要用這些商品，無論他們願意與否。

除此之外，有關奢侈的控訴還包括：奢侈刺激了貪婪和劫掠；在奢侈所統轄的領域，就連最大的信託公司的辦事處也被收買；原本該或多或少地為公眾服務的部長們的行為也腐化墮落了；而國家則如同一種商品，隨時都有被價高者得的風險；最終，奢侈使民眾羸弱、缺乏活力，所以國家就成了輕易被入侵者下手的頭號目標。這些確實讓人無比擔憂。不過，奢侈的根本緣由卻是管理不力，應該讓那些卑劣的政治家承擔罪責。所有的政府都本該徹底理解並始終捍衛國家的利益。優秀政治家透過高超的管理，提高某些貨物的稅收壓力，或者對這些貨物痛下禁運令，並減輕其他貨物的稅收負擔，他們始終會依據自己的喜好，擅自更改或扭轉貿易進程。在利益趨同的情形下，他們始終樂於同那些既可以用貨物，也可以用金錢充當支付手段的國家展開商業貿易，而不喜歡與只能用其本國商品支付購買商品的國家進行貿易。所以，優秀的政治家始終會小心翼翼地杜絕與這樣一些國家有生意往來：它們堅決抵制外貨，而只希望本國能賺取他國的金錢。但最要緊的是，他們會密切關注貿易收支的總體平衡，對他們來說，這樣的情況是絕對不能出現的：所有外國商品的年進口總額大於當年出口本國物產或商品的總額。請注意：我目前所提及的那些國家自己並沒有金銀生產，要不然，就沒有必要非得堅守這個準則。

如果可以嚴格恪守我上述提及的最後一點，絕不容許進口大於出口，那麼，沒有一個國家會因為進口外國奢侈品而淪落到貧窮。如果它們可以依據恰當的比例，加大對國產商品的物質支持，以此用來購買外國商品，它們就可以依據自己的需求提高貿易收入。

雖然貿易非常重要，但並不是充實國家財富的唯一法寶，這是由於除此之外還有其他一些方面值得關注。一定要確保尊重每個人的私有財產，一定要法辦犯罪，一定要理性地出臺確保經營合法性的其他相關法律，並做到令行禁止。一定要同樣理性地對待外交事務，各國執政者都需要徹底明晰外國國情，通曉與一些國家的對外事務，那些國家要麼與該國比鄰而居，要麼兵強馬壯，要麼與該國利益休戚相關，所以要麼該國有可能蒙受損失，要麼該國有可能從中獲益，必須要制定合乎時宜的應對之計，堅持政策平衡及力量平衡相結合的原則，與其中一些國家為敵，與另一些國家為友。一定要知道對大眾心存敬畏之心；不容許任何人的良心受到逼迫；在涉及國家事務時，神職人員的權力不能延伸到我們的救主曾在約規中所賦予的界限之外。

以上就是讓國家在地球上稱霸一方的藝術。每個大權在握的人，但凡有著治理國民的重擔壓身，就算世上還有著其他一些力量，但如果充分運用這些藝術，無論是君主國，還是共和政體，或是兩種政體的混合體，都肯定可以讓國家興盛發達，而無論是奢侈還是其他惡德，都不會撼動國之根本。不過，有人極有可能會對此大加辯駁說：什麼！難道上帝沒有懲治和摧毀過那些惡貫滿盈的崇高民族嗎？是的，但那懲罰自有其道：那就是讓它的統治者頭腦昏聵，讓他們因為徹底或偶爾地違背我上述提及的普遍準則而遍嘗甘苦。時至今日，在世界上曾經出現過的所有偉大的國家當中，只要橫遭滅頂之災的，其最大禍端基本都是其統治者的暴政、大意或管治無方。

對於一個克制而理性的民族及其後代而言，他們身上健康與活力顯然要比一個放蕩而嗜酒的民族及其後代要強得多。但我肯定：提及奢侈讓一個民族羸弱和缺乏活力，我目前對它的害怕比起以前已經大大降低了。我們耳聞或目睹自己壓根不瞭解的事情時，它們大概都會讓我們從見過的事情中思及誘發的念頭，並且（依據我們的認識）是與那些陌生事物最為相關的念頭。我想起來，我看過一部分記載，敘說的是古波斯、古埃及與其他國家奢靡無度導致國民羸弱、缺乏活力。這時常讓我想到他們的城市盛宴上的那些肥頭大耳、吃相全無的普通商人，想到他們往往飢不擇食狀如野獸般的吃相。另一些時候，這會讓我想到狂放不羈的水手的歡欣，我時常看見他們身邊圍著幾個淫蕩女人，呼來喝去，還有幾個人在前面拉著小提琴伴樂。如果我被領到他們的隨便一座大城市，我想一定會發覺：三分之一的人因大吃大喝而賴在床上，另外三分之一的人因痛風而臥床不起，或被一種更不值一提的頑疾搞成瘸腿，而剩下的三分之一則完全無法引導，他們衣冠不整對人以色相誘。

但凡我們的理性還沒有提升到足以克制我們欲求的時候，面對監管者的害怕就是我們值得慶幸的事情之一。我自忖：當我還上小學時就特別害怕「萎靡」二字，特別害怕從字的起源上產生的一些延伸想法。這種害怕讓我在上小學時受益匪淺。然而，當我歷盡世事之後，奢侈給一個民族帶來的後果，於我而言反而沒有之前那般恐怖。但凡人的胃口不變，以上惡德就會持續存在。在所有的大型社會裡，總是有些人熱衷賣淫，有些人嗜酒如命。放蕩不羈、沉迷色情之輩，沒有絲毫機會可以在正直貞潔的女人身上有機可乘，而只能用汙穢的妓女來彌合肉欲。那些無法買到艾米達吉酒或龐蒂克酒正品的人，只好用更低等的法國紅酒一解酒癮。如果連葡萄酒都弄不到的話，就只好喝一些更低級的飲料。一個士兵或乞丐喝啤酒或燒酒，同樣能夠一醉方休，他爛醉如泥的程度並不比一位公爵喝勃根地

酒、香檳酒或是托凱酒低多少。縱容我們的激情，以最便宜、最低俗的方式給人身體帶來的傷害，與最高雅、最貴重的方式帶來的傷害並無差異。

在建築、傢俱、車馬及服裝上，奢侈的極致表現得一覽無遺。乾淨的亞麻布和法蘭絨都會讓人虛脫無力。綾羅牆圍、華美油畫或高貴牆板，比起家徒四壁的屋子並不能給健康帶來更多好處。奢華臥榻或金邊馬車，與冰冷地板或農村大車一樣都會讓人精疲力竭。人在感覺方面的精緻快感，很少可以損傷人的身體，而世界上眾多偉大的伊壁鳩魯主義者[10]，也都非常節制飲食，反對多吃，只要是胃不能消化的哪怕一粒米、一滴酒。尋覓感官舒適的人也如同每個人精心呵護自己的身體：最沉淪的奢侈者的過錯，與其說是因為他們經常性的放蕩，是因為狂飲暴食（沒有比這更傷身體的事情了），倒不如說是因為他們沉溺於精心研發美輪美奐的器具，是因為他們用於宴飲及淫蕩之事上的大宗花費。

然而，我們姑且就此假設：存在於每個偉大民族當中的豪門及貴人，已讓自己無法承受困苦的折磨、無法容忍戰爭的苦難了吧。我認可一種看法：大部分市議員只能成為無足輕重的步兵。我也無比堅信：如果你的騎兵團全是市議員的話（他們大部分恰好正是騎兵團成員），那麼，一旦幾個爆竹炸響，他們就已經潰不成軍。不過，市議員和參事，與其說是所有有資產的，但他們除去需要交稅，與戰爭有什麼關係呢？個人所承受的戰爭之困頓殘酷，則要讓那些衝鋒陷陣的人來買單，讓一個民族中那些個再卑賤不過的人來承受，也就是那些終身為奴僕的人要嘗盡這一惡果。這是由於，無論一個國家多麼富裕、多麼奢華，都一定要有人工作，一定要修建房屋及船隻，一定要開辦實業，一定要從事農耕。在每個大國，這些各式各樣的勞動都要依託眾多的民眾，而這裡總有些放肆、懶惰、揮霍之徒，其花費供養一支軍隊都綽綽有餘。有些人人高馬大，可以修建城牆，開拓溝渠，而有些人則可以做些打鐵、木工、裁剪、染布或趕馬車之類的

工作。這些人身體強健有力，能夠成為一兩場戰役中的先進士兵。如果軍風嚴正，發給他們的物品及奢侈品就很少會給他們帶來多少壞處。

所以，人們所擔憂的作戰軍人的奢華浪費引起的危害，最多只包括軍官。最高尚的軍官或出身非常高貴、接受貴族教育，或源自傑出階層，經歷一樣顯赫。理性的政府無論任命誰來擔當一支軍隊的總司令，這人都應當通曉軍事、英勇善戰，這樣才能處變不驚、安之若素。而他的其他諸多條件，則一定是一個能瞬間洞悉全域的人、一個非凡的天才，在一個推崇榮耀的世界裡經過長時間打磨。健壯的身體、靈敏的關節，這只不過是些無關緊要的優點，跟軍事家的水準高低和高尚與否沒有關係。大軍事家能夠一邊吃飯，一邊削平整個城池，把整個敵國摧毀殆盡。這些人大都年事已高，所以，認為他們身體健壯、四肢靈敏，就是個滑稽好笑的念頭。因此，這些軍事家只是頭腦在不停運轉，而且配置精湛，而其身體剩下的部分怎樣，就無足輕重了。如果無法忍受鞍馬疲憊，他們可以乘坐馬車或使用擔架。有些指揮官和英明者儘管腿有殘疾，但仍然是傑出的指揮官和英明者。法蘭西國王目前最傑出的將領，甚至連匍匐前行都無法做到。軍隊司令官直接統帥下的軍官，也一定要有與此非常相似的能力，他們往往都因為戰功累累而被提拔到那些位置上。其餘所有位置上的軍官，則必須得從自己的軍餉當中拿出數目龐大的金錢，購買精美的軍服及裝備，迎合那時被看作是必備的奢華所需要的全部消費。他們可以用於淫穢事情上的錢寥寥無幾。這是由於：他們得以升職後，薪水儘管相應增多，卻必須要隨之擴大消費，添置馬車等配置，那些東西就像其他所有東西那樣，一定要與他們的軍銜相匹配。這樣一來，其中大多數人的生活方式，就不可能讓他們做些可能對其健康有害的奢靡放蕩之事了。此時此刻，他們的奢侈則演化成了另一種方式，它加重了他們的驕傲與自滿，而驕傲與自滿恰恰是讓他們依循人們希求的方式做事的最根本動力（請參見「評論R」）。

最能把人類磨練得高貴儒雅的方式，非愛情與榮譽二者莫屬了。這兩種激情的功效與許多美德相似，所以，示愛與當兵就是養成優雅教養及氣質的最好學校。示愛可以讓女子企求無瑕，而當兵則可以讓男子毗鄰優秀。文明國家大部分軍官所崇尚的，正是對世界的深切體悟，對榮譽準則的深切體悟，正是一種以誠待人的修為，一種在資格老練的軍人當中非常明顯的人性精神，以及一種被稱作既溫文爾雅又英勇善戰的精神，它由謙虛與無懼危險相伴而生。只要是優秀品德蔚然成風、儒雅行為得到尊崇的場所，饕餮及嗜酒就沒有機會成為時興的惡德。有涵養的軍官所尋求的主要方向，不是粗野卑劣的生活方式，而是優雅閒適的生活方式。他們對其每個軍銜層次所能夠接納的最奢華的生活方式是：外表落落大方、舉止優雅，在奢華服飾和高檔休閒方面比他人略高一籌，並因為對所有這類事物心存幻想而出名。

不過，儘管對軍官奢華無度的譴責比做其他工作的人的責備要多（這是錯誤的），但其中最奢侈的人，但凡他們還在意榮譽，卻可能極為適合軍旅生活。正是鑑於此，掩飾並彌補了他們的諸多過錯。無論他們喜歡的舉止是多麼放肆，卻沒有任何人敢無視榮譽。不過，我們對此卻並沒有讓人心悅誠服的準確證據，所以，我們可以回憶一下最近我們在與法國的兩次戰爭中[11]出現的情形。我們的軍隊裡到底有多少如此弱不禁風的青年——教育讓他們性情懦弱、衣著得體講究、飲食上吹毛求疵——以狂妄欺瞞之心去執行他們應盡的義務？

這樣悲觀地覺得奢侈會讓人弱不禁風而嬌氣十足的人，可能以前在法蘭德斯[12]或西班牙親眼見過那些身穿鑲邊服裝的浪蕩子弟，他們儘管身著華美的刺繡襯衫，而且假髮還要用粉打理，卻飽受諸多困苦。他們被領至一座大炮的炮口邊上，對自己的頭髮毫不在意，就像最骯髒邋遢的懶漢一樣。有此想法的人可能還認識很多放蕩不羈的紈褲子弟，他們事實上已經

折損了自己的健康，由於太過依戀紅酒和女人而自毀身體，但在敵我交戰時，他們卻看上去理性而英勇。體格強健乃是對軍官最沒有意義的要求；如果說充沛的體力偶爾能產生點作用，那麼，在緊要的關頭，英明果斷的頭腦則可以成為對體力的補償，而這種英明果斷，正是希求完美、爭奪及崇尚榮譽在他們心中油然而生的。

明白自己職責所在的人，有著十足的榮譽感的人，但凡他們習慣了危險，都可以成為幹練的軍官；而他們的奢侈，但凡是用自己的而不是他人的錢財，也不可能會誘發國人的偏見。

按照上述所言，我覺得：我已論證了我在此條對奢侈的評論中想要闡明的觀點。首先，在某種意義上，所有事物都能夠被看成奢侈；而在另外一種意義上，世上壓根就沒有奢侈。其次，依據睿智的治理，一切民族都可以盡情享受本國有可能買到的外國奢侈品，而不致因此淪落窮困。最後，只要在軍事上受到相應關注、士兵享有豐厚報酬並紀律嚴明的國家，一個富庶的民族都可以享受所有能夠想要的、便捷發達的生活；在該國的諸多地區，人們能擁有人類智慧可以想像的各種精緻榮華的生活，同理，這樣的國家也會讓他們的鄰國心存恐懼，而擁有「寓言」中的蜜蜂所擁有的那些特性，也就是：

蜂群喜歡和平，同時恐懼戰爭，

這蜂群被異邦群蜂尊重備至，

一擲千金的生活也享之不盡，

無比受用與其他蜂巢的差額。（對奢侈的深層次論述，請參照「評論M」及「評論Q」。）

[M] 討厭的驕傲則掌控著更多人：……

驕傲屬於上天賜予的機能。只要是有頭腦的普通人，都會因為驕傲而自命不凡，覺得自己比所有（對他所有品性及處境一清二楚的）公允法官對他的判定還要好得多。我們對社會最為有用的品性，非驕傲莫屬了。要讓社會昌盛發達，最必不可少的品性還是非驕傲莫屬。不過，最容易招來芸芸眾生嫌厭的品性，也恰恰就是驕傲。我們這一機能有個非常鮮明的特性：最為驕傲的人，最容不得他人的半點驕傲；相反地，自身擁有其他惡德的人，卻最能容得下那些惡德的可惡之處。清心寡欲的人最痛恨偷奸耍滑的人；滴酒不沾的人最痛恨嗜酒如命的人；不過，每個人都最為無法容忍的，卻是周邊人的驕傲，它被看作所有驕傲之源；如果有誰願意包容它，那就是最謙虛的體現。思及此處，我認為：我們可能有依據進行以下推論：為一切世人所討厭的驕傲其實是某種標識，揭示了世人都在飽受驕傲的困擾。只要有頭腦的人都願意對這一點供認不諱；而且，每個人都會承認自己常常會有驕傲之心。不過，如果對個體的人考察一下，你就會發覺：所有行為都能稱得上是源自那個原則的人卻只是寥寥數人而已。還有大量人坦承：在每個時代的那些罪責深重的民族當中，驕傲與奢侈有力地刺激了貿易，但他們卻反對承認這些惡德，反對承認在一個更推崇美德的時代（這樣的時代不應該有「驕傲」二字），貿易將有可能急速衰敗。

　　他們說，萬能的上帝賜予我們對海洋及陸地上所有物品的掌控權；除了可以為人類所用的之外，海洋與陸地中已不存在能夠被發掘的東西了。人類如果被賜予控制其他動物的機能和勤懇，就可以把動物及人類才智所能想到的全部，悉數轉化為更方便人類利用的東西。依據這一點，他們覺得：認為謙虛、節約及其他美德會讓人放棄享用生活的安閒（那些最卑劣的民族並不反對這種享受），事實上這是一種缺乏信仰的幻想。所以，他們由此推論說：就算不存在驕傲或奢侈，人們也仍舊會這般吃穿、這般消費，仍舊會雇用相同數目的手藝人及工匠，而一個民族也絕對可以像那些

惡德最為風靡的民族一樣興盛發達。

　　具體說到如何穿衣打扮，他們會跟你說：驕傲比衣服離我們的身體要近得多，它徹底存在於我們心中；藏匿在衣衫襤褸下的驕傲，常常比藏匿在最華麗衣飾下的更多；毋庸置疑：世上一直存在一些仁慈的君王，謙恭和善，頭上頂著耀眼奪目的王冠，揮動著羨煞旁人的權杖，卻絲毫沒有考慮他人利益的鴻鵠之志。因此極可能會產生這樣的情形：許多人身著綾羅綢緞的華服和最奢華的手工衣袍（這一點也不會讓人考慮到驕傲），這充其量是源於家境及運氣而已。（他們說）一個年薪高昂的好人，每年都要購買多種衣服，其數目遠遠大於他能穿舊的衣服，但其生活追求，除了讓窮人有事能做、刺激貿易，並雇用許多人以提升其國家的福利之外，再無他事嗎？更何況，食品和衣服屬於生活必備，我們在人世間的所有牽掛全都跟這兩種主要的物品有密切聯繫，那麼，為什麼全人類不能夠把自己可觀的一筆收入如同用於食品那樣地用在衣服上，而這一點不也是為了迎合驕傲之心嗎？所有社會中的人們難道不都是依據其自身水準，被迫對保證全民都要仰仗的這個貿易分支貢獻自己的微薄之力嗎？更何況，讓自己的衣著落落大方，這是一種禮儀；我們與交談者進行交往時，體面的服裝常常還是一種必需品，雖然它與我們自身絲毫不存在瓜葛。

　　高傲的道德家們秉持的反對意見，往往就是以上這些。他們容不下有人拷問他們心中的高貴。然而，如果我們更仔細地研究這些反對意見，答案就可以迅速地水落石出。

　　如果我們身上沒有一點惡德，我就不明白每個人為什麼總是添置超過其需要的衣服，雖然他從不曾有熱衷於提升民族利益的想法。這是由於：他覺得一個人身著工藝細緻的絲綢服裝而不穿那些便宜服裝、遴選珍貴的上等衣料而不選取粗劣衣料，這能夠為更多的人創造工作機會，故而是在提升公共福祉，儘管這樣，他對服裝的態度，卻仍然像是目前愛國者對納

稅的態度一樣。他們儘管能夠納稅，但沒有誰想繳納分內之外的稅金，在每個人都遵循其能力公允地繳納不同層級的稅金（在十分推崇美德的時代，只好這樣）的地方，更是這樣。除此之外，在那樣的鼎盛時代裡，沒有人會讓自己的衣著高過自己的社會地位，沒有人會打腫臉充胖子，沒有人會在添置華美衣服方面欺瞞鄰居，或妄想多於鄰居。所以，整個社會的消費額就會連目前的一半都不到，而就業者的人數會連目前就業者的三分之一都不到。然而，為了更明確地說明這一點，並論述在用戶貿易方面，驕傲有著舉世無雙的作用；我還要研究人們對於外在服裝的幾種看法，並論述日常生活在衣著方面的投入會讓所有人受益匪淺。

　　穿衣服原本的目的有兩個，一個是遮擋我們的裸體；另一個是保護我們的身體，讓它不再承受氣候帶來的損傷及其他外部損傷。我們沒有止境的驕傲，使得在這兩個目的上增加了又一個目的，那就是為了打扮。這是由於：除了離譜的愚昧虛榮之外，還有什麼會盤踞在我們的理性枝頭，讓我們對裝飾品的期望超出其他所有穿戴著大自然賜予的現成衣服的動物呢？而我們這些裝飾之物，則必然讓我們持續地思及我們的匱乏和困苦。人這般充滿理性的生靈，覺得自己擁有這麼多種優秀品德，竟會俯首低身，憑藉從那些毫無還手之力的可憐動物身上劫掠的東西（譬如從綿羊身上或在人們看來地球上最無關緊要的動物，可能是一隻將死的蟲子身上劫掠的東西）來評判自己。這真的不值一提。不過，人們儘管由於這般不足掛齒的搶劫而驕傲，卻愚昧地恥笑來自非洲最邊遠海角的霍屯督人[13]，因為那時霍屯督人用以打扮自己的飾品是那些死去敵人的內臟；人們並不曾想到：正是這些死去敵人的內臟表明了野蠻人最擅長的英勇，它們是名副其實的存在於幻想中的戰利品；而如果說野蠻人的驕傲比我們的更殘酷，比我們的更滑稽，這是由於野蠻人身上所穿的，乃是憑藉戰勝一種更高貴動物而得來的。

然而，無論人的頭腦進行怎樣的反省，世界早已對此事有了評判。美麗的外衣是人們最關注的。漂亮的羽毛產生了良禽，而在無人相識的陌生地方，人們常常都會憑藉衣服和其他隨身用品而得到應有的尊敬。我們根據人們的外表是否富貴去評判其家底，按照人們預定的東西估計其視野。恰恰是這一點刺激著所有的人。但凡一個人尚有一技傍身，他就會注重自己的微小優點，就要穿著超過自己社會地位的衣服，在人口密集的大城市裡更是這樣。在那裡，一個默默無聞的人在一個小時內可以碰見五十個陌生人，卻只能碰到一個熟人，所以能夠充分享受得到大部分人尊重的快感的，是他們的外貌，而不是他們自己贏得了這份尊重。這是對大部分貪戀浮華的人的一種更強烈的引誘。

　　無論是誰，但凡喜歡從研究各種下流生活情景中聊以自慰，都會在復活節、聖靈降臨節及其他節日裡遇見十來個生活在接近最底層的人，特別是女人。這些人的衣服既考究又時尚。你如果走上前去與他們搭訕，他們會覺得你的舉止比他們的更溫文爾雅，更充滿敬意。他們往往會對自己擁有這般禮遇而心存愧疚。你如果還有一點點好奇心，就經常可以發現：最讓他們擔心的是要掩飾他們所做的職業，掩飾他們生活的住所。其中緣由非常明晰：他們得到的禮遇往往並不是因為他們本人。他們覺得：他們之所以得到這般禮遇，全都是因為他們身上那些更華美的衣服。他們如願以償地幻想著：人靠衣裝，外表就是他們的未來，而對於思考能力欠缺的人而言，這恰恰是一樁喜事，是一種真真切切的歡喜，他們的期待所能幻想出來的，只是這樣。他們不希望自己從這個華麗的夢中被喚醒，並且篤定：他們的低俗境遇如果被你洞悉，你必定會十分蔑視他們。所以，他們就沉浸在自己幻想的假象裡，小心翼翼，盡力不露端倪，以免你對他們的尊敬頓然消失，而他們卻自鳴得意地認為：你是因為他們的華麗衣服而奉送上那份他們應得的尊敬。

在衣服與生活方式方面，我們理應讓自己的舉止合乎我們的社會地位，理應仿效與我們社會層次和經濟水準相當的最理性、最慎重的人。雖然每個人都對此表示贊同，然而既不對他人所擁有的東西虎視眈眈，也不因擁有他人沒有的東西而傲慢無禮，能擁有這樣見識的人真是少之又少！我們每個人都在朝拜社會地位比我們高的人，並盡力迅速地去效仿在某個方面超過我們的人。

教區裡最窮苦勞工的妻子，儘管恥笑燙著對健康沒有好處的捲髮的女人，卻與丈夫忍飢挨餓，以求能買一件二手睡袍及襯裙。事實上，那東西對她壓根沒用，只因它的確看上去更像是上流社會的穿著。織工、鞋匠、裁縫、理髮匠及每個卑微的勞動者，其收入儘管都非常有限，卻都敢於用他們賺取的第一筆錢，把自己打扮得如同一個富庶的商人。平凡小販在妻子的打扮上都模仿相鄰的同行批發商，其原因是：早在十二年前，那批發商的鋪子並沒有他自己的大。藥品商、綢緞商、衣料商及其他信用良好的店鋪老闆，都搞不懂自己與貿易商有什麼區別，所以就在衣著及生活方面模仿他們。貿易商的妻子們不能容忍小商人對她們的模仿，所以逃往城鎮的另一頭，並從此以後不再迷戀任何時裝，而只是穿自己喜歡的衣服。這種高傲讓宮廷嚇破了膽，有地位的女人眼見商人妻女的衣著居然與自己毫無二致，甚是驚訝。她們大嚷：市民的這種恬不知恥實在不能忍受。所以她們把裁縫師叫到身邊，與此同時，時裝的各種新時尚自然就成了她們研究的主旨。但凡那些漂亮市民開始效仿她們正在穿的服裝，她們就總是更換些更別致的款式。這樣的攀比競爭一直延續，從對服裝料子某種程度的模仿到不敢相信的奢侈花費。最後，君王恩寵的女人們及最高貴的女人，終於沒有一件服裝可以超過地位略低於她的女人，而不得已只好在豪華的馬車、富麗的傢俱、奢靡的花園及華貴的宮殿上顯露她們的奢華。

因為這種攀比，雙方持續盡力超越對方，在服裝款式經歷了形形色色

的更迭轉變，經歷了頻頻仿造新款與變更舊款之後，仍給擁有創造才華的人留有一些餘地。正是基於此，才逼迫窮人去工作，激勵了勤懇，並鞭策著嫻熟技師去尋覓更深層的完善。

可能有人會駁斥說：許多人之所以穿華麗時裝純屬習慣使然，所以他們常常用毫不在意的姿態去穿著精美的服裝；這些人儘管也提升了貿易的收益，但卻並非源自心中的那份攀比抑或驕傲。對於此，我答覆如下：衣料及時裝生來就是為了迎合他人的虛榮心，就是為了讓那些人從優美服飾上贏得比不注重自己服裝的人更多的快感，如果不是這樣，對自己的服裝這麼漠不關心的人就不會去選擇精美服裝了。況且，驕傲之心，世人皆有，並不是像表面上那樣；而那種惡德的種種表徵也不是很容易就被察覺的。那些表象形式多變，會因為人們的年齡、性情、環境及（常常是）體格的差異而顯現出不同的形態，可謂變幻莫測。

脾氣火爆的市長大人好像迫切想要採取行動，常常會憑藉他那擲地有聲的腳步來展示自己的好戰天賦。由於缺乏勁敵，他只好用力地抖動著臂彎下那根手杖。每當他在城市中穿梭時，他的華美軍服都會讓他的頭腦過度興奮。他用這些來盡力將他自己遺忘，也盡力將他的店鋪拋諸腦後。他懷著類似古代阿拉伯征服者的凶惡仰視戲院包廂。而理性的市府議員，目前卻已由於其德高望重而備受尊崇，這迎合了他心底那份被當作大人物的虛榮心。他神采奕奕、正襟危坐於大馬車之上，這是因為他實在不曉得還有什麼更方便的形式去展示他的虛榮。人們能夠透過他那身華美的制服識別他。他興高采烈地接受著下等人對他的那份敬仰。

年輕稚嫩的少尉佯裝出一副與其年齡非常不符的穩重，懷著滑稽可笑的傲慢之心，使勁效仿他的上校的那種莊重表情，一直洋洋自得地自忖；他的果敢風姿會讓你覺得他富有英雄氣概，無懼風險。年輕的美女則每時每刻都在憂慮自己不能成為眾人的焦點，反覆改變風格，迫切地想吸引所

有人的注視，所以自己那份期待得到眾人矚目的迫切願望也一覽無遺。看到她的人都情不自禁地用眼神表達對她的讚賞。與此不同的是，剛愎自用的放蕩子弟則展露出一副稱心如意的神情，全然沉醉在自己的十全十美當中，在公眾場所顯出目空一切的做派，而必然會讓愚昧的人認為：他覺得自己是在不屑於與人為伍。

　　狀如此舉的表現，雖然形形色色，卻無一不是驕傲的外在表現，世人只需一眼就能看出端倪。不過，人的虛榮心並非總會在這麼短的時間內暴露。我們偶爾會體驗到一種人性處境，其中的人好像既缺乏自我陶醉的本能，又並不對他人置之不理，就常常輕易認為他們一點也不虛榮；但是，他們可能只是厭煩了虛榮以及被迎合的感覺，或許只是由於太過享樂所以才精疲力竭而已。在百無聊賴地斜靠在普通馬車上的偉人身上，人們往往可以目睹內心平和的外部表徵，目睹心不在焉而略顯疲倦的從容不迫，但這些並非始終如同表面上那樣發自肺腑、毫不摻假。最讓驕傲者神魂顛倒、心生嚮往的事情，絕對是讓別人以為他自己很快樂這件事莫屬了。

　　有涵養的紳士覺得自己最能夠有驕傲的資格，在於隱藏驕傲的老練技巧，其中有些人在掩飾這個缺點方面稱得上是專家，以至於在他們心中驕傲四溢時，旁人倒是覺得他們最能夠不被驕傲所奴役。所以，精巧佯裝的廷臣出現在公眾面前時，卻展現出一種謙恭友善的風采。他心中時刻都填滿了虛榮，卻一點也不顯得自己崇高。他諳熟可愛的品格一定會讓人們對他倍加尊敬，並能讓他的尊貴如虎添翼。而他非常精緻的馬車馬具，以及車上其他的飾品，就能成功地顯示他的尊崇。

　　這些人身上的驕傲常常被人忽略，因為它被故意隱藏起來了。當他們以最公然的方式（至少表面上是在用這種方式）展示驕傲時，旁人依然覺得這些人一點也不驕傲。富足的教區牧師連同其他神職人員，因超脫於世俗歡樂之外，就把一件事情看成是自己的事業，那就是去尋求一身黑色長

袍，尋求能用金錢買到的最好布料，穿上完美無缺的高貴外衣，讓自己卓爾不群。他的假髮也十分時尚，樣子就像他必須要去敷衍的那幫凡人所稱讚的假髮。然而，因為他能使用的假髮樣式有限，他就非常看重假髮對頭髮有沒有好處，顏色是不是很漂亮。因而，僅有幾位貴族能在這方面與他看齊。他的身體總是非常整潔，如同他的衣服一樣。他的臉也永遠都刮得非常乾淨。他永遠都會細心打理自己美麗的指甲。他柔嫩白皙的手與一顆頂級的寶石戒指相互映襯，讓二者都更加秀美。他發覺，亞麻布實在不成體統；他覺得，如果人們發現他外出穿的海狸皮外套沒有一個富足的銀行家在婚禮上賣弄的那件精緻，那就是件丟臉的事。在除去這一切華美衣飾之外，他還附上了一副自命不凡的姿態，在自己的馬車裡展示出一種高高在上的倨傲。然而，雖然有如此多同時顯現的證據，世俗的禮貌還是不容許我們把他的任何行為當作是出於驕傲。因為他職務的尊貴，在別人身上被看作虛榮的東西，在他身上卻只被當成莊重。我們應當相信他的職業具有良好風範，相信這位富有的先生（就算不把他讓人心生敬意的人品考慮在內）這般費神與消費，是全部出自他對自己所做的神職的敬仰，全部出自對宗教的一腔熱情，它讓他的神聖職責避免受到嘲笑者的鄙夷。我真誠地覺得：所有這些都沒有資格稱之為驕傲。請容許我的一句贅言：用我們人類的智力評判，他那些做派充其量只是極像驕傲而已。

不過，我如果最後認可：有人確實既喜歡享用華服及所有精緻的馬車與傢俱，又沒有驕傲之心，結果會怎樣呢？能夠斷定的是：如果每一個人都是這樣，我上述提及的那種攀比競爭就一定會停滯，而各行的貿易也必然消停，這是由於貿易在很大範圍內依託於那種攀比競爭。這是源於：說每個人都的確擁有美德，說他們會大公無私、專心去為他人服務，去提升公眾福祉，其熱情就像他們目前因為自愛而攀比的熱情一樣，這只是一種讓人們苦不堪言的改變，是有悖常理的揣測罷了。所有時代都存在好人，

所以，我們在這方面定然有實例可循；然而我們可以試著去問問那些做假髮的人和裁縫師：到底可以在哪些先生（就算是最富足、最尊崇的先生）身上發覺這種投身公益的氣質？去問問賣花邊的、賣綢緞的以及布料商：最富有的（如果你願意，也能說最有品德的）太太們是否願意用現金買賣，是否計畫按期還帳，是否願意為了每一碼衣料節約四個或六個便士在不同家商店來回奔波，不願多選幾家，不願挖空心思地與他們還價，其做派是不是和鎮上最貧苦的女人一模一樣？如果這些人在你質問下回答說：還有類似的男女，所以，事實上有可能真是這樣。然而我要答覆說：餵飽的貓偶爾不但不捉老鼠，反而在屋中到處尋覓老鼠，還給幼鼠餵牠的奶喝；一隻鷸鷹偶爾也會像雄雞那樣請母雞吃飯，並坐在那裡餵養雛雞，而不是把牠們變成一餐美食。不過，如果貓族及鷸鷹確實向來這樣，牠們就不再是貓和鷸鷹了，因為這不合乎牠們的天性，而我們一旦認同貓和鷸鷹的天性，我們所說的貓及鷸鷹這些動物族類就立刻無影無蹤了。

[N] 都出於嫉妒心與虛榮心唆使
　　都在鼓舞積極進取的傳道人；……

嫉妒正是我們天性中的低賤惡德，它讓我們對自己幻想出來的他人的幸福心生痛苦和羨慕。我不相信沒有一個理性成熟者不曾有過因這種激情而徹底喪失自控能力。然而，我沒有見過一個敢於大膽承認自己有嫉妒心的人，這種只有在開玩笑的時候會出現。我們之所以對這種惡德廣泛存有羞恥心，是源於那種強大的虛偽習慣作祟。因為虛偽，我們從孩提時代就學著，甚至對自己掩飾這種普遍的自愛及其所有不同分支。沒有哪個人會情願他人的境遇比自己好，只有他覺得自己沒有機會把那些良好願景變為現實時才會這樣。所以，我們就有機會輕易得知這種激情在我們身上喚醒

的是什麼習慣了。為了搞明白這一點，我們首先需要意識到：我們對自己的評價事實上並不公允，而我們對鄰人的成見也常常是同樣地不公。我們認識到他人正在做著或享用著在我們看來他們沒有資格做、沒有資格享用的事情時，我們心中就會十分痛苦，並對讓我們不舒服的原因非常惱怒。其次，我們常常把美好的期望留給自己。每個人都憑著自己的評判和喜好，對自己心存美好期盼。眼見自己喜歡的東西不在我們手中，而是被他人佔有，這立刻會讓我們由於無法佔有自己所喜愛的東西而痛苦。但凡我們還在意自己的所需之物，這痛苦就無可救藥。然而，自衛之心卻非常不安分，從來沒有讓我們想方設法去摒棄自己內心的惡念。常識告誡我們：要消滅這苦痛，天下最有效的手段莫過於我們對那些人的憤怒，他們有著被我們重視、對我們有用的東西。所以，我們就珍視並早就痛恨這種激情，以讓自己避免因悲哀而產生不自在，或讓它稍微緩和，起碼是部分地脫離它，或讓它有所延緩。

因此，嫉妒乃是悲哀與憤怒的組合體。這種激情的程度，大部分決定於對象與環境的間隔有多遠。如果有個出於無奈被迫走路的人，妒忌一位有著用六匹馬拉的馬車的大人物，這妒忌不可能如同另一個人的嫉妒那麼猛烈，他不舒服的程度也不可能如同另一個人那樣。另一個人儘管也有一輛屬於自己的馬車，卻只有能力承擔得起用四匹馬拉的車。嫉妒的表徵形式多變，無法言盡，就像瘟疫的各種表徵一樣。嫉妒時而顯現為一種特性，而另一些時候則有截然相反的特性。嫉妒病在女子當中廣為存在。女人相互指責和非難時，全都展示出嫉妒的明顯特性。在漂亮貌美的年輕女人身上，你往往能夠發覺這種特性最鮮明的表現。她們常常只看了對方一眼就會使勁地相互痛恨，其根本原因只有嫉妒，無它可言。如果她們還不精於隱藏，還疏於佯裝，你一眼就可以從她們的臉上發現那種鄙夷，發現那種沒有緣由的厭煩。

在既粗俗又缺乏涵養的流氓身上，嫉妒這種激情顯露得非常明顯。他們嫉妒他人走運時更是這樣：這些人呵斥比自己幸運的人，把他們的過錯一一列舉出來，挖空心思地栽贓他們最為稱讚的行為。這些人有時向神明呢喃，有時公開大聲埋怨，說世上的好事大部分都讓那些沒有資格得到它們的人占盡了。在這些人中那些更低賤的人常常尤為怒氣衝天，如果不是因為害怕法律而稍加節制，這些人就會徑直去找嫉妒的「罪魁禍首」，把他們暴打一通。讓這些人憤怒的，其實只是嫉妒傳遞給他們的東西而已，並無其他。

被這種怪病折磨的文人，其表現差別非常大。他們如果是嫉妒某人的才華與博學，就會把心思集中用在盡力隱藏自己的缺點上，這往往體現為否認和貶抑被嫉妒者的優秀品德。他們認認真真地審閱被嫉妒者的文字，每每看到一處文采飛揚的地方就心生不悅。他們只在意文中的疏漏，並無他求。他們期盼得到的最大快慰，就是發覺其中的一個大錯。他們的非難十分苛刻，無事生非，借題發揮，大驚小怪，就算只有半分小錯的蹤跡也不饒恕，把最微乎其微的過錯誇張成彌天大錯。

在野蠻的畜生身上也能夠發現嫉妒的症狀。馬匹的症狀，乃是跑路時相互競爭竭力跑到對方前面，其中嫉妒心最大的馬寧願在奔跑中死去，也無法忍受別的馬超過牠。嫉妒這種激情在狗的身上也一樣可以顯露得清清楚楚：平日裡天天被人撫摸的狗，不可能溫順地容忍這種好運氣被別的狗搶去。我曾目睹一隻哈巴狗，牠情願被食物撐死，也不願意給同類的爭食者剩下一星半點的食物。我們還時常會發現：在我們天天碰到的一些幼兒身上也一樣有著類似的習慣。他們非常頑皮，並由於擁有超額寵溺而脾氣暴躁。他們時刻都可能異想天開，反對吃自己原本想吃的東西，此時此刻我們就只能騙他們說：目前正有另外一個人（不，就算說正有一隻貓或一條狗也是可以的）要搶走他們的食物。因此，他們就會快速地把他們應有

的那份食物吃掉，就算是不喜歡也無所謂，依舊照吃不誤。

　　人類天性中的嫉妒如果不是根基龐大，它在兒童身上就不可能這麼廣泛，而青年人也不可能這麼廣泛地受到競爭的鞭策了。一些人常常把所有對社會有用的事物納入一條原則，把小學生身上展示出來的競爭性說成是一種思維的美德，這是由於競爭要以勞動和吃苦為代價，那些小學生明顯常常會對自我產生不認同感，其舉止就是源於競爭法則。不過，如果認真察看，我們就會發覺：葬送舒適與歡樂，這些行為只是源自嫉妒、源自熱衷榮譽罷了。那種假裝出來的美德當中如果缺乏混合著某種類似這種激情（嫉妒）的因素，那麼，採用與造就嫉妒相同的手法，就沒有可能提升和促進那種美德。一個由於表現出色而得到獎賞的男孩，會發覺要是沒有這個獎勵將會出現鬱悶。這個想法使他盡心竭力，不讓被他目前認為沒有他強的孩子超越他。他的驕傲越是強烈，他維持領先地位的行為就越充滿自我否定意味。而另一個男孩，雖然也盡力表現得優秀，卻並沒有贏得獎勵，所以非常痛苦，而把一腔怒火轉嫁給那個必然被他看作是自己痛苦之源的男孩。然而，大庭廣眾之下展現這種憤怒既滑稽幼稚，又無濟於事。所以，他要麼就情願被那個男孩超越，要麼就重整旗鼓，再接再厲，繼續努力，成為下一個表現更好的人。不過，十個男孩當中只會有一個對此麻木不仁，天生善良、平心靜氣地採用第一種辦法，所以變得消極懶散。而那些貪心、執拗、愛鬥的小流氓卻會忍耐無法相信的痛苦，讓自己在下一輪競爭中勝出。

　　畫家當中的嫉妒也非常廣泛，所以，嫉妒對提升他們的藝術有著極大功效。這並非說低等畫家嫉妒繪畫名家，而是說大部分低等畫家都沾染了這個惡德的風氣，他們嫉妒比他們稍有精進的畫家。一位偉大藝術家的學生如果是個卓爾不群的天才，並且天賦異稟，他儘管剛開始對自己的師傅百般膜拜，然而當他的技巧逐漸提升時，他會悄無聲息地在心底對自己之

前膜拜的人泛起一些嫉妒。想要弄清楚這種激情（也就是我提及的嫉妒）的實質，我們只要意識到一點就行：一位畫家如果非常努力，不僅趕上了自己嫉妒的人，而且超越了那個人，這位畫家的苦痛就會消解，他的全部怒火也都會熄滅。儘管以前他嫉妒那個人，目前卻非常樂意跟他做朋友，如果那人願意紆尊降貴的話。

沾染這種惡德的已婚女人（例外者非常少見），始終盡力在她們丈夫心中喚醒這種激情。只要是這種女人居於主流的地方，嫉妒與競爭就會羈絆男人的手腳，讓表現欠缺的丈夫摒棄懶散、嗜酒及其他惡習，其功效比從使徒時代沿襲至今的所有傳教佈道都要好得多。

每個人都希望生活幸福，享用歡樂，並盡己所能地遠離痛苦，所以，自愛就會命令我們把所有看上去幸福快樂的生靈當成爭奪幸福的敵人。我們眼見他人的幸福有礙，就會稱心如意。這儘管不能為我們贏得多少好處，然而從這種快樂中衍生出來的東西，卻能夠被稱為「落井下石」，而導致這個弱點的源頭就是「怨恨」，它也出於「嫉妒」這同一個根源，因為沒有嫉妒也就不會有怨恨。這種激情潛伏時，我們壓根感覺不到它的存在，人們常常認為在自己的天性中並沒有這樣的缺點，這是由於在那一瞬，人們還沒有被嫉妒所左右。

一位衣著優雅的紳士恰好被一輛馬車或大車濺得滿身是泥水，那些社會地位比他低很多的人就會譏諷他，其程度甚至超過與他地位持平的人的譏諷，這是由於這些人更嫉妒他：他們瞭解他對自己碰到的倒楣事非常氣憤，認為他平時生活比他們快樂，所以目睹了他遇上倒楣事就非常高興。不過，一位沉穩的年輕女士卻不僅不會譏諷這位紳士，反倒會可憐他，這是由於她喜歡看到一個清清爽爽的男人，她並沒有嫉妒心。對遭遇災禍的人，我們到底是譏諷還是可憐，起決定因素的是我們心懷惡意還是憐惜。如果一個男人摔了個跟頭，受了些許的傷害，然而並沒有引發同

情，我們就會笑。而與此同時，我們的憐憫與惡意則會交替地打動著我們：「先生，我對此真是十分抱歉，請您寬恕我的笑吧，我是世上最愚鈍的動物。」接下來我們又忍俊不禁，然後還會哈哈大笑，「我真是十分抱歉」，如此反覆。有些人懷揣惡意，會因目睹一個男人把腿摔折了而笑；另一些人則懷揣同情，就算一個男人衣服上有一塊最小的汙漬，也會引起發自肺腑的遺憾。不過，每個人都不會粗魯到沒有同情之心的境地，同理，沒有人會善良到全然不會發出惡意的水準。掌控我們的激情是多麼奇異！面對一個富人，我們開始是嫉妒，之後會真心真意地怨恨他。然而，等到我們變得和他一樣富足，我們就鎮定自若了，但凡他略微展示出一絲謙遜，我們就會與他成為朋友。不過，我們如果變得明顯超過他，就可以對他的厄運心存同情。真正擁有理性的人不會如同其他人那樣嫉妒，其原因是這些人對自己的讚譽不像傻瓜和蠢人那樣猶豫不決，這是由於雖然他們並沒有讓別人發現這種自我讚賞，卻擁有堅貞的念頭，這讓他們對自己的真實價值深信不疑，而愚鈍的人心中始終不會擁有這樣的自信，雖然他們有時會佯裝信心滿滿。

古希臘人有一種貝殼放逐法[14]，就是把那些不受歡迎並且又極具社會威望的人的名字寫在貝殼上，透過投票決定是否放逐，這被當成一種屢試屢中的療法，用來治療和預防普羅大眾的怒氣及敵意引發的傷害。葬送一個公眾人物，常常可以安撫一個國家的民怨，而後人往往會詫異於這種天性的蠻橫本性，事實上，在相同的環境中，後人自己也會因循此例。葬送這些人，正是對圖謀不軌的群眾的迎合，這是由於群眾親眼看見一位偉人名譽掃地，心中會泛起極大的滿足感。我們相信自己擁護正義，並且希望目睹獎賞美德；然而，如果人們總是敬仰聲譽鼎盛的人，那麼，我們當中半數的人就會對他們逐漸心生厭惡之情，因而去找尋他們的謬誤。如果找不出一個缺點，我們就會認為這些人把他們的過失都掩飾起來了，就算我

們當中大部分人並不期待這些人被摒棄，這已然足矣了。對所有並非自己直接的朋友或熟人，最理性的人應該隨時瞭解這種不平，這是由於最讓我們心煩意亂的，絕對要數那些我們擁有的頻頻讚譽莫屬。

一種激情越是與其他諸多激情組合在一起，它就越是不容易被隔離出來。一種激情越是讓擁有它的人心生苦悶，它就越能刺激這些人對於他人的險惡用心。所以，嫉妒心就是最變幻莫測、最能惹是生非的東西，它由愛、希冀、恐懼及許多嫉妒組合在一起。關於嫉妒，我已經進行了詳細的闡釋；讀者能夠在評論R中瞭解我對恐懼的態度。所以，為了更細緻地詮釋和闡明嫉妒這種獨特的混合激情，在本條評論中我會更深層地闡釋嫉妒所涵蓋的因素。它們就是希望與愛情。

所謂希望，就是懷著某種水準的自信去憧憬自己渴望的東西成為現實。我們的希望到底是可行還是愚鈍，這全部由我們的信心是否強大來決定，而所有希望中都涵蓋著疑慮。這是由於：我們的信心但凡升至拒絕所有疑慮的水準，它就演變為一種篤定，我們就堅信自己必然可以得到曾經想要得到的東西。提到一個「銀質的墨水壺」，大家都很熟悉，因為每個人都懂得這個字指代何意，但提及某種「希望」，則不可能讓每個人都能洞悉其中的含義：這是由於應用一個名詞的人，如果摧毀了這個名詞對應的實物，這個名詞就沒有任何意義。如果名詞與它對應的實物本性不一，我們對二者的瞭解越清楚，就越可能發覺把二者混為一談是滑稽的。因此，聽聞某人提及某個「希望」時，我們並沒有如同聽他提及一塊「熱冰」或「液體的橡木」時那麼詫異，這並不是由於「希望」中涵蓋的滑稽超過後兩個字，而是由於大部分人儘管都能瞭解「冰」或「橡木」的意思，卻不能同樣瞭解「希望」這個字的意思（我所說的是它的內涵）。

「愛」的首層意思是好感，就像父母及保姆對兒童的那份愛，以及朋友彼此之間的那份愛。愛由對被愛者的喜愛和美好願景組成。我們能輕

易體悟所愛者的言行，就算親眼看見他的過錯，也會輕易為他洗脫罪責並寬恕他。我們把所愛者的福祉當作自己的福祉，這有時能轉化為某種成見。而憐憫所愛者的悲痛，我們心底也會泛起高度的滿足感，就像與他一起分享快樂一樣。分擔所愛者的悲痛，這並非不切實際，無論那悲痛所為何事，這是由於我們如果是真心分擔他人的不幸，自愛就會讓我們深信不疑：我們心中的痛苦將會削弱友人的痛苦。這種全面顧慮安撫著我們的痛苦時，在我們對自己所愛者的可憐之中就會有一種私密的歡快陡然而生。

「愛」的第二層意思是指一種激烈的欲求。從根源上講，這種欲求與其他一些好感（譬如友情、感念及親情）的差別，就在於它是彼此取悅的異性之間出現的感情。也就是在這個層面上，愛情才被看作組成嫉妒心的因素之一。嫉妒既可以是愛情的結局，也可以是愛情的歡樂裝飾，而愛情激勵我們為繁衍人類物種而辛勤耕耘。無論男女，但凡身體健康，性愛就像是飢渴一樣，都是先天存在的天性，雖然這種天性在青春期以前展現得極不明顯。我們如果可以讓自然女神一展真實面目，窺探她最內在的私密，就可以發覺這種激情還在襁褓時的種子，就像胚胎中齒齦還沒成型時的牙齒一樣清清楚楚。健康的兩性在二十歲之前沒有體驗到這種激情的人，實為少數。然而，文明社會的穩定與幸福卻命令人們掩飾性愛，不准在公眾場所談情說愛。所以，涵養頗佳的人就把當眾坦言所有跟這繁衍物種的祕密有關的行為，看成是十惡不赦的。如此一來，這種激烈欲求儘管是人類延續最必不可少的，但其稱謂卻讓人嫌惡，而對「性欲」的習慣界定，則常常是「骯髒無恥」和「令人作嘔」。

遵守道德的人和非常害羞的人，他們的這種天性衝動常常先給身體帶來較長時間的困惑，之後才能獲得他們的領會和認可。讓人關注的是：接受了最圓滿的磨練和教育的人，往往最忽略這種事情，而我也只能在這裡考察先天環境中野蠻的人與文明社會的人的區別。首先，男人和女人如果

是全然沒有接受過流行氣質方面的教育，他們會迅速發現困惑的緣由，並且會如同其他動物一樣，因為無法找到削減困惑的可行療法而茫然無措。除此之外，他們既無需閱歷更豐富的人定下的規則，也無需那些人開創的先河。不過其次，要在明令恪守宗教、法律及禮法的約束，命令不因循天性而遵守這些規則的地方，都明令青年男女警覺和預防這種衝動。所以，他們從孩提時代就遭到故意的恫嚇，使他們躲避這種衝動的甚至是最微小的症狀。這種激烈欲求自身及其所有表現，雖然被明確地感受到，被明確地瞭解，卻必然要被審慎而嚴苛地叫停。女子只要有機可循就會全部否認這種欲求，就算她們自身受到它干擾，也會這樣。這種欲求如果讓她們心情極差，她們要麼被迫要依靠體育鍛鍊去治癒，要麼暗暗地悉心忍耐。正是為了捍衛法治和禮數的社會福祉，才命令女子抑制和耗磨自己的欲求，讓它消逝，而不該用不合乎法理的手段去削減它。人類中那些喜愛時尚的人、家境高貴和富庶的人，其婚姻都會在意門第、財富和名譽。他們找尋配偶時，天性的呼喊乃是最無關緊要的東西。

所以，把愛情與欲望混為同一物的人，就是把愛情的緣起錯歸為它的結局。不過，教育的能量及我們從教育中得到的一種思維定式，卻讓我們對此深信不疑：男女兩性偶爾確實彼此愛慕，卻絕對不會引發肉欲，不會引發大自然延續人類的想法，那種想法就是大自然應有的主旨，缺了它，男男女女就不可能引發那種激情。世上真有這樣一群人存在，然而更多的人口口聲聲說是擁護那些文明的觀點，卻全然是因為奸詐和偽裝。徹底的精神戀愛者，往往都是面無血色的孱弱的人，都是兩性中天生漠然的人。身體強健、精神飽滿的人，以及滿面紅光的人，無論他們擁有的愛情多麼高雅，也不可能把所有與肉體有關的思想和想法全部摒棄。不過，最單純的戀人如果洞悉了自己激烈欲求的源頭，希望他們能假設對方理應享用被愛者的肉體歡愉。飽受這種思考的煎熬後，他們會迅速發覺自己激情的實

質到底是什麼。反之，思及被自己寄予美好願景的人體驗到了幸福婚姻帶來的歡快和舒暢，父母及友人也會覺得得償所願。

擅長洞悉人心的獵奇者會給出一種觀點：這種愛情越是高尚，越是拒絕所有與感官享樂有關的想法，它就越是虛假，越是從其本來源頭的初級單純性中倒退。政治家將社會文明化時費盡心思，用盡了一切精力和才智，這些明顯不是別的，而全都是掌控我們各種激情的錦囊妙計，其宗旨是讓我們彼此敵視。滿足我們的驕傲，一邊讓我們對自己的美好評判得到提升，一邊刺激我們因為羞恥而對他人心生最大厭煩和高度嫌惡，基於此，那些城府極深的道德家們，已讓我們自然而然地懂得了該怎樣面對自己，就算不能遏制我們珍視的激情和欲求，起碼也要把它們掩蓋和喬裝起來。我們自己心裡有著這些激情和欲望，卻基本不瞭解它們究竟是什麼。悲哀！這就是我們想要擁有的、對我們一切自我否定的獎賞！我們把這麼沉重的欺瞞和虛假加諸自己及他人身上，讓我們這個物種看似距其他物種（比事實上）更高、更遠；到頭來我們只有如此虛榮的滿足感，其餘一無所得；事實上我們心知肚明人是何物。如果有哪個人思及此，他是否會莊重到沒有一絲笑意呢？然而這就是現實，我們從中親眼看見：我們為什麼一定要把全部可能展示我們內心欲求的言行塗上讓人作嘔的色彩，我們可以體驗到這種欲求，它讓人類周而復始、繁衍生息。我們也從中親眼看見：溫順地拜倒在一種激烈欲求的暴力之下（抗拒這種暴力會讓人非常難受），單純地服從大自然最急切的命令而沒有一絲奸詐和偽飾，就像其他的動物那樣，這為什麼會被印上「獸性」這個恥辱的符號。

所以，我們口中的「愛情」就不是一種實在的欲求，而是一種混合雜質的欲望，或者可以說是一種由各種對立的激情雜糅而成的東西。它是一種披著習慣和教育外套的先天成品。所以，就像我之前提醒過的那樣：在有涵養的人身上，這種激情的真實緣由和初始目的已被消解，並且基本不

可能被他們發現。這全部都表明了其影響為什麼會隨著人的年齡、體格、意願、性格、境遇及禮數涵養的差別而不同，以及它的影響為什麼差異如此巨大，如此反覆，如此讓人詫異，如此說不通。

恰恰是這種激情，讓嫉妒心引起了許多困擾，其中的嫉妒往往是摧毀性的：有人認為可能會有一種並不涵蓋愛情的嫉妒心，這些人壓根不瞭解那種激情。男人們可能對自己的妻子並無愛意，卻依舊會由於她們的行為而惱怒，並且無論有沒有根據都猜忌她們。然而在這種情形下，左右這些男人的純屬他們的驕傲，是源於對自己名聲的注重。他們毫不慚愧地怨恨妻子；如果是粗魯霸道的人，還會先把妻子暴打一通，爾後稱心如意地去睡覺：這樣的丈夫不但會監督自己的太太，而且會請旁人去跟蹤她；然而他們的警覺心並不這麼警醒。他們對妻子的質詢既不追根究底，也不挖空心思。他們心中缺乏雜糅著嫉妒的愛情，所以並沒有擔心察覺妻子不貞的憂慮。

可以印證我這個見解的是：我們從沒目睹一個男人和他的情人之間出現以上事情。這是由於，男人但凡愛情逝去並猜忌情人就會離她而去，並在腦海中將其摒除出去。不過，我們卻實在很難設想哪個男人（就算是非常理智的男人）願意與其情人斬斷情絲。但凡他還愛她，無論她罪責多麼深重，他都不會與她分手。他如果由於惱火打了她，事後就會焦躁難耐。他的愛情讓他想到了自己對情人的損傷，所以想和情人和好如初。他儘管口口聲聲說恨她，並且往往從心裡恨不得她被吊死，然而，他如果不能完全摒棄自己的缺點，就始終不可能從情人那裡得以脫身：雖然她涵蓋了他能想得到的、最恐怖的罪責，雖然他曾痛定思痛，狠下心來一千次地立誓一定要離她遠點，他卻全然不能實現誓言。就算他徹底證實了情人的偽飾，但凡他的愛情還在，他的絕望就不會永遠持續。他會在兩次最絕望的時間裡心存僥倖，並且每過一段時間之後就心生希冀。他為情人的過錯遍

尋理由，隨時想著寬恕她。他為此想方設法，竭力尋覓讓她看似不那麼有罪的所有可能的藉口。

[0] 它是確切的快樂、舒適與安然，……

快樂中涵蓋著至善，這是伊壁鳩魯[15]的論點。伊壁鳩魯的生活是節約、理性和其他一些美德的榜樣，這使後代的人們對快樂的含義爭執不已。一部分人依據這位哲學家的節欲，覺得伊壁鳩魯提及的「快樂」意味著做有德之人。伊拉斯謨[16]在他的《談話錄》裡告誡我們：最崇高的伊壁鳩魯主義者非那些真誠的基督教徒莫屬。另外一部分人聯想到伊壁鳩魯的絕大部分追隨者揮金如土的做派，就常常覺得：伊壁鳩魯提及的各種快樂，除去感官快樂和對我們各種激情的迎合之外，別無他者可言。對這兩種人的爭執，我不想給予評價，而只認同一種觀點：無論人們孰優孰劣，讓他們心生愉悅的，都是為著他們自己的愉快，而不是在深奧的語言中尋覓什麼術語。我堅信：英國人會把任何一種讓他歡快的事物合理地稱作快樂。依據這個界定，我們不該再去爭辯人的各種快樂，就像我們不該去爭辯人的各種口味一樣：涉及趣味無辯駁。

人儘管缺失美德，卻擁有世俗的欲望，放蕩奢華，野心四溢，貪圖占盡先機，期盼比那些超越他的人地位更受尊崇。他的奮鬥理想是碩大的宮殿和漂亮的花園。他的最大快樂是在抖擻的駿馬、華貴的馬車、大量的僕人及奢華的傢俱方面遠超他人。為了迎合淫欲，他對上流社會年輕漂亮的女人虎視眈眈，她們魅力四射，各有特色，都能映襯出他的崇高，並真誠地愛著他本人。他熱衷於在自己的地窖裡儲藏由各國花朵釀製的上等紅酒。他期盼自己餐桌上山珍海味，每道都是精選的美味佳餚，很難買到，並能充分驗證講究而精湛的廚藝。進餐時，他要有舒暢的音樂和含蓄的奉

迎反覆迎合他的聽覺。就算是做最普通的小事，他也要雇用最幹練、最有創新性的工人。就算在他管轄的、最細微的小事上，他的評判力和想像也展示得一覽無遺，就像在更有價值的事情上展示其家產和身份時一樣。他希望有幾位聰慧、風趣又斯文的人與他攀談；而他期盼其中有幾位以博古通今、閱歷無數勝出；為了他的嚴肅事務，他期盼找到才華橫溢及經驗豐富的人，並期盼他們勤勤懇懇，一心一意。他命令侍奉他的奴僕隨時恭候，文質彬彬，謹小慎微，外表清朗，還要氣質優雅；除此之外，他還要奴僕畢恭畢敬地伺候所有屬於他的東西，要他們靈敏而不忙亂，高效而不聒噪，對他一呼百應。不過讓他煩悶的，莫過於對僕人下達指令。他希望讓這樣的僕人來侍奉，即能明察秋毫、知道怎樣從他最細微的舉止判斷出他的想法。他熱衷於讓周遭的所有事物都高雅而美麗。他期盼自己使用的東西能無理由地保證一乾二淨。他的大管家應該既家世好、重名聲、有見識，又恭敬、精幹、善於克勤克儉。雖然他期待來自每個人的敬仰，熱衷於擁有平凡人的尊敬，但他覺得：來自有地位的人的敬重才會讓他更加沉溺，更覺爽快。

這樣的沉迷如果與無限的淫蕩和虛榮交織在一起，他就會一邊徹底縱容自己激烈欲求的莽撞與放肆，一邊期盼世人都認為他沒有一絲驕傲與淫蕩之心，並用悅耳的言語為自己最醒目的惡德辯駁。不，如果他的權力允許，他會恨不得被眾人當作聰慧、英勇、大方、和善，並擁有他認為能夠擁有的全部美德的人。他會讓我們堅信：在他看來，他擁有的顯赫與奢侈乃是讓他唯恐避之不及的瘟疫；他表露出來的全部嚴肅高尚充其量是一種不需要感恩的重擔，而讓他苦惱的是：這個重擔與他所融合的那個上流社會緊密交織；他的偉大思想遠比低賤人等高明得多，其志向更加崇高，所以不能享用那些沒有意義的娛樂；他最大的理想就是提升公眾的利益，他最大的志趣就是親眼看見自己的國家富裕強大，每個人都健康快樂。這些

都被沉淪的凡夫俗子看作是「真正的快樂」。無論是誰，無論憑藉的是技術還是運氣，但凡可以採用這種講究的手段贏得它們，就可以頃刻間享用這個世界，並贏得世人的一致稱讚，都能被最前衛的人們歸入非常幸福的人當中。

　　不過，在另一方面，大部分古代哲學家和莊重的道德家，特別是斯多噶學派[17]則認為：所有能輕易被他人搶去的東西都不是真正的善。他們理性地意識到好運及君王寵溺的遊移，意識到榮譽與眾人稱頌的空洞，意識到財富及所有俗世財產的不穩定，所以把真正的幸福當成知足者靜謐安寧的心靈，既沒有惡意，也不存在野心。這樣的人克制了所有感官欲求，無論好運對他頷首還是側目，他都視若無睹，除了靜心凝思別無所求，除了每個人能賦予自己的那些東西之外一概不要。這樣的人果敢英勇，知道怎樣承擔最沉重的損失而笑口常開，怎樣飽受痛苦而面不改色，怎樣歷經傷害而無怨無悔。這些品格在大部分人身上上升到了自我否定的水準，所以，我們如果對他們抱有信心，他們就是超越了凡人，他們的能力已經遠遠高過了其天性的界限：他們可以英勇無畏地直面恐怖君主的暴怒，直面最急切的危難；他們可以在飽經磨難時心平氣和；他們可以毫不畏懼地面對死亡：他們告別這個世界時，就像他們降臨在這個世界上時一樣歡喜。

　　在古人看來，這部分人永遠歷經千辛萬苦，而其他一部分也不是裝傻充愣的人，早已然解脫了這些條條框框，把它們看作空中樓閣，把這些人的志向當成美麗的想像，並儘量佐證：這部分斯多噶主義者自稱高出了人類的所有力量與能力，所以，他們自以為傲的美德不是別的，而剛好就是些狂放不羈的偽飾，其中充斥著傲慢與偽善。不過，雖然有這些非難，迄今為止，世上的正人君子及絕大多數智者，還是認可斯多噶主義者那些最現實的觀點，即仰仗於可消失事物的東西肯定不是真正的幸福；內裡的安詳才是最大的恩賜；知識、節制、堅韌、謙恭及其他的內心修為，乃是最

有意義的收穫；只有善良的人才能幸福；只有有德之道德者才擁有真正的快樂。

可能會有讀者問我：我在《寓言》中提到的那些「真正的快樂」，為什麼與我眼中每個時代的智者所擁有並認為最有意義的快樂相反呢？我的答覆如下：這是由於，我口中的快感並不是人們所認為的最好事物，而是人們內心最熱衷的事物。我如果看見一個人孜孜不倦地時刻追逐與心性涵養南轅北轍的東西，又怎麼會相信他的最大快樂就是心性涵養呢？儘管約翰也會吃點布丁，然而你充其量只是與不吃稍有差別。你能夠瞅見：那一點布丁在經過頻頻撕咬、咀嚼之後，如同一堆碎裂的乾草被他強吞入肚；接著，他就如狼似虎地對牛肉大快朵頤，用食物填滿肚囊，甚至直到他吃飽為止。每天聽到約翰大喊「我的所有快樂來自布丁，我壓根不對牛肉正眼相瞧」，這樣你還會不惱怒嗎？

我可以如同塞內卡[18]本人那樣自稱堅韌，自稱鄙夷財產；我可以寫出超過他兩倍還綽綽有餘的文章，如同他稱讚貧困那樣，去稱讚與他十分之一財產等同的貧困。我可以為人們明示通往他提及的至善之路，我對它就像是回自己家的路那樣一清二楚。我可以跟人們說：要讓自己擺脫所有世俗障礙，要心思單純，就一定要摒棄所有激情，這就彷彿像如果要徹頭徹尾打掃屋子就一定要把傢俱全部搬開一樣。我非常認同一種觀點，即對一個摒棄了全部害怕、願望及喜好的人，受到命運最狠毒、最慘痛的打擊的傷害，要遠大於一匹瞎馬在空空如也的馬廄裡蒙受的傷害。對這全部理論，我都瞭若指掌，然而把這些理論付諸現實卻比登天還難。你如果來偷我的東西，或在我飢餓難耐時把食物從我眼前拿開，或只是對我做了個最微小的動作，即朝我臉上吐口水，此時此刻，我可不能篤定自己的舉止會合乎這套哲理。你會說：我在這種情形下必須要聽從我野蠻天性的所有異想，這壓根不能表明其他人也會跟我一樣缺乏自控。所以，每每碰到美德

時，我寧可對它讚歎不已，但前提是：在我沒看見自我節欲的地方，不要逼迫我去認可它，在我看到了人們真實舉止的地方，不要逼迫我依據他們的話語去評判他們的真情實感。

我研究過所有地位、所有身份的人。我知道：在有一部分宗教場所中，我發現了最樸實的行為，發現了對凡世快樂的最大鄙夷。人們自願從凡俗塵世退居到那些地方，與自己鬥爭，除了節制自己的欲求之外，別無他事。男男女女在其人生的金色年華（這時他們的淫欲最為奔放），居然可以真真正正地互相隔離，並自願摒棄欲望、一生節制，不但不去做不文雅的事情，而且甚至都反對最正當的擁抱，還有什麼比這更能印證無瑕的貞潔、更能印證對男女之間唯美單純的最高熱愛呢？你會覺得：反對吃肉，並經常反對所有形式的食品的人，應該已經克服了所有肉體欲求。我基本能夠斷言：有個人每天用冷酷的鞭子打壞自己裸露的脊背和雙肩，半夜常常從睡夢中驚醒，走下床榻，去做祈禱，他從不顧及自己的舒適，他甚至不屑於用腳去接觸金銀，還有誰比他更鄙夷財富呢？還有誰比他體現的更淡泊名利呢？有個人甘心選擇貧困，滿足於衣衫襤褸，反對吃任何麵包，只吃他人慷慨恩賜給他的東西，這絕對可以體現得比他更謙恭。

如果不是那麼多卓爾不群、博古通今的人們的告誡，這些自我節欲的美好事例必然會讓我對美德躬身相向。他們不約而同地跟我說：你搞錯了，你眼前的全部都是瞎鬧與偽善；無論他們怎樣佯裝出六翼天使般的愛，他們之中除了大相逕庭的東西，沒有別的；無論修女修士們在修道院裡的反省修行展示得多麼謙卑，他們當中沒有一個人會葬送自己寶貴的淫欲；對於女子，並不是一切被當成處女的就都是處女，如果你被領去她們的密室，去檢查其中一部分人最私密的地方，你頃刻間就會被可怕的場景所震驚，即她們當中的一部分人肯定已經是做母親的人了；在男子那裡，你會發覺中傷、妒忌和焦躁最清晰入微的體現，或者發覺貪吃、嗜酒及比

淫蕩本身更卑劣的可惡舉止；說到他們的乞丐行徑，他們與真正的乞丐之間的差異只是在於行乞的習性有別，乞丐用可憐巴巴的口吻和潦倒的外表騙人，而他們只要不在旁人視線之中，他們馬上就躺在角落裡，肆意淫蕩，互相開始享用。

如果信仰的苛刻規定、神職人員謙卑心的各種外部表徵，還承受不了我們這麼苛刻的審視，那我們就更無須期待在其他地方找到美德了。這是由於，這些教士儘管強烈批評和責備信徒，然而我們如果核查他們自己的舉止，就會發覺其自我約束並沒有表面所說的那麼多。所有宗教敬仰的神明，甚至各國改革最透徹的教會，絕對都會首先迎合庫克羅普斯·伊萬格利弗魯斯[19]的欲求。首先是各種珍饈，之後是同樣舒爽的飲料。除此之外，他們還期待你附上安逸的房屋、精緻的傢俱、冬日溫暖的爐火、夏天美麗的花園、乾爽的衣服、足以供養他們兒女的財富，在所有人當中佔據上游、得到全部人的敬重，之後任由你給他附帶多少宗教謙卑。我所羅列的那些事物，乃是安逸生活所必不可少的。連最虔誠的神職人員也不會以承認自己需要它們為恥。缺少它們，這些人會覺得非常乏味。可見，這些神職人員與其他人有相同的出處，其品格也如同其他人一樣墮落。他們天生的缺點與其他人類似。他們被相同的激情控制，也會輕易受到相同的引誘。所以，他們如果是勤懇地做著自己的神職，可以保證不殺人、不淫蕩、不咒罵、不嗜酒、不染上其他鮮明的惡德，其生活就稱得上是冰清玉潔了，其名聲就無可挑剔了。他們的職責為他們賦予了聖潔的色彩，所以，儘管迎合了這麼多的肉欲，享用了這麼多的奢華淫蕩，他們仍舊認為自己擁有了其驕傲和才華，才容許他們擁有一切價值。

我儘管不對以上言論持否定態度，卻很難從中洞察自我約束的行為，而缺乏自我約束，美德也就無從談起。任何一個理智的人都可以得到應當覺得知足的凡塵幸福，但只是不期待得到比這更多的凡塵幸福，難不成就

要禁欲嗎？不十惡不赦，不做違逆優雅氣質的低賤營生（所有慎重的人，就算從不信仰任何宗教，也不可能去做那些營生），這確實就可以說是擁有了所謂的崇高美德了嗎？

我明白有人會跟我說：神職人員一旦遭遇些許衝撞就怒氣衝天，一旦權力蒙受質疑就看上去缺乏耐性，這是由於他們悉心捍衛自己的職責和事業，竭力不讓它們遭人白眼。這並非為了他們自己，而是為了更優質地服務他人。恰恰是源自相同的理由，他們才喜愛生活的安逸與便利，他們如果允許自己蒙受恥辱，如果家常便飯就已足矣，如果是穿戴得比旁人還要普通，總是以貌取人的大眾就很可能認為：神職人員也如同其他凡人一樣並沒有蒙受上天的直接眷顧，所以不但會輕視他們本人，而且也會小瞧他們的所有非難並對他們指手畫腳。這個辯駁真是讓人佩服。有人頻頻提出這個辯駁，所以我想研究一下它到底是否合理。

我不認同博學的伊查德博士的見解，即貧困乃是讓教士蒙受鄙夷的理由之一。我也不認同他說的貧困可能是讓教士短處曝光的誘因。這是由於，人永遠竭力讓自己從貧困境遇裡脫離出來，並且不能心平氣和地承擔貧困生活的重壓。就是在那種情境下，人們才顯露出了其貧困讓他們多麼不爽，顯露出了他們改進自己的環境後會多麼高興，顯露出了他們怎樣把真正的價值授予凡俗的美好事物。有的人身穿藏汙納垢的外套，大聲倡議鄙夷財富，鄙夷凡俗歡樂的虛榮，這是由於他所能穿的就只有這一件外套而已。如果有人給他的帽子比他那頂更好，他就不會再戴自己那頂滿是汙漬的舊帽子了。他在家中板著臉，喝著低等啤酒，然而如果可以在外面找到一瓶紅酒，他馬上就會蹦起來。他能夠用低賤的食物去填飽他那個骯髒的胃囊，而只要可以喚醒他的味覺，並對一頓豪華晚宴的邀請感到分外開心，他就會如狼似虎。他被人鄙夷，並不是因為他貧窮，而是因為他不知道該怎樣用安於貧苦的心去看待貧窮（他向別人吹捧的正是這種姿態），

所以暴露了他骨子裡喜愛的與他吹捧的價值大相徑庭的東西。不過，一個人如果因為其心靈的高尚（也可以源自執拗的虛榮心，因為引發的結果相同）而反對提供給他的所有可能的舒適奢華，甘心維繫貧窮生活，放棄一切愉悅感官的東西，並真真切切地葬送自己的一切激情，以贏得踐行樸素生活的驕傲，於是，凡夫俗子不但會敬重他，而且會甘心地對他頂禮膜拜，對他俯首貼耳。犬儒學派哲學家們不就是藉助反對偽裝、反對奢侈品，就讓自己聲名遠播了嗎？世界歷史上那位雄心勃勃的君主，委身拜謁住在木桶中的第歐根尼，又轉頭回到這個學識淵博的野老那裡，這不正是對一個人的驕傲的最高稱頌嗎？

目睹環境證實了自己聽到的話，人們就非常樂於互相信任對方的話語；然而我們如果是言而無信，卻期盼獲得信任，那就是恬不知恥了。一個開心而健碩的人，面頰緋紅，雙手溫熱，要麼剛剛做完劇烈的運動，要麼剛剛洗了個冷水澡，他如果在天寒地凍時跟我們說他對烤火興致全無，我們就會輕易相信他所說的；他如果的確不去烤火，我們對他就會更是毋庸置疑。我們依照他的境況明白他既不用烤火，也不用添置衣物。不過，如果一個窮困潦倒的流浪漢跟我們說相同的話，而他卻雙手冰冷，滿是凍瘡，臉色發青，身上裹著一件薄薄的破衣服，我們就會覺得他謊話連篇，特別是當我們看見他顫顫巍巍、瑟瑟發抖地朝著有光照的地方奔去時，就對此更加置疑了。我們會想：聽他去信口雌黃吧，他其實恨不得穿得暖暖和和去烤火呢！這個道理十分通俗易懂，所以，你如果覺得世上有的教士不迷戀塵世之事，把靈魂置於肉體之上，只需讓他們平日對其肉欲之樂的熱衷不要表現得比他們對其心靈之樂的熱衷更明顯就行。他們本應稱心如意，這是由於他們從不會由於貧困（他們堅強地承受著貧困）而被人鄙夷，無論他們生活得多麼窮苦。

我們可以假設：一位教區牧師十分關注那些為數不多的相信他的教

民：他熱情而審慎地向他們傳道，拜謁他們，勸告他們，責怪他們，運用自己權責範圍內的所有職權，去為他們謀求幸福。毋庸置疑，那些受他關心的人會對他感恩戴德。而今我們再假設：憑藉一點點自我約束，這位好人覺得只憑一半收入就足以維持生活，所以每年只領二十鎊薪水，而非四十鎊（他原本能夠領到四十鎊）；除此之外，他還十分喜歡自己教區的教民，甚至情願拋下所有升職的機會也絕不離他們而去，更有甚者他還把去別的教區擔當主教的機會都推託了。在我看來，一個專管節欲、蔑視凡塵歡樂的人能輕易做到這一切。然而我敢肯定：如此一尊對凡塵之樂毫不動心的神，也有人類都喜歡的那些陳腐陋習，雖然這樣，他仍舊會得到所有人的愛慕和尊敬，贏得眾人的交口稱讚。我還能夠肯定：他如果更加自我約束，把他微薄薪水的大部分分給窮人，而自己只以燕麥果腹、喝白水、睡柴草、穿最卑賤的衣服，他這種樸素的生活方式不可能被當成對他本人或對他宗教的鄙夷，事實上也不可能這樣。與之不同，但凡他還在人們的記憶裡，他的窮困就始終是他的榮耀。

不過（一位好心的淑媛會告訴我），你儘管心地狠毒、無情無義到贊同這位教區牧師衣不蔽體、食不果腹，可你就不可憐他的妻子和孩子嗎？我的上帝，每年四十鎊的薪俸讓他殘忍地兩次施予之後，還能留有多少？你難道也想讓那楚楚可憐的女人和無辜的孩子們吃燕麥、喝白水、睡柴草嗎？你這該天殺的惡棍，你這胡思亂想、口口聲聲自我約束的傢伙！你假設的這個生活水準幾乎是在殺人，參照這個水準，他們每年只有區區的十鎊，這難不成能養活一個家庭？——先別衝動，和藹的阿比蓋爾太太，我非常尊重你們女性，也不可能給已婚男人制定出這麼簡陋的食譜；但我知道自己把妻子和孩子們拋諸腦後，其根本理由就是我本想窮苦的牧師們壓根不可能會娶妻生子。那教區牧師不但要用法規去勸誡他人，還一定要身先士卒，事必躬親，誰會想到他不能約束那些被這個卑劣世界本身看作缺

乏理智的欲求呢？一個學徒如果還沒學成就早早成親，此舉就會惹惱他的全部親戚，引來眾人的譴責，除非他是碰到一大筆財富而結婚。其根源為何？別無其他，只由於他婚後手裡缺錢，被禁錮在他師傅的行業裡，所以既沒有時間，也沒有多少能耐去養家糊口。一個年俸二十鎊的牧師（你如果樂意，說他年俸四十鎊也沒問題），更受教區牧師一切職權的嚴屬制約，所以基本沒有閒暇，往往比那些學徒更缺乏賺錢的能耐，對如此一個人，我們又一定要說什麼呢？他如果結婚，難道不是非常不理性的嗎？不過，為什麼要阻礙一個舉止端莊的年輕男人去享用那些正當的快樂呢？是的，結婚是正當的，對傳道的師父也是正當的；然而那些缺錢維持家用、缺錢拜師學藝的人又該怎樣呢？如果他必須要找個妻子，那他就去找個富有的妻子好了，或讓他去等候更大的饋贈之類的事情砸到他頭上，讓他能大度地供養妻子，並能負擔所有額外花銷。然而，甚至每個僅有一點點錢的女人都不可能跟他結婚，而他也會難以為繼：他胃口極好，健康，沒有毛病；缺少女人，不是每個男人都可以活下去；與其欲火焚身，不如去結婚——這當中難不成還有什麼自我約束嗎？這個正直的年輕男人十分樂於擁有美德，然而你不可能把他的天性全都抹殺。他應允不會去偷鹿，前提是他一定要有鹿肉吃；不會有人會疑惑他在緊要關頭絕對有可能成為烈士，雖然他說自己缺乏充分的力量與耐性去容忍手指的癢痛。

　　諸多這樣的教士縱容自己的情欲（此乃一種低俗的欲求），在其難以躲避的窮困中仍舊縱情肉欲，他們如果不能用更頑強的意志約束情欲，而是如同人們看到他們平日展示的那樣，他們就一定會讓自己蒙受全部世人的鄙夷。他們如果解釋說：他們儘管和凡塵如此相近，卻並非是為了從它的沉淪、便捷和虛榮中贏得歡愉，而是為了讓自己的神職免受鄙夷，讓自己對他人更有價值。目睹了他們的表現，我們還能對他們投以信任的目光嗎？我們會覺得：他們這些話語裡充斥著虛情假意；他們企圖迎合的不單

是激烈的淫欲、傲視一切的散漫、對損害的敏銳、服裝的華麗精緻、對美味珍饈的喜愛，這些（在他們大部分人身上都能夠看到這些體現）都是他們心底的驕傲與奢侈的下場，如同其他人那樣；神職人員並不比做著其他行當的人們擁有更多先天的美德。我們的這些見解豈不是說不通的嗎？

截止到現在，我已經用了這麼多的文字去闡述快樂的實質，這估計已經讓很多讀者心生厭倦了。然而我還是不由自主地想一吐為快。我剎那間想到了一件事，它能夠印證我所說的那些見解是正確的，所以我必須要說，那就是：通常來說，世上所有統轄他人的人起碼都要如同被統轄的人民一樣聰慧；如果把地位比我們高的人看成榜樣，那麼，我們只要把焦點投向天下所有法庭及政府，頃刻間就可以從那些大人物的舉止中探知他們認同哪些意見，探知那些位高權重的人好像最喜歡什麼娛樂。這是由於：如果能夠憑藉人的生活習性去評判人的天然性向，那麼，除了對最有資格做到為所欲為的人的評判之外，對誰的判斷都必須要打折扣。

每個國家擔當神職的大人物也好，凡塵的大人物也罷，如果全都鄙夷塵世快樂，並不盡力追逐迎合私心，那麼，為何嫉妒及報復行為又會在他們之間這麼猖獗？為何國君宮廷中那些經過精緻遮掩的激情比其他所有地方都多？為何他們的宴會、娛樂及一切生活習性始終被同一國家中最追逐感官快樂的人稱頌、虎視眈眈和效仿？他們如果蔑視所有可見的裝飾，而只喜歡頭腦的明智，為何又要去借取這麼多的器具，玩弄那些最嬌俏的奢華玩具？一位財政重臣，或一位主教，又或者是一位「大王」（古時對土耳其蘇丹的稱謂）或羅馬教皇，原本應當為人正直，心地善良，竭力克制自己的種種激情，為何他比沒有從事公職的人員展示的報復心更強、更離不開奢華的傢俱、更渴求大量的僕人服侍他左右呢？人們目睹了一切大權在握的人的舉止都要這般明目張膽與揮霍浪費，這些行為是什麼美德呢？一個每頓飯只有一道菜的人，跟一個每頓飯都有三道菜（各涵蓋十幾種菜

餬）的人，兩者踐行節約的可能是相同的。睡在僅僅用幾層棉布鋪墊、沒有床簾及錦緞床被的床上的人，和睡在用十六英尺高的天鵝絨鋪墊的床榻上的人，一樣可以鍛鍊忍耐並實行自我節制。擁有美德的頭腦既不是犧牲也不是重擔。一個人就算身在陋室，也可以堅強地忍受困境，原諒旁人對他的持續中傷，並明哲保身，雖然他連一件襯衫都沒有。所以，我不會相信慵懶散漫的人會擁有旁人可以擁有的全部學識和宗教信仰（如果他可以被這麼信任的話），並把它們填塞到一條六樂駁船上，而當這條駁船只是需要從藍貝思宮開向西敏寺時，就更是這樣。我也不會相信謙遜竟然是一種這麼沉甸甸的美德，以至於要用六匹馬才能將其拉動。

人們能輕易接納比自己地位高的人的管轄，卻不肯接納與自己地位等同者的管轄，所以一定要讓大眾對管轄者心存畏懼；管轄我們的人應該在外表上超過我們，於是所有位高權重的人都需要佩戴勛章和權徽，以此跟低賤的百姓區分開來。這個說法僅僅是一種淺薄無知的見解。

首先，這個辦法只對那些孱弱的君主適用，只對那些根基尚淺的懦弱政府適用——它們確實無法保障公眾的安全，而逼不得已用故弄玄虛的表演去填充其真實權力中所匱乏的東西。所以，東印度群島的巴達維亞（今雅加達）總督就逼不得已竭力保全其奢華外表，過著優於其自身地位的奢侈生活，以恐嚇當地的爪哇人，而後者如果擁有了充分的資質與品德，其力量就會增大，能夠打垮其數量超過目前十倍的主人。不過，實力強勁的君主和國家，卻忙於統轄浩蕩的海上艦隊及數不勝數的陸軍，於是根本無瑕去顧及這種小把戲，這是由於那些讓他（它）們在國外雄震四方的東西，不可能無法保全他們在國內的安全。其次，所有社會，一定可以捍衛人民生命財產不受卑劣者的威脅，乃是法律的嚴苛和公平正義的努力實踐。可以提防盜竊、入室搶劫者和殺人犯的，不是參議員的華服、司法官的珠寶、馬匹的美麗裝飾或什麼俏麗臉蛋——那些濃妝豔抹只能在其他地

方發揮作用；它們是不諳世事者眼中雄辯的表現，而應用他們的初衷旨在給人信心而不是讓人恐懼；而慣偷和罪犯敬畏的卻是嚴苛的官員、堅實的牢獄、警覺的獄卒、絞刑架劊子手及斷頭臺。如果倫敦的員警和守夜人一星期都不在夜間去護衛房屋住宅，那樣就會有一半的銀行家傾家蕩產；如果我們的倫敦市長只隨身配備佩劍、防護帽及鑲金手杖，除此之外不帶任何其他防身之物，他那輛耀武揚威的馬車中的精美飾品，就會頃刻間在倫敦大街上被掃蕩殆盡。

　　然而我們還是得認同：虛有其表的皮相終歸會讓無知小民目不暇接。如果說大人物的最大歡樂是美德，其浪費為何要涉及那些不能為群氓所明白的事情，並要徹底躲開公眾的視線呢？在此我所說的是他們的私人娛樂、飯堂及臥室的瑰麗奢侈及收藏櫃中的那些古董。很少會有粗人懂得世上還有一瓶紅酒要一個金幣，一隻比雲雀還小的鳥值半個金幣，一幅油畫居然要賣數千英鎊；此外還能夠料想：有些人將這麼巨額的花費用在政治表演上，並期盼獲得另一部分人的敬仰（而他們鄙夷那些人其餘的全部），這如果不是為了迎合私欲，還能是出於何意呢？我們如果把宮廷的奢華及其一切高貴裝飾全都當成索然無味的東西，只會讓君王本人心生厭倦，其用處就是讓王室的尊嚴免於被鄙夷，那我們是不是能說：花費國民的錢來供養幾個王室私生子女（其中大部分是同一位君主的淫蕩產物），讓他們學習，把他們變成王子和公主，這也是為了讓王室尊嚴免於被鄙夷呢？所以很明顯，豪華生活讓大家引起的畏懼感，這充其量是一件外套或偽裝，大人物們把自己的虛榮掩蓋於其下，縱情淫蕩而不招責罵。

　　阿姆斯特丹的市長穿著簡樸的黑色制服，身後只有一名僕人跟隨，雖然這樣，人們對他的尊重和順從卻遠遠超過倫敦市長，即使後者坐擁氣宇軒昂的馬車和大批隨從。權力確實有其功用的地方，覺得掌權者的節約簡陋會讓其權力備受鄙夷，這是個很滑稽的觀念，無論這掌權之人是皇帝還

是教區小卒，皆是這樣，無一例外。

　　加圖統轄西班牙政府時期曾榮獲眾多榮譽，然而他只有區區三個僕人；我們是否聽說過他的號令因此而被小瞧呢（雖然加圖酷愛喝酒）？那位偉人在利比亞的熾烈沙漠上率軍前行時，飢渴無比，卻沒有接過遞給他的水，而是等到他的所有士兵都喝過水後他才喝。我們是否看到任何一本書中記敘說：他這種勇敢的節制降低了他的威信或減弱了其軍隊對他的尊重呢？不過，我們需要談論至此嗎？古往今來，沒有哪位國王比如今的瑞典國王[20]更愛慕顯赫與奢靡了。他酷愛「英雄」的頭銜，不但葬送了臣民，葬送了王國的安定，而且葬送了自己的閒適和一切舒爽生活（這在許多君主中倒非常少見），去迎合他那欲壑難填的報復心。他執拗地發起戰爭，讓人民陷入苦海，並基本徹底葬送了他的王國。

　　到這我已印證：透過對人們的真實舉止的考察，我斷言每個人天生熱衷的真正快樂，乃是那些凡塵和感官的快樂。在此我所說的「每個人天生熱衷的」快樂，是由於謙卑的基督徒（只有他們是破例）已蒙神恩重生並受到超自然的恩典，所以不能說他們天生這樣。全部的基督徒都如出一轍地對此表示否認，這著實怪異！如果既去問問每個國家的神職員工及道德家，也去問問那些有錢人及掌權者：什麼是真正的快樂？他們會跟你說：在斯多噶主義者看來，凡塵及可變質的事物中不存在真正的幸福可言；然而反觀他們的生活，你就會知道：他們只會追逐凡塵，除此之外無一能入他們的法眼。

　　我們應當怎樣闡釋這個兩難境地呢？我們是否應該不留情面，依據人們的真實行為說：所有的世人都口是心非，那些話語並非他們的肺腑之言，任由他們去說好了。或者，我們是否應該非常愚笨，聽信世人口中所言，覺得他們誠懇地袒露了自己的真實想法，卻不相信我們自己的眼睛？或者，我們是否應該盡力去說服我們，既相信自己，同時也對世人毫不

懷疑，如蒙田所言：他們認為讓他人徹底相信：他們相信自己事實上並不認同的東西？蒙田所說如下：有些人欺瞞世人，世人會覺得這些人相信他們並非確實認同的東西；但為數更多的人卻欺瞞自我，壓根不去思考，同時並不完全明白應該去相信什麼。然而，這個見解卻把人類要麼都當成笨蛋，要麼都當成騙子（這是本該預防的）。我們別無他選，只好去重提培爾先生在他的《關於彗星的沉思》裡竭力詳盡闡述的那個觀點：人是一種不能予以闡釋的動物，其行動往往與其原則背道而馳。事實上這個觀點不僅不會那麼刺耳，反而是對人類的讚譽，這是由於我們要麼一定要這樣說，要麼就必須說出些更不入耳的話。

人性中的這一對立導致了一種狀況，即儘管美德的理論被人們完全洞悉，然而美德的實踐卻無法與理論匹配。你如果問我：到底何處可以親眼看見首相大臣們那些美妙奪目的品德？何處可以親眼看見君王們最喜歡的，在獻言、講稿、碑銘、葬禮佈道文和銘傳中尤為稱讚的那些品德？我的答覆是：恰恰就在這些東西裡，也只能是在這些東西裡。除去這些東西，你還可以在何處親眼看見這麼傑出的美德雕塑呢？雕刻家誇讚的技藝與勞動，只是體現在雕像的精美表象上；而那些無法親眼所見的東西，他從不在意。難不成你會打爛雕像的腦袋瓜、剖開雕像的胸脯，去探究它的大腦和心臟嗎？你如果這樣做，只能顯示出你的愚昧，只能破壞雕刻家的手藝。這頻頻讓我把大人物的美德喻為那些中國人瓷瓶：它們外表精巧，飾有各種花紋，連燈罩上都是一樣；有人會憑藉它們的龐大體格及它們的價格進行評判，認為它們可能十分有用；不過，你如果看一看它們裡面，你就會發覺內裡其實空無一物，只有灰塵和蜘蛛網，別無其他，件件皆是如此。

[P]……居然讓赤貧之眾

過得比曾經的富人還要快樂，……

　　如果追溯到那些最富強國家的根源，我們就會發覺：在所有社會最久遠的發端，其中最富庶、最有權勢的人儘管身份榮耀，卻不能享用連今天最窮苦卑俗的人都可以享用的那些生活安逸。所以，大量曾經在某段時間被尊崇為奢華發明的東西，而今就連貧窮卑微、成為公共慈善救濟對象的人也能享用，而那些東西不可能被歸入生活必備物品之列，在我們看來沒有人會需要它們，純屬可有可無。

　　毋庸置疑，古代的人靠吃地上的果實果腹，不需要一點加工，並如同其他動物一樣，把他們共同父母的腿當作枕頭，赤身裸體席地而眠。所有可以讓生活更加舒服一點的東西，由於必然都是經由思考、經驗和某種勞動生產的，所以或多或少都能夠被稱之為奢侈品，或多或少都會招致些許麻煩，所以已經遠離了起先的單一性。我們只是會稱讚那些被我們看作新穎的東西，而對那些已經見怪不怪的東西，我們卻置若罔聞，這是由於它們已經不足以激起我們的好奇心。衣著簡陋的窮漢如果穿上厚實的教區袍服，裡面卻只有一件平平常常的襯衫，他就會被人鄙夷；但是，製作一塊最平常的約克郡亞麻布，卻要花費多少人、涉獵多少行業及技術，運用多少種類的工具？人類在知道怎樣種植、製作亞麻這種非常實用的產品之前，需要耗費多少的苦思與冥想、多少的辛勤與勞動，需要虛擲多少無盡的歲月啊。

　　亞麻布被製成成品之後，還需漂白才能穿著，而漂白則需要各個因素的彼此合作，並需要極大的勤懇與耐力。一個社會如果把這種被讚美的製品當成沒有資格的最貧苦者的穿著，這個社會豈不是最為推崇虛榮的社會嗎？我的話還沒結束：亞麻布這種奢侈發明的附屬品，就是其白色（其美

感就很大程度上依賴於此）只能保持很短時間，最多幾天就一定要進行清洗，而穿者如果想維持其潔白乾淨就一定要持續花錢。思及如此，我們豈會不覺得它是一種極好的東西？我們豈會不覺得：就算從教區接受救濟的人不僅理應去穿這種產自艱苦勞動的成套產品，而且只要它們有汙漬，還理應迅速去使其潔白如初。他們理應採用化學中那些自以為傲的最聰慧、最繁複的配方，憑藉火的助力，把各種化學元素稀釋在水中；他們理應利用人類目前能製作出來的最有清潔功能又最無害的鹼水，去保持亞麻衫的清潔和乾爽。難道不應這樣嗎？

當然本該這樣。我提及的那些事物之前曾被冠之以那些崇高的形容詞，所有人也都曾用我提到的那種方式去思索它們；但是，在我們所處的這個年代，你如果目睹一個窮女人在穿了自己的粗亞麻工服足足一個星期後，此舉就被稱是故作清高，你就會在被戴上傻瓜的頭銜後，拿著一小塊四便士一磅的、臭氣沖天的肥皂去清洗它了。

發酵和生產麵包的工藝始終在遲緩地提高，而今已趨近完善；但是，把這些工藝一股腦兒創作出來，並且當成今後改進的條件，其所要求的發酵工藝水準及觀察力，卻比最傑出的哲學家們至今所擁有的還要多，還要深邃。但發酵及生產麵包的成果現在卻已經可以讓那些最貧苦的人享用了；飢餓難耐的流浪漢儘管不知該怎樣才能更虔誠、更體面地訴苦，卻懂得怎樣去討要一塊麵包果腹或要一小口啤酒潤喉。

人們因其經驗而洞悉，鳥的羽絨是天底下最鬆軟的東西了；人們還發覺：把這些羽絨放成一團，其彈性就能輕鬆地承擔所有重量，而只要將重量拿走，它們就頃刻間恢復原貌。用這些羽絨做床榻，這肯定首先是為了迎合富人及達官貴人的虛榮和閒適。然而，羽絨床墊卻早已非常大眾化，基本誰都能夠睡在上面，而從屋中拋卻它們則被當成掠走生活必需品的惡德。奢侈要上升到怎麼樣的水準，才會把枕在動物的軟毛上入眠當成是吃

苦啊！

　　人類起先住的是洞穴、草屋、帳篷和棚戶，爾後住進了溫暖而精緻的房子；而各個城市中見到的最落魄的居所也是平凡建築，其設計者非常擅長比例及建築。如果古代的不列顛人和高盧人走出墳墓，他們會以怎樣詫異的眼神凝望著各地為窮人鑄就的輝煌樓宇啊！目睹切爾西學院的雄奇建築，目睹格林威治醫院或者目睹比這兩者更雄奇的巴黎殘疾人病院，目睹那些一貧如洗的人在這些殿宇中擁有的關心、富裕、奢華及瑰麗，這些曾經世界上最傑出、最富裕的人有充足的原因去眼饞現在我們人類中的最貧苦的人享有的一切。

　　窮人享用的另一種奢侈是把動物的肉當成食物。在昔日的黃金時代，這種做法並不會被當成奢侈，而的確只有最有錢的人才禁食肉食。關於流行和人類久遠的生活方式，人們從不探究事理的真實意義和優點，往往並不因循事理去評判事物，而是恪守習俗的引導。起先也曾出現過對死者進行火葬的殯儀，就算是那些最傑出帝王的遺體，也要被焚燒成灰。所謂把屍體入土為安，那時是僅僅對奴隸才會採用這種方式，或把它當成對罪不可恕的人的一種責罰。但目前，土葬則與雅觀或名聲毫無關聯，而只是埋葬而已，而火化反而被當成最大的惡名。我們偶爾會心懷畏懼去對待零星瑣事，卻一點也不把非常重要的事情銘記在心。如果遇到一個男人在教堂裡還不摘掉帽子，就算並非在做聖事期間，我們也會詫異。然而，我們在星期天晚上如果在大街上遇到十幾個醉漢，這境況就不會讓我們印象多麼深刻，抑或壓根不會在我們的腦海中逗留片刻。一個女子在化裝舞會上女扮男裝，會被當成朋友之間的玩笑。在舞臺上，女演員把小腿和大腿裸露出來，這一點也不會招致責罵，連最純真的淑女太太們也會覺得不足為怪，雖然所有觀眾都把女演員的大腿小腿盡收眼底。不過，如果同一個女子穿上襯裙之後，居然對一個男人裸露著膝蓋以下的小腿，這就是一種非

常不正經的行為，每個人都會把它稱作恬不知恥。

　　我經常思考：如果少了習俗這個凶手對我們實行的專制管轄，所有略微擁有一絲善良天性的人都不可能同意殺死這般繁多的動物當成自己的平時食物。我明白，理智掌控我們同情心的能力非常單薄，所以，我對人們這麼不十全十美的動物極少發慈悲也就見怪不怪了，譬如小龍蝦、牡蠣、海貝，乃至所有魚類動物。牠們都不能言談，其內部結構和外在形態跟我們人類截然不同，我們不能體悟其想法並進行自我申訴，所以它們的哀憐不能被我們體悟也就不足為奇了，也不能對我們的理解力有任何影響。這是由於，悲哀痛苦的表情只有直接被我們的感官明察時，才會真正地激發我們的同情。我曾看到有人能為龍蝦被解剖時發出的聲音而動容，而同是這些人卻會興高采烈地殺掉幾隻家禽。不過，提及牛、羊這些非常完美的動物，牠們的心臟、大腦及神經都與人類非常接近；於牠們而言，靈魂與血液及感覺器官的差別（所以也是與感情自身的差別）也與人類非常相近。我不能設想一個並非無情無義、並不嗜血如命的人，怎麼可以眼見牛、羊悲慘死相和死前劇痛而不動聲色。

　　為了答覆這個問題，很多人覺得只需這麼說就可以了：萬物都是服務於人類的，讓他們盡其功用，這壓根不能說是慘無人道。然而我聽聞，這些人在這樣回應時，卻由於這種觀念的虛偽而心存歉疚。在一切人之中，超過十之一二（但凡不是從小生活在屠宰場裡）的人都會覺得：只要不做屠夫，他做任何行業都沒有問題。我也禁不住發問：有誰在第一次殺雞時沒有一絲猶豫？一些人固執地不吃他們平時能看到並瞭解的所有動物，另一些人則只是不吃自家的動物，絕對不吃他們本人飼養照看過的動物；但他們每一個人卻從不會慚愧不已，而是興高采烈去吃從市場上買回的牛肉、羊肉和雞肉。我以為，他們這種舉止好像在展示他們心底某種良心的歉疚，他們好像在盡力不讓自己犯下一種骯髒的罪行（他們明白其他地方

有這種罪行），其辦法就是讓罪行的發端盡可能離他們自己遠點。我能洞悉，他們這種行徑中存留著強烈的同情心和可憐的天性，習俗的一切暴烈力量和奢侈的武力還沒有完全將它們斬草除根。

有人會跟我說，我上述提及的乃是聰明人壓根不可能做的傻事。我對此深表贊同，然而我這個觀點卻出於我們先天的真正激情，它充分說明我們生來拒絕殺戮，拒絕以動物為食，所以我們天生的味蕾不可能指使我們去做（或是期待他人去做）那些自己不願做的事情，這是由於這種做法是笨拙的。

世人熟知：治療深度創傷、骨折，做截肢和實施其他恐怖手術的外科醫生，常常必須要讓患者忍受萬分的疼痛煎熬；他們經手的危難病例越多，他們對患者的哀鳴及肉體疼痛就越是見怪不怪。所以，我們英國的法律顧及對犯罪嫌疑人的生命最人性的關切，不容許外科醫生擔任陪審員、對案犯進行生死判決，這是由於考慮到外科醫生的職業本身能夠克制乃至消泯醫生心中的善意，而使他缺乏善意，所有人都不會對人的生命給予真實的評判。而今，如果我們理應毫不顧及對那些無辜獸類的行為，宰殺他們時理應毫不考慮殘暴與否，那麼，英國的法律為何要遏制屠夫擔任陪審員呢（一起被剝奪做陪審員資格的，只有外科醫生）？

就食肉這種殘暴行徑而言，我不想重申畢達哥拉斯[21]和其他一些智者的相關論調。我目前已經遠離主旨，所以我需要拜託讀者（如果他們還想看到更多）把下面這個寓言讀完。如果讀者已經心生厭倦，那就完全可以棄之不讀，這是由於我明白：無論看不看這則寓言，我都一樣感謝讀者對本書的關注。

在迦太基人的一次戰鬥中，有個羅馬商人漂泊到了非洲的海岸：他自己和他的奴隸耗盡了精力才得以平安著陸。他們原本要找個藏身之地，卻碰到了一頭大獅子。那獅子恰好是伊索時代的那一種，不但會說些人話，

而且好像熟知人類的事宜。奴隸爬到一棵樹上去，而他的主人卻覺得樹上還不足以保命，並因為聽聞獅子很慷慨大方，就拜倒在獅子面前，裝出非常害怕和順從的模樣。那獅子近來剛好飽餐過一頓，就命令商人站起身來，讓他暫時不必擔心，還對他承諾說：如果他提出一個他不應該被吃掉的合理的理由，就不去招惹他。商人屈服了。他這時看到了一點曙光，就可憐巴巴地陳述自己船葬身海底的經歷，想以此盡力引起獅子的同情，並以激昂的言辭，口若懸河地陳述自己不該被吃掉的原因。然而，他從獅子的表情上得知自己這番溜鬚拍馬和花言巧語沒有作用，就援引眾多的真切事實來驗證自己的觀點，用人的天性及能力的十全十美充當論據，去論證眾神絕不會讓他被野獸吃掉，而是讓他有更大的作為。聽到這些話，獅子開始更認真了，還時而插上幾句。最終，獅子與商人之間就產生了如下的對白。

獅子：「你們這些愛慕虛榮的動物啊，你們的驕傲和貪心足以讓你們遠走他鄉，而你們的故鄉原本足夠能迎合你們的自然欲求了。你們到澎湃的大海和陡峭的高山上去碰運氣，去尋求那些無關緊要的東西。你們有什麼理由覺得比我們獅子更傑出呢？

（商人答曰：我們人類的傑出不在體力而在智力；眾神恩賜我們人類理性的靈魂，它儘管無跡可尋，卻是我們身上更為卓越的東西。）

我只對你們身上能吃的部分感興趣，至於其他我連碰都不想碰；但你為何還要這般在意你們身上那個無跡可尋的部分呢？

（商人答曰：這是由於靈魂是永恆的，況且，我們生前的行為會在死後得以回報，而在天堂的樂園裡，正義將始終和那些英雄及半人半神者擁有恆久的福澤和安康。）

你過的是什麼生活？

（商人答曰：我敬仰眾神，認真研究怎樣造福眾生。）

鑑於你覺得眾神也如你一般公正，為何你還畏懼死亡呢？

（商人答曰：我還有妻子和五個年幼的孩子，他們如果沒有我就會流落街頭。）

我有兩個孩子，牠們還不能自力更生，目前就需要用東西果腹；我如果不能給牠們一點食物，牠們肯定會餓死。你的孩子們至少會有食物可吃；起碼，無論你被我吞吃還是被大海淹沒，他們都能有食物填飽肚子。

「談及人和獅子的傑出所在，你們考察事物意義的時候始終是以少為貴，而就算世上有一百萬人，估計也不一定有一頭獅子；而且，雖然人類假裝對自己的族類百般崇敬，事實上，你們真正看重的，只有每個人都有的那份驕傲罷了。你們以仁慈地關愛自己的孩子為榮，事實上這是非常愚昧的。你們也可以用為培養孩子而處理各種接連存在的過分困境為榮，這也非常愚昧。人生來就是欲求最盛且最孤立無援的動物，父母為迎合還未開智的後代的需求而奔波勞累，這只是一種天生本能，所有生靈都一樣。不過，一萬人，偶爾可能是十萬人，往往會由於兩個人的異想天開在短短數小時之內全部命喪黃泉，人如果的確在意自己的族類，又怎麼可能產生這種情形呢？所有上等級的人都會鄙視比其更下等的人；你如果可以深入君王們的內心，就會發覺：其中對其轄區的絕大部分百姓的評判，要遠低於他們對其所屬的君王的評判，此外基本無一例外。為何這麼多的君王會聲稱自己的種族源於永恆的眾神（雖然這是假的）？為何他們要讓別人跪在他們腳下，且但凡被冠之以聖潔的榮譽就或多或少會心存欣慰，還示意說自己生來就更尊崇，源自比其臣民更優越的種族？」

「儘管我是野獸，然而所有生靈都不能被稱之為殘酷，除非是由於惡意或冷酷而喪盡了天生的憐憫心。獅子天生就缺乏憐憫之心；我們因循自己生來的本能；眾神已經命定我們以其他動物的死屍為食物，但凡可以尋覓到死的動物，我們不可能去掠奪活的。只有人，只有心懷叵測的人，才

會把死亡看成娛樂。大自然原本讓你們的胃只以蔬菜為食，然而你們卻迫切地期盼改換口味，竭力尋覓新穎，致使你們無憑無據、沒有意義地殘害動物，泯滅了你們的天性，扭曲了你們的欲求（無論你們的驕傲或奢華怎麼稱呼那些欲求）。獅子體內生來就有一種消化酶，既可以消解一切動物的肉，也可以消解最粗糙的皮和最堅硬的骨頭，從無失手。但是你們人類的胃卻很嬌貴，用來消化的能力微弱，基本能夠說是不存在，所以你們的胃常常被當成體內最脆弱的部分，除非先前燒上火，把半數以上的調料倒進食物裡，它才可以容得下那些食物。不過，你們人類迎合自己嗜血欲望的激情澎湃時，又最終饒恕了什麼動物呢？我稱你們是「嗜血」，是因為跟我們獅子體會的飢餓相提並論，人的飢餓能稱得上是餓嗎？你們的飢餓充其量只會讓你們暈倒，而我們的飢餓卻會讓我們瘋狂：我常用樹根、野草果腹，以減弱激烈的飢餓感，卻沒有效果。只有許多的肉才可以撫平我的飢餓感。」

「雖然我們的飢餓非常急切，但我們往往還是會對我們獲得的恩賜給予報答；然而，人卻從來沒有感恩之心，常常忘恩負義，不僅要用羊皮製衣，還要以羊肉為食，就連可憐的羔羊都不饒恕，把牠們圈養起來。你如果跟我說：眾神讓人掌控其他所有生靈的生殺大權，那麼，你們為了玩樂而置牠們於死地，這又是多麼殘酷的暴行啊！不，你這懦弱而嬌氣的動物啊，眾神製造你們原本是想讓你們成群結隊的，眾神製造了上百萬的人，你們只有精誠團結，才會擁有無窮的力量。在這個世界上，只一頭獅子就可以呼風喚雨，然而一個人又能怎樣呢？他充其量是一頭碩大野獸的一小部分、一個不足掛齒的小零件而已。大自然所預設的，他必須要去執行，所以，不能按照大自然的旨意進行評價，而要按照他所展現的功效進行評價：如果大自然的旨意是讓人類成為最優秀的物種，那麼，他就應該讓人類成為其他一切動物的主宰，除此之外，老虎、鯨魚和鷹還理應聽從人的

調遣。」

「然而，如果你們人類的心智超越我們，難道獅子就不應順從比我們更傑出的物種、聽從人類的信條嗎？人身上最聖明的東西就是最強大的理智，它始終位居主宰之位。眾神指派一個人充當統治眾生的人，你們眾人雖然對此表示認同，卻一紙密令將他置於死地；一個人也時常會摧毀並掠奪另一個人，而他卻以相同的眾神名義起誓要維護和養活眾人。人始終不懂缺乏強權的優越所在，我又為何要洞悉呢？我的這種優勢地位是無跡可尋的，所有動物一見到獅子就顫顫發抖，這並不是因為驚恐害怕。眾神已經恩賜我能趕上其他動物的靈敏，已經恩賜我能戰勝周邊所有動物的能力。什麼生靈擁有我這樣的尖齒和利爪？檢驗一下我這些龐大的顎骨有多厚重，檢視一下它們的寬度，試一下我這強健的脖子是多麼有力吧。最靈巧的鹿、最凶狠的野豬、最健壯的馬，以及最強勁的野牛，一旦被我發現，全部都會成為我的囊中之物（獅子這一席話說完，商人就已經昏倒在地）。」

我覺得獅子把牠的想法解說得太言過其實了。我們人類可以把雄性動物閹割，來把牠的肉變得柔軟乏力，預防其肌腱堅硬強壯，而少了肌腱，所有的纖維就都會作廢。我知道，當一個人回憶起那些為遭殺戮而被養大的動物蒙受的凌辱時，本應泛起同情之心。一頭被馴服的大閹牛抵擋了一頓痛打（而那些擊打的十分之一的力度就能夠讓宰殺者喪命）之後，最終昏了過去，人們用繩子把牠長角的腦袋緊緊按壓在地，在牠身上撕開一道寬大的口子，切斷牠的頸動脈。聽到這閹牛由於血流停滯而悲痛哀叫，聽到牠由於劇痛而發出的深重喘息，聽到牠沉悶的不斷低吟、來自其激烈跳動的心臟底部的大聲號啕，聽到這樣的聲音有誰不會泛起憐憫之心呢？牠四肢戰慄，劇烈抽搐；牠體內帶著臭氣的血噴湧而出，牠的眼睛逐漸暗淡，終歸無光；牠扭動、呼吸，為生命盡最後的一份力，牠的最終歸宿正

在逼近，親眼看見這些，有誰不會泛起同情之心呢？一個生靈展示出的害怕及劇烈悲痛這麼讓人服氣，不容置疑，是否還有笛卡兒[22]的哪個信徒會這麼嗜血，居然不會因為同情之心而去駁斥這位傲慢理論家的哲學呢？

[Q]……因他們這時
　　已經克勤克儉，只憑薪俸生活。

　　收入低賤，又心思坦誠，只有在此時此刻而非之前的某個時間，大部分人才會著手節儉。在道德約束裡，節儉被看作美德，其根據就是一條準則，即每個人都要摒棄奢侈，蔑視謀求安逸的歪門邪道，知足於事物天生的單純性，而在享受它們時還要予以節制，避免其中帶有貪得無厭的情形。這麼苛刻地限制節儉，可能遠比人們想像的要罕見得多。然而，人們平時熟知的節儉卻是一種更普遍的品德，其表現為處在揮霍與吝嗇的中央，並且常常更靠近吝嗇。有些人把這種斤斤計較稱為「節約」；在個人家庭裡，節約是擴展財產最可靠的方法。所以，有些人就認為一個國家無論是否富裕，但凡絕大部分國民節儉持家，就可以讓全民的財富遞增。譬如：他們認為英國人如果像一些周邊國家的人們那樣節約，那他們就會比現在更加富庶。我覺得這個想法是不對的。為印證我的看法，我懇請讀者首先回想一下我在此書「評論L」中的相關話語，爾後再讀下面的論述。

　　經驗告誡我們：因為人們對事物的見解及感知迥異，人們的喜好也截然相反。有人習慣吝嗇，有人習慣奢侈，還有人則徹底習慣節儉。其次，人始終不可能（或起碼很少會）摒棄自己所看重的激情，無論是因循理智還是規則，都不會這樣。如果有什麼事情讓人們違逆了其天生思維，那一定是由於其環境或命運出現了改變。如果認真考察這些觀點，我們就會發覺：如果一國的大部分人都奢侈，該國產品的數目就一定大於該國人口的

真實需求，所以有許多的便宜產品；反之，如果一國的大部分人都節約，其生活必需品就一定會匱乏，於是物價高昂；所以，儘管最好的政治家使盡渾身解數，絕大部分國民的奢侈與節約，仍舊還是決定於該國產品的富饒與否、該國居民的多寡及國民負擔稅賦的程度，雖然政治家並不認同這種見解。如果有誰想駁斥我這些觀點，那就請他用證據說話，闡述歷史上有哪個國家的全民節約不是因為全民的物質極缺吧。

我們可以認真考量一下讓一國地位提升、國民富足的原因到底是什麼。所有人類社會最夢寐以求的恩賜，乃是富饒的土壤和宜人的氣候、治理嚴苛有道的政府，以及大於其國民需求的土地。這些因素會讓人心平氣和，坦誠豪爽。在這樣的情境中，人們有可能擁有盡可能多的美德，不會殘害大眾，於是樂在其中，舒爽自在。然而這樣的民眾卻不會具備任何藝術與科學，其鄰人也不會讓他們長久如此。這些國民必然窮苦而愚昧，基本徹底無緣享用我們當下的生活之安逸，其所有的真正美德所追逐的，充其量是一件能禦寒的衣服或一個陶罐罷了：這是由於在這種閒散懶惰、愚鈍蒙昧的條件下，你既無須憂慮會見到那些重大的惡德，也不必期待見到什麼傑出的美德。人如果缺乏欲望的駕馭，就不可能去努力拚搏：當人們處在休眠情形中時，什麼東西都不能讓他們振作，其傑出與才華也始終不會被發覺。人這部懶散的機器如果缺乏人的激情的左右，就能夠被恰如其分地比喻成一臺缺少風力吹動的龐大風磨。

如果想讓一個人類社會強勁發達，就一定要去引起各種激情。分割土地（雖然土地一向都不夠劃分）將會讓人們貪念頓起。用稱讚把人們從散漫中喚醒（甚至是以逗樂的方式去喚醒），驕傲之心就會鞭策他們專心勞動，教他們學習貿易與手工，你就可以在他們之間引發嫉妒與競爭。擴大他們的資產，建起各種工廠，不浪費一寸土地。一定要保衛財產安全，讓每個人都擁有相同的權利。全部都依法行事，讓每個人都可以盡情地思

考。每個人都有工可做、每個人都能養活自己，並實施上述其他信條的國家，從來都是人來人往，向來不乏人口（但凡世上還有人存在）。如果要讓國民英勇善戰，恪守軍紀，就一定要有效利用人們的恐懼，並費盡心思地滿足人們的虛榮。不過，如果還要讓國民富足、聰明和優雅，那還一定要讓他們懂得怎樣跟外國開展商業貿易，如果可能的話，則要讓他們去遠航，這是由於航海能夠最有效地利用勞動與勤奮，並能讓人懂得怎樣戰勝全部困難。之後，就要大興航海業，勉勵商人經商，刺激各種商業往來。這將能引來財富，而只要有了財富，各種藝術和科學就會蓬勃發展，再憑藉我提及的那種良好管轄，政治家就可以讓國家富裕發達、聲名遠播、繁榮富強。

然而，你面對的如果是個節約而坦誠的群體，你的最好策略理應是讓人們維持其天生的樸實，務必不要竭力擴大他們的資產。堅決不能讓他們瞭解陌生者及奢侈品，而是要泯滅並讓其躲開所有能引發他們欲望或能擴展其知識的東西。

巨額資產和稀世珍寶絕對不能為其擁有者添彩，除非你認可它們那些相生相隨的附屬物，即貪念和奢華。貿易興盛的地方，欺詐必定存在。既要充實資產，又要維持心地坦誠，這事實上是個兩難之選。所以，當一個人的見地增多時，其禮節就會相應講究起來，而我們也一定會同時看到：他的欲望增加了，其口味變得精緻起來了，其惡德也相應變多了。

荷蘭人完全能夠把荷蘭現在的發達歸因於其前輩的美德與節約，然而，荷蘭那塊環境險峻的土地在歐洲各大列國中這般備受矚目，其理由卻是荷蘭人的政治才智（就算全部都排於商業與航海業之後），以及他們沒有拘束的自由，還有他們不輟的勤奮，他們向來以各種最奏效的方式來保證能物盡其用，以勉勵和刺激平時的貿易。

西班牙的腓力二世對荷蘭人大舉實施史無前例的暴政之前，荷蘭人從

來不因節約而聞名。荷蘭人的法律備受摧殘，他們被掠去了權利及大多數豁免權，他們的憲法被踩踏殆盡。荷蘭的許多名門望族沒有法律許可就被處以死刑。人們的憤恨和反抗，受到了像處置叛逆一樣苛刻的懲罰。那些有幸躲過了集體殺戮的人們，則被貪得無厭的士兵劫走所有，落得一貧如洗。對於適應了一個最和善的政府並曾擁有比周邊人更大特權的荷蘭人而言，這全部都是不能容忍的，所以，他們情願武裝起義而亡，也不希望全都死在殘暴的劊子手的刀下。試想西班牙那時的軍備是多麼強盛，再想想那些患難之國處在怎樣悲慘的境遇中，我們就會明悉：世界上從沒出現過實力相差這麼明顯的抗爭。荷蘭當時雖然只有七個省自發組織起來反抗西班牙的壓迫，荷蘭人的英勇堅強卻還是使之對抗了當時歐洲最強盛、紀律最嚴明的國家，與西班牙展開了歷史上最悲壯、最殘忍的戰爭。

荷蘭人不想變成西班牙暴政的犧牲品，情願只用三分之一的收入支撐生活就已知足，他們把大多數收入用來自保，用來抗擊其凶狠的敵人。荷蘭人在戰爭中蒙受的這些苦難及他們國內的劫難，起先讓他們特別重視節約，之後讓他們在相同的惡劣環境中苦撐了八十多年，這只能讓他們形成節儉的生活習性。然而，荷蘭人如果不是盡力開辦漁業和航海業，以彌補其所在環境的天然匱乏及扭轉不利境地，他們的所有節約方法及克勤克儉的生活方式，也不可能讓他們在抗擊這麼強勁的敵人時處於優勢。

荷蘭的國土面積狹小，而人口卻又非常之多，其土地還不足以供養其居民的十分之一（雖然基本上每一寸土地都已被拓荒）。荷蘭境內有很多大河，都處在海平面之下，每每漲潮時分，海水就會將陸地淹沒，如果不是用碩大的堤壩和龐大的圍牆進行阻攔，僅僅一個冬季，海水就會把土地全都衝垮。捍衛這些堤壩圍牆及其水閘、樞紐、磨坊以及為避免彌天大禍而必須要建立的其他應急設施，要佔據荷蘭人每年的大多數開銷，尋常的土地稅絕對捉襟見肘，而如果依照土地所有者每年的收益估算，土地稅估

計是每一鎊要拿出四個先令。

　　在這樣的環境中，擔負著比其他所有國家都要巨額的賦稅，這些人就必須要克勤克儉，這有什麼稀奇嗎？不過，別的國家的人卻為何一定要把荷蘭人當成楷模呢？別的國家的人，其生存環境比荷蘭人要好得多，而且比荷蘭人富裕得多，相同規模的人口所擁有的土地是荷蘭人的十倍以上。他們為何要去學習荷蘭人呢？荷蘭人和我們英國人常常在同一個市場上進行交易，所以能夠說我們兩國人秉持同樣的看法：要不然，兩國對個人節約的優勢及其政治原因的見解就會有天壤之別。生活節儉、開銷極小，這合乎荷蘭人的出發點，這是由於除了黃油、乳酪和魚類之外，他們必須要從海外進口所有物品。所以，荷蘭人消費英國人三倍的黃油、乳酪和魚類，特別是魚類。吃掉許多的牛羊肉來供養農夫，更深層地改善我們的土地（我們的土地養活我們自己綽綽有餘，如果細心耕種，還能夠供養與英國規模相當的人口），這合乎我們的出發點。荷蘭人可能擁有比我國更多的船隻和現金，然而它們卻只能被視為其勞動工具。所以，一個車夫擁有的馬匹數量，可能比一個比他多十倍錢財的人擁有的馬匹還多；一個銀行家手中儘管最多只有一千五六百鎊，其現金藏量卻常常比一個年入兩千鎊的紳士要多。相比之下，荷蘭人就像為了生計而擁有三四輛馬車的車夫，英國人則如同一位擁有一輛馬車以自得其樂的紳士。荷蘭人除了魚類之外兩手空空，所以他們在世人看來只不過是搬運工和船長而已，而我們英國貿易的根基則重點仰仗我國自己的產品。

　　讓大部分人厲行節約的另一原因，乃是巨額的賦稅、稀有的土地，以及那些會導致儲備欠缺的事物，而我們從荷蘭人那裡就可以意識到這個因素。霍蘭省有各種貿易，還有無法預料的巨額資產。那裡的土地非常富饒，並且（如我已經提及的那樣）那裡的每一寸土地都已經被開墾殆盡。然而格爾德藍省和上艾瑟爾省卻基本上不存在任何貿易，金錢也很稀缺：

那裡的土地特別貧瘠，許多土地被擱置。這兩個省份的荷蘭人儘管比霍蘭省的人貧困，卻不像後者那麼吝嗇，反而比後者更慷慨大度，其理由為何呢？別無其他，只因他們上交的各項賦稅不像後者的那麼苛刻，以人數計算，而且他們手中的土地也多得多。霍蘭省人所節約的乃是他們的囊中之物；稅賦最沉重的，就是那些能吃的及能喝的東西還有肉製品；然而，他們的衣服卻比別的省份的荷蘭人更好，他們的傢俱也更考究一些。

本著節儉為原則的人，理應對所有東西都節儉，然而在荷蘭，人們卻只是節約日常必需品及會被快速消耗的東西，而對於經久耐用的東西，其觀念就截然相反：他們在買進油畫和大理石雕像方面十分慷慨；他們在建築及園林上的奢侈則幾近愚鈍。在其他國家，你可能會看到恢宏的宮廷及殿宇，占地廣闊，它們隸屬王族，共和政體國家的所有人都不能期盼能在其他地方看到能與這些皇宮相提並論的建築；不過，在全歐洲，你卻無法找到一座私人宅邸，其奢華瑰麗的程度能與阿姆斯特丹及荷蘭其他許多大城市的一些商人及其他紳士的房屋相媲美。在那些地方修建住宅的商人及紳士，其花費在房屋建築的錢財往往比住在世界上其他所有地方的人都要多得多。

我所提及的這個國家，因為是個共和國，其蒙受的災難還不及在1761年及1762年初那般深重，同理，其商業也不曾像那段時期那麼萎靡。我們對這個國家的經濟及國體掌握的全部準確資料，大多要拜威廉‧坦普爾爵士所賜，他對荷蘭習俗及荷蘭政府的觀點就是確立於這一時期，在他的《回憶錄》中就能夠看到一些。那時的荷蘭人真的十分節約，在那段時間之後，荷蘭人的災難就不再如此深重了（雖然普通人的境遇一如既往，依然負擔著稅賦的一切重壓），那些狀況不錯的人的馬車、歡愉乃至全部生活方式都出現了重大改觀。

一部分人覺得：與其說荷蘭的節約是源自必需，倒不如說是由於其

民眾廣為痛恨的惡德與揮霍所致。這些人會提示我們想想荷蘭人的公共治理和廉價收入，想想他們在斤斤計較、購買商品及其他生活必需品時展示的謹小慎微，想想他們小心防備、盡力不被僕人騙得團團轉，再想想他們對背棄合同者的苛刻懲罰。不過，被這些人當成官員們的美德及坦誠的舉止，卻全部要拜荷蘭人的各種嚴苛規章所賜，它們包含公共財富的治理，而其讓人讚歎的政府形式也不可能違反這些規章。事實上，如果雙方步調統一，一個人能夠信任另一個人的言語，即使這樣，整個民族卻不能夠相信任何坦誠，而應信奉那些植根於必需之上的東西；這是由於國民如果不快樂，其憲法就永遠會改來改去，其福祉也必然要由官員及政治家的美德與良心來決定。

荷蘭人往往非常支持臣民厲行節約，這並不是由於節約是一種美德，而是如我之前敘說的那樣，他們大多收入偏低，因為當其收入發生變化之後，其行為準則也會發生相應改變。下面的實例就能夠印證這一點。

東印度公司的船隊返回英國之後，該公司立刻就付清了其船員的薪水，不少船員賺到的薪水基本上相當於他們幾年的收入，還有部分船員的薪水基本上相當於他們大概十數年的收入。這些窮漢就會在煽動之下，用能夠想像的最奢侈的方式把錢花掉。其中大部分人上船時都是地痞流氓，受到嚴屬的管制，伙食糟糕，長期幹苦力活，沒有一分報酬，而且常常身處危難之中，所以，他們但凡手頭有了大量錢財就立刻去揮霍，這說不上有多難。

他們把許多的錢浪費在美酒、女人及音樂上面，其奢侈足以企及這些人的旨趣及教育所能企及的頂端，他們的嗜酒放肆（只有這樣他們才不會去胡作非為）也遠大於習性對其他人所許可的地步。在有的城市裡，你可能會看到這些人跟三四個淫蕩女人在一起，其中很少有不酩酊大醉的，在大庭廣眾之下，在大街上邊跑邊喊，還有個拉小提琴的在前邊伴奏。他

們如果覺得這麼做錢還揮霍得不夠迅速的話，就會想出許多其他的花錢方式，有時居然會把許多許多的錢撒向人群之中。但凡他們手頭還有錢，這種狂熱就會持續下去，並越來越盛。然而這種情形向來不會延續，所以，有人就給他們安了個外號，把他們稱作「六個星期的大爺」，而六個星期恰好是東印度公司的船隊打算再次離港啟航的日期。

這個煽動水手浪費的計策當中有兩個對策。第一個對策是：這些水手已經適應了炎熱的氣候、糟糕的空氣和食物，如果他們舉止節約，並且待在每個人的國家裡，該公司就必須去持續地雇用新水手，而（除去不習慣水手生活之外）其中在東印度群島待過的人，基本不超過半數，這常常不僅會讓公司大失所望，而且還需付出更多的薪酬。第二個對策是：那些水手經常可以得到諸多的錢財，而奢華則可以讓這些錢在全國迅速流通起來，如此一來，經由繳納巨額的消費稅及其他稅種，大部分的錢就會迅速地被再次收歸公共財富。

為說服一部分宣導國民節約的人，讓他們意識到其見解好高騖遠，我們可以假定我在「評論L」中提及的話都不正確。我在那條論述中為奢侈辯解，說奢侈是保證貿易的必需所在。接下來，讓我們認真分析：如果仰仗良策和管制，逼迫大家屬行全民節約，無論這麼做是否合乎時機，那會給像我們這種類型的國家帶來怎樣的後果呢？

我們假設：大不列顛的所有國民，其消費只是其目前消費的五分之四，而把他們收入的五分之一積攢下來。我且不評論這將給各行各業及對農民、牧場主和地主帶來怎樣的後果，而只進行有利的假定（即假定那些現在還無法達成的事情）：相同的工作依舊要做完，所以相同的手藝人也像目前這樣有事可幹。其結局就是：除非錢猛然大幅縮水，而其他一切的東西都背離常態地變得十分名貴；否則，五年過後，所有勞動者和最貧苦的勞工（由於我不願去干涉其他所有人的閒事）都會富裕發達，其手中的

現金將相當於目前他們整整一年的花費，然而，那些錢將比國家之前所有時候瞬間之內擁有的錢財都多。

而今，讓我們為這樣的財富倍增而歡呼雀躍，再看看勞動者的生活會是怎樣的境況，並且按照經驗及我們對他們的日常考察進行推測，看看在這種狀況下他們的舉止反應吧。人盡皆知，有許多散工在進行織布、裁縫、布料加工及二十種其他的手工勞動，如果一週勞動四天就足以養家糊口，那就幾乎無法說動這些人在第五天去工作；此外，有幾千名勞工在做著各種勞動，儘管他們基本無法維持生計，卻不怕自尋煩惱，讓主人無比失望，節衣縮食，到處借錢，也非去度假不可。人們就是這麼盡力追逐安逸與歡愉，在這類情形中，他們都出於生存的直接需求無奈之下才去做事，撇開這個，我們還能有什麼作為激勵他們去工作的由頭呢？如果不到星期二，你就不能鞭策一個手工勞動者去工作，這是由於星期一早上，他上星期的工錢還留有兩個先令呢。看到這種情形，如果他口袋裡還有十五鎊或二十鎊的話，我們又該怎樣認定他會去做事呢？

這樣工作的話，我們的產品會是怎樣的情形呢？商人如果想要把布匹送往國外，他就必須要本人去做這件事情，這是由於布料商在十二個人當中無法找到一個能夠為他幹事的。就算我提到的情況如果只是出現在製鞋散工身上，並不牽扯其他任何人，那麼，不出一年，我們當中的一半人也只好光著腳丫走路了。一國之中，金錢最重要、最迫切的用處，就是給窮人支付勞動工資。當金錢的確欠缺時，雇用許多工人、需要給他們支付薪水的人們會最早有所察覺。不過，就算這需要很多硬幣，當不動產得到安全的護衛時，過缺錢的日子也總比過缺少窮人的日子要輕鬆得多，這是由於：少了窮人，誰去工作呢？由於這個原因，一國流通的硬幣的數量就理應始終符合該國就業者的數量，而勞動者的工資也理應符合提供商品的價格。由此能夠驗證一點：無論終將收穫什麼，勞動者數量太多都會讓勞

動力廉價，而在這種情形之下，就可以對窮人實施良好的管轄。理應讓窮人不會因餓致死，然而窮人卻不應享有需要去積蓄的東西。如果在什麼地方，最低層階級中的一個人依靠卓越的勤懇，輔之以節衣縮食，讓自己的生活超越了之前供養他的那種層次，誰都不應去阻攔他。非但這樣，還有一點毋庸置疑：社會的所有成員，包括所有私人家庭最理智的對策就是生活節約；不過，所有富國所關切的卻是：讓大部分窮人基本上從不好逸惡勞，並要持續地花掉自己賺得的錢。

就像威廉・坦普爾爵士明確提及的那樣，但凡不是因為驕傲或貪欲的刺激而勞動，那麼，每個人都喜歡閒適與享樂，而不想做事。依賴每日勞動維持生計的人，則很少會被驕傲或貪欲所左右；所以，可以刺激他們去為他人做事的，除了他們本人的各種需要之外，別無他事，而削弱那些需求實屬聰慧之舉，然而消泯那些需求則實屬愚鈍行徑。因而說，可以讓勞作者變得勤快的，只有數目合適的金錢：這是由於如果金錢太少，根據勞作者的脾性，要麼會讓他自甘墮落，要麼會讓他隻身涉險；而如果金錢太多，則會讓他變得驕傲而懶散。

一個人如果覺得「金錢過多會毀掉一個民族」，他就會招致大部分人的譏諷。不過，這剛好是西班牙的歸宿。堂・迪亞戈・薩維德拉就把其國家的滅亡歸因於此。在之前的時代，土地的物產曾讓西班牙非常富庶，以至於法國國王路易十一到托雷多宮廷時，震撼於其恢宏奢華，說自己不曾見過可以與其相提並論的王宮，無論在歐洲還是在亞洲，都不曾見過。所以，他在去往那塊聖地的途中，足跡曾遍佈它的所有省份（如果我們對有些作者的敘述信以為真的話）。只在卡斯提爾王國[23]，就有為加入聖戰而來自四面八方的十萬步兵和一萬馬匹，還有六萬輛載貨馬車，都是阿隆索三世本人號令指揮、調遣，天天都根據各自的等級和職位支付士兵、軍官及王公們的花銷。非但這樣，直到斐迪南和伊莎貝拉（他們給航海家哥倫

布準備了各種物資）上臺及其後的一段時間，西班牙也始終是個富裕的國家，貿易和製造業非常興盛，而西班牙人也從來都以勤奮聞名。不過，那些巨額的財產（它們是憑藉當時世上最凶險、最殘忍的手段贏取的；按照西班牙人自己的說法，為劫掠那些財富，他們屠殺了兩千萬印第安人），那些雪片般的財富一旦被西班牙人拿到，就馬上讓他們理智全無，他們的勤懇也隨之而去。農夫丟掉耕犁，工匠丟掉工具，商人丟掉了帳房，每個人都譏諷勞動，人人都縱情歡樂，搖身一變成為紳士。他們覺得自己有情理自忖比一切鄰人更高貴，而目前只有戰勝世界才可以讓他們稱心如意。

　　這種後果就是：其他民族用來迎合自己的懶散與傲慢的東西，卻不足以讓西班牙人知足；當每個人都親眼所見儘管政府發行的一切禁令都不容許金銀出口，西班牙人卻在虛擲金錢，甘願頂著被送上絞刑架的風險，也要親自把金銀帶上船，於是他們爭先恐後地盡力為西班牙工作。如此一來，一切跟西班牙有生意往來的國家，每年都瓜分到了西班牙的金銀，並把所有物品的價格都抬得奇貴無比；大部分歐洲國家都兢兢業業，只有它們的掌權人是個例，後者自從截獲了巨額財富之後，就守株待兔，每年都急切地等待著從國外帶來的源源不斷的收益，並為自己揮霍掉的東西讓其他國家付帳。所以，因為金錢太多、拓展殖民地及其他惡性管理（其中紕漏的機會非常之多），西班牙就由一個政績卓越、人口眾多的國家，一個享譽海內外、坐擁巨額財富的國家，變成了一條四通八達的溝壑，金銀經由它從美洲投入世界其他各個地方的懷抱；而西班牙人則由一個富足、靈敏、勤懇、任勞任怨的民族，變成了一個墮落、散漫、驕傲且一貧如洗的民族。有關西班牙的論述，暫且到此為止。金錢能被看成物產的下一個國家是葡萄牙，然而這個王國傾其所有黃金在歐洲打造的形象，在我看來卻並不受稱讚。

　　因此，讓一個民族得到幸福和我們當下那種「繁榮」的高尚藝術，就

取決於給所有人以工作的可能。依據這樣的政策，一個政府最需在意的事情，莫過於激勵人的智力所能企及的各種製造業、藝術及手工藝的興辦；其次是支持農業、漁業各個領域的成長，並強迫全部的土地也如同人一樣做到物盡其用。這是由於：前者是把許多的人招攬到一國去的、屢試屢中的尚方寶劍，而後者則是維持這些人生計的獨一無二的法則。

恰恰是在這個政策中，而不是在浪費與節約的繁瑣規則中（人們的環境儘管迥然有別，這些規則卻始終會自動產生相應功能），才可以期待目睹每個民族的繁榮與幸福。這是由於：雖然黃金和白銀的價值隨時漲跌不停，所有社會的享樂卻永遠都要仰仗土地的產出和人們的勞動。這二者加起來就是更可靠、更源源不斷，並且更確切的財富，它比巴西的黃金、波托西的白銀還要可靠。

[R] 所有的榮譽都無法讓人知足，……

用一個比喻來形容的話，榮譽就是個捕風捉影、憑空捏造的怪物，是道德家、政治家們的虛構，它意味著某種與宗教毫無瓜葛的美德準則。在許多盡職盡責的人們身上，能夠看到它的蹤影，無論那些職責所指為何。譬如，一個崇尚榮譽的人陷進了別人的一個暗殺國王的詭計中，他必須要萬分痛苦地加入這個活動。如果他被悔恨或善意的天性所喚醒，就會詫異地意識到那個算計是罪大惡極的，於是就揭發了那個陰謀，轉而變成揭露同黨的目擊者。因此，他就守護了自己的榮譽，起碼在他所處的那群人之中是這樣。榮譽準則的最大好處，乃是低賤人等壓根就不配擁有它，只有在品格更傑出的人身上才得以存在。這就好像柑橘表面儘管沒有分別，然而有的帶核，有的卻沒有一樣。在尊貴的家族當中，榮譽就像痛風症一樣，往往總被當成傳世之作，貴族的孩子們個個天生就具備它。有些從沒

意識到自己具備它的人，其榮譽則源於言談與閱讀（特別是浪漫奇幻小說），而還有部分人的榮譽則源於他的權勢。然而，如果要激勵榮譽感的提升，最奏效的卻一定是一把長劍。有的人第一次佩上長劍，二十四小時之後依然可以看到它在閃閃發光、熠熠生輝。

崇尚榮譽的人首先理應關注的第一件事是遵循榮譽原則，而非背離這個原則；為了捍衛榮譽原則，他不吝放棄自己的工作和財富，甚至不惜放棄自己的生命。所以，無論他的優雅涵養讓他展示得多麼謙卑，人們也容許他非常在意自己的意義，容許他自認為具備榮譽這種無影無蹤的身外之物。捍衛榮譽原則的不二法寶，就是遵循榮譽準則，它們是他待人接物的信條。他自己一定要時時忠於自己的信念，把公眾利益放在自己的利益之上，不說謊，不欺詐或殘害任何人，不承認任何人的當面羞辱，因為那是他的一個標竿，用來衡量每一種行為是不是要故意鄙夷他。

古代那些崇尚榮譽的人（我把唐吉訶德當成其中有文字記述的最後一位），全都完全恪守這所有的律條；此外，他們遵循的那些我尚未提及的律條，其條目還為數眾多。但是，目前崇尚榮譽的人相比之下卻好像不諳此道。他們儘管非常敬仰古代最後那位崇尚榮譽的人，卻不會如他一般那麼遵循榮譽準則。無論是誰，但凡想要奉行我所提及的那些準則，其舉止必然都會遠遠超出所有其他人所能包容的極限，因此而衝撞了那些人。

崇尚榮譽的人當然永遠會被視為公允的聰慧的人，這是由於誰都沒有聽聞哪個崇尚榮譽的人是笨蛋。所以，他不可能違逆法律，人們永遠都許可他自己去考量自己的事。他、他的朋友、他的親戚、他的奴僕、他的狗或他喜歡放在自己榮譽庇佑之下的所有東西，就算是受到了最不足掛齒的傷害，他也一定會馬上索要賠償。如果那傷害被證實是有意為之，他也會如同一個崇尚榮譽的人一樣予以回應，之後一定會掀起一場戰鬥。所有這些跡象表明，一個崇尚榮譽的人一定要擁有勇氣；缺乏勇氣，他的其他

原則充其量是一把少了尖兒的劍罷了。所以，我們可以一睹勇氣到底是何物。無論勇氣在其他什麼地方，就像大部分所言，它都的確源自勇士們的本能，並且與其他所有真真假假的品格區分開來。

所有生靈都愛自己，所有動物都可以這樣；天下沒有比這種愛更廣泛、更坦誠的情感了。保衛自己珍視的事物，除了需要這種關切的愛以外，世上再沒有別樣的愛。所以，無論什麼動物，其維繫自己的意念、希望和刻苦都最真誠不過了。這是大自然的法則。依據這個法則，世上並沒有憑藉任何欲望或激情而存活下來的生靈；那些能夠存活的動物，都直接或間接地擁有維繫自身或其物種的本能。

大自然採取各種方法，逼迫每一種動物持續努力地讓自己得以存活。這些方法涵蓋讓該動物覺得知足；而人類的各種稱之為「欲望」的東西則一定要完全迎合。欲望讓動物期待得到那些被其視為能保衛其生命或讓其歡樂的事物；欲望還驅使動物遠離那些被其視為可以讓其不悅、讓其受傷、讓其滅亡的事物。這些欲望或激情有各不相同的症狀。它們自然而然地呈現在被它們干擾的人身上。根據它們在我們身上引起的各種不安，它們被賦予了不同的稱呼，譬如我們之前提及的「驕傲」和「羞恥」等等。

當感覺到災禍逼近時，我們心中出現的那種情感稱為「恐懼」。它在我們心中造成的不安，其水準並非總跟危險的水平正相關，但卻跟我們對災禍的恐懼水平正相關，無論那災禍是真的還是源自想像。所以，我們恐懼的多寡始終跟我們對危險的認知正相關。因而，如果那種理解一直都有，人就不能遠離恐懼了，這就像他不能捨棄自己的一條腿或一條胳膊一樣。當確實遭遇恐嚇時，對危險的認知非常突兀，這會讓我們遭受的打擊十分猛烈（有時會讓我們喪失理性和感覺），以至於打擊之後，我們常常沒有印象我們曾感知到了危險。然而我們卻覺得恐懼源於那個事件本身，但我們明明是那個事件的親歷者。如果我們沒有感知到某種災禍正離我們

越來越近，又怎麼會覺得提心吊膽呢？

　　大部分人都覺得能夠用理智征服這種認知，雖然這樣，我卻要供認不諱：我自己並非這樣。遭遇恐嚇的人會跟你說：待到他們可以顧及自己（即可以運用理性）的時刻，他們的認知就被理智制服了。但是，這壓根算不上什麼制服，這是由於在遭遇恐嚇的時候，危險要麼只是想像，要麼待到他們可以運用理性時，危險早已無影無蹤了。所以，如果壓根沒有意識到危險，他們感知不到什麼危險也就習以為常。不過，如果危險一直存在，那就讓他們去運用其理性吧。他們必然發覺：這樣做能夠讓他們徹底地意識到危險有多大及危險有多真。他們必然發覺：他們如果意識到危險並不如想像的那麼大，對危險之損害的認知也就會隨之下降。然而，如果事實驗證危險的確存在，各種情形都跟他們原先的想像一樣，那麼，他們的理智非但不會減弱他們對危險的認知，反而會讓它相應變強。這種恐懼如果一直存在，那就不會有一種動物肯去主動迎戰。我們依舊目睹野獸們天天都在拚命戰鬥，個個害怕自己會死，所以，理應還有一種激情可以征服這種恐懼，而與恐懼相對立的激情就是「憤怒」。為了對這種激情尋根溯源，我必須要拜託讀者寬恕我在此再次跑題。

　　少了食物，沒有一種動物能夠活命。年輕一代持續降臨，其頻率一定要和老一代死去的頻率相當，如果不能這樣，也沒有一種物種（在此我是指相對完善的動物）能夠活命。可以說，大自然恩賜給動物的最強烈的欲望就是飢餓，其次就是性欲。性欲刺激動物生育，而飢餓則逼迫動物進食。我們親眼看見，我們的欲望如果遭遇遏制或攪擾，我們心中就會出現「惱怒」這種激情；如果惱怒集中了動物身上的所有力量，它就會讓動物不遺餘力，更加勇猛地掃除、戰勝或毀滅其追逐自身求生道路上的全部障礙。我們會發覺：除非野獸自身（要麼是他的珍愛之物，要麼是兩者）的自在遭遇脅迫或侵犯，要不然，除非是飢餓及性欲，否則不可能有一點

能吸引牠們注意力的東西，足以讓牠們暴怒。讓牠們更狂野的，恰恰是這兩種欲望，因為我們可能已經目睹：如果動物的需要（雖然可能並非很強烈）無法得到迎合，如果牠們視線之內的快樂遭遇了阻攔，動物的欲望就會遭遇現實的阻隔。我們如果想到一個所有人都不能忽略的事實，我上面說到的就更顯而易見了。那事實便是：世上所有生靈要麼憑藉果實或果實的成品為生，要麼憑藉其他動物（也就是牠們的同族）的肉為生。後一類動物我們稱之為「野獸」或「捕食動物」。大自然相應地把牠們武裝起來，恩賜牠們武器和力量，以此讓牠們可以去戰勝大自然為牠們預設的食物，把那些食物碎屍萬段；同理，大自然恩賜它們的欲望，也比恩賜給食草動物的欲望更激烈。這是由於：首先，如果一頭母牛如同只以青草為食（牠天性如此）一樣地只以羊肉為食，卻缺少利爪，僅有一排牙齒，並且其力量也跟從前一樣，那麼，就算牠在羊群裡也會飢餓而死。其次，反觀凶猛動物是什麼情形，就算經驗還沒有告訴我們，理智也會跟我們說：第一，飢餓非常可能讓一種動物精疲力竭、煩躁難耐，讓牠為了得到每一小塊果腹的東西把自己置於危險境地；大自然預設另一種動物去牠它眼前站立的東西，牠只需低下頭就可以吃到。相比之下，前者的飢餓就比後者來得更加強烈。第二，還需要考慮到：捕食的野獸都擁有一種本能，牠們用這種本能去找尋、跟蹤和發現那些可以成為美食的動物；所以，其他動物也都擁有一種本能，告訴牠們找個藏身之所，把自己隱藏起來，在被獵食時逃跑。因而，我們必然能得出一個結論：捕食動物儘管基本上每次都不會空手而歸，但牠們腹中空空的時候還是比其他動物要多，這是由於後者的食物既不可能飛，也不可能反抗。這種情形始終都是如此，必然會加劇它們的飢餓，所以，飢餓就為它們的惱怒供應了無窮無盡的燃料。

你如果問我：公牛和公雞奮力相搏，然而牠們既非肉食動物，也非凶悍動物，牠們的憤怒源自何處呢？我的答覆是：牠們的憤怒源於性欲。那

些暴怒源於飢餓的動物（不分雄雌），常常會去侵犯牠們可以掌控的一切東西，並且堅強地與牠們搏鬥。而那些暴怒源於性欲的動物則大部分是雄性，其最大的攻擊目標是同類中的其他雌性。儘管牠們有時也會攻擊其他動物，然而牠們痛恨的主要目標卻是其情敵，而只有在跟情敵搏鬥時，牠們的勇猛堅強才會傾瀉而出。我們也見證過：在一隻雄性就可以跟許多雌性交配的動物之間，大自然都恩賜了雄性非常明顯的優越性，其體現就是雄性不僅更凶悍，對其他類的雄性動物而言，牠們的體格與外形要優越得多，後者之中的雄性只跟一兩隻雌性交配就稱心如意了。狗儘管已經成了被降服的動物，卻仍舊貪婪無度，其中那些好強的仍舊是以肉為食，我們如果不用肉餵牠們，牠們常常轉瞬間就會成為捕食動物的野獸。我們可能會從牠們身上發現許多表現，能夠證明我上述的見解。真正好鬥的動物都是以肉為食，無論是雄是雌，都會快捷進攻每個目標，並且會拚死相搏，之後才作罷。雌性動物事實上比雄性好色得多，所以，除了性別差異，雌雄的身體壓根不存在什麼區別，事實上，雌性比雄性要凶狠得多。一頭被困的公牛的確十分恐怖，不過，如果把牠放在二十幾頭母牛之間，牠轉瞬間就會變得如同其中任何一頭母牛那樣馴服。十幾隻母雞就可以摧毀英國最傑出的賭博——鬥雞。兔子和鹿被歸入獵物和怯懦的動物。千真萬確，牠們基本上年復一年都是這樣，只有在其發情期才有所不同。處於發情期時，牠們會驟然變得英勇無懼，讓人讚歎，頻頻攻擊餵養牠們的人。

　　飢餓與性欲，這兩種最大欲望對動物性情的左右，並不是如同人們認為的那樣讓人感覺變化莫測。從我們自身也能夠發現它們的些許端倪。這是由於：我們的飢餓儘管不像狼和其他食肉動物那麼強烈，但我們還是注意到：相比其他時間而言，如果過了平時的進食時間還沒有飯吃，健康者及胃口還不錯的人就會更輕易地焦躁，更輕易地為小事大發雷霆。同理，男人的性欲儘管不像公牛和其他食肉動物那樣狂暴，但當男女墜入愛河

時，阻擋兩者的私通卻可以最快速、最激烈地引發他們的憤怒；為了消滅情敵，無論男女，無論是受過最嚴格的教育，還是受過最溫良的教育，全都會置那些最大的凶險於不顧，完全沒有一絲憂慮。

到這，我已經竭力印證：如果心中有懼，沒有一種動物會去主動出擊；恐懼不會被其他激情所戰勝；而與恐懼截然相對的激情，可以最明顯地克服恐懼的激情，只有憤怒；有兩種最大欲望如果不能被迎合，就會產生憤怒的激情，它們是飢餓與性欲；對一切野獸來說，能否讓牠們暴怒或拚命搏鬥，往往在於其飢餓與性欲之一的強烈程度，或是二者合二為一的強烈程度。因此，我們終究會推斷出一個論斷：動物身上被我們稱之為「英勇」或「天生勇氣」的東西，不為其他，而全都是出於憤怒；所有凶猛動物都必然十分喜好食肉和性欲強烈，或兩者必有一條。

而今我們來研究一下：根據這條準則，我們理應怎樣評價我們自己這個物種。人類的皮膚非常柔嫩，需要歷經多年的細緻照看才能長大，人的下頜骨的結構，牙齒的端正，手指甲的大小，以及人齒及指甲的柔弱，從所有這些來看，大自然原本並沒有把人預定為掠奪者；所以，人的飢餓並不會如同食肉動物那樣強烈無度，人的性欲也不會如同其他（稱之為）好色動物那麼強烈。人可以十分勤勞，以迎合自己的各種需要，除此之外，不存在任何掌控性的欲望可以讓人的憤怒經久不息。因此說，人必然是一種怯懦的動物。

我上面說的最後一句話，只對還處在野蠻情境的人適用，因為如果把人當成一個社會的成員，當成一種文明化的動物，我們就會意識到人絕對是另外一種生靈：人只要有機會就會讓自己的驕傲一覽無遺，妒忌、貪婪和雄心立刻就會掌控他，他就會被從其天生的單純和愚鈍中激發。隨著人的知識的拓展，人的欲望也隨之增大了。所以，人的各種需要和欲望也會迅速翻番，其最終結果便是：在迎合這些需求和欲望的過程中，人會頻頻

遭遇困難，與之前的情形相比，他遭遇的讓他憤怒的失望日益增多，所以不出多長時間，他就會成為世界上最無益、最凶險的動物；更不要說每次他可以制服對手的時候了，這是由於他除了那個惹惱他的人引發的災難之外，不會恐懼其他所有災難。

所以，所有政府首先顧及的事情是：當憤怒確實引發了傷害時，一定要憑藉苛刻的責罰去遏制人的憤怒，經由提升人的恐懼，預防憤怒可能引發的禍端。嚴格執行各種法律，以限制人暴力行事，此時此刻，人的自我保命的天性一定會告誡他要盡量克制。最大限度防止受到干擾，這是所有人的共同期盼，所以，隨著人的見識、知識和預見性的擴展，他的恐懼會持續地被強化和擴展。其結果一定會是：在文明國家裡，讓人惱火的緣由會是層出不窮的，所以，人克服這些原有恐懼的做法也是層出不窮的，因而，他很快就可以憑藉這種恐懼，懂得熄滅自己的憤怒，懂得採用另外一種與憤怒不同的方式，那也是一種自我保護機制，大自然之前已經把那種方式跟憤怒及其他激情一起，一股腦兒全都恩賜於他了。

因此，人身上對社會安詳和諧有所裨益的激情，只有他的恐懼。你越是能激發這種激情，他就越是會恪守法規，越容易管制。這是由於：無論人作為單個動物孑然一身時憤怒對他多麼有用，社會也不可能讓他有宣洩私憤的機會。但是，在創造動物時，大自然卻一以貫之，她創造的所有生靈都與為供養生靈預設的環境相匹配，而形形色色的外界影響，就可能使各種生靈有所缺憾。所以，每個人都會輕易受到憤怒的掌控（無論他們來自宮廷還是森林）。憤怒的激情如果戰勝了人心中的所有恐懼（無論什麼等級的人，偶爾都會這樣），他就會擁有真正的勇氣，立刻就會像獅虎般地英勇投入戰鬥。我將盡力闡釋：無論把人的勇氣賦予什麼名字，人在不惱火時，勇氣也始終是虛設的、人定的。

良好的政府儘管可能讓一個社會永遠維繫自身的安定，然而誰都不

能確保社會外部的永久和平。社會一有機可乘就會野心勃勃地拓展其邊界，擴張其地域，否則，他人就會侵犯他們的社會，就會出現一些讓人不得不去迎戰的事情；這是由於無論人的文明程度有多高，他們也不曾忘卻一點，即暴力甚於理性。所以，政治家一定要變換舉措，消除人們心中的一些恐懼。他一定要盡力說服廣大群眾：如果這些人成為公敵，之前對他們提到的所有關於人的嗜血成性的東西就會頃刻瓦解；他們的敵人並不會如同他們自己那般溫和、強健。如果可以妥當解決這種事情，那麼，在吸引那些最無情者、最好勝者、最頑劣者去作戰方面，政治家就幾乎不會失敗。然而，這些人的品格一定要更優越，要不然，我就不能確保他們在戰場上的表現：你只要讓他們鄙夷敵人，就會迅速地引發他們的憤怒之意；但凡有憤怒，他們打仗就比所有軍紀嚴整的部隊都厲害。然而，如果出現了某種不期然的事情，譬如突然出現一聲巨響、一場大暴雨，或者任何有可能威脅他們的奇異的、非同小可的事件，恐懼立刻就會掌控他們，戰勝他們的憤怒，讓他們如平凡人一樣逃避。

所以，但凡人們的理智有點提高，這種天生的勇氣肯定就會暴露無遺。首先，一部分人會意識到敵人進攻的凶猛，所以並非始終對那些詆毀敵人的說法確信無疑，因而常常不可能輕易引發這些人的憤怒。其次，憤怒乃是激情的瞬間凝聚，不可能延續多長時間（憤怒是突然的瘋癲），而敵人如果經得住這些憤怒者的第一次侵犯，往往會更輕易地應對後面的入侵。其三，但凡人們心中有怒，就不可能顧及任何告誡和規定，並且不可能在戰鬥中施行計策或遵從指令。因而，儘管缺少憤怒任何生靈都不可能擁有天生的勇氣，憤怒在戰爭中還是一無是處，既不能用於計謀，也不能成為正統的技巧。所以，政府一定要找到一種能跟勇氣相提並論的東西，才能激勵人們去作戰。

把人以文明教化，把大家組合為一個政治實體，無論誰有這種想法，

都一定要對人的各種激情與各種欲望瞭若指掌，掌握人的優點與缺點所在，都一定要知道怎樣把個人那些最大的缺點轉變為能為公眾服務的優勢。在研究道德美德發端的過程中，我已經闡明：無論任何事情，一旦用讚譽的話語表述，想讓人信服都是十分簡單的事了。所以，立法者或政治家（他們都非常受人愛戴）就理應跟人們說：絕大部分人都擁有一個英勇的理想，它既和憤怒迥然有別，也與其他所有讓人用勇敢鄙夷危險、正視死亡的激情迥然有別；而最能堅守那個理想的人，就是最有意義的人。按照上述提及的那個道理，儘管他們當中的大部分人壓根意識不到那個理想，卻很可能把這番話看成真理而信以為真。那些最驕傲的人認為自己被這番奉承所說服，而並不善於甄別不同激情。因為把驕傲誤當作勇氣，他們可能會認為那個理想正在自己胸中澎湃。不過，就算能說服十人中的一人公開承認自己擁有那個理想，並能用它去征服所有敵人，那麼，另外五六個人就會迅速承認自己也是這樣。無論是誰，但凡擁有了這個信念，其各種表現就會全部按章行事了。政治家已經不可能去做別的事情，只能小心翼翼地加倍滿足自忖並懷有心甘情願堅守這個信念者的驕傲。要實現這個目的，自有許多種形形色色的辦法：他起先貪圖驕傲，之後，相同的驕傲會逼迫他去捍衛自己這個見解，最終他會畏懼自己的真正想法會被看穿。他的驕傲會迅速膨脹，乃至會大於他對死亡本身的害怕。但凡去擴張人的驕傲之心，人對羞恥的恐懼就會持續地隨之擴增，這是由於一個人自認的價值越大，他越是會費盡心機地遠離羞恥，並在遠離羞恥時遭遇更多的困境。

　　所以，讓人英勇的妙計就是：首先讓他心中產生這種英勇的理想，之後用許多的恐怖，刺激他去逃避羞恥，就像大自然讓他生性害怕死亡那樣。人對許多事情擁有（或者大概擁有）比對死亡更激烈的厭煩，其中人對自殺的看法就是實例。選擇一死了之的人，一定覺得死亡不會像讓他憑

藉死亡去逃避的事情那麼恐怖。這是由於：無論魔鬼是真會降臨還是將要來臨，無論魔鬼是真是假，誰都不可能無怨無悔地自殺，除非是想要逃避什麼事情。盧克雷蒂婭英勇地竭力抵禦強姦者的各種侵犯，甚至當後者威脅會殺死她時，也是這樣。這說明她把貞操置於死亡之上。然而當強姦者以讓她帶著永久恥辱的名聲威脅她的名譽時，她束手無策，只能選擇事後自殺。這明確地說明：在名譽和自身美德之間，她更看重名譽，而把自己的生命置於這二者之下。對死亡的害怕沒有讓她遲疑，這是由於她已篤定寧死不受辱，因而我們必然只能把她的降服當成一種對塔昆的迎合，旨在預防他詆毀她的名聲。因此說，盧克雷蒂婭所在意的東西，排在第一位和第二位的都不是生命。所以，勇氣只是對從政者才奏效，平常所謂「真正的英勇」不過是人為的做作，它把趨炎附勢灌注到極端驕傲的人們心中，讓他們對羞恥懷揣一種被放大的恐懼感。

如果一個社會認可了榮辱的意義，那就很容易刺激人們去迎戰了。首先，要耐心勸誡人們相信自己的事業師出有名、正當無比，這是由於如果覺得自己不在理，那就不會有人竭力去抗敵。其次，要對人們闡明：他們的祭祀、家資、老婆、孩子及他們目前所看重的全部，都跟眼前這場戰爭脫不了干係，或者起碼以後可能被其左右。再次，要喚醒人們的勇氣，說他們與其他人有別，說他們擁有為公眾捨生取義的氣魄，說他們深深地愛著祖國，說他們能無所畏懼地正視敵人，說他們不會貪生怕死，再提一下榮譽的根基等諸如此類的美妙言辭，說假如是在白天，所有驕傲的人都會心甘情願拿起武器捍衛自己，抵死不臨陣脫逃。在一支一百人的部隊裡，每個人都會相互監督。如果他們都是孤身一人作戰，那麼，他們將全部都是膽小鬼，如果他們可以聚在一起勇猛殺敵，則僅僅是源自畏懼引起相互之間的鄙視。要維持和強化這種人為的勇氣，就理應用恥辱去責罰全部的逃兵。對勇敢抗爭的人，無論他們勝敗與否，都一定要予以讚許，並進行

客觀的評判。要獎賞那些因為戰爭而殘疾的人。對戰死沙場的人，首先理應給予表彰，舉行盛大的哀悼，不要對他們吝嗇褒揚之語，這是由於把榮譽賦予死者始終是一劑誆騙生者的良藥。

我提到戰爭時期的勇氣是人為的做作時，並不曾料想用相同的妙計把所有人都變得一樣英勇。每個人心中的驕傲多少有別，體格及體質也各不相同，所以不可能全都適合用作相同的用途。有的人終其一生也不懂音樂，但會成為優秀的數學家；另一些人儘管能優雅地演奏小提琴，然而如果讓他們去和他們奉承的人交流，他們就成了不善言辭的傻瓜。然而，為了說明我並非有意逃避問題，我要印證：如果不顧及我上面提到的關於人為勇氣的話，最高尚的英雄與最實至名歸的膽小鬼，這兩者的不同全部存在於肉體上，並且是取決於人的內部結構。在此，我說的是體格。研究體格，能夠讓我們明白人體體液的正常配比與非正常配比。提升勇氣的體格是生來的力氣、柔韌度，以及各種更微小氣質的合適配比，而我們所說的沉著、果斷和堅毅則全部以此為根基。天生的勇敢與後天的勇敢，它們唯一的共同因素就是體格，這一點體現得非常鮮明。體格讓人構成整體，讓人成其為人。同理，對奇異的事情和瞬間出現的事情，有些人膽小如鼠，有些人卻並不在乎，這種情形也全都取決於精神狀態的好壞。處於驚恐情形時，驕傲一無是處，這是由於受驚嚇時，我們不能思考。因為我們把恐懼當成一種恥辱，所以，如果詫異退卻，人們才永遠要對那些讓他們畏懼的事物怒氣相向。當一個戰場形勢出現逆轉時，如果勝利者沒有一絲寬容，十分殘忍，這就說明：他們的敵人之前很勇猛地作戰，起先曾讓他們產生過莫大的恐慌。

果敢也是基於這種精神狀態的，它好像也是源於強健體液的影響，即相關的激烈微粒彙集到了大腦裡，鞏固了精神，其原理與憤怒的原理類似，我之前說過，憤怒的原理乃是精神的瞬間凝聚。正由於這個原因，大

部分人喝酒之後才會比平時更敏感、更輕易發火，有的人甚至會無緣無故地大嚷大叫。我們還目睹：在都是醉酒的情形下，白蘭地比葡萄酒更容易讓人打鬧，這是由於白蘭地當中融合了許多的激烈微粒，而葡萄酒則不是。有些人的精神組織非常虛弱，所以，他們儘管擁有十足的驕傲，卻毫無辦法刺激他們去戰鬥，去克服自己的害怕。然而，這僅僅是液體原則的一個遺憾罷了，就像其他的怪胎都是固體的謬誤一樣。但凡有危險，這些膽小鬼就不可能被完全惹惱。儘管飲酒能夠讓他們膽子更大些，卻很少讓他們勇猛到發動侵犯，只有對方是女人、孩子或他們明知沒有還手之力的人時才有可能。這種體格的人頻頻被健康和疾病侵擾，並且常常會因失血過多而身體虛弱。偶爾能夠仰仗飲食來強健這種體格。德·拉·羅歇福科德公爵曾說：虛心，羞辱，而首先是體格，常常會組成男人的英勇和女人的貞操。他在此提到的，恰好就是這一點。

我探討了那種有益的作戰之勇，並且闡明了它是一種後天人為的英勇。要提升這種勇氣，最奏效的方法非實際演練莫屬。這是由於：男人當兵以後，就會慢慢瞭解全部的殺人工具和摧毀敵人的器械，會慢慢習慣大叫、高呼、烈火、硝煙、傷患的吟痛、臨終者的可怕情形，以及各種遍佈屍首和鮮血四溢的殘肢斷臂的情景。他們害怕的程度會急劇降低，這不是因為他們這時已經不像之前那樣怕死，而是由於已經適應了經常目睹的相同的危險，並且瞭解到它們其實並不像之前以為的那樣。他們參與了每一次包圍戰和所有戰役，並當仁不讓地贏得了青睞之後，那就只有讓他們去經歷幾場戰鬥，才能快速地不斷擴展他們的驕傲之心，進而也讓他們對恥辱的害怕之心持續提升。我之前提到，對羞恥的害怕始終跟他們的驕傲正相關，它會因為對危險瞭解的下降而提升。難怪他們當中的大部分人已經知道了怎樣儘量少顯示自己的恐懼，甚至壓根不顯示。有些傑出的將領可以做到把自己預料的場景留存在心底，在戰爭的一片喧囂、驚慌和無序

中，表面假裝鎮定自如。

　　事實上，人是非常笨拙的，這是由於他會沉迷在虛榮的幻象中，會自在地享受對讚譽的回首，那些讚譽日後將被他留存在腦海深處。但凡他想像到年老與死亡會為他之前已經獲得的榮譽錦上添花，年老就會讓他覺得欣喜若狂，他就毫不在意自己眼下的生命，甚至暗地裡期盼死亡。一個驕傲並身體健康的人，可以進行最大的自我批判，可以葬送最劇烈的激情，去置換比那激情更神聖的東西。備受迫害的聖徒們為了信仰而飽受磨難，面帶一副無上欣喜而狂放的表情。一些善良人看到那種欣喜和狂放時，就認為這樣的剛正不阿一定不是所有人力可以企及的，除非它源於上天某種奇蹟般的施以援手。我只能在這裡誇獎這些善良人的天真了。大部分人都不想去完全洞悉人類的缺點，所以，他們也不瞭解人類先天的力量，不懂得有些身體健壯的人不需什麼外力，只需靠其激情，就可以達到躁狂狀態。然而，有一點卻是毋庸置疑的：世上的確有一些人只是憑藉驕傲和體格，就度過了最艱難的困境，並能像那些最傑出的人一樣，欣喜地面對死亡和煎熬；那些偉人曾在謙卑與獻身精神的支撐下，為了正統的宗教信仰而飽受折磨，慷慨就義。

　　要印證我這個見解，我可以羅列舉出諸多實例，然而，在此只提一兩個就已足矣。一個是來自諾拉的喬爾丹諾・布魯諾，他曾寫過一本傻帽的瀆神論文，題目是《驅逐趾高氣揚的野獸》。此外還有那個臭名遠播的瓦尼尼。這兩個人都由於跟大眾坦誠和倡議無神論而被處以死刑。瓦尼尼如果摒棄自己的論述，原本能夠在行刑前獲得寬恕，然而他情願自己灰飛煙滅，也不摒棄自己的論述。他朝火刑柱走去的時候，不曾顯現出一點點的擔憂，還把一隻手伸向他的一位醫生朋友，想讓朋友摸一下他的脈搏，以藉助他跳動平穩的脈搏來展現他心中是多麼安然。以此為契機，瓦尼尼給出了一個不敬神的比較，那句話太骯髒，這裡不再重提。

我這些跑題的話，是旨在闡明人類先天的力量有多麼強大，闡明人只是憑藉驕傲和體格到底能有著怎樣的表現。當然，人也會被自己的虛榮心所誘導，而變得非常暴躁，就像雄獅受到其惱火的誘導時一樣。不但這樣，當貪念、報復、野心及基本上所有的激情（同情也在其中）分外膨脹時，都會由於其能戰勝恐懼而甚至被本人誤當成是英勇。平素生活的經驗必然已經讓所有人明白：理應去探究某些人行為的出發點。但是，我們還能夠更明晰地探知這種偽裝的理念到底是基於怎樣的基礎。如果細心研究軍隊事務的璀璨究竟為何物，我們就會發覺：不可能有一個地方會像在軍隊事務上那樣公然提倡驕傲。就拿服裝來說，就算是級別卑微的現役軍官，其軍服也超過收入多出其四五倍的其他人的服裝，或者起碼是比後者的服裝更奪目、更養眼。其中大部分人都基本上不能養家糊口，特別是有家眷的人，而且全歐洲的軍人也都不願意穿如此奢華的軍服。然而他們沒有料到：軍服乃是一種能提升軍人驕傲的力量。

　　但是，要提升人的傲氣，要讓驕傲去掌控人，其各種最費盡心機的方式和手段，卻非普通士兵得到的待遇莫屬。要引發士兵的虛榮心（這是由於他們必然有極強的虛榮心），自有各種無法想到的、最低廉的辦法。我們常常不注重那些已經習以為常的事情，要不然，有哪個活人目睹了一個士兵裝備了那麼多繁瑣、流裡流氣、矯揉造作的衣物，能不譏諷他呢？羊毛可以製作的最低俗產品，被塗上磚末的色彩，把士兵從上到下全都裹起來，這是由於那軍服是要效仿大紅的或深紅的軍服，為的是讓他覺得自己只要用少許錢，或者壓根不用花錢，表面看上去也會跟他們的長官差不多。士兵軍帽上並沒有鑲嵌銀色或金色的流蘇，而是用最醜陋的白線或黃線縫接，而如果別人頭上戴頂這樣的帽子，就應該被送去瘋人院。然而，這些真實存在的誘餌，以及在水牛皮上搞出來的動靜，事實上卻已把大量男人引誘到一條不歸之路，其功效遠大於以往被女人取悅時的宜人秋波和

甜美嗓音。現在，那個養豬的從了軍，把紅外套穿在身上，堅信所有人都會對他以「先生」相稱。過了兩天，基特軍士卻拿藤條狠狠地抽了他一通，只是由於他拿步槍時比預定的高了一英寸。我們再審視一下軍人這一行的尊嚴到底為何物吧。以前兩次戰爭中急需新兵時，容許軍官們去徵集被判有入室偷盜及其他重罪加身的人當兵。這表明：要麼去從軍，要不然這些人就註定會被判死刑。騎兵比步兵更可憐，這是由於當他無所事事的時候，卻忍受著兼任馬倌的恥辱，而馬的花銷都比他的多得多。一想到這些，想到自己老是被長官命令去幹許多雜事，想到自己的回報，想到他們沒有用處時長官對他們的表情，這士兵一定會想：當兵的倒楣蛋實在太蠢了，竟然會因為有人稱呼他們「士兵先生」而驕傲。難道這不是事實嗎？不過，如果士兵並非這般驕傲，那麼，所有辦法、軍紀或錢財都不能把數以千計的士兵變得這麼英勇。

研究一下如果不存在其他什麼條件讓人變得可愛一些，人的勇氣會在軍隊之外出現怎樣的影響，我們會發覺：這種影響對一個文明社會是有百害而無一利的。這是由於：人如果戰勝了自己的所有恐懼，你耳朵裡就沒有別的，只能聽到姦淫、刺殺及形形色色的惡行。因而，政治家就在芸芸眾生中覺察到一種雜糅的勇氣準則，它把正義、榮耀和全部道德、美德與勇氣雜糅在了一起，而合乎這個準則的人，理應就是那些遊俠。遊俠在世界範圍之內做了許多好事，他們捉怪除妖，還窮人自由，把壓迫者置之死地。然而，等到全部惡龍的翅膀都被捆綁起來、巨怪都被驅除、各地處女都重獲自由（只有西班牙和義大利的少數處女不在此列，她們依然被其妖怪看管著）之後，騎士精神的教義（它們全都合乎古代的榮譽標準）偶爾被擱置旁邊了。那教義就如同騎士們的盾牌那樣結實沉穩。大量關於那教義的美德時常讓那教義出現困擾；隨著時代變得越來越敏感，在上個世紀初期，榮譽的信念就再次被放寬，並出現了一個新標準。人們視勇氣如榮

譽一樣重要，認為勇氣占榮譽的一半份額，而正義所占不多，除此之外，其中不涵蓋其他一切可以讓榮譽這麼怡然自在的美德。但是，就算是這樣的榮譽，一個大國少了它也無法維持下去。它是社會的橋樑，我們儘管知道其中涵蓋的大多是人類的缺點，但在充當將人類文明化的工具方面，世界上卻不存在哪怕一種美德可以起到其一半的作用（起碼我不瞭解世界上有這樣一種美德）。在一些高尚的社會當中，如果剔除了人的榮譽觀念，人們就會迅速地淪落為殘酷粗野的惡棍和忘恩負義的奴隸。

說到屬於榮譽的決鬥，儘管我可憐那些曾參與決鬥者的悲慘境遇，然而，如果說他們恪守了虛假的規則參與決鬥，就是有罪；或說他們曲解了榮譽的含義，就是荒唐的。因為有的決鬥壓根與榮譽無關，而有的決鬥卻能夠教人們怎樣對傷害表露憤怒並迎接挑戰。你們完全能否認你們親眼所見的每個人平日所穿的東西就是流行，也能說需要和供給相抵背離了真實的榮譽準則。埋怨決鬥的人們並不會顧及社會從決鬥的時尚那裡贏得的好處。如果容許所有的粗人都為所欲為地應用他們的語言，無須說明這麼做的緣由，那麼，一切談話就都會被毀滅了。許多正經人跟我們說：古希臘人和古羅馬人就是這一類勇士，儘管壓根不懂什麼決鬥，卻樂於為國家的事情而吵吵鬧鬧。這毋庸置疑，然而恰恰是由於這個緣由，荷馬史詩裡的皇親國戚們相互使用的語言，才有可能比我們的腳夫和馬夫所能包含的語言還要低俗。

你如果想要遏制決鬥之風，那就不要原諒所有參與決鬥的人，要定下最為苛刻的法律，抵制決鬥，然而無須制止決鬥這種風俗。這樣做不僅能預防決鬥經常出現，還會讓最果斷、最勇猛的人的舉止變得謹小慎微，因而讓整個社會變得更優雅、更光明。要讓一個人文明化，最奏效的方法莫過於他的恐懼了。當迎接挑戰時，如果不是全部的人（就像敬愛的羅切斯特大人所言），起碼絕大部分人都是膽小鬼。對失敗的極端畏懼讓為數眾

多的人惶惶不安。歐洲有上千位擁有男子氣魄且涵養極好的紳士，然而，他們心中如果不是因為藏有那種恐懼，他們就會成為紈褲子弟，飛揚跋扈、讓人不能忍受。況且，明令對法律不該連累的傷害付出代價的手段如果已經落伍，那麼，現在胡作非為的數量就會提高二十倍之多，要麼員警和其他官員的數量一定是目前的二十倍，才可以天下太平。我坦承：雖然決鬥很少出現，然而如果確實出現了決鬥，那仍舊是人們的禍端，並且往往會讓整個家族蒙受不幸。然而，這個世界上不存在十全十美的幸福，所有幸福都與缺憾相伴而生。儘管決鬥行為本身沒有仁慈可言，然而，一個國家一年之內僅有三十多人由於決鬥而自取滅亡，其中死亡的連一半都沒有，所以，我不能說該國國民對自己的愛超越了對鄰人的愛。令人詫異的是，一個國家居然不希望見到一年之內可能僅有五六個人喪生，而這些人的出發點，其實是為了贏得一些非常有意義的福祉，譬如舉止的優雅、交談的歡愉，以及時刻有人相伴的幸福。人們常常寧願為這些福祉而喪命，有時一個小時就有幾千人死去，卻無法評說這樣的犧牲究竟算不算好事。

　　我不希望會有人去考察榮譽的低劣出身，不希望有人埋怨自己上了榮譽的當，不希望有人埋怨說狡猾的政客憑藉榮譽賺得盆滿缽滿。我十分期盼每一個人都欣喜地目睹：所有社會的掌權人和位高權重的人比其他所有人都更崇尚驕傲。如果不是許多大人物驕傲無度，如果不是普通人都知道享受生活，誰會去當英國的掌璽大臣，誰會去當法國的宰相，或者去擔任其他什麼職務呢？譬如荷蘭省的省長，他儘管比前兩個都要辛苦，然而收入卻還沒有他們的六分之一。人們彼此提供的服務構成社會的基石。大人物們為自己出身名門而備感欣慰，這絕不是缺少根據：這源於出身會激發他們的傲氣，鼓舞他們去做光榮的事情。我們稱讚他們的血統，無論它有沒有資格承受這份稱讚。有些人由於自己家族的傑出而贏得敬仰，為自己祖先的美德而備感驕傲。放眼望去整個這一代人，你看不見一個寵溺妻子

的笨蛋、癡傻的自大狂、聲名狼藉的膽小鬼或淫蕩的妓院老闆。已經擁有貴族稱謂的人們，一定有一份自己已經鑄就的驕傲。那種傲氣常常會激發他們去奮力拚搏，好讓自己名不虛傳；這就如同其他還沒有擁有頭銜的人對工作的期望一樣。貴族頭銜讓他們任勞任怨、勤勤懇懇以讓自己有資格贏得它。如果一位紳士成為男爵或伯爵，那就好像有了一位嚴格的督察在監督他各方面的行為，就如同剛入教的年輕學生碰到了主教或神父一樣。

對當前榮譽唯一有影響的反駁是：榮譽和宗教相互矛盾。有些人命令你用忍讓去對抗傷害；有些人則會跟你說，你如果不去仇視那些傷害你的人，你就不具備生存法則。宗教號召你把所有報復丟給上帝去做，而榮譽卻要求你不要借其他人之手完成復仇大計，你唯一能依靠的是你自己；就算法律會幫你完成復仇心願，你依然要仰仗自己。宗教明文規定不准殺人；而榮譽則公開坦言殺人是合法的。宗教命令你無論由於何種原因都不要讓復仇沾染血漬；而榮譽卻命令你就算是為了最不足掛齒的小事也要血債血償。宗教基於謙虛；而榮譽則基於驕傲。到底怎樣讓這兩者和諧統一，這個困惑一定要留給比我更明智的人們去處理。

世上確實擁有美德的人為數甚少，而擁有真正榮譽的人卻非常之多，其理由是：對人符合美德舉止的所有回報是做出這些舉止時的歡愉，大部分人都期待這種歡愉，然而得到的回報卻少之又少。不過，注重榮譽的人的自我約束卻聽命於一種期待，就是憑藉他人的稱讚而贏得直接回報；而他壓抑自己的貪念或其他各種激情，其付出也要成倍地返還給他的驕傲。除此之外，榮譽可以賦予人許多的特許權，而美德卻並非這樣。一個注重榮譽的人絕不會欺詐或謊話連篇。他如果跟別人借了什麼東西，就算對方不曾想要他立刻歸還，他也一定會按時償還；然而他能夠喝酒，能夠罵人，能夠欠著鎮上全部生意人的錢，而不去在意他們的追討欠款的信箋。當一個注重榮譽的人服務於自己的君主和國家時，一定要對君主和國家忠

貞不貳；然而他如果覺得自己不被器重，就會隨時辭職，並且對君主和國家做些他能想像到的一切壞事。一個注重榮譽的人不可能為了蠅頭小利而轉換自己的宗教信仰，然而他卻能夠為所欲為地沉淪淫蕩，卻從不付諸實踐。他絕對不能動朋友的妻子、姐妹或女兒的念頭，不能夠動拜託給他照看的其他人的念頭；但他能夠面對世間所有人謊話連篇。

[S]沒有一個測繪師聲名遠播，
　　石匠和雕刻匠也都隱姓埋名。

　　毋庸置疑，一個國家如果每個人都坦誠和節約，那就不會有人搭建新房，但凡舊的還能用，也沒有人會動用新材料。如此一來，在四種建築行業中有三種就會人手奇缺，它們就是石匠、木匠和泥瓦匠。如果建築業不存在了，測繪師、雕刻匠將會面臨怎樣的境遇呢？以奢侈為服務對象的其他行業也會被嚴格遏制，這是由於立法者們旨在構建一個優雅、坦誠、傑出而富足的社會，並且盡力讓自己的臣民擁有美德，而不是讓他們脫貧致富。憑藉頒發一部呂庫古[24]法，就能讓這些舉措付諸實現。斯巴達式房屋的天花板僅能靠斧子來做，大門和房門也僅靠鋸子修平；而普魯塔克[25]說，這種政策不是每個人都能明白，因為埃帕米農達如果可以說一口純正的希臘語，並且在自己家中宴請一些賓朋，就可能會告訴他們：來吧，先生們，放下心來，叛國者不可能來吃這頓非常簡樸的晚餐。這位傑出的立法者為何沒有考慮到這些難看的房屋不可能款待奢侈與浮華呢？
　　這位作者還跟我們說：根據報告記載，列奧尼達一世國王非常不喜歡見到東西上帶有雕刻的裝飾。有一天，他來到科林斯一個豪華的房間裡拜訪，見到做工非常精緻的木梁和天花板，十分詫異，就問主人國內在哪裡能找到這種樹林。

相似的人工匱乏也會在其他很多行業裡存在，（就像該書的「詩歌」裡提到的）其中涵蓋：製作漂亮絲綢與金箔的織工，及依附於這一行業的各種職業……這些就是那些最早提出埋怨的人之一，這是由於許多蜜蜂從蜂國消失了之後，地價和房價就會迅速下降；另一方面，每個人都討厭其他所有賺錢手段，這是由於只有這樣才能實現對他人百分百坦誠。基於這種情形，大量沒有傲氣的人或屬行節約的人，也沒辦法穿到用金銀線縫製的或繡有美麗圖案的布。最終，不只是織布工，還有銀線織工、熨布工、紡線工、線軸工和漂布工，也都會迅速被這股節約之風影響。

[T] 傲慢的克洛伊為了生活舒適，
　　一度逼迫她丈夫去搶劫國家。

我們社會裡那些平凡的惡霸，當他們快要被施以絞刑時，當他們的行當終於接近尾聲時，常會悔恨自己之前無視安息日的存在，悔恨曾跟淫蕩女人（妓女）糾纏在一起。我對此深信不疑。然而，那些罪過並非那麼深重的地痞，也都曾縱情地享受其低俗的情欲，也差點把脖頸套在絞索上。不過，他們所說的話語卻能夠向我們揭示出一點：大量男人頻頻被妻子陷入這種凶險的計畫，沒辦法只能去採用這般激進冒險的手段，連最奸詐的情婦都絕不可能勸誡他們去採用那種手段。我已經說明：心眼最壞的女人最奢華浪費，既購買生活必需品，也購買奢侈品，其最終會給大量樸實的做工者帶來好處，後者辛勤工作，供養家庭，只期盼過一種童叟無欺的生活。一位好人之前說過：就算這樣，還是不要取消做工者吧。應當取消全部的妓女，讓全國不存在一樁淫蕩的惡行。萬能的上帝時刻都能把這樣的福祉賜予該國，那福祉會遠遠超出目前妓女們帶來的好處。就算這話可能是正確的，我卻可以闡明：（享受婚姻之幸福的）女性如果每個人都按照

一個理性而聰慧的男人所期盼的那樣去做，那麼，無論妓女存在與否，都不會有什麼東西可以填補商業遭遇的慘重損傷。

迎合女人的突發奇想和奢侈的各種分支及其中需要的人力，其數額十分龐大。僅就已婚女人來說，如果可以接納理智和合理的勸告，思及自己在首次被回絕後就得到應有的回覆，所以永不提及已經被回絕的要求；換句話說，已婚女人如果想要這般從事，然後僅僅用自己丈夫瞭解，並容許她們隨意花費的那些錢，那麼，她們目前用的成千種東西的購買量起碼會降低四分之一。我們可以去到各家，僅去考察一下那些收入中等、誠信無欺的店主們在過著怎樣的生活——他們每年的用度有兩百或三百鎊——我們會目睹：那些衣櫃裡都有十幾件衣服的女人（其中兩三個的打扮並不是最糟糕的）會覺得：這已經是個非常合理的由頭，所以她們能夠去添置新衣服了。她們會說自己一直都缺少長袍或者襯裙，有的只是人們平時看見她們穿的那幾件而已，每個人都瞭解，特別是缺少去教堂穿的衣服。在此，我不願牽連那些太過揮霍的女人，而只評價這些女人，她們被認為是節儉持家，欲念適中。

依循這樣的邏輯，我們理應對上流社會的人們給予應有的評判。對於那些人來說，較之於其他花費，在最漂亮的服裝上的花費可以說是微乎其微。需要提醒我們的是，他們還有花樣繁多的傢俱、馬車、珠寶及供上流社會享受的華屋豪宅。我們會意識到我上面提及的那第四個部分的商業，於我們這一類的國家而言，這部分商業損失如此慘重，可以說是比對其他所有國家都要沉重的劫難，並且極有機會誘發非常慘重的混亂。這是由於：五十萬人的死亡在英國引起的動亂，這種危險也無法與五十萬失業者必然要引發的動亂相提並論。如果這些人成為失業者中的一分子，那麼，無論從哪個方面來說都是社會的極大累贅。

極少數的男人會寵溺自己的妻子，使盡渾身解數以博得妻子開懷一

笑。其他的男人壓根不關心女人，也沒什麼可能與女人交往；不過，他們卻顯得好像非常寵溺女人，而且這份愛是源自虛榮心的驅使。他們由於妻子長相頗佳而開心，就如同紈褲子弟因自己的馬外表可人而開心一般，這份愛並非由於馬的功用，而只是由於那是屬於他的馬。他的這份高興，是因為發現了一種不可壓制的佔有欲，所以，他還能聯想到其他人對他幸福的讚譽。上述兩類男人都會在妻子身上一擲千金，妻子常常還沒來得及跟他們說關於新衣服和其他新服飾的願望，就去迎合她們。然而，絕大部分男人卻更精明，並不沉湎於迎合妻子的全部奢侈欲望，妻子張口就要的東西，也並非全部都馬上奉上。

女人消費和穿戴的首飾和衣服，其數額實在讓人難以相信。她們缺少別的能獲得這些東西的途徑，只能跟家族索要、到市場上消費，還有其他許多從丈夫那裡欺詐和竊取的手段。其他一些女人則另有妙計：她們持續地跟丈夫索要，直到丈夫心生厭倦，最後只能屈從。她們索要東西時鍥而不捨、持之以恆，就算是執迷不悟的吝嗇鬼也只得對她們投降。第三種女人遭遇回絕就會大發雷霆，用直言不諱的吵鬧指責、謾罵被她馴服的笨蛋丈夫，進而拿到夢寐以求的一切東西。還有千千萬萬的女人，知道怎樣用花言巧語的力量去征服理性，去反駁他們的屢次回絕。特別是如花似玉的女人，一概不把勸告和回絕當回事，而其中那些會為自己仰仗婚姻生活中那些最柔情似水的時刻贏得無恥私利而心存愧疚的，卻寥寥無幾，為數甚少。如果有時間，我原本還想大聲斥責那些庸俗的女人、無恥的女人，她們鎮定自若地施展把戲，扮相妖嬈地勾引，跟我們的力量和審慎對壘，用妓女的手法去跟她們的丈夫周旋！這種女人比妓女還要無恥，這是由於她卑鄙地侮辱和浪費了愛情的聖潔使命，把它用來做些無恥骯髒的勾當；她先用外表的熱情引發男人的情欲，勾引他們找樂，進而竭力散播溫情，其唯一出發點就是謀求禮物。她一邊佯裝激情四溢，一邊卻十分奸詐地抓住

男人最不能抗拒的那個時刻。

　　我為了我這些跑題的文字而祈求寬恕，並期盼有閱歷的讀者合理地審視我那番話與我最大初衷的關係，之後將此牢記：人們每每聽到的那些瞬間消逝的祝福，不僅讓他們無比享受，而且也是他們所期盼獲得的，而眾人卻喜歡只把那些祝福停留在口頭上。不過，在教堂裡，在別的宗教聚會上，形形色色的神職人員也會神情肅穆地求得那些祝福。但凡讀者把這些事情聯繫起來，並按照從平時日常事務中目睹的清醒、不偏不倚地進行考察，有一點就會讓我對自己的上述見解心存寬慰，就是讀者將一定要認同：倫敦的發達，普通貿易的發達，進而國家的名譽、能力、安定及其所有當前福祉，其中很大一部分都要仰仗女人那些無恥的誆騙計策；而對理智的丈夫們的敬重、迎合、溫柔及順從，以及節約和其他所有美德（如果他們擁有這些美德並有十分卓越的表現），其對王國的繁榮、富強和我們所說的富庶的付出，卻趕不上那些最討厭的品德的千分之一。

　　大量讀者考慮到從我這個觀點中可能得到的推論時，必然會覺得不寒而慄。他們會問我：一個人口眾多、富足、寬廣、幅員遼闊的王國，其人民是否就不會擁有與一個窮困且人煙極少的小國或全國人民一樣的美德？如果大國人民不可能擁有小國人民的那些美德，那麼，削減國民的人數，讓其與國家的財產及商品相匹配，這是否就是所有君主的使命呢？我如果贊同他們這個見解，就要坦承自己的觀點是不對的；我如果堅持相對立的看法，我的見解就會被視為怠慢，起碼會被看作對所有大型社會是岌岌可危的。不但在本書的這個地方，而且在其他大量地方，連最溫和的讀者也會提出這類的問題。所以，我希望在這對我這個觀點進一步加以闡釋，並竭力處理本書有關章節可能讓讀者產生的那些困惑，以印證我的見解是正確的，也符合最嚴苛的道德規範。

　　我首先制定一條準則，即在所有社會（無論大小）內部，與人為善

乃是所有成員的義務；美德應得到支持，惡德應備受唾棄，法律應該被遵守，違法需要受到責罰。接下來我要說：研究古代和現代的歷史，並回顧一下世上出現了什麼的事情，我們就會發覺，人的天性從亞當沉淪那天起就一如既往，其好處和壞處在世界各地想來都是有目共睹，且不會因為時代、氣候或信仰差別而發生變化。我不曾說過，也不曾期盼過一個富裕王國的人民沒有機會擁有弱小的國度人民的美德。然而我也坦言：我覺得，缺少人的惡德，沒有一個社會可能變成這種強大的王國，就算終有一天成為強大的國家，也不會長治久安。

我認為，本書全篇已經印證了這一點。因為人性仍舊未變，因為人性上千年來始終如一，我們就不會有什麼有說服力的證據去預測人性在將來會發生的變化，只要世界不會歸於消亡。所以，跟一個人闡明那些激情的源頭及動力，我不知道這怎麼會算不道德，那些激情往往（甚至是在他自己不知不覺的情形下）鞭策他趕快遠離理性。同理，讓人加強警戒，提防自己，提防自愛的陰謀算計，讓他懂得怎樣把源自征服激情的各種行為，與徹底源自一種激情征服另一種激情的各種行為區別開來，也就是讓他知道真實美德與虛偽美德的不同，我也不知道這怎麼能說是一種愚弄。一位令人尊敬的人說過一句讓人稱讚的格言：遍佈自愛的世界上儘管有過諸多發現，然而還留有寬闊的未知領地。我使人對他自己比以前更有自知之明，這有什麼害處？不過，我們所有人都熱衷阿諛逢迎，甚至向來不去瞭解讓人慚愧的真理。靈魂之不朽是遠在基督教出現之前就已經被提出的真理，而如果它不是讓人歡喜、備受稱讚，不是對整個人類（涵蓋那些最低俗、最晦氣的人）的奉承，我就不認為它曾被人從心底認同過。

每個人都喜歡聽人說及備受稱讚的、自己也在其中的事情，連管家和牧羊人也不能免俗。實施絞刑的劊子手本人也希望讓你對他的行業心存好感。不，就連盜賊和入室劫掠者對其同門兄弟的敬仰，也遠大於對誠實者

的敬仰。我發自心底地堅信：讓這篇短小的論文（也就是在本書此版之前的那本小書）找來了那麼多敵人的，大多是人的自愛。每個人都把本書看作對自己的招惹，這是由於它中傷了尊嚴，貶損了那些美好想法，他之前認為人類擁有那些想法，而人類是他所從屬的、最堪敬仰的同伴。我說：缺少惡德，所有社會都不可能變得強大，都不可能贏得當前最大的榮耀，這並非意味著我希望人們去胡作非為。同理，我說這樣的財富與榮耀如果缺少相應的過度自私者和爭訟者，就不能維繫法律這個行當，這也並非意味著我希望人們去爭執不休、貪婪無度。

不過，說大部分人都存在這些缺點，這最能明顯地印證我這些觀點並不正確，所以，我並不期盼大部分人的接納。我寫作既非出於討好大部分人，也不為尋覓任何同道中人以求得一份好運。我為那些能夠擁有抽象思維能力的少數人寫作，旨在把他們的思想昇華到超越凡俗人的層次。如果我眼前有通往當下卓越之路，我絕對會毫不遲疑地選擇抵達美德之路。

你如果要遏止欺騙和奢華，如果要預防猥褻信仰和批判宗教，如果要讓絕大部分人心地善良、作風正派和擁有美德，就應該把印刷機摧毀，銷毀掉全部鉛字，把英國所有的書籍都付之一炬，只保留大學裡的那些書（這是由於它們在大學裡平安無恙），還不容許所有個人藏匿書籍，除了《聖經》。你還應當停止所有對外貿易；不准與一切外國人有商業往來；除漁船外不給一艘船隻出海許可，雖說它們早晚會回來。你應當重新賦予神職人員、國王和貴族古老的特權、優先權及財產。你應當修建新教堂，並把你可以搞得到的所有硬幣全部製成教堂的聖器。你應當修建許多修道院和濟貧所，讓所有的教區都擁有自己的慈善小學。你應當推行嚴懲個人奢侈的法律，讓你的青年人去習慣困境：用所有關於榮辱、友誼、英雄主義的最動人、最美妙的見解去鼓舞他們，給他們各種虛假的獎賞。接下來，你應當讓神父們祈盼他人清心寡欲和自我約束，並且容許神父們自己

隨心所欲。你應當賦予神父們在國事管理上最沉重的責任，除去主教，誰都沒有資格成為財政大臣。

憑藉這種誠摯的奮鬥與優秀的統治，情況會很快發生變化。絕大多數貪婪無度的人、心存不滿的人，以及躁動不安的、雄心勃發的流氓將逐漸遠離這個國家；大群謊話連篇的地痞惡霸將會遠離城市，散佈到所有鄉間；手藝人將懂得怎樣扶犁耕地；商人將轉身成為農夫；而大肆擴張的耶路撒冷，因為不存在飢餓、戰爭、瘟疫和壓制，將以最輕鬆的方式變得一無所有，之後永遠不會在此成為讓其君主煩惱的地方。經歷了這次愉快變革的王國，將不會有一個地方人山人海，所有的生存必需品都物美價廉且庫存十足。反之，上千種罪惡源頭——金錢將會十分罕見，且不會有什麼人需要。所有人都將有機會享用自己勞動的成果，爵爺和農夫偶爾也都有可能穿著我們工廠批量製作的舒適服裝。環境的這種變化不可能對一國的風俗不存在影響，還會把國人變得克制、憨厚和真誠。從下一代起，我們非常有可能見到比現在更健康、更活力四射的子孫。那會是個沒有危害、沒有邪惡、溫和善良的民族，不可能懷疑強制遵從的準則，不可能懷疑其他所有主流準則，而只是對君主唯命是從，並且擁有一致的宗教信仰。

我以為，在這可能會有一位伊壁鳩魯主義者想插一句話，就算出於必需，他也不會採取對健康有好處的節食，並且身邊的奧特朗酒向來不離左右。他有可能跟我說：無須毀滅一個民族，無須摒棄生活的所有安逸，也可以擁有善良和真誠；少了邪惡與欺詐，也可以捍衛自由與財產；人不當奴隸，也可以成為良民；人不當神父，也可能會虔心信仰某種宗教；勤儉與節約充其量是一種無法推託的義務，這是由於在那種環境裡節儉是必須的；然而，一個有許多不動產的人如果精打細算地生活，卻是服務於整個國家的行為。談及這位伊壁鳩魯主義者本人，他始終可以掌控自己的欲念，始終可以按照實際情況割捨某些東西：如果缺少正宗的埃米塔日

紅酒，他本人能夠因為口味淡雅的波爾多酒而心滿意足；在很多個清晨醒來，他並不會選擇聖・勞倫斯酒，而是想要換種感覺，選擇了加泰隆尼亞酒；吃過晚飯後，如果有很多同伴，他可以不去喝賽普勒斯紅酒，甚至連馬德拉酒也不喝，還會覺得喝托凱葡萄酒實在是非常浪費的。不過，無怨無悔的自我約束卻全都是表面文章，只有無知的狂熱者和躁狂者才會去事必躬親。他會援引尊敬的沙夫茲伯里爵爺的話來質疑我，會跟我說：人們不自我約束，也可以擁有美德，也可以溫和善良；讓美德變得難以望其項背，就是對美德的衝撞；我把美德比作妖怪，讓人們因為覺得它不能付諸實施而畏首畏尾；然而，就他而言，他可以一邊讚揚上帝，一邊又心懷慈悲地享用上帝創造的生靈。最終，他會問我：一國的立法者與智者盡力制止褻瀆神靈與傷風敗俗的舉止、為上帝添姿添彩的同時，是否坦白認可自己心中對臣民所在意的安逸與快樂不以為然，對財富、權力、榮耀及其他一切被稱之為國家真正關切的東西不以為然；不但這樣，我們的神職人員中最誠摯、最博學的人所最在意的，是否就是讓我們信仰宗教？他們懇請神不僅讓我們的心，而且讓他們自己的心逃離現世欲念及所有肉欲，而且就在這次大聲祈禱中，他們是否也懇請神將所有現世祝願與凡塵幸福賜予他們所在的那個王國？

採用上述理由、托詞及大多辯駁的，不但是聲名狼藉的惡霸，而且是人類的大部分。你如果牽扯了人們那些生而具備的天性，並進一步探究他們對宗教真正意義的態度，就可以把他們關注的東西看得清清楚楚。每一個人都因為其意識到的諸多缺點而感到慚愧，就盡力相互掩飾他們自己，掩飾其難看的裸體，用善良及注重公眾福祉的漂亮外套，把自己的真實目的嚴嚴實實地裹起來。他們想掩飾自己骯髒的欲望，掩飾自己無理的欲念。此時此刻，他們心中卻非常明白：他們十分喜歡那些為他們珍視無比的奢欲，他們缺乏能力堂而皇之地走上通向美德的曲折奮鬥之路。

關於上面最後兩個問題，我坦承它們確實非常讓人迷茫：就伊壁鳩魯主義者的這些問題，我必須要給出肯定的答覆；除非我想要譴責國王、主教及全部立法者的真誠（上帝不允許這樣！），要不然，伊壁鳩魯主義者的觀點就可以徹底駁斥我的觀點。我僅僅可以為自己辯解說：把所有現實組織起來考察，人類智力當中還留存著某些神祕莫測的因素；為說服讀者我並非逃避回答，我將用以下這則寓言來論證這種神祕因素是不能領會的。

傳說，在古老的異教時代有個奇異的國度，那裡的人對宗教高談闊論，絕大部分人外表看上去都非常謙卑。他們最大的道德罪行就是嗜酒，它被看成一種該譴責的罪責來禁止。但是，人們卻統統認同一點，即所有人生來就嗜酒，只是多寡而已。每一個人都有資格適量地喝一點淡啤酒。誰如果佯裝少了淡啤酒也能照樣生活，就會被當成偽君子、厭世者和癲狂癡傻的人。不過，公開坦承嗜好喝啤酒並酩酊大醉的人，卻被當成邪惡之徒。雖然這樣，啤酒本身卻向來被視為上天的恩賜，而飲用啤酒也被認為無損健康。錯在飲用無度，錯在誘使人們飲用啤酒的目的。有些人出於消熱解渴而喝下一點啤酒，就會被看作犯有滔天大罪；而另一些人喝下千杯卻壓根沒有違法，因為他們用毫不在意的姿態對待啤酒，飲用它，只是為了重現自己昔日的面容。

他們不僅為自己生產淡啤酒，而且為其他國家生產。他們把少許淡啤酒出口到國外，可以換取許多的貨物，涵蓋威斯特伐里亞火腿、牛舌、臘肉，還有波隆那香腸、燻青魚、醃鱘魚、鱘魚子醬、醃鯡魚，以及其他所有可以讓他們高興地充當下酒菜的食品。有的人很少喝酒，卻儲備了許多啤酒，往往會被人嫉妒，同時也在公眾中臭名遠揚。自己沒有充足的啤酒，任憑誰都不可能覺得舒服。在人們看來：最大的災難就是把啤酒存下來而不喝，而每年喝掉越多啤酒的國家，就會越繁榮。

對要用出口的啤酒換取的貨物，政府制定了大量十分明智的政策，高度支持進口鹽和胡椒，對所有工藝不精的食品加重稅賦，並且千方百計不准把本國的啤酒花和大麥出口到國外。當權者們在大庭廣眾之下表現出一副絕不貪戀啤酒的姿態，對它們毫不在意，制定了許多法律以預防酒欲加大，並且懲治膽敢公開飲酒的混球。但是，如果你細緻地觀察他們所有人，注重探究他們的言談與舉止，他們卻好像更嗜好啤酒，起碼他們喝的啤酒比其他人要多得多。而他們卻始終推諉說：他們重現面色所用的啤酒超過其轄區內其他人所使用的；他們心中關注的主要問題壓根並非他們本人，而是讓所有臣民大肆釀造淡啤酒，激發臣民對啤酒花和大麥的需求。

因為對所有人飲用淡啤酒都不加限制，神職人員就如同常人一樣地飲用它，其中一部分人酒量頗佳。然而一切神職人員卻都期盼在別人眼中因為職責所在，他們的酒量並沒有別人那麼大。他們一向說自己喝酒只是為了重現往昔而已，並非出於別的原因。在開宗教會議時，人們的表現愈加真誠，這是由於一來到會場，無論是普羅大眾還是神職人員，無論是位高權重的人還是身份最卑微的人，都會向大家坦承自己嗜好飲酒，而重現往昔乃是自己最不關心的事情；他們把所有心思都放在淡啤酒上，都放在澆熄自己的酒欲上，無論他們的扮相與此是多麼地迥然有別。最需要說一下的是：把那些事實告訴某個心有成見的人，事後走出神廟之後利用他們的坦誠，還會被看作非常失策的行為；所有人都覺得，說一位神職人員「嗜酒」是對他的嚴重頂撞，雖然你之前目睹他成桶地痛飲淡啤酒。他們傳道時的許多重大話題是嗜酒的惡端，以及澆熄酒欲的癡傻。他們勸誡聽眾抗拒酒欲的誘惑，大聲斥責淡啤酒，並頻頻告誡人們：如果是為一時歡樂而喝酒，或者不是出於恢復面色的目的，而是出於其他什麼原因而喝酒，那麼，淡啤酒就是穿腸毒藥。

這些神職人員跟眾神交流時，為從眾神那裡獲得了許多讓人暢爽的淡

啤酒而對眾神心存感激，雖然這樣，他們依然會說自己並不嗜酒，並總是節制自己的酒欲。然而與此同時，他們卻悉數陶醉在那酒中，而眾神恩賜他們啤酒，原本是讓他們用來做些更偉大的事情。他們為自己的頂撞舉止求得原諒之後，就期盼眾神削弱他們的酒欲，恩賜他們抗拒酒欲的能力。但是，在他們出現最理性的慚愧時，當他們吃著最樸素的家常便飯時，卻不曾將淡啤酒遺忘過，於是祈禱自己一直都可以喝到許多淡啤酒。他們對天發誓說：無論現在他們在節制酒欲方面的表現有多差勁，之後他們喝酒只會是為了重現昔日，除此之外保證絕不喝半滴酒。

　　上面就是所有具有代表意義的藉口。百餘年來，他們總是一成不變地使用這些藉口。其中一部分人覺得：眾神可以預知未來，預知一月份聽到的承諾與前一年六月聽到的沒有差別，所以會非常懷疑誓言的真實性。這就如同我們不會信賴那些滑稽的付貨保證書一樣，它們允諾為我們供應貨物，今天是為了謀利，明天卻沒有企圖。他們經常神神祕祕地開始禱告，其中非常高雅地說到很多事情。然而他們內心對那個高雅世界的貪求，卻不曾讓他們在祈禱完成後忘記祈求眾神庇佑並繁榮釀酒業及其一切領域，並且為了普羅大眾的福祉，庇佑啤酒花和大麥的消費量突飛猛進。

[V] 而那種摧垮了辛勤的自得……

　　很多人都跟我說：勤勉的死敵是懶惰而不是滿足。所以，為了印證我這個論述（在有的人看來，它好像難以自圓其說），我要分別對懶惰和滿足進行闡述，之後再討論勤勉，以此讓讀者進行評判：與勤勉最針鋒相對的到底是懶惰還是滿足。

　　懶惰乃是一種對忙碌的厭煩，往往有一種沒有理由的欲望與之相伴，即一直維持遊手好閒的情形。如果缺少某個有保障的雇傭的規定，每一個

人都是懶惰的，都會反對為自己或他人而忙碌。除了對被我們視為地位沒我們高的人、對期待擁有其服務的人，我們不常說其他人懶惰。兒童不會覺得他們的父母懶惰；僕人也不會覺得他們的主人懶惰。就算一位紳士非常貪戀安閒怠惰，連自己的鞋子都不想穿（雖然他年輕力壯），也不會有哪個人因此說他懶惰，但凡他還能支付一個腳夫的薪資，或者能支付為他做這件事的任何人。

德萊頓先生曾給我們仔細描述過一位揮霍無度的埃及國王看起來到底是如何懶惰。那位國王陛下把禮物恩賜給自己的一些寵臣，在場者涵蓋許多軍機重臣。國王想要簽署一份羊皮紙證書，以證明他的饋贈。開始，他表情嚴肅而焦慮地走來走去；接下來，他如同一個疲倦的人一樣坐了下來；最終，他非常勉強地提起筆來，極為莊重地埋怨托勒密這個名字太過冗長，還說對此人十分關切，由於後者無法找到一個單音節的字取代他之前的名字。國王覺得那個新名字將會消解國王的許多不便。

我們經常由於自己的懶惰而嗔怪別人懶惰。就在幾天前，在一起做毛線活的兩名年輕女子還互相說：那個門裡吹進一絲可惡的冷風，妹妹，你離那扇門近一點，請你把它關上吧。那位更年輕的女子的確費心地向那扇門看了一下，卻紋絲未動，靜默無語。姐姐又重複了兩三次，見另一位既無回應，又一動不動，最終憤怒地站起來，自己把那扇門關上了。她回到原位，憤恨地看了一眼那年紀小點的妹妹，說道：「我的上帝，貝蒂妹妹，我今生也不可能像你這麼懶。」這話說出口時她表情非常嚴肅，臉上甚至浮現了慍怒。我坦承，妹妹原本理應起身去關門；然而，姐姐如果不是太過在意自己的勞動，當冷風讓她煩擾時，她原本應當隻字不提，自己立刻去把門關上。她跟那扇門的距離僅比妹妹遠半步；關於年齡，她只比妹妹大了不到十一個月而已，而且兩人都沒有二十歲。我覺得，實在難以評判出她們倆之間誰更懶惰。

世上有數以千計的可憐蟲，為了少得可憐的報酬而盡心盡力地工作，由於他們壓根無法想像或忽略了自己吃的苦究竟價值幾何；而另一些精明者則知道自己工作的真實價碼，回絕那些比標準工錢低的工作，這不是因為他們生來悲觀，而是因為他們不希望貶損自己勞動的價值。一位鄉紳在交易所後面見到一個雜役無所事事地遊蕩，就對他說：拜託你，朋友，拜託你幫我把這封信送去弓街教堂，我給你一個便士，可以嗎？那腳夫說：我的確非常想去，然而，我需要兩個便士才能去，老爺。鄉紳不願付兩個便士，雜役就轉身對鄉紳說：如果不能賺多少錢，與其工作，不如閒逛。寧願閒逛而不賺一文，也不想去輕鬆地賺上一個便士，鄉紳把這視為那雜役的懶惰至極。過了幾個小時，鄉紳恰好在斯萊德尼德大街的一個小酒館裡遇到了幾位朋友，其中一位突然想起來自己忘了當晚要去郵局取一張匯票，所以正著急如焚，急需有個人馬上雇一輛可以飛跑的出租馬車，代他去郵局走一趟。那時已是晚上十點多，又是深冬時節，那天夜裡還大雨傾盆，周邊的雜役們全都上床睡覺了。那位先生十分焦躁難耐，說無論出多少錢也一定要派個人去拿支票。最後，有個跑堂的看他這般著急，就跟他說自己知道有個雜役，如果認為這差使的工錢有吸引力，這人就會起床去跑一趟。那位先生十分著急地說：絕對有吸引力，一定不要擔心錢，好小夥子，你如果知道什麼人，就讓他全力以赴去跑一趟吧。他如果可以在午夜十二點之前趕回來，我就支付他一個金幣。聽完此話，那跑堂的就擔負起了使命，跑出屋子，一刻鐘之內就返回了。他帶回了一個好消息說，那雜役會用最快的速度回來。此刻，小酒館裡的人們又如之前一樣分散開來各自尋開心。然而，十二點將近的時候，人們卻大都掏出了懷錶，談論起那雜役什麼時候會回來。有些人說他可以在午夜鐘聲敲響之前趕回來；另一些人卻覺得那是不現實的。就在差三分鐘就到十二點時，那飛毛腿進了屋子，渾身散發著熱氣，衣服都被雨水澆透了，滿臉是汗。他渾身上下

除了錢夾裡以外，其他所有東西都是濕的。他從錢夾裡取出剛才拿回的支票，走到那跑堂的跟前，把支票交給了那位先生。那位先生對他的效率感到十分欣慰，就給了他之前允諾的一個金幣。另一位先生為他倒了整整一大杯酒。每一個人都誇讚他勤快踏實。那雜役走向靠近燈光的地方，去取那杯紅酒，我之前提及的那位鄉紳十分驚訝，因為他發現此人就是那個曾回絕他的一便士的雜役，而那時他覺得此人是世界上最懶的人。

這個故事向我們闡明：世上沒有工作的人包括兩類，一類是因為沒有能讓其拚命賺取最大利潤的機會；另一種則因為缺乏幹勁而消極懶惰，情願食不果腹也不肯努力工作。我們不該把這兩種人相提並論。如果沒有意識到這一點，我們一定會按照人們對出賣自己勞動預測獲得收益的估算，揚言世人或多或少都帶點懶惰，於是最勤快的人也會被當作懶漢。

我把內心的平和與安詳當作「滿足」。人們覺得自己非常幸福時，就會出現這樣的滿足感，並且會安於現狀，不求進取。這表明我們現在的處境對我們非常好，表明一種安詳平和，而但凡人們還喜歡改良自己的環境，就不會輕易出現這種安詳平和的心境。滿足作為一種美德，但是對這種美德的稱頌既缺乏任何根據，又非常不可靠，這是由於人的處境各不相同，而如果擁有了這種美德，就會被眾說紛紜。

一個單身男人原本在一個艱苦的行業裡辛勤工作，他繼承了一位親戚每年給的一百英鎊的遺產。這個好運的來臨迅速讓他對工作產生了厭煩心理。他缺少足夠的勤奮精神讓自己不斷進取而在世界求得立足之地，就打算任何事情都不做，僅僅仰仗那筆遺產過活。但凡他理性地生活，不賒欠所獲的東西，不開罪每一個人，人們就會把他當成一個老實、本分的人。他居住的那個客棧的店主、女房東、裁縫，包括其他人都會與其共用他名下的東西，而社會也由於他的納稅而一年好過一年。雖然這樣，他如果去幹些自己的事或其他的某個行當，肯定會成為別人的障礙，有的人會因

為他的盈利而得到的更少。因而說，儘管他本該是世上最自在的人，一天二十四小時之內，他可以賴床十五個小時之久，其他時間則遊手好閒、閒閒散散地消磨時間。然而不會有一個人對他嗤之以鼻，而他這種懶散精神則會被貼上「滿足」的標籤。

不過，如果這個人成了家，是幾個孩子的父親，卻仍舊維持相同的閒散心態，稱心如意地享用自己的財富，壓根兒不努力去賺一分錢，沉迷於其之前的懶散中，又會怎樣呢？首先，他的親戚們（或者起碼是他熟識的人們）會對他這種缺少責任心的行徑心存恐慌，這是由於他們可以預測他的收入並不足以讓這麼多孩子健康成長，所以擔憂其中某個孩子未來就算不會作為重擔壓身，他們也會以此為恥。這些擔憂瞬間讓人們交頭接耳，迅速傳播開來。與此同時，這人的叔叔讓他去找個事做，並費心地用類似的套話來勸誡他：那個，侄兒，還沒有工作嗎！真讓我失望至極！我不知道你如何消磨你的時間，你要是不想做你的老本行，還有五十種賺錢的方式呢。你每年有一百鎊入帳，這是事實，然而你的花銷也在逐年遞增呀，待到你的孩子長大成人，你還能幹什麼呢？你比我有能力，我對你的器重遠超過我自己，然而你沒發現我把生意棄之一旁吧？非但不丟，我還把話撂在這裡：我就算擁有整個世界，也不會如同你一樣生活。我坦承，這事兒跟我不存在一絲瓜葛，然而所有人都非常痛心。就你這樣一個男人年紀輕輕，身體健全，沒病沒災，竟然不動手去找個工作，這實在讓人顏面盡失。如果這些勸誡短時間內不能讓他悔改，之後半年多的時間裡他依然遊手好閒，街坊鄰里都會對他議論紛紛。那些曾一度讓他贏得「老實、本分者」聲譽的品格，而今卻一樣讓他成為大家眼中「最糟糕的丈夫」和「世上最懶的傢伙」。據此得知：我們談及行為的善與惡時，在意的僅僅是這些行為對社會是好是壞，而並不在意這些行為究竟是出自誰手。

人們常常把勤勞與勤勉混淆，用來指代相同的事物，然而這兩者之

間卻大不相同。一個窮困的倒楣蛋既不勤奮，也不聰明，儘管可以節儉與吃苦，卻壓根不去努力改良自己的境況，不思進取。而「勤勉」則包含許多種品格，其中之一是對收穫的急切渴求，還有一種是要改變我們境遇的持久欲望。人們要麼思及自己所做的行業的傳統盈利，要麼思及自己投資份額甚少的生意的收益，常常經由兩種方式去獲取勤勉的聲譽：他們要麼勢必憑藉絕對的勤奮，去發覺那些非同小可，且還沒獲得認可的辦法，去拓寬生意，提升盈利；要麼勢必加倍地勞作，以此讓勤勉之名加身。一個買賣人如果仔細打理自己的店鋪，恰如其分地招待顧客，他就是他所在行業裡的勤勞者。但是，如果除去此事，他還確實孜孜不倦地謀求自己賣出的、價位相同的商品比其鄰人的要好，或者憑藉友善待客或其他優良品德，認識了很多朋友，以此盡力吸納客源，我們就能夠把他稱作勤勉者。一個處在半失業狀態的船夫，卻向來不輕視自己的工作，只要有事就去好好做，他就可以算作勤勞的人。但是，他無事可做時如果也做些別的事情，甚至還去擦皮鞋，那他就無愧於所擔當的勤勉稱謂。

我們將會目睹：如果可以恰當領會本篇評論中的話的含義，那麼，無論是懶惰，還是滿足，這二者其實是非常相似的。如果勢必要說出它們之間究竟有著怎樣顯著的不同，那就是：滿足與勤勉的矛盾，要比懶惰與勤勉的矛盾更明顯。

[X]⋯⋯去讓一個優秀而直率的蜂國⋯⋯

在人民身處困頓窮苦的地方也能知足常樂時，估計可以讓這一點變為現實。但是，他們如果既想享受世上的安閒和舒爽，又同時要像那些好鬥的國家一樣富足、強大和繁盛，那是絕對不現實的。我曾聽人們提到斯巴達人的充足軍備遠多於全部希臘城邦的總和，更無須提及他們的超常節儉

和其他模範美德了。不過，世上一定不曾有一個民族的傑出比斯巴達人的更像是空中樓閣。他們生活之中的奢華還趕不上一個劇場的華麗。他們僅僅能自以為傲的事情，乃是他們不會去享受任何事情。其實，他們既恐懼外邦，又在意外邦。斯巴達人向來是憑藉軍事上的英勇無敵與傑出的作戰技能而聞名於世的，乃至其鄰國人不光在戰爭時與他們並肩作戰，向他們施以援手，而且如果可以讓一位斯巴達將領去指揮他們的軍隊，也會覺得十分榮幸，在他們看來那樣贏得戰爭就萬無一失了。然而，當時斯巴達人軍紀非常嚴明，其生活方式也非常樸素，禁止所有安逸，乃至我們當中很多節制力最強的人，都不可能遵從那些讓人如此不適的苛刻規章。斯巴達人流通一種十全十美的貨幣：金幣和銀幣都備受貶低。他們流通的貨幣用鐵製成，外表好看卻僅僅價值幾文。想要置換二三十鎊的話，必須得用一個非常大的箱子才能把那種錢幣裝下。想要移動一下箱子，就真是和去牽動一頭約克郡公牛差不多。斯巴達人抗拒奢侈的另一劑良藥，乃是他們所有人都要聚在一起吃相同的飯菜，而任何人都很少有資格可以在自己家中獨享盛宴，乃至一位斯巴達國王阿吉斯擊潰雅典人勝利歸來後曾想把屬下支到別處（因為他想跟王后獨享晚宴），卻因此被軍事首領們議論紛紛。

普魯塔克說，在培養青年方面，斯巴達人最在意的是讓青年成為優良的臣民，可以容忍長途枯燥行軍的疲憊，並擁有只有勝利才會走下戰場的決心。他們十二歲一過，就被分成一小撥在一起居住，以蒲草為席，蒲草長於埃夫羅塔斯河畔。蒲草葉尖非常尖銳，然而他們不用刀具，只靠手把它們扯下來。在寒冬季節，他們往蒲草中混雜些薊草，用來禦寒（參見普魯塔克作品《列古戈斯傳》）。非常明顯，生長於這樣的環境中，世上不會有一個民族不擁有陽剛之氣。然而，因為斯巴達人捨棄了全部安逸的生活，他們要安撫痛苦，除去唯一一份榮耀，就兩手空空了，而那就是他們英勇無畏，可以習慣艱苦困頓。這種榮耀雖然堪稱一種幸福，世上卻沒有

幾個民族希望把它當成幸福。儘管斯巴達人曾一度主宰了整個世界,然而但凡他們不再繼續,英國人還是基本上難以羨慕斯巴達人的那份榮光。現在人們所需要的,我已經在「評論O」中一一道明,那段評論探討的是真實存在的快樂。

[Y]……安享世間的豐裕便利,……

「恰如其分」與「便利」這兩個詞,其意思模稜兩可,如果不清楚應用這兩個詞的人的地位及其處境,我們就難以弄懂它們。在「評論L」中,我已經大致談論了這兩個詞的含義。金匠、綢布商,或者隨便一位誠信無欺的店鋪老闆,如果攢下了三四千英鎊的財產,每日必然都要有兩道肉菜,在星期天,還要吃些更非同一般的菜餚。他的妻子必然會在自己的臥房裡用錦緞被鋪床,並在兩三個房間裡擺設上等的傢俱。第二年夏天,她必然會在鄉間築就一座房子,起碼會建造一處十分可心的寓所。在城外擁有住房的人,一定要有一匹馬。他的僕人也一定要有馬。如果生意還算不錯,他就會希望八年或十年後擁有一輛馬車。雖然這樣,他依舊期盼自己「為奴」(這出自他自己之口)二十幾年之後,每年起碼可以讓長子繼承一千英鎊的財產,其他孩子每個人都有兩三千英鎊充當安家立業的本金。在這種環境中成長的人為每天的麵包而禱告(並且只是為每天的麵包而禱告)時,人們就會覺得他們非常謙恭。無論你把這視作驕傲、奢侈、浮華,或者別的什麼,都沒關係;然而,在一個經濟發達國家的首都,就理應這樣生活。境況還趕不上這些人的必然會因為花銷不大的便利而知足,而境況比這些人要好的則必然會讓其便利更為高昂。有些人把用盤子上菜視作「恰如其分」,而把馬車歸為安逸生活的必備條件。如果一位貴族每年的花銷還沒超過三四千英鎊的話,那這爵爺就會被看作貧窮。

本書的第一版問世後，有幾個人曾批駁我，其方法是印證過度的揮霍一定會引發所有民族的滅亡。我立刻給出了答覆，跟他們闡述了我探討這個問題時所預設的條件。所以，為了將來不讓哪怕一個讀者在這個問題上曲解我的意圖，我還要說明本版及前一版中的那些提示與限制條件。如果它們沒有被忽略，就一定可以通過所有合乎情理的檢查，並剔除一些把矛頭指向我的斥責。我已提出過一條始終不能違逆的座右銘，即應一直讓窮人去工作；減緩他們的需求是非常聰慧的，但迎合其需求卻實在是愚鈍至極；應該大力支持農業和漁業的發展，以確保食品供應充足，進而讓勞動力價格低廉。我把愚昧看作社會結構的必要部分。由上述所有這一切可知，我明顯不可能認為一國需要大肆宣揚奢侈。同理，我也倡議：財產應當予以保護；公允的法律應當予以落到實處；所有事務都要把國家利益考慮在內。然而，我最堅守並一再強調的一點卻是：要關注貿易的收支平衡，立法者應尤為注意不要讓每年的進口大於出口。就算這些方面都達成了，並且不曾忽略我上述提及的其他事情，我還是要重申一點：所有外來的奢侈品都不能讓一個國家歸於滅亡。只有在人口眾多的國家才會目睹過度的奢侈，並且只有在其上流社會才能一睹真相。一國人口越多，其最底層者的人數也就越多，他們是供養所有人的根本，是泛泛的貧苦大眾。

　　有的人太過喜歡模仿命運比他們好的人，這種人的毀滅可謂是自取滅亡。這壓根無法駁斥奢侈，這是由於無論是誰，但凡其生活捉襟見肘，就是個笨蛋。有的有錢人家裡有三四輛馬車，同時還能給子女留有遺產；而一個年輕店主卻會僅僅由於養了一輛破馬車而傾家蕩產。一個富國裡不可能缺少揮霍者，然而我卻不曾得知世上有任何城市裡只充斥著揮霍者，我只瞭解世上存在厭嫌揮霍者的人，其數目絕對能迎合揮霍者們的需要。一位奸詐的商人會由於太過揮霍或一不小心就傾家蕩產，一位做著相同工作的年輕新人，也可以在四十歲以前憑藉節儉或更為勤快而發家致富。而

且，人類的缺點常常會引起相反的影響：有些人小心翼翼，卻不曾致富，這是由於他們實在太摳門；而有的人雖然花錢十分鋪張浪費，好像並不在意錢財，卻聚集了巨額財富。然而，命運一定會千變萬化。那些最不幸的人無論是死是活，都對社會沒有好處。洗禮與葬禮可謂是合理平衡。由於他人的倒楣而遭受損傷慘重的人會覺得十分揹運，不停埋怨，吵吵鬧鬧；然而，由於他人的倒楣而有所收益的人（向來都存在類似的人）卻會沉默無語，這是由於他們不希望讓別人覺得他們的時來運轉是源於我們鄰人的災禍及損傷。命運的跌宕起伏組成了一個不停轉動的輪子，成為整個機器運行的發動機。哲學家膽敢把其思想拓展到他們視線之外的地方，把文明社會的盛衰只當成呼吸的此起彼伏；而社會氣息的下降也如同十全十美的動物氣息的下降一樣，都是構成呼吸作用的因素之一。

因而，對於社會而言，貪婪與揮霍兩者都是必不可少的。一些國家的人向來都會比另一些國家的人更揮霍，這是由於產生兩者惡德的境遇並不相同，他們的社會制度及自然環境也不一樣。在此我要拜託細心的讀者寬恕，我害怕你們會遺忘一些我一再重複過的事情——其詳細內容可參見讀者已經讀到的「評論Q」——金錢超過土地、高額的稅賦、生活必需品的匱乏，勤懇、勞苦、積極進取的向上精神、暴躁脾氣與糟糕性格；年老、聰慧、買賣，以及我們經由自己的勞動所贏得的財富，還有備受保障的自由和資本，所有這些都會讓人離貪婪更進一步。與此不同，懶惰、白滿、脾氣溫和、樂天知命、年輕、愚笨、專制的權力、輕易拿到的金錢、充盈的生活必需品，以及財產的不斷變化，這樣的環境則輕易導致人們離揮霍更近。在最風靡的惡德就是貪婪的場所，揮霍就會隨之遞減。然而，世上既不曾存在一國的全民節約，並且，全民如果沒有需要，也不可能出現全民的節約。

杜絕奢侈浪費的法律對貧弱國家可能會產生效用，那個國家可能剛

剛結束了一場戰爭、瘟疫或飢荒的大災難，百廢待興，窮人無事可做。不過，為了讓窮人可以在一個富足的王國生存而去袒護窮人的利益，卻是一個下下策。我理應用下述話語作為對《抱怨的蜂巢》的評論的結束語：我能夠向宣導全民節約的人們打包票，我們如果讓英國的女子不穿那麼多亞洲絲綢，就不會讓波斯人和其他東方國家有機會買去那麼多的英國優質棉布去享用。

【注釋】

1.梭倫（前638-前559），古代雅典的著名政治家、立法者、詩人，是古希臘七賢之一。——譯者注

2.勞埃德咖啡館，世界上最早的咖啡館。建於1688年，後來逐步成為商人及水手聚會的地方。及至曼德維爾時代，這裡幾乎成了一個小型的股票交易所。——譯者注

3.「杜松子」指的是杜松子樹的莓果，最重要的功用是在琴酒的製作上。杜松子產於北半球，在亞洲、美洲、歐洲都有其生長的足跡。最早為埃及人所食用，然而其功效卻屬醫藥的一種。——譯者注

4.琴酒，又名叫杜松子酒，最先由荷蘭生產，在英國大量生產後聞名於世，是世界第一大類的烈酒。——譯者注

5.忘川，希臘神話中不和女神厄莉絲的女兒和遺忘的化身，又是冥府的河流或平原的名字，喝下這條河裡的水能將生前的所有事情忘得一乾二淨。——譯者注

6.喀耳刻，是女巫、女妖、巫婆等的代名詞。她是古希臘神話中最著名的女巫，是赫利俄斯和珀耳塞的女兒。——譯者注

7.路德（1483-1546），德國人，著名宗教改革家。——譯者注

8.加爾文（1509-1564），法國人，著名宗教改革家、神學家、加爾文教

派（在法國稱胡格諾派）創始人，人稱日內瓦的教皇。——譯者注

9. 胡格諾教，即「Huguenots」，存在於16-17世紀法國一個新教。——譯者注

10. 伊壁鳩魯主義者，以追求個人的身體無痛苦和靈魂的無干擾為目的的快樂主義倫理學體系。在這是指沉迷享樂之輩、貪婪之人。——譯者注

11. 此處是指英國參加的「大同盟戰爭」（1688-1697）和「西班牙王位繼承戰爭」（1701-1714）。——譯者注

12. 法蘭德斯，過去曾是歐洲的一個國家，是歐洲三大主要文化和語系（英撒克遜、日爾曼和拉丁）的交匯點，而今位於現在的比利時東部及法國北部的一部分地區。——譯者注

13. 霍屯督人，生活在非洲西南部的土著人。主要分佈在納米比亞、波札那和南非。一般認為屬於尼格羅人種科伊桑類型，但更像是遠古蒙古人種的殘存後代。——譯者注

14. 貝殼放逐法，是古希臘雅典等城邦實施的一項政治制度，由雅典政治家克里斯提尼於西元前510年左右創立。雅典公民可以在陶片上寫上那些不受歡迎人的名字，並透過投票表決將企圖威脅雅典民主制度的政治人物予以政治放逐。——譯者注

15. 伊壁鳩魯（約前341-前270），古希臘哲學家，幸福主義倫理學的創始人之一。首次建立了一個以感覺主義為出發點，以追求個人的身體無痛苦和靈魂的無干擾為目的的快樂主義倫理學體系。——譯者注

16. 伊拉斯謨（1466-1536），荷蘭哲學家，16世紀初歐洲人文主義運動主要代表人物。1524年寫了《論自由意志》並同馬丁·路德通信，批評路德。他知識淵博，忠於教育事業，一生始終追求個人自由和人格尊嚴，但忽視自然科學。——譯者注

17. 斯多噶學派，古希臘哲學家芝諾約於西元前305年左右創立的哲學流

派。斯多噶學派以為世界既是物質也是理性。這個學派相信預言和占卜,又名苦行主義學派。——譯者注

18. 塞內卡(約前4-65),古羅馬時代著名的斯多亞學派哲學家。曾任尼祿皇帝的導師及顧問,西元62年因躲避政治鬥爭而引退,但仍於西元65年被尼祿逼迫自殺。——譯者注

19. 出自伊拉斯謨《談話錄》(The Colloquy),在此用這個名字指代所有「不守教規的神職人員」。——譯者注

20. 此處所提的瑞典國王是卡爾十二世,1697至1718年在任。為了報復波蘭國王奧古斯特,他發起戰爭,數次回絕對他非常有利的和平條件,彼得大帝1709年將其所率軍隊在徹底打敗。之後直到本書成稿的1714年,查理斯十二世始終藏匿在土耳其,沒有回國,而瑞典軍隊卻在堅持戰鬥。——譯者注

21. 畢達哥拉斯(前572-前497),古希臘著名哲學家、數學家、思想家、科學家。畢達哥拉斯出生在愛琴海中的薩莫斯島(今希臘東部小島),自幼聰明好學,曾在名師門下學習幾何學、自然科學和哲學。——譯者注

22. 笛卡兒(1596-1650),法國哲學家、數學家、科學家、物理學家。人們在他的墓碑上刻下了這樣一句話:「笛卡兒,歐洲文藝復興以來,第一個為人類爭取並保證理性權利的人。」——譯者注

23. 卡斯提爾王國,昔日位於西班牙中部的王國,1469年,在伊莎貝拉女王(1451-1504)與亞拉岡國王斐迪南五世(1452-1516)結婚後,組合成為西班牙王國。——譯者注

24. 呂庫古(約前825-?),古代斯巴達政治家、斯巴達的立法者。——譯者注

25. 普魯塔克(46-120),古羅馬歷史學家、作家。以《比較列傳》一書聞名後世。他的作品在文藝復興時期大受歡迎,蒙田對他推崇備至,莎士比亞不少劇作都取材於他的記載。——譯者注

第三部分

關於社會本質的探究

大部分道德家和哲學家到目前為止都始終認為：缺乏自我克制，美德就無從談起。但是，一位過世的作家（這裡指沙夫茲伯里伯爵，而今許多博學之人都看過他的許多著作）卻秉持不同的觀點，認為：對自己大度、會聽命於自己天性的人，毫無疑問就是擁有了美德的人。他好像在懇請並希冀人類的天性是純良的。這就如同我們體會到葡萄或中國橘子的甜味時的看法一樣，如果其中有哪一個是酸的，我們就會大肆宣稱：它們不曾實現大自然恩賜它們的完美，而那完美原本是能夠實現的。這位偉大的作家（因為我在此說的是沙夫茲伯里閣下的品行）認為：人是因為社會而生的，所以，人理應天生擁有對全體（他是其中的組成之一）的美好熱情，擁有為全體謀福祉的天生取向。為了印證這個觀點，他把所有合乎公共利益的行為看作合乎美德的行為，而把所有損公肥私的行為，即所有不顧念公共福祉的行為看作惡德的行為。談及我們人類，他把美德與惡德當成始終存在的現實，所有國家、所有時代，必然都是這樣，並且在他們看來：一個洞察力非同一般的人，恪守良好理性的規則，不但能從道德劇、藝術作品和大自然中尋覓美麗或道德美，而且會更淡定、更坦率地接受自己理性的掌控，就像優秀的騎手用韁繩操縱訓練有素的馬一樣。

　　閱讀了本書前面的章節之後，心思縝密的讀者迅速就會發現一點：沙夫茲伯里閣下的見解與我的見解真的是針鋒相對。我坦承，沙夫茲伯里閣下給出的界定確實非常慷慨、非常精巧：它們是對人類的極大頌揚，只需憑藉一點點熱情，就可以達成，那熱情就是要用一種偉大的情操來激發我們，它包括我們被稱讚的天性的尊嚴。可惜的是，它們並非都是真實的。在這本書的幾乎所有頁面裡，我都已經印證：那些概念的實在性與我們的日常經驗可謂水火不容。如果不曾這樣做，我現在也不可能說那些概念都並非真實了。然而，為了不給一種反駁觀點留下絲毫根據，不讓它收不到答覆，我想要大篇幅地論證一些事情（截至目前，我只是對它們稍帶

提及），以讓讀者確信：人那些美好的、和善的品格，並不能讓人比其他動物的社會性更強；非但這樣，少了我們言下的（天性中的與道德上的）「惡德」的援助，要把某個群體昇華為一個人口密集、富強繁盛的民族，也是沒有任何可能性的；就算實現了，也無法讓其堅持到底。

為了更好地實現我給自己定下的這個目標，我首先要悉心探究「美麗」或「道德美」的內在本性。這裡提及的「美麗」或「道德美」，就是古人常常探討的kaov[1]，其內涵是：考察事物是否含有一種如假包換的價值和美德，是否含有絕對超越另一事物的特性。關於這個問題，所有人都贊同最熟悉那些事物的人的看法。偶爾，人們也熱衷於一些數量較少的事物，而所有國家及所有時代都會對它們予以相同的評判。我們首先考察這種顯而易見的價值，意識到一種事物要優於另一種，而第三種事物又優於前一種，長此以往，我們逐漸擁有贏得成功的偉大信念。然而，我們卻目睹了另外幾種事物，它們或者都非常好，或者都非常壞，我們因而會心存迷茫，並不始終合乎我們原有的觀念，而契合他人觀念的更是少之又少。美是多姿多彩的，錯誤也是形式多變的。風俗與流行在時刻改變，興趣與品性互有差異的人會各自備受評議。

對一幅畫進行評論的時候，人們的意見始終不能達成統一。偶爾，一幅上等作品會被與新手的作品混為一談，然而，後者與偉大大師的作品之間有著怎樣的天壤之別！古董鑑賞家之間派系繁多，在評估古董的時間和國別時，其中達成一致意見的時候少之又少。最優秀的繪畫並非都能換取最好的價錢，一幅著名的原作向來都比一個無名小卒對它的所有傑出描摹要有價值得多，雖然描摹有時甚至超越原作。人們評判一幅畫的價值，不只考慮繪畫大師的名氣及其作畫的時間，在很大意義上，還要考察其作品的稀缺性，按照那些作品享有者的地位，以及其家族名揚天下時間的長短（為何這樣，到目前都不能說出個所以然）。如果漢普敦宮[2]裡的那幅壁畫

不是出自拉斐爾之手，而是一位二流或三流的畫家所作，或者它是私人物品，而此人逼不得已才要把它賣掉，那麼，人們都不可能出現價十分之一的錢（人們而今是大錯特錯，居然覺得它價值如此之高）去將它買回。

雖然這樣，我還是樂於認同：對繪畫給出的評價有可能成為一種被廣泛認可的確定價值，起碼不會像對其他事物的評判那樣變來變去，會因時間、地點、人物而發生變化。內裡原因非常淺顯：評判繪畫，會按照特定的標準，而這個標準向來一致。繪畫乃是描摹自然的產物，是對人們俯首可見的事物的重現。如果說，探究繪畫這種輝煌發明看上去已有點不合時宜，我期盼通情達理的讀者可以理解，因為這思考對我的初衷非常有啟發性。這探究即是：我所談論的事物儘管作為藝術非常有價值，然而，在從這種愉悅的欺詐中博得的所有快樂及讓人沉迷的歡樂當中，我們還被我們各種主要感覺中的一種不完美所限制。我將對此予以解釋。空氣和空間壓根不成為其視覺的對象，然而，但凡留心觀察，我們就會發現：我們眼前的事物，越是遠離我們，其體積看上去就越小。只有透過這些觀察得來的經驗，才能讓我們清楚怎樣對事物的距離進行相對可靠的估算。一個先天的盲人如果到二十歲時突然時來運轉，視覺恢復，他就會對距離的差別覺得非常迷茫，基本上不能立刻只憑眼睛去評判什麼東西離他最近：到底是他的手杖幾乎能夠觸及那個郵筒，還是那座可能遠在半英里之外的尖塔。我們可以盡可能限制視野，去研究牆上的一個洞，牆後面除空氣之外，並無其他。在其他情形下，我們可能不會發現：那個洞的縫隙處充斥著天空，離我們就如同那些空洞的石頭周圍的背面一樣近。這個環繞而成的空洞（按照我們對「看見」的界定，我們不能把它稱之為虛空）就會輕易讓我們上當。美術可以把所有事物（除去運動）在一個平面上重現出來，展示在我們眼前，其方式與我們在生活及大自然中看它們的方式並無差別。如果一個人不曾瞭解怎樣運用這種藝術，那麼，只要一面鏡子即可，立刻

就可以讓他相信這種運作是現實的。所以我不由遐想：形成我們視覺的是源於十分平滑光潤的物體上的反射，而這反射，則必然是素描及油畫產生的最初緣由。

出自大自然之手的作品，價值與優點卻是飄忽不定的。就算在人類之中，被一國認定為美麗的東西，在另一國則恰恰相反。種花人的選擇是多麼千變萬化啊！他所喜歡的，這會兒是鬱金香，那會兒是報春花，偶爾還會是康乃馨。每年，他都會覺得一種新花超越其他所有舊花，雖然那新花的顏色及花形事實上比舊花要差很多。早在三百年前，男人刮臉與目前非常相似：因為他們把鬍鬚留下，還把鬍鬚修剪成不同花樣，當時，那些鬍鬚花樣在大家看來都非常漂亮；而現在，它們則被看作荒誕滑稽。在所有人都戴寬邊帽的時代戴窄簷帽（早先它也曾經被看作非常漂亮），那模樣該有多麼落魄、多麼滑稽！同理，在小帽子非常時興的那段時期裡，大帽子看上去多麼荒誕怪異！我們由經驗可知：這些時尚難以延續十至十二年以上；一個六十歲的男人一生中必然親眼所見起碼五六次時尚大變遷，而這些變化的發起階段（雖然我們也是親眼所見）向來都是看上去非常離譜，並且每每它們以新的面貌重現時，都會讓人作嘔。到底是何等高人可以對時尚之風進行梳理，評定究竟哪種時尚最美？衣服上是大扣子好，還是小扣子好？設計園林的合理辦法可以說數不勝數，而其中被看作美的方式，則隨著每個民族的喜好及其時代而不同。草坪、樹叢和花壇都有形形色色的花樣，往往都讓人陶醉；然而，圓形也會像方形一樣漂亮。對一個地方而言，橢圓形是最佳選擇；而在別的地方，三角形則是不二之選。在一個地方，八角形看上去比六邊形更漂亮；而在有的情形下，阿拉伯數字「8」的圖案偶爾會比「6」的圖案看上去更漂亮。

從基督徒可以修建教堂以來，教堂的形狀就始終和十字架的形狀相似，其尖端面向東方。一位建築師如果無視教堂中非常方便建造房間的地

方，就會被認定犯下了無法饒恕的大錯；然而想要在土耳其風格的清真寺或異教神廟裡修建房間，卻是可笑的見解。在幾百年來制定的大量有益法律之中，無法辨別哪一條會比那條對死者服裝的約束更有用、更能省掉許多麻煩的了。制定那項法令時在世而如今依然康健的老人必然還沒有忘記：當時的公眾曾一致對那項法令投反對票。千千萬萬的人瞭解自己死後會羊毛屍衣加身，起先覺得十分驚詫。唯一讓那條法令獲得贊同的事情是：其中還給一些追逐時尚的人留下一絲自由，因為與葬禮上的其他花費比起來，那種方式可以讓人們不事張揚地縱容其弱點；在這類葬禮上，哀悼的觀眾人數甚少，而鋪排場面的觀眾則是大部分人。那項法令為國家贏得的利益十分明顯，所以無可非議。不出幾年，人們因為對它的忌憚而生發的斥責就為數不多了。當時我發現：年輕人由於很少思及自己未來的葬禮，所以他們是最早支持那項新鮮法令的人；然而在這項法令制定之時，有些人已經親手為大量親友下葬，他們對這項法令的排斥持續時間最長。我還有印象，很多人至死都不能無怨無悔地支持那項法令。而在那時，讓死者穿亞麻屍衣入葬的習俗基本已經都被忘光了，人們普遍認同：不存在比羊毛衣更風光的東西了，而當時對死者的入殮方式也最為合情合理。這說明，我們對事物的喜好大都源自時尚及風俗，源自社會地位比我們高的人、被我們認為比我們傑出的人的說法及榜樣。

就道德而言，評判標準的恆定性也是飄忽不定。基督教徒非常討厭多妻制，為多妻制辯駁的天才智者和學者，都曾遭遇鄙夷的駁斥。不過，在伊斯蘭教徒看來，多妻制卻並不會讓人驚訝。掌控人們的，是人們自孩提時代起學習的東西，習俗的力量既曲解了天性，同時又用另一種方式接近天性，那種方式常常讓我們難以搞清楚左右我們的到底是習俗還是天性。在亞洲，曾經的姐妹能夠與兄弟結為夫妻，而一個男人把自己的母親變成老婆，還會備受讚揚。這樣的婚配實在讓人厭煩。然而有一點毋庸置疑：

無論我們想到這種情況時是多麼惶恐，天性中都不存在什麼與之相左的情感，而只有以時尚與風俗為根基的情感才會厭煩那種婚配。謙卑的伊斯蘭教徒向來不喝燒酒，又經常遇到醉漢，可能非常厭煩酒類；而我們當中最沒有道德和教養的人也非常討厭和自己的姐妹睡覺。這兩種人都覺得自己的厭煩源於天性。什麼宗教是最優越的？這個問題衍生的災難遠大於其他所有問題衍生的禍端。你如果在北京、君士坦丁堡和羅馬問這個問題，會得到三種迥然有別的答案，然而每個答案都是確切的和堅信不疑的，毫無例外。基督徒確信異教迷信是虛空的，就這一點而言，基督教徒的想法全無二致。然而，你如果問他們的各個分支教派：什麼教派才是純正的基督教？他們都會不約而同告訴你：他們自己所在的那個教派才是如假包換的基督教，並且想方設法地讓你信以為真。

所以，考察「美麗」或「道德美」明顯會無功而返，這是由於其理由非常有限。然而，這並非我在其中意識到的最大謬誤。人不自我約束也可以擁有美德，這個虛幻的想法乃是讓虛偽有機可乘的大契機。虛偽如果成為習慣，我們就必須要既欺詐別人，又徹底沒有自知之明了。我立刻就要列舉一個事例，它將闡明：因為無法客觀地審視自己，一個出身名門、博學多才的人怎樣在每個方面都搞得與本書作者的性情相近。

一個從小嬌生慣養的人，如果天生安逸而懶惰，形成了遠離所有麻煩事的習性，並且心甘情願地約束自己的各種激情，這是由於擔心因為熱衷於謀求快樂、屈服於我們天性憎惡的所有要求導致的各種不便，而不是由於他憎惡感官享受。一個曾師從於一位大哲學家的人，也如同其導師那樣脾氣溫和，心地純厚。身處這樣的幸福環境之中，他對自己內心狀態的評判就遠高於其實際應得的評價，並且覺得自己擁有了美德，這是由於他的各種激情都還在休眠狀態。他會打造一套關於尊崇社會美德及鄙夷死亡的完美見解，會在自己的書房裡誇讚這些見解，會對公眾口若懸河地闡述

這些見解。但是，你卻不曾看見他為自己的國家而奮戰，不曾看見他勤勤懇懇地來減少國家的損傷。一個以抽象哲學作為研究對象的人輕易能讓自己壯志滿懷，並且確實相信當死亡還無法預知的時候，他並不恐懼死亡。然而，你如果問他：既然是這般英勇無懼，無論是天生如此還是源於哲學研究，當他的國家陷入戰亂時，為什麼他不選擇為國奮戰？要麼問他：看見國家每日都被其掌權者剝削，交易所的事務困難重重，他為什麼不去宮廷求得一官半職，仰仗周邊的朋友和勢力，去擔任財政大臣？因為只有這樣，他才有可能憑藉自己的清正廉明和聰慧的管理，讓公眾重拾對國家的信心。他很可能回答說他喜歡遁世的生活，他僅存的希望就是做個好人，不想在政府裡充當什麼角色。他可能會回答說，他憎恨委曲求全、奉承拍馬般的官場，憎恨宮廷的虛情假意，憎恨塵世間的熙熙攘攘。我非常樂於把他的話當真，然而，一個生性懶惰、精神消極的人，一方面嘴裡說著這些話，且十分懇切，然而同時卻無法節制自己的各種欲求（雖然其職責呼籲他這樣做）而縱容它們，難道不會這樣嗎？美德取決於行動，無論是誰，但凡熱愛社會，但凡對其人類同胞懷揣友善的摯愛，但凡可以憑藉其出身或地位贏得管理公眾的某個職位，在他可以為公眾謀福祉時，都不該歸然不動，一事無成，而需要不遺餘力為其百姓的福祉而奮鬥。這位高尚者如果是個精通作戰的天才，或者天性豪放不羈，他就會在生活的戲劇中扮演另外一種角色，並且宣導迥然不同的信條了。這是由於，我們向來都是因循激情所指的方向去運用理性，每一個人雖然想法不同，自愛卻始終可以為他們的見解各自進行辯駁，並為所有的人提供支援，以印證他們的欲望是合情合理的。

那種自吹自擂的中庸方式，那些備受推崇的平靜美德，除了培養好逸惡勞的人以外，並無用處。它們可能會讓人習慣苦行生活的愚昧享樂，最多也就能讓人習慣農夫式安閒的愚昧享樂；不過，它們卻不可能使人習慣

勤勞與艱苦，不可能誘導人去競爭卓越的成就，去達成凶險的任務。人類天生喜歡安閒和舒爽，天生嗜好沉醉於感官快樂，而這些天性乃是法令所不能限制的。人的強大習性和喜好，僅僅能被各種更強烈的激情所征服。對一個膽小鬼大肆宣揚和驗證他的害怕沒有意義，你不可能把他變得英勇無懼，這就好像你不能給他下個命令讓他長到十英尺從而讓他變得比現在更高一樣。截然相反，激發勇氣的奧祕卻基本上是出師不利的，我已經在本書的「評論R」裡揭示了這個奧祕。

我們在精力旺盛、欲望繁多的年齡階段，對死亡的畏懼最為濃烈。在這個時段，我們目光如炬、聽覺敏銳，身體的所有部分都各得其所。其原因非常明顯：這一階段的生命是最為完美的，而我們在這一階段也最有資本享受生命。既然這樣，一個在意名譽的人（雖然他才三十歲並且體質非常健康）又怎麼會這麼輕易地迎接挑戰呢？戰勝了恐懼的，不是別的，正是他的驕傲。他的驕傲如果並不在意這種恐懼，就會表現得最為熠熠生姿。如果他不適應大海，那就讓他去遭遇一場暴風雨的洗禮吧；如果他向來都身體健壯，沒病沒災，那就讓他咽喉出點毛病，或者發一次低燒吧，如此一來，他就會表現出十分的焦慮，其中含有他賦予自己生命不可估計的價值。如果人類天性謙和，不受逢迎拍馬所左右，政治家們就一直不能實現其目的，一直無從得知人到底是什麼了。少了各種惡德，人類的優秀之處就一直被隱藏而無從得知，而所有聲名遠播的優秀人物，則都是駁斥這種厚道制度的有力佐證。

那位傑出的馬其頓人曾孤身一人迎戰敵人的一整支部隊，如果說他的勇氣與他的焦慮不分上下，那麼，當他把自己幻化為神，起碼當他疑惑自己究竟是不是神的時候，其瘋狂也不曾減弱。我們一旦思及這件事，就馬上會發覺：在危險越來越近的時候，激情及對激情的誇大其詞，都讓他精神大振，讓他克服了所有困難和疲倦。

要說明怎樣才算是有能力而名副其實的執政官，這世上不會有比西塞羅[3]更恰當的例子了。我想到他的關心與警惕，想到他所鄙夷的真正危險，想到他為了羅馬的安全吃盡苦頭，想到他在發現和制服那些最膽大妄為、最陰險狡詐的陰謀家們的算計時的聰慧與理智；同理，我也想到他對文學、藝術及科學的鍾愛，想到他在哲學造詣方面的天賦異稟，想到他邏輯的嚴絲合縫、口若懸河的力量，文風的曼妙雅致，以及浸透在他所有著作中的超然精神。想到所有這些，我禁不住百般詫異。就西塞羅而言，我起碼要說：他是一位讓人震撼的人物。不過，當我細緻研究他這般繁多的傑出品德時，就非常清楚地洞察到了另外一面，即：如果他的虛榮心沒有超過他最高尚的優良品德，他對世界的卓越見解就不可能讓他百般吹捧，讓人作嘔，而他的優點也不可能讓他深受其害而非備受稱頌，以至於留下那句讓世人甚至是小學生都會鄙夷的詩。Ｏ！⋯Fortunatam

　　正直的加圖的道德觀是多麼周詳，多麼險峻！這位古羅馬自由的傑出擁護者，其美德是多麼堅實，多麼執著！不過，雖然這位苦行主義者也如平凡人一樣有一些缺點，雖然他清心寡欲，長期無人知曉，他異於常人的謙卑世人也無從知曉，可能連他自己都不得而知，雖然他心靈的缺點逼迫他奉行英雄主義，在他生命落幕之時，世人還是從他的自殺中知曉：他明顯被一種暴君式的力量掌控著，那力量遠大於他對國家的愛；對凱撒的榮譽、真正的高尚及個人優點，他心中不可壓抑的仇恨和最為強勁的嫉妒，曾長期用最堂而皇之的理由去左右凱撒的一切行動。如同這種強烈動機不能克服他的異常審慎，如果他可以委曲求全去當羅馬的第二人，那麼，他不但能夠保全性命，而且他的大部分友人（他們由於失去他而遭受滅頂之災）的性命也能得以保全，這絕對是講得通的。然而，加圖卻非常瞭解那位獲勝者的寬闊胸懷與慷慨大度：他恐懼的正是凱撒的宅心仁厚，所以只能以自殺了事。對傲慢的加圖而言，最恐懼的不是自殺，而是想到他如果

不死，就會給他的死對頭一個絕好機會去顯示其胸懷大量，因為凱撒會意識到：原諒像加圖這樣的宿怨，對他以友待之，會顯示自己是多麼宅心仁厚。在有識之士們看來：如果加圖膽敢活下來，那位明察秋毫、壯志凌雲的征服者日後就不會由於粗心大意而錯誤加身了。

還有一個論據，能夠印證我們對人類的那種天生的善良和發自肺腑的熱衷。那證據是：我們比其他動物都更喜歡結伴，都更討厭那些我們眼中的離群索居者。在《性格論》裡，這種觀念得到了完美的驗證，被用各種優雅的語言進行闡釋，並得以詳盡敘述。就在我看到那篇文章之後的第二天，就聽到好多人在賣剛逮到的鯡魚。耳朵裡那叫賣聲此起彼伏，又思及那些獵捕鯡魚的大片淺灘，思及同樣入網的其他魚兒，雖然當時我孤身一人，我心中還是覺得非常高興。然而，當我正陶醉在這種思緒中時，突然一個目中無人的閒人出現在我面前，我不幸恰好與此人相識。儘管我敢說自己跟平時一樣健康、一樣運轉良好，他還是問我身體是否安康。我不記得自己當時說了什麼，只知道我費了好大心思才讓他不再糾纏我，並且覺得特別不舒服。我的朋友賀拉斯曾埋怨一個與那人性情相投的人打擾他，也會覺得不太舒服。我的感覺應該和賀拉斯並無差別。

我並不希望淵博的批評家按照上述的故事，聲稱我討厭人類。無論這出自誰手，那都會是天大的誤會。我十分喜歡結伴，如果讀者還沒徹底厭煩與我結伴，我就要印證一點：對我們人類的這番奉迎事實是無根無據的，是荒誕滑稽的。接下來我要對讀者解釋一下我喜歡和怎樣的人交流，並且向讀者發誓：還沒等讀完那些表面上與我的主旨毫無瓜葛的段落，讀者就會意識到那些話是非常有用的。

他理應憑藉早期的優越教育，完全通曉一整套的榮辱觀念。他應當形成一種習慣，就是對所有與傲慢、粗俗及殘忍稍有瓜葛的舉止都非常厭煩。他不僅應拉丁語說得十分流暢，而且應掌握希臘語；不但這樣，除去

他的母語，他還需要掌握一兩種現代語言。他理應瞭解古代的流行元素與風俗習慣，而且要對他自己國家的歷史瞭若指掌，同時對他所處的那個時代的流行元素也是如此。除去文學，他還需要學習一些有實用價值的科學或其他的知識，需要考察過外國的宮廷和大學，並且可以讓旅行起到其本來的功用。他需要讓跳舞、擊劍和騎馬等娛樂成為日常生活，並且瞭解一些打獵及其他鄉間運動的事情，卻不要沉迷於其中的任何一種而無法自拔。他需要把這些活動當成為了強身健體而從事的運動，或者當成娛樂活動，它們不應成為任何商業活動的絆腳石、不應受到更多的關注。他需要對幾何學、天文學、解剖學及人體構造學有一知半解。掌握上千首樂曲並可以把它們彈奏自如，這是一種修養。然而，仍然有許多的話去駁斥這個觀點。我樂於讓他掌握繪畫，其才藝讓他足以畫風景畫，或者可以把我們想要形容的所有形體與模型說得一清二楚，然而想要碰鉛筆卻是絕對沒有必要的。他需要很早就對和端莊的淑女為伴習以為常，並且最少兩個星期就與女人們有一次深入交流。

我不想談論一些讓人憎惡的惡德，例如對宗教持懷疑態度、吃喝嫖賭及頻頻吵架。就連不曾上過幾天學的人，都會提醒我們注意這些惡德。我向來對他踐行美德都持贊同態度，然而不可能對一位君子在宮廷或城市裡的所作所為視若無睹。金無足赤，人無完人，所以，如果他身上還存在一些缺點，我又不能置身事外，就寧可充耳不聞。如果他是十九歲到二十三歲之間的小男孩，年輕人的熱情偶爾會征服他的操守，讓他欠下不足掛齒的風流債；如果他在某種非同小可的情勢下被遊戲人生的朋友們的蠱惑所降服，喝了過度的酒（這種情形很少出現，並且無損於他的健康和脾氣）；如果源於偉大的情操，如果由於被一項正義事業刺激了，使他身陷一場爭執之中，而如果擁有真正的智慧，或者無視於榮譽原則，那爭執原本可以大事化小或消於無形，所以他身陷爭執乃是只此一次；我的意

思是：他如果有時發生上述錯誤，又對它們避而不談，更不因此而大肆吹噓，那麼，如果他從此以後謹小慎微，那麼，在我提到的這個年齡階段，他這些過錯大可寬恕，起碼是能夠置之不理的。青年時代的那些災禍偶爾已經讓君子們心存恐慌，所以，他們小心提防，做事更加慎之又慎，因而常常會安然無恙。要想他遠離墮落、不去做那些輕易會引來風言風語的事情，最好的辦法絕對是努力讓他可以自由地進出一兩個高貴的家庭；要讓頻頻拜訪這些家庭成為他的一種責任。採用這些辦法，你就捍衛了他的傲氣，讓他始終畏懼恥辱。

身家雄厚，性情與舉止接近完美無瑕（如同之前我要求的那樣），並依然在持續地進行自我完善，直到三十歲才去應對世界，跟這樣的人打交道，我不會覺得不舒服，起碼在他還年富力強、不會有什麼事情攪擾其好脾氣時是這樣的。無論是藉助機會還是別人介紹，如此一個人如果認識了三四個和他一樣的人，並且全都贊成一起打發幾個鐘點的時光，那麼，這些人就是我所說的「良伴」。他們交談的話題，不是關於理性之士的教會，就是讓理性之人愉悅的話題。他們可能並不會始終秉持相同的觀點，然而但凡其中一人率先向持不同見解的人妥協，他們就不會無休無止。他們依次發言，並不吵鬧，話音可以讓距離最遠的人聽清就行。他們所有人的最大快樂就是讓他人開心；他們洞悉，只要專注傾聽、面露讚許之色，如同我們自己描述非常曼妙的事情時那樣，就可以讓他人開心。

無論趣味怎樣，大部分人都喜歡展開這樣的交談，並且，當不曉得怎樣打發時間時，他們不由得會進行這樣的交談，而不是孤身一人。不過，如果可以去做別的事情，並可以從中獲得更現實、更持續的滿足，他們就會心甘情願拋下交談的愉悅，去做在他們看來更有意義的事情。然而，一個人儘管兩星期都不曾與其他人謀面，他還會一直獨處下去，而不是選擇與喧鬧者為伍嗎？後者從異於獨處的事情中贏得樂趣，並且以引發爭鬥為

樂。一個滿屋書籍的人，豈非是鍾情讀書或喜歡靜心研究某個話題，而不想天天晚上去和黨派人士結伴嗎？後者覺得英國一事無成，而其對手們卻無奈地生活在這個島上。一個人豈非寧可獨處一個月，每天晚上七點之前就早早上床休息，也不去和一幫狩獵者廝混嗎？後者天天一事無成，寧願冒著可能摔斷脖子的風險，晚上又在此相聚，打算用喝酒的方式再用性命冒險，並且為了說明其非常高興，在房子裡亂喊亂叫，那聲音比他們那些吠叫的夥伴還響徹雲霄，後者既不像他們那麼喜歡惹是生非，也不會像他們叫得那麼響。對一個連費心去散步都不情願的人，我的印象分可不高。他如果情願閉門在家，丟個別針在地上，只是為了把它們重新撿起來，也不喜歡和十來個剛剛發了工資的普通水手消磨六個小時，我對他也不會有多好的評價。

雖然這樣，我依然要重申：人類的絕大多數都情願去委身參與我上面提及的那些事情，也不喜歡終日孤身一人。然而我卻不清楚：這種對結伴的嗜好，這種追求社會交往的急切欲求，為什麼會被當作我們的偏好，並且被當作一種天性的符號，而那種天性為人類擁有，獨一無二，其他動物都不存在？要以此來印證：鑑於人是一種社會性的存在，因而我們天性淳厚，無私地熱愛人類，不僅可以熱愛自己，而且可以將愛由此及彼，擴至整個人類，那麼，這種尋求與人為伍、討厭獨處的迫切心理如果處在巔峰狀態，就理應最鮮明且最急切。最傑出的天才，最傑出的人物及成就最卓越的人，就理應少有惡德，但是事實卻截然不同。那些意志最不堅定的人，不能掌控自己的激情；那些良心未泯的人，不忍回首自己昔日的罪行；那些一無是處的人，不能去做哪怕一件對自己有益的事情；這些人都最討厭孤獨，情願隨便與一個人結為同伴，也不喜歡孤身一人。反之，頭腦聰慧的人、知識淵博的人，都可以思考和評判事物，所以不會輕易為自己的激情所困惑，可以獨處很久，而且心甘情願。為了遠離吵鬧、愚鈍及

目中無人，他們情願避開數不清的同伴，也不喜歡去做與自己志趣不符的事情。他們情願偏隅陋室或花園，甚至獨自一人身處荒野或沙漠，也不喜歡與某些人組成的社會圈子有接觸。

然而，我們如果暫且假設：喜歡結伴與人類緊密相連，所以每個人都無法容忍須臾的孤獨，那麼，由此會得出什麼結論呢？人類喜歡結伴，難道不是如同做其他所有事情那樣，只是出於為自己著想嗎？所有友誼和禮節如果要持久，都一定是相互的。在你每週及每日的娛樂小聚中，在你年復一年的歡宴中，在最隆重的狂歡宴飲中，所有參與者都有自己的打算。有些人如果不是一個俱樂部令人矚目的人物，就不可能經常參與俱樂部的活動。我知道有個人，他就是一群人當中的翹楚，所以時常和那些同伴在一起，如果有些事情阻礙了他按時與同伴相聚，他就非常不自在。如果另一個人成為他們社交團體的一分子，並且比他還要傑出，他就馬上選擇退出。世上有些人缺乏與別人爭執的能耐，然而心中的惡意卻依然可以讓他從身為別人吵架的旁觀者中汲取樂趣，然而，這些人卻向來不會讓自己身陷爭執。如果一個團體無法給他提供此類消遣，在他看來就會是了然無趣的。高大的房子、奢華的傢俱、漂亮的花園，馬匹、愛犬、祖先、親戚、美麗、力量，以及一切脫穎而出的東西，無論是美德，還是惡德，總而言之，所有這一切都可能是讓人追求社交的附屬品之一，因為人都期盼其自我評價在某時某刻會成為大家交談的主題，而這會讓他們覺得稱心如意。就算天下高雅的人（例如上面說到過的我樂於與之交流的人），如果無法讓其自愛得到回報，如果無法最終讓自己成為社交圈的焦點，讓別人圍著自己轉，也不可能把快樂施予別人。不過，有一個現象卻可以十分清楚地印證每個人都最在意自己，那就是：在由能夠與之交談者組成的每個俱樂部及社交聚會中，冷眼旁觀的人（他們情願多出錢，也不想與人發生爭執）、天生脾性溫和的人（他們向來不惱火，對冒犯也不敏感）和大度

的慢性子（他們討厭爭執，向來不會因為爭勝而出頭），這些人都是社交界的佼佼者。反之，頭腦聰慧、知識淵博的人（他們為人處事、言談舉止向來不會缺乏理智），才能超群、志向遠大的人（他們言語犀利，口吐蓮花，卻向來不言過其實，而是恰到好處），以及聲名顯赫的人（他們既不惹是生非，也不直面挑釁），這些人雖然可能會備受尊崇，而旁人卻不會輕易對在他們眼中不那麼十全十美、不那麼傑出的人心生好感。

在上述的事例中，嗜好交友的習性，無不源自每個人一直謀求自我滿足的初衷。在其他處所，這些習性則源於人類先天的膽怯，源於每個人對自己的無上關切。兩個倫敦人，如果其生意逼迫他們相互之間不能有買賣往來，他們可能每天都會在交易所裡相遇，還可能擦肩而過，然而相互之間並不比券商更有禮貌。但是，他們如果在布里斯托爾遇見，卻可能彼此致以脫帽之禮，而且起碼會相互交談，並願意結為夥伴。法國人、英國人及荷蘭人如果在中國或其他異教國家裡碰面，由於同為歐洲人，他們就會把對方看作同鄉。如果他們之間不存在什麼衝突，他們就會有一種彼此親近的自然趨勢油然而生。不但這樣，兩個冤家對頭如果被迫一起旅行，也常常會暫時擱置敵意，和善相處，友好地交談。當路途凶險或二人在其目的地同是異鄉客時，更是這樣。表面看來，這些情況源於人的社會性，源於人熱衷交友、嗜好結伴的天然性向；然而，只要更細緻地探究人與事，無論是誰都會意識到：在上述所有場合中，人們只不過在盡力捍衛自身的利益，其行為的初衷都是我們之前提及的那些原因。

到目前為止我竭力印證的是：事物的「美麗」或「道德美」、優點所在及其真實意義，在絕大部分情形下都是無法言說的，並且會隨著時尚與風俗而發生變化；因而，基於認定它們是一成不變的而得出的結論，勢必是沒有價值的；說人類天性淳樸，這種大度的想法乃是毫無裨益的，因為它們會引發誤解，而事實上，它們充其量是無聊的癡心妄想罷了。我說它

們是無聊的癡心妄想，這可以引述歷史上一些最鮮明的例子為證。我已經提及了人類對結伴的衷情及對孤獨的憎惡，並且全面研究了它們的各種出發點，證明它們都是圍繞著自愛而生發的。而今我想要研究一下社會的本性，探尋社會的源頭，以闡明兩點：其一，人如果沒有了樂園，就立刻會變得比其他動物的社會性更強，其最大原因並不是人的天性淳樸且老實，而是各種邪惡及討厭的品性。其二，如果人一直處於那種早先的天真狀態，並且可以一直享有顧及其天真的各種賜福，那麼，人就絕對不會變成目前這種社會性十足的生靈。

　　本書全文已經用充足的證據說明：要讓我們所有的貿易及手工業繁榮昌盛，人的各種欲望與激情絕對是必不可少的；而所有人都無法否認：那些欲望和激情不是其他，恰恰是我們的卑俗品德，或者起碼能夠說是這些惡德的衍生品。所以，我就需要開始細緻敘述各種障礙和困惑，它們是人持續迎合欲望的辛勞的絆腳石，即追求自己需求的辛勞。換句話說，這種辛勞可被視為捍衛自我的買賣。與此同時，我還需要說明人的社會性只源於兩件事情，其一是人的欲望持續增加；其二是在盡力迎合欲望的道路上，人遭遇的障礙可謂接二連三、持續不斷。

　　我言下的障礙要麼跟人類自身的構造有關係，要麼跟人類所處的地球（即人的環境因素）有關係，因為環境也一度遭到人們的咒罵。我經常希望把我提到的這兩方面情況分別加以思考，卻不曾成功地把兩者完全區分開來。它們向來密不可分，糾纏不清，而最終一起構成了無比紛繁複雜的惡德。自然界的四大元素都與人類相對立而存在：水和火都可以把愚笨的初諳此道的靠近者置於死地；在許多地方，土都可以生長有損人類健康的植物和菜蔬，同時又可能培養各種危及人類的動物，並且藏匿著數不勝數的毒素。然而，那種對人類最不道德的元素，我們卻片刻不能缺少它：在此無法一一細說風與氣候對人類的所有傷害。儘管大多數人都曾努力打

拚，以讓人類避免危險空氣之害，然而，到目前卻不存在一種技術或勞動可以安全抗擊某些凶險狂暴的氣象。

當然，颶風發生的概率很小，由於地震而命喪黃泉的人為數甚少，葬身獅口者也不過寥寥數人，不過，即使說人們可以避開這些大災大難，卻無法避開那些輕微災禍的迫害。恬不知恥地辱沒和把玩我們的昆蟲，其數量是多麼龐大！最討厭的小蟲子雖不像牲畜吃草那樣糟踐和撕扯我們，然而但凡稍微進攻我們，也常會讓我們覺得惱火。然而，我們的寬宏大量在這裡又成了一種惡德，那些小蟲子仰仗我們的憐憫，殘忍而鄙夷地侵犯我們，在我們頭上駐足；而我們如果不是天天警戒、追蹤和消滅它們，它們可能會吞噬幼兒的生命。

就算是最有城府的人，在利用萬物時如果因為錯誤或大意出現一絲一毫的過錯，那麼，整個宇宙間就不存在一件好事了。世上不會有哪個純潔和正直可以讓人有能力地抵抗周邊數不清的災禍。與此相反，所有事物都是醜陋的，而技巧與經驗不曾教會我們怎樣把它們變為好事。因此說，在收穫之時，農夫需要精心收割莊稼，還一定要把糧食蓋好，避免雨淋，他們是多麼任勞任怨！因為否則的話就無法享用它們。季節因為氣候而發生變化，所以，經驗告訴我們要見機行事。在地球的這端，我們會發現農夫在播種，而在地球的另一端，我們卻會發現農夫在收割。基於所有這些，我們會弄清楚一點：從人類的第一對父母沉淪以來，地球已經出現了翻天覆地的變遷。這是由於，如果探究人類美麗而聖潔的緣起，我們就會瞭解：人在那個時代，並不因為從狂傲的戒律或煩人的經驗中收穫智慧而感到榮耀，而是只會擁有他呱呱墜地之時已然形成的完美知識。換言之，當時的人處在一種純潔無瑕的狀態，地上不會有哪一種動物或植物、地下也不存在哪一種礦藏可以對他產生危害。人自己不會因為空氣及其他有害元素遭受任何的侵害，而他們絕對會對於地球（不需要別的幫扶）為他提供

的那些生活必需品感到十分滿意。當時的人還無從得知什麼是罪惡，因而意識到自己在各方面都是萬物望塵莫及的主宰，沒有其他干擾，萬物對他都唯命是從，由於他集中精力進行偉大的思考，考量自己的創造者的無限可能，而人的高尚之處也由此得以昇華。人的創造者天天都在潛意識裡與他交流，對他呵護備至，壓根不可能讓他遭遇滅頂之災。

　　在如此一個黃金時代，不存在一個理由或可能性可以充當藉口，用來闡釋人類為何需要把自己組成為世界上現有的超級社會，只要我們還想要給個能說服大家的理由。身處那個黃金時代，一個人具備他希望擁有的所有的東西，不會有什麼東西會讓他焦躁難耐，他的快樂已經不勝枚舉。在上天這般眷顧的情形下，你不會不認為有哪一種生意、藝術、科學、高位或職業不是多餘的存在。如果依循這條思路進行思考，我們就能夠輕易地發現：沒有一個社會會產生在各種淳厚的美德及人的美麗品德；截然相反，每一個社會都勢必發端於人的各種需要、人的毛病和欲求。同理，我們還會意識到：人的驕傲及虛榮心越是展露無遺，人的一切欲望越是膨脹，人們就越有可能必須組成數目龐大的大型社會。

　　如果空氣並非一直是對我們的裸體的衝撞，而是如同（我們所幻想的）好天氣中的小鳥感到的那樣讓人愉悅；如果人類不曾驕傲，不曾奢侈，不曾虛偽，也不曾淫欲；那麼，我就不知道到底是什麼原因讓人類去發明衣服與房屋。就珠寶、金銀餐具、繪畫、雕刻、精緻傢俱及被古板的道德家們稱之為「非必需品」和「非必要物品」的一切東西而言，我無話可說。但是，如果我們不是迅速就憎惡了步行，而是如同某些動物那樣腳步輕快，如果人類生來就勤快，並且在尋求和享受舒適方面不那麼缺乏理智；如果人類壓根不存在其他的惡德，地上又到處坦蕩、結實、乾淨，那麼，還有誰會想要去乘坐馬車，或甘願頂著騎在馬背上的風險呢？鯨魚會知道發明船隻的原因嗎？如果要雄鷹去旅遊，牠需要乘什麼馬車呢？

但願讀者明白：根據我的領悟，社會意味著一個政治實體，其中，人要麼被位居其上的人的力量所馴服，要麼被從其原始狀態生發的勸誡力所馴服，所以，人就成了一種受管制的動物。他可以經由為他人勞動來實現自己的目標，無論是在專制政府還是在其他形式政府的管轄下，所有社會成員都聽命於全體。憑藉睿智的管理，一切社會成員行動都要整齊劃一。這是由於：如果我們提到的社會的意義只是指數量有限的人，不存在規則或政府，只是源於對自己族類的天生好感，或源於天生嗜好結伴而竟然可以生活在一起，就像一群牛羊那樣，那麼，世界上就不會有一種動物比人類更不適合組成社會了。一百個人，相互之間地位均等，壓根不服從管制，壓根不忌憚地球上的所有位高權重之人，他們如果不大吵大鬧，就絕不會醒著在一起待上兩個小時。他們之中有知識的人、有力量的人、聰慧的人、有膽識的人、有決心的人越多，情形就會更加糟糕。

　　在自然原始狀態下，父母可能維護自己比其子女更高的地位，起碼在父母精力尚可時是這樣。甚至當父母精力欠佳之後，子女仍會顧及其他人的經歷，這會讓他們對父母產生某種介乎愛與怕之間的感情，我們稱這種感情為「尊重」。同理，第二代人常常可能把第一代的行為當作標竿。一個人但凡還算睿智，但凡他還存活於世、還知道些常識，他就總有能力捍衛對其一切子孫後代高超的掌控作用，無論其子女會變得多麼不計其數。但是，老一代只要去世，兒子們就會掀起爭端，從此再無消停之日，直至最後引起戰爭。在兄弟們看來，長子身份壓根算不上什麼了不起的力量，而讓長子居首，充其量也只是為和諧安寧而想出的緩兵之計罷了。人儘管是一種天生怯懦的動物，卻又天生貪婪。人喜歡平和安定，如果不曾受到衝撞，絕不希望去打仗；然而，有時就算不被冒犯，人也可能去打仗。人生來怯懦，人被冒犯會出現反感，這全是因為各種結構和形態的政府引發的。毋庸置疑，君主政治就是罪魁禍首。貴族政治和民主政治乃是彌補君

主政治缺陷的兩種不同方式。把三者糅合在一起，就可以改良其餘所有政治體制。

然而，無論我們是野蠻人還是政治家，人（從樂園中墜入地球上的人）在使用自己的器官時，其行為除自娛外都不會出於其他目的。無論是對愛情還是對絕望的誇大其詞，除自娛外也都不會有別的焦點。從某種意義上看來，意願與快樂之間並無二致，所有違逆意願和讓人不悅的行為，都勢必是有違本性的和不得已而為之的。這樣對「行為」進行定義之後，我們就會一直禁不住要去做那些出自真心的事情，恰在此時，我們的思想卻是逍遙自在而沒有約束的。所以，如果缺少虛偽，人類就不可能成為擁有社會性的動物。其證據顯而易見：因為我們不能規避自己心中持續生發的欲念，所以，如果我們憑藉機智狡猾的虛偽，依舊不能學會怎樣掩飾和消解這些欲念，那麼，所有文明交往就會消於無形。如果我們把自己心中所有的想法，按照我們自己的方式去對別人坦白，那麼，就算上天恩賜我們說話的能力，然而相互之間也依舊不能容忍。我堅信，所有的讀者都會覺得我這些觀點是確鑿無疑的。我想對我的對手說：他的良心只是在臉上可見，其實他的舌頭卻正打算對我進行反擊。在所有文明社會裡，人們從嬰兒時就潛移默化地學會了虛偽，不會有哪怕一個人膽敢承認自己因為公眾的受苦受難而大發橫財，甚至不敢承認自己從其他某人的損失中贏得了利益。教堂司事如果公然示意祈禱教區會眾死去，人們就會對他投以石塊，雖然每個人都知道他的職業就是教會會眾舉辦葬禮，除此之外再無其他謀生技能。

見證了人們在日常生活中的各種表現，見證了期盼贏得和人性的貪婪，根據人們所從事的行業、地位差異，把人們勾勒成了千奇百怪，並往往是迥然不同的形態，我真的是非常開心。在食品供應充足的舞會上，人們的表情是多麼歡呼雀躍！而在葬禮的化裝舞會上，人們的表情又是多麼

莊重悲痛！然而，喪事主持人也如同舞會主持人一樣，對自己的收益頗感欣慰。兩者都已對自己的職業心生厭倦，而後者的高興也如前者的莊重一樣，不過是裝模作樣而已。有些人不曾見過一位衣冠楚楚的綢緞商與一位來到綢緞店的年輕女顧客之間的交談，這就與一個十分有趣的生活場景擦肩而過。所以，我拜託一本正經的讀者暫時把自己的莊重擱置一旁，費心與我一起細心地對這兩個人分別加以研究，審視他們的內心及每個人行動的不同出發點。

那綢緞商的交易是：按照這一行的一貫做法，用他覺得恰當的價格，賣出的絲綢越多越好。就那位女士而言，她在意的是告慰自己的希求，以每碼比日常低四到六個便士的價錢買到絲綢。按照我們男性的周到帶給她的印象，如果她的外表並不算太難看，她就會覺得自己風姿無限，舉止優雅，嗓音甘甜。她會覺得自己很好看，就算不能說是美麗，起碼也比她認識的大部分年輕女人更讓人開心。她想要花費比其他人少得多的錢去買同樣的東西，卻除了自己的性情頗佳之外無法發現其他緣由。所以，她就開始費盡心機，想方設法尋求理由。這時，愛情之類的思想壓根沒有什麼用，因而，一方面她找不到時機扮演暴君，假裝嗔怪；而另一方面，她卻有更多可能心平氣和地說話，裝出一副比平時在所有場合都更和藹可親的模樣。她知道有為數眾多的身家顯赫的顧客是這個綢緞店的老主顧，所以，她就竭力表現得平易近人，端莊賢慧，舉手投足間完全符合高雅禮節。她下定決心這樣做，因此，一切事情都不會讓她失態。

她坐的馬車還沒有停好，一位紳士模樣的男士就徑直走到她面前。他衣冠齊整而時髦，十分謙恭地向那女子施禮，剛得知她有進店的想法，就馬上離開她身邊，走過一個過道，文質彬彬地來到了櫃檯後面。他站在那女子面前，畢恭畢敬，用流行的話問可否知曉她有什麼需要。任憑她怎麼說，任憑她不喜歡什麼，她都不可能受到當面的斥責：與她進行交流

的人，其異於常人的耐心乃是他那行的祕密武器之一。無論她惹出什麼事端，除了最誠懇的歉意之外，她一定不會聽到別的。她面對的一直是一張開心的臉，那臉上，開心、尊重與好脾氣融合為一體，形成了一種主觀的誠摯姿態，它比天然淳樸的本性所能表現的誠摯更讓人覺得舒服。

二者以這樣的姿態相見，交談起來一定讓人十分開心，並且會極富涵養，雖然說的都是些零碎小事。儘管那女子好像始終都不確定到底該買什麼，男士卻頻頻給她一些建議，並且非常注重指導那女子買東西時的態度。不過，如果她下定決心要買，那男士就立刻非常積極。他說她看好的料子是同類中最好的，還稱讚她眼光很好，說越是看那料子，就越發搞不懂自己之前怎麼就沒有發現店裡竟然有那麼好的東西。依據行規、先例和許多經驗，他早已學會了怎樣悄然無聲地打動人心的最深處，怎樣探知顧客的判斷力，怎樣發現連他們自己都不清楚的盲點。把他學會的五十種妙計運用自如，他讓那女子不但過分誇大了自己的判斷力，而且過分誇大了她要買的那件商品的價值。兩人進行交易時，綢緞商的最大優勢乃是他熟知實際銷售的門路。他討價還價時，心中會精打細算哪怕是四分之一便士的得失；與此不同，那女子卻全然不知。所以，他隨時都在欺騙那女子的判斷力。他此刻可以為所欲為地謊話連篇，例如所謂的成本價和他給的折扣等，雖然這樣，他還並不只是仰仗這些謊言，而是向那女子的虛榮心大肆進攻，對自己的缺點和她的卓越眼光大談特談，讓她對世上最匪夷所思的事情毋庸置疑。他說自己曾下定決心，絕不低價把那件貨物賣出去，然而她卻有能力把他說動，讓他以史無前例的低價把那件貨物出售了。他懊悔自己損失了絲綢料子，然而見她非常鍾愛，就決心只此一次，也不想違逆一位他評價這般優雅的女士的意願。他會讓那女士稱心如意，但願下次她別再對他這樣狠心。此時此刻，買主知道自己並非笨蛋，知道自己巧舌如簧，所以輕易會覺得自己的這番談話已經占盡先機。而商人想到這足以

讓那些有教養的人忽略她的優點，就始終巧妙地應答，駁斥對方的奉迎，讓那女子心滿意足地認為他所說的全部都是真的。最後，那女子對每碼節省了九個便士感到十分滿意，其實，她買絲綢花的錢與其他所有顧客花的錢都沒有區別；就算她每碼再少給六便士，那綢緞商也願意賣。

這位女子也可能不進那家店鋪，而是走進那綢緞商的其他同行開的店鋪，這可能是由於她沒有得到充分的恭維，可能因為在此人的舉止上看到了某種不妥之處，或可能不滿意此人打領帶的方式，或意識到他的其他缺陷。不過，如果那些店鋪湊在一起，那就一直都很難決定去哪家店鋪；而一些女子最終的選擇，其原因往往很難判定，所以一直是個無解謎題。她們的偏好如果不能被描述出來，我們就絕不可能去自由自在地理解它們，旁人對這些偏好的質疑也沒有根據。一位貞潔的女人習慣只去一家店鋪去買東西，而不會選擇其他店鋪，只因她發現那家店鋪裡有個長相俊朗的年輕店員。當這位女子壓根沒想要買東西，並打算去保羅教堂時，她就順道去了別家店鋪，在那裡她得到的招待在各方面與她去的任何一家相比都毫不遜色。這是由於：在這些時尚的綢緞商當中，希望承蒙惠顧的商人勢必要站在店鋪門外，廣泛撒網招攬顧客進門，除了逢迎拍馬的態度之外，並不憑藉其他特權或生拉硬拽。他會擺出非常謙卑的姿態，甚至會朝每一位衣著光鮮，並肯費心朝他店鋪看上一眼的女性行以鞠躬之禮。

上述提到的最後一句話，讓我想到了吸引顧客的另一種方式。它與我提到的那種方式相差甚遠，那就是送水人採取的招數，特別是那些從穿著打扮上一看就知道是農夫的送水人。見到下面的場景並不會不高興：五六個人把一個素不相識的人圍得團團轉，其中在他跟前的兩個人，都用胳膊把他的脖子摟過來，態度和善而親切，好像他是自己許久未見的一個兄弟，剛從東印度群島旅行歸來；第三個人抓著他的手，第四個揪住他的衣袖、他的外衣、那上面的鈕扣，或者任憑那上面能抓住的隨便什麼東西；

而第五或第六個人已經在那人周圍跑了兩圈，卻沒有機會靠近他，這時也站立在那送水人的對面，離後者的鼻子還沒有三英寸遠，大聲喊叫，與對手們一起競爭，露出一排讓人生厭的大牙齒，上面還留有麵包和乳酪的碎屑，由於那鄉下人的到來，讓它們來不及被吃到肚裡。

所有這些都不是冒犯，所以，那農夫就知道他們都想要取悅他。因而，他絕不會把他們一口回絕，而是耐著性子容忍，由他們拉拉扯扯。他可不會那麼細心地去嫌棄一個人周身氣味的難聞——此人剛剛抽完一袋煙；他也不會去嫌棄一個頭髮上油光可見的腦袋，此刻它正在他的肋骨兩邊蹭來蹭去。這農夫天生就適應了骯髒和汗水。聽幾個男人（其中某些在他的耳朵跟前）吵吵嚷嚷，好像他遠在一百碼之外，這對他可壓根不算是打擾。他明白，自己歡天喜地時發出的噪音與這個差不多，並且對人們的這番吵鬧暗生愉悅。他不禁期盼好運會青睞他們，因為他們好像非常尊重他。他很喜歡被人尊重的感覺，就稱讚倫敦人，因為他們都迫不及待地要他提供服務，因為他可以賺到三個便士（或還不及此）；而換作鄉下，他去到同樣的店鋪，他如果不先跟那些人說自己有什麼需要，就不會得到任何東西。雖然他每次都要花掉三四個先令，卻基本沒什麼人正眼瞧他，除非他先發問。所以，這些人這時對他做出的迅速反應就激起了他的感激之情，他從內心裡就不想違逆其中任何一個人的想法，所以不曉得該選擇誰是好。我看到有個送水人已經明白地洞悉了這一切（或者某些跟它差不多的事情），就像我知道他臉上長著鼻子一樣明晰。他對做送水人覺得十分慶幸，嘴角浮笑地挑起比自己體重還重一百磅左右的水，把它送上碼頭。

如果說，我敘述這個愉悅的小場面、描畫這兩幅低層次勞動人民的圖景並不符合我，我會覺得抱歉，然而我發誓從此不再犯類似的錯誤，而這時要爭取時間，以不矯揉造作、枯燥乏力的語言去印證一些人的大錯。在他們看來：社會的各種美德及人類那些可被稱頌的純厚品德，既對公眾有

所裨益，也對擁有了它們的個人有所裨益；可以振興或指引個體家族的利益與真正快樂的東西，勢必會對全社會產生相同的功用。我坦承，我自己始終在這方面孜孜不倦地努力著，並且由於成績斐然而感到愉悅。不過，我卻不希望每個人因發現能用不止一種方式去驗證真理，就去規避困難。

　　當然，一個人的欲望與需要越少，就越可能保持自我。身處一個家庭中，一個人迎合自己的需求越積極，越不去坐等旁人迎合自己的需求，他就越容易受到尊重，麻煩也就越少。他越是喜歡安寧與和睦，對鄰人越是和善，他的真正美德就展露得越是淋漓盡致。毋庸置疑，他不僅會被上帝信服，也會被凡人信服。但是，我們卻需要言辭公允：在提升各個國家的財富與榮譽、讓其偉大廣布眾生方面，這些品德到底會帶來怎樣的利益、怎樣切實的好處呢？追求感官刺激的朝臣沒有節制地縱情揮霍；寵幸的妓女每星期都創造些新時裝；傲慢的公爵夫人侍從無數，花天酒地，其所有行為可以與一位公主相媲美；富裕的浪蕩子弟和奢侈的繼承人，頭腦簡單、不假思索地到處花錢，看見什麼就買什麼，第二天就把它弄壞或棄之一旁；貪得無厭的、言辭懇切的惡棍從孤兒寡婦的眼淚裡欺騙了巨額財富，把錢留給浪子們揮霍。這些就是一個發育良好的強悍國家的獵物和美食。換句話說，這些就是人類事務所在的惡劣環境，而要征服這種環境，我們只有讓各種疫病和我提到的那種國家去完成（人類技能可以創造的）各種辛苦勞動，才可以讓廣大窮苦的勞動人民過上踏實的生活，因為那是成就一個大型社會所必需的。那種覺得強大、富足的國家缺少強力和禮數也可以延續下去的想法，無疑是愚蠢之至的。

　　我也如同路德和加爾文（或伊莉莎白女王[4]本人）一樣排斥教皇權力，然而我打內心裡堅信：在認可教皇權力的王國與國家比其他國家更加富強方面，宗教改革的功效好像並不比一種愚笨而變化多端的發明更強。那發明就是附有撐環、內帶軟襯的女裙。不過，我的敵人如果用我這番話

做證據，說我鄙夷教廷權力，我起碼有一點是確信無疑的：除了竭力反對這種為眾生所熱衷的東西的先驅者，教廷自出現那天到目前為止所需求的人手，即忠實、勤快的勞動者，還趕不上我說的這種女性奢侈品讓人討厭的發展程度在短短幾年裡的需求多。宗教與商業是兩碼事，不能混為一談。有人給上千鄰居帶來了更多的困擾，發明了只有經由最辛苦的勞動才能生產出來的產品，暫且不對其是非加以評論，他無疑都是社會最傑出的朋友。

在世界的某些地方，需要怎樣的忙碌、多少行業的高級技工才能製造出一塊高檔的大紅或深紅的布料！這要花費羊毛梳理工、紡紗工、織布工、織機工、洗布工、染布工、安裝工、製圖工和包裝工的許多勞動。不光是這些清晰可見的勞動，而且還有另外一些與此相距甚遠、可能被視為毫無關聯的勞動，例如工廠設計師、金屬工匠和化學家，這些人及許多的手工工匠也全都是必不可少的，因為他們需要為毛紡業生產工具、器用和其他用品。不過，這些工作全都可以在家中做完，並且不會讓人過度疲憊或面臨危險。最恐懼的場面還沒來得及說，因為我們考慮到人們在海外經歷的那些辛苦與危難，考慮到我們即將挑戰的廣袤海域，考慮到我們將要忍受的各種氣候，考慮到我們需要一些國家施以援手。當然，只西班牙一個國家就可以為我們供應做工最高超布料的羊毛；然而，要讓這些料子附有那些美麗的顏色，卻需要多麼精湛的技術、多麼辛苦的勞動、多麼豐富的經驗及嫻熟的技術！需要把多少種遍及整個宇宙的藥物及其他成分集合在一個染缸中！確實，明礬乃是出自我國的產物；我們還能夠從萊茵（指當時普魯士的萊茵省）買進粗酒石，從匈牙利購得硫酸鹽；所有這些都源於歐洲。然而，想要獲得眾多的硝石，我們就必須要遠赴東印度群島。古人沒聽說過胭脂蟲紅[5]這種染料，其產地也是距英國甚遠、距東印度群島也相當遙遠的地方。我們確實是從西班牙人那裡購得那種染料，然而，那並

不是西班牙生產的，而是西班牙人從新世界最僻陋的角落，也就是西印度群島，為我們搞到的。無論是在東方還是西方，為數甚多的水手終日在烈日之下熱得滿頭是汗；而另外一群水手則在我們的北方被凍得瑟瑟發抖，因為他們在俄羅斯為我們謀求草城。

要製造出一塊高檔衣料，需要經歷重重艱難險阻，那些航行要頂著巨大風險，不需要代價的少之又少，不僅會犧牲許多人的平安健康，而且甚至會搭上許多人的性命。如果考慮到並非常合理地顧及所有這些，我們實在難以想像世上有哪個暴君會這麼喪盡人性，這麼沒有廉恥之心，居然會用跟我們相同的視角去看待事物，居然會讓其無辜的奴隸提供這麼可怕的服務，同時又敢於認可：他之所以這樣做不是因為別的，只是想要讓一個得到了一塊大紅或深紅衣料的人覺得稱心如意。不過，一個國家的奢侈之風要到達何種程度，才會讓國王的官吏、護衛，甚至私人護衛出現這麼恬不知恥的欲望啊！

然而如果換個視角去看，把所有這些勞作全都當成心甘情願的行為，並認定它們只是人類謀生的各種不同行業之一而已，所有人在其中勞作都是為了自己著想——無論他表面上看是怎樣在為他人奔波；我們如果想到：就算是那些經歷過重重困難的水手，一旦航行結束之後，甚至一旦從遇難航船上離開，也立刻會去尋覓和拜託另一個船主給他一份船上的工作；如果換一個角度去審視這些事情，那麼，我們就會意識到：窮人的勞作絕對不是一種重擔，絕對不是對他們的剝削；有份工作是他們的幸運，乃是他們向上天祈禱得到恩賜的事情；並且，為大部分窮人提供工作，乃是所有的立法者最在意的事情。

兒童乃至嬰兒都非常會模仿別人，所以，每一個年輕人都懷著做成年男女的急迫願望，並且迫不及待地竭力拚搏，而其表現卻常常讓眾人覺得他們還不夠成熟，所以常常看上去荒誕滑稽。所有大型社會當下各種商業

的持續昌盛，或起碼是它們的長期存在，所有這些都極大地受惠於年輕人的這種蠢行。為了獲得那些沒有價值，並時常是備受譴責的資格，青年們要吃盡怎樣的苦頭，要對自己多麼殘忍啊！因為判斷力和經驗欠缺，他們十分敬佩他人（他們歲數比自己大）所擁有的那些資格。這種喜歡模仿的傾向，讓年輕人漸漸對利用那些讓人討厭的事物習以為常。如果年輕人開始時還可以容忍那些事物，之後就會不知怎樣從中脫身，所以常常會覺得悲哀，因為他們已經不加考慮、沒有意義地提升了對生活的需求。茶葉和咖啡生意帶來了多麼豐厚的回報！如果延續數千個家庭的兩種習慣（它們就算不是讓人厭煩的，也是蠢笨的），要在世界上開展多少交易、完成多少種不同的勞動！而那兩種習慣正是嗅鼻煙和抽煙葉。對於沉迷於此的人們，這兩種習慣必然是弊多過利。我還要更深層地闡述：個人的損失與不幸遭遇對公眾而言是有益的；我們佯裝最理性、最嚴謹時的愚蠢希求，對公眾也是有益的。倫敦大火[6]可謂是一場大劫難，然而，如果讓木匠、瓦匠、鐵匠及其他所有人（不光是建築業的，而且涵蓋生產被大火毀壞的器物和商品的工匠，以及因此而有事可做的其他行業者）與在大火中有所損失的人一起進行投票表決，那麼，由於起火而歡呼雀躍的人就算不比埋怨大火的人要多，起碼也會數目相當。正是由於要重新生產在火災、風暴、海戰、圍困及戰鬥中損失和毀壞的東西，為數眾多的一大批行業才得以延續。我接下來提到的事情，就十分清楚地印證了這一點是正確的，印證了我對社會本質的看法也是正確的。

把海運和航海帶給一個國家的全部好處和種種收益一一羅列開來，這實在是不容易，然而如果想一下那些航船，想一下用於海運的各種大小船隻，從再普通不過的平底貨船到高級的戰艦，想一下製造它們需要的木材和勞工，想一下造船需要的樹脂、柏油、松香和油脂，想一下船桅、帆桁、帆篷和索具，想一下船上的各種鐵器、錨鏈、船槳和其他各種設施，

我們就會瞭解：光是為我們這樣一個國家供應這一切必需品，就足以支撐歐洲的大多數貿易。這還沒有涵蓋各國的商店和被耗費的各種軍火，更無須提那些以此為生的水手、海員、其他人及其家庭了。

另一方面，我們如果回顧一下航海業的發達及與外國通商給一國帶來的各種災難與罪行（無論是後天的還是先天的），其前景就會讓我們毛骨悚然。想一想，在一個人口密集的島國，人們對船隻與海事一無所知，然而依舊聰明而守法；而其中有位天使或天才在大家面前打開一幅造船設計圖或草圖。人們一方面瞭解到：航海在一千年之後才會帶來大量真正的好處；另一方面，人們也瞭解了航海會無法避免地導致財富和生命損失，或導致其他所有災難。我可以說：這些島民勢必會用害怕和憎惡的觀點去看待船隻，而他們的嚴苛法律也勢必會審慎地禁止製造和研究各種航海必備的建築或機器，無論它們形狀如何、名字是什麼，並且禁止發明所有與此相關的、讓人討厭的裝置，會規定這即使不是死罪，起碼也重刑難逃。但是，就算先把對外通商導致的必然結果，把民風的衰退，航運給我們招致的疫病、天花及其他疾患擱置一旁，難道我們不需要想一下風和天氣、大海的叛逆、北方的嚴寒、南方的害蟲、黑漆漆的夜晚和糟糕的氣候所導致的後果嗎？不需要想一下由於貨物供應奇缺、水手的失策、一些船員的技術疏漏、另一些船員的粗心大意和嗜酒成性所導致的後果嗎？難道我們不需要顧及航海造成的人員損失、被深海吞噬的財富、大海導致的孤兒寡婦的眼淚及其需要、商人的傾家蕩產及其後果、父母對其子女、妻子對丈夫的平安的牽腸掛肚嗎？在一個宣導商貿的國家裡，海上每一次狂風大作之時，整個國家的老闆和保險業主們都會心神不定、輾轉反側，難道我們不需要把這一點永遠銘記在心嗎？換句話說，我們難道不需要把這些事情考慮在內，並且給其適當的關注和恰當合理的重視嗎？在一個由充滿思想的人構成的國家裡，人們說起船隻和航海業時，竟然會把它們看作是上天對

自己的特殊恩賜，並由於掌控遍及在世界各地的數不清的船隻、總有去往世界各地的船隻、總有來自世界各地的船隻來到本國而其樂融融，這豈不讓人詫異嗎？

然而，我們還只是權衡一下船隻（即那些航船本身及其索具和裝備）引發的災難，而暫且不想那些航船負荷的重量、船上需要的人手吧。我們會意識到：只是因為船隻本身導致的傷害就十分慘重，每年的損失總量都會創下新高：被大海吞噬（有些徹底被猛烈的暴風雨摧毀，有些則因為遇到風暴時船上沒有經驗豐富和熟悉沿岸情況的水手而沉沒）、觸礁、被流沙葬送的航船，被狂風吹折或必須要被砍斷棄之大海的船桅，被風暴損壞的各種型號的帆桁和繩索，還有丟掉的錨鏈；除此之外，還需要修復船上由於狂風大浪導致的裂縫及其他損傷；許多船隻因船員的怠忽職守和嗜酒成性（酗酒的惡習水手是最明顯的）而被火燒壞；有時是糟糕的天氣，有時是裝備太差，導致了嚴重的瘟熱，使絕大多數水手命喪黃泉，所以，由於水手不足而毀掉的船隻也為數不少。

上述提到的就是與航海業緊密相連的所有災難，並好像是阻礙對外通商的極大絆腳石。一個商人的船如果一直都會遇到好天氣，海風一直朝他期盼的方向吹，他手下的每一個水手，從最高級別的到最卑微的，每個人都經驗十足，小心翼翼，不嗜酒，品行良好，他該會何等開心！這難道不是人們所祈求的恩賜嗎？在歐洲，不，甚至就全世界範圍而言，每一個船主、每一個商人不是天天都在祈禱上天能賜予自己如此的福澤，而不顧及這會給別人帶來怎樣的損失嗎？誠然，這樣的祈求可能不過是潛意識為之，雖然這樣，世上會有誰覺得自己沒有資格做這樣的祈禱呢？因而說，既然每個人都揚言同樣有權獲得那些上天的眷顧，我們就暫且無論這些權利是不是真實的，而假設人們的祈禱完全被滿足了，人們的希望都有了回應，然後再研究一下這樣的幸福會招致怎樣的結果吧。

但凡船上的木材不壞，船隻就會運行良好，因為它們建造得非常堅固；木材輕易會被狂風暴雨折損，而按照我們的假定，船隻始終都會運轉良好。所以，如果沒有製造新船的機會，現在的一流造船師們及其手下所有的人，如果不是飢餓而死或英年早逝，也都已經壽終正寢了。內裡原因，其一是每一個船隻都能遇上希望的強風，向來無須等待順風，所以無論是出海還是回港都會十分迅速；其二是所有商品都不會因大海而損失絲毫，不會由於船隻遭遇糟糕天氣而損失毫釐，船隻始終可以平安到港；所以自然會有其三：現在四行商人當中的三行就無關緊要了，而當下的船隻將可以使用很多很多年。船桅和船帆也如同船隻本身那樣經久耐用，我們也不必為大宗買進它們去拜託挪威人了。極少部分船隻上使用的帆篷和索具確實會逐漸耗盡，然而其損耗速度趕不上今天的四分之一，因為遭遇一個小時的暴風雨，其損耗比在十天好天氣裡受到的損耗要大得多。

錨和錨鏈不會輕易損壞，一套錨鏈就能讓一條船長久使用。僅僅是錨鏈，就可以給製造錨鏈的鐵匠鋪和纜繩作坊帶來為數眾多的討厭的休息日。錨鏈的耗費往往極少，這種情況會連累到船的建材商，以及做鐵器、帆布、大麻、柏油、焦油等貨物進口貿易的商人，所以我上述談到的與航海有關的五種行業（它們在歐洲的商貿中所占比重都比較大）裡的四種將會徹底蹤影全無。

到現在為止，我提及的還只不過是這種賜福給航海運輸業招致的後果，然而，它也會對其他貿易的各個分支造成損害，並會讓各出口物產或產品的國家裡的窮人遭遇滅頂之災。在年復一年的海運貨物和商品中，被海水、高溫、蟲害毀壞的，被火災焚沒的，以及其他災難給商人們帶來的損失，都要麼是海上的暴風雨或凶險的航線引起的，要麼是水手的粗心大意或貪得無厭引起的。換句話說，這些貨物和商品，算得上是每年運往世界各地的貨物中一個非常大的部分，而許多的窮人一定要先把它們生產出

來，它們才會被裝載上船。在地中海上，一百包棉布如果被燒掉或沉入大海，這對英國的窮人將是件非常好的事情，與那些布匹安全抵達士麥那或阿勒波一樣，在這些英國的領地裡，其中所有的布都被銷售殆盡。

運輸商會傾家蕩產，而這又可能連累布商、染布商、打包商，其他有關商人及中間商。然而，被雇來生產那些布匹的窮人卻不可能受損。打零工者的工資往往每星期結一次，而在貨物裝載之前，這個行業雇用的每一個工人都會領到薪水，無論是布匹製造業領域的各種分支的工人，還是讓這一行業日趨完善雇用的陸地及水上運輸業的工人，無論是染布的工人，還是裝載布匹的工人，都會領到薪水，起碼其中的大多數人是這樣。如果有位讀者按照我這番話得出沒有限制的結論：貨物被葬身大海或被火化為灰燼，與貨物被銷售殆盡、物盡其用，這兩者同樣都對窮人有好處，在我看來他就是在存心找事兒而無須搭理他。如果天上始終下雨，太陽永不現身，地上的水果頃刻就會腐爛，雖然這樣，我們依舊要說：要想青草或穀物獲得豐收，雨水如同陽光一樣必不可少。這個觀點也不會前後矛盾。

這種風和日麗及好天氣的賜福會對水手本身產生怎樣的影響，怎樣左右船員的品德，從上面一番話語中可以輕易推斷出來。四條船裡基本上很難有一條需要用到，所以，那些航船永遠不會遭遇風暴，船上的人手就會更少。最終，現在這六個海員裡就可能有五個失業。在英國，窮人的數量遠遠超過為其提供的工作崗位，所以，那些失業的海員就成了不和諧的因素。但如果那些多餘的海員全都死掉，我們就不能組建起像現在這樣的龐大艦隊了。不過，我卻並不把這當成一種損傷，起碼我不覺得它有何不妥，因為整個世界海員的數量都在銳減，其一致後果是：如果爆發戰爭，海軍就必須用少量的軍艦投入戰鬥，而這並不是罪惡，而是幸福。你如果把這種幸福上升到極致，讓其止於至善，那就只能再給它賦予一種眾望所歸的賜福，而沒有一個國家參戰了。我這裡所說的賜福，也是每個善良的

基督徒勢必會期盼的那種賜福，即：每一個君王及政治家都履行自己的誓言和承諾，不僅恪守相互之間的誓言和承諾，而且恪守對屬下臣民的誓言和承諾；每一個君王及政治家都更加在意良心與宗教的指令，而不再服從於國家政治與通俗常理；他們更關注他人心靈的幸福，而不再那麼關注自己的肉慾；更關注各自管轄的國家的誠實、安定、和平與祥和，而不再執著於迎合自己對榮譽的追逐，不再執著於復仇，不再執著於迎合各自的貪婪和野心。

很多讀者可能會覺得上面最後一段話離題太遠，與我的論點沒有什麼聯繫。然而，我這段話的初衷卻是要印證：各國君主及執政者的純善、剛正及熱愛和平的喜好，這些品德並不會讓他們傑出而崇高，並不會擴展其資產。這就如同一個人就算有幸可以贏得一系列持續性的成功，也不會讓自己傑出崇高、資產倍增一樣。我已經闡明：大型社會如果把名垂青史、為鄰國欽佩視為幸福，如果按照自己的名聲及軍力來衡量自己，那將是危害巨大和極具毀滅性的。

所有人都不會提醒自己警惕各種賜福，但是，災難卻希望人們去小心規避。人的溫良性格不會讓什麼人振奮：人的老實，人對結伴的鍾情，人的友善、知足和節約，乃是一個懶散社會中非常宜人的東西；它們越是真情實意，越是出於內心，它們就越會讓所有這些都故步自封而安寧祥和，越是可以隨時隨地遠離麻煩，遠離變革。上天的禮物與無償恩賜，大自然的所有富饒物產及有益贈予，基本上也全都這樣。有一點是毋庸置疑的：我們得到的這些饋贈，其範圍越廣，數量越多，我們就越可以節約自己的勞動。不過，人的各種需要，人的惡德及缺陷，還有空氣及其他基本元素的殘忍，它們當中卻成就了所有的藝術和技能、工業及勞動的胚胎。正是嚴寒與酷暑的天氣、多端與糟糕的季節、狂暴與變化莫測的風、可能傷及性命的力量強勁的水、不羈和沒法掌控的火，以及貧瘠乾旱的土地，正是

所有這些，才刺激我們去發明創造。我們憑藉自己的發明創造，或規避了這些基本元素可能引發的災害，或修正了它們的有害因數，經由上千種不同方式，把其中幾種力量轉化為我們自己的力量。我們所做的各種行業，都是出於迎合我們多種多樣的需要，而這些需要會因為我們知識的擴展和欲望的遞增而增多。飢、渴和赤裸乃是逼迫我們振奮的最大源頭。爾後是我們的驕傲、懶惰、好色及喜怒無常。它們是激勵所有藝術、科學、貿易、手工業和各行各業興盛的根源。而需要、貪婪、嫉妒、野心，以及人的其他諸如此類的特質，則個個都是成就偉業的伯樂，它們可以讓社會成員去做各自的工作，可以讓每個社會成員都臣服於所處行業的勞苦，甚至讓其中大部分人陶醉其中。只有國王與君主們例外。

貿易和製造業的種類越多，從業者越是勤勉，各個行業分得越細，社會中的人口數量越多，人們的生存之道越是五花八門，這個社會就越有可能成為一個富足、強大和繁盛的國家。擁有美德的人為數甚少，又不會輕易雇用人手，所以，他們即使可能會讓一個小國有利可圖，也不可能讓一個大國從中有所收益。在困難中堅定、勤奮和柔韌，在所有生意中孜孜不倦，擁有這些品德者都值得被稱讚。然而，因為這些人只忙著自己手頭上的工作，那些褒揚本身就是對他們的回報，既沒有什麼藝術，也沒有什麼行業稱讚過他們。相反，人類思想和發明天分的傑出成就，卻在工人及工匠們的諸多工具和器用上，在形形色色的機器上，體現得最為淋漓盡致。創造這些工具和器用，全都是為了彌補人的缺陷，修正人的各種遺憾，迎合人的懶散的需要，或者是為了緩解人的焦躁不安。

在人類社會中也像在大自然裡一樣，不會有哪一種造物會十全十美，以致對某個社會不存在任何傷害；同理，也不存在哪一種事物是完完全全的邪惡，而事實會印證：惡德也可能對造物的某一部分是有好處的。據此可知：只有參考其他事物，只有考慮到評判時的角度和立場，我們才

可以評判出事物的真假好壞。用這種辦法評判出來的好事，就會讓我們覺得開心。按照這個原則，每個人都竭力對自己抱有最好的願望，而不會輕易考慮鄰人。在非常乾旱的季節裡，雖然人們都在祈求降雨，那祈禱卻不曾實現過，而另有些想要出國的人則期盼只要自己出發那天是天高氣爽的就好。春天萬物鬱鬱蔥蔥時，絕大部分國人都會為此而高興。然而，去年穀物還沒有賣出、打算今年賣個更好的價錢的富裕農夫，卻會覺得痛心失落，心中因為遇上了這樣的好年景而暗自傷心。不但這樣，我們時常還會聽到一些懶惰者公然表示夢想著把他人的財產據為己有，然而有一個不可或缺的前提條件，那就是：他們的這種做法，既要保證自己沒有損害，又不會對那些財產的所有者造成損害。然而，我覺得他們產生這樣的想法時，心中可能並不存在這些條條框框。

　　大部分人的祈禱和希望都無關緊要，白費力氣，這反而是好事一樁。要不然，能讓人類一直適合構成社會，讓世界免於雜亂無章、混混沌沌的東西，就只有一件了，那就是：人們向上天的全部祈求最終都無法實現。一位責任心很強的、英俊瀟灑的年輕紳士，前幾天剛剛結束旅行，而今躺在布里埃爾，他正在潛心等待著自己可以乘著東風去往英國；此時此刻，他身邊卻有一位生命垂危的老爹正在痛苦地低吟，因為他想在閉眼以前獲得擁抱與祝福，然後在人們的悲痛和哀傷中離開人世。就在此時，一位將要去往德國捍衛清教徒利益的英國教士，正停留在去哈威奇的驛站上，心急火燎地想要在國會休會之前趕到拉蒂斯本。就在此時，一支載滿貨物的船隊正打算開往地中海，還有一支裝備先進的分遣艦隊正打算開往波羅的海。所有這些事情都可能同時出現，起碼它們同時出現的概率會很大。如果這些人不會沒有任何信仰，也不是罪大惡極，那麼，他們上床睡覺前就都會想著一些美好的事情，所以必然要在入睡前各自為順風順水、為航行平安而禱告。這既不意味著禱告是他們的義務，也不意味著他們的禱告都

會傳到上天耳中，然而我可以斷言：他們的願望不可能全都同時實現。

　　到目前為止，我已經能夠無愧地對自己說，我已經對這幾點加以說明：無論是人類生來追求友誼的品格和仁愛的熱情，還是人憑藉理性與自我約束所能博得的真正美德，這些都不是社會的基石；恰恰相反，被我們視為現世罪惡的東西，無論這種惡德是源於人類還是大自然，只有它們才是讓人類成為社會性動物的根本原因，才是所有貿易及各行各業的堅定基石、生命與支撐，無一例外；所以，我們一定要把它們看作所有藝術與科學的真正源頭；只要惡德消弭無形，社會就算不立刻消解，也勢必會變得雜亂無章。

　　我還可以懷著非常高興的心情，用上千個例子來加以佐證，以重申和衍生這條真理，只是害怕這樣做會讓讀者生厭，所以就到此為止，雖然我坦承：對贏得旁人的稱讚，我還沒有這麼渴望，因為我已經學會了用它聊以自慰。儘管這樣，如果知道我這篇娛樂文字會讓哪位有思想的讀者從中獲益，那對我從這番表演中已經得到的滿足而言將無疑是錦上添花。為了不讓讀者對我這篇文章的誇誇其談有所遺憾，我將重申那個表面上說不通的命題以充當結束語，其主旨已經在封面頁中提及了：私人的惡德如果透過熟稔政治家的合理處置，可能會搖身一變成為公眾的利益。

【注釋】

　　1. 説法不一。亞里斯多德將其闡釋為「堪被頌揚的」，柏拉圖將其闡釋為「快樂的」或「有利可圖的、有用的」。——譯者注

　　2. 英國倫敦的皇宮，由英國建築家沃斯萊設計，始建於1515年，1525年呈獻給英王亨利八世，宮中有許多的繪畫和裝飾，還有花園和當時知名弄臣們的私人臥室，素有英國的「凡爾賽宮」之稱。——譯者注

　　3. 西塞羅（前106-前43），古羅馬著名政治家、雄辯家，出身於古羅馬

的奴隸主騎士家庭，以善於雄辯而成為羅馬政治舞臺的顯要人物。曾經是共和國執政官，揭露並摧毀了喀提林的武裝政變陰謀，凱撒死後成為元老院首領，後遭流放，被他人殺害。——譯者注

4. 伊莉莎白女王（1535-1603），英國女王，英王亨利八世的女兒。——譯者注

5. 由雌性胭脂蟲幹體磨細後用水提取而得的紅色色素。主要成分是胭脂蟲酸。——譯者注

6. 這場大火發生在1666年9月2日凌晨時分，聖保羅大教堂和其他89座教堂及13,200所房屋全都因此付之一炬，並因為狂風在短短5天內殃及了倫敦市內外387英畝的範圍。是英國倫敦歷史上最嚴重的一次火災。——譯者注

第四部分

對話

1. 荷瑞修、里歐·門尼斯與維耶爾薇婭的對話

　　此三人均為作者杜撰的人物，里歐·門尼斯是指作者自己，荷瑞修與維耶爾薇婭是秉持世俗觀點的人。作者希望能透過與他們的對話來說服讀者看清人性的本質。

　　里歐·門尼斯：荷瑞修，你一直都是這麼急急忙忙的嗎？

　　荷瑞修：我必須要請你諒解，我一定得走了。

　　里歐·門尼斯：到底是你比以前更忙了，還是你的脾氣不一樣了，我弄不清這一點，然而我所確信的是一定有什麼事情讓你發生了改變，我也不知道是源於什麼因素。世上我最在意的，是你我之間的友情，世上我最樂於結交的朋友也非你莫屬。雖然這樣，我還是不能如願以償。我知道，有時候我覺得你是故意躲著我。

　　荷瑞修：不好意思，里歐·門尼斯，我可能對你禮數不周。每個星期，我都會從不間斷地到你這裡來，就算有事來不了，我也會派人來關心一下你的身體狀況。

　　里歐·門尼斯：不會有人比荷瑞修禮數更周全了，然而我偶爾會想：你我相識已久，情深義重，所以除了問候和禮數之外，我們彼此之間原本還需要有些別的東西才對。談及禮節，我向來都不曾對你苛求過，然而你要麼是出國要麼就是公務在身。而我恰好在這裡碰到你時，你也僅僅是逗留一會兒而已。這次請寬恕我的唐突，請告訴我：到底是什麼事情讓你無

法留給我一兩個小時的時間呢？我表妹說她想出去散步，因此家裡可能只有我一個人。

荷瑞修：我非常瞭解這一點，不過最好不打擾你單獨思考的好機會。

里歐‧門尼斯：思考！我的上帝，有什麼要思考的呢？

荷瑞修：用你最近這麼活躍的那種神思妙想，思考我們人類的低賤呀。我把它稱之為「畸形理論」。擁有這種觀點的人，首先就是想讓我們天性中的所有部分都盡可能看上去骯髒可恥。他們還費盡心機、不辭辛苦地去勸誡人們，讓人們瞭解人其實是魔鬼。

里歐‧門尼斯：等你把話說完，我立刻就讓你相信這一點。

荷瑞修：拜託你，不要來勸誡我了。我已經下定決心，已經完全信服了。我堅信世界上如果有惡，也一定會有善；守信、誠實、仁慈及人性，甚至還有慈善，都不是空穴來風，而是真真切切的存在——雖然《蜜蜂的寓言》裡說不是這樣。我依然對這一點堅信不疑：雖然人類沉淪，世道艱險，當今依舊存在真正擁有那些美德的人存活於世。

里歐‧門尼斯：可你並不瞭解我接下來說的話，我的意思是……

荷瑞修：我大概是無從得知，然而，你說的我連一個字也不會信。你所說的全部都對我沒有影響。你如果不給我說話的餘地，我馬上就走。那本可惡的書讓你像得了魔怔，讓你無視那些為你博得了朋友們愛戴的美德。你是知道的，我平時說話不是這個樣了的，我不喜歡中傷別人。然而，把所有的人都視為傲慢又無恥，譏諷美德和榮譽，把亞歷山大大帝稱作瘋子，對國王和君主也如同對最卑微的人一樣不留餘地，對這樣一個作者，你又該怎樣表示尊敬呢？他那套理論的主旨與紋章局的南轅北轍。那套理論向來是為下流社會盡力謀得卓爾不群的出身的，同理，你這位作者也始終都在研究偉大而傑出的行為，隨意捏造它們低賤可恥的起源。我樂於聽你娓娓道來。

里歐・門尼斯：稍等。我認同你的觀點。我原本想要說服你，我已經徹底從你言下的那種愚蠢中脫離出來，你對它的批評非常在理。我已經與那個錯誤劃清界限。

荷瑞修：你此話當真嗎？

里歐・門尼斯：不會有人比我還認真了。誰都不會像我這樣對社會的各種美德堅信無疑。我想瞭解一下會不會有沙夫茲伯里爵爺的哪個崇拜者會比我還要堅定呢！

荷瑞修：你能耐著性子聽我把話說完，我理應覺得高興才是。里歐・門尼斯，我親眼看到你那種招搖的辯論方式讓你樹敵無數，你實在不知道這讓我多麼傷心。只要你是認真的，就理應跟我說一下你這番變化是因何而起。

里歐・門尼斯：首先，我越來越不喜歡讓每個人都反對我；其次，在另外那種社會理論當中，有更大的創造的空間。認可那種社會理論的詩人和演說家，發揮其才能的空間也非常之大。

荷瑞修：對你所說的改過，我十分質疑。你是否的確認為另一種理論是錯的？你可能輕易就會瞭解它是錯的，因為你看到每個人都在與你作對。

里歐・門尼斯：絕對是錯的。然而，你所說的那些卻壓根不能印證什麼，因為如果大部分人類都不排斥那種「畸形理論」（你的稱呼很正確），不真誠就不會這麼廣泛了，而那個理論就認為大部分人都沒有真誠可言。不過，因為我的眼睛已經能更好地明辨是非，我就意識到一點，真實與可能性可以說是世界上最傻的東西。它們一點用都沒有，在文明的人群當中，更是這樣。

荷瑞修：我本來認為你的觀念已經徹底轉變，可是如今才發現，一種不知所云的新瘋狂在左右著你啊！

里歐・門尼斯：壓根不是瘋狂。我目前對世人說，並且將來還要一直說：最純粹的真實乃是十分不恰當的；在適合趣味雅致者研究的藝術和科學當中，大師犯下的最無法原諒的錯誤，絕對是囿於真實或被真實所牽制的。而人們言下的真實，充其量也就是讓人高興的東西而已。

荷瑞修：這的確是金玉良言……

里歐・門尼斯：看一下荷蘭人畫的那幅〈耶穌降生圖〉吧。畫面上的顏色是多麼養眼！線條是多麼美麗！畫上那些精雕細琢的輪廓線是多麼精準！然而，草垛、稻草、牛及馬槽和架子也成了畫的一部分，那作畫的傢伙又是多麼笨啊！他竟然漏掉了嬰兒基督，這委實讓人驚訝。

維耶爾薇婭：嬰兒基督？依我看來就是聖嬰吧。他理應在馬槽裡，難道不是嗎？歷史上不是記載著聖嬰被放在了馬槽裡面？我對繪畫一無所知，然而我能分辨畫上的畫是否栩栩如生。那裡面如果再有一個牛頭，那就再恰當不過了。因此，一幅畫上的藝術如果能讓我的眼睛產生錯覺，讓我不假思索地認為畫家極力再現的真實事物就在我面前，它就能讓我覺得開心。我一直都覺得它是一幅堪受嘉許的作品。確實，世界上不會有別的東西比它與自然更為接近了。

里歐・門尼斯：幾近自然！那就更差勁了。親愛的表妹，我確實輕易就可以發現你對繪畫一無所知。畫上理應展示的並非自然，而是讓人開懷的自然，是La Belle Nature（美的自然）。所有低賤、粗俗、讓人扼腕和卑劣的事物，都需要仔細地予以規避，不讓它們闖入人們的視線；因為對真正擁有審美情趣的人而言，這些事物十分讓人厭煩，就如同那些讓人作嘔、骯髒粗俗的事物一樣。

維耶爾薇婭：根據這個標準，聖母瑪利亞有孕在身和我們救世主降臨人世的場景，就肯定不該見諸畫布了。

里歐・門尼斯：你這種想法是不對的。這個主題原本是偉大的，我們

去下一個房間吧，我會跟你們說明兩者的差異所在。來欣賞那幅畫，它取自相同的題材。那上面有華美的建築，還有一個柱廊。有什麼事物能比他們更壯觀呢？畫家聰明地把那頭驢子畫到遙遠的邊角！把那頭牛畫得多麼不引人注目！請注意，它們都處於畫面的暗色調中。可惜那幅畫被置於強光之下，否則的話，你對它的評價大概還會高出十倍之多，並且不會意識到驢子和牛。來欣賞這些參考柯林斯風格建造的廊柱，它們高聳入雲，效果多麼明顯，空間多麼廣闊，場景多麼壯麗！每一種東西看上去都非常偉岸，都符合表現這個高尚題材的壯觀的主旨，讓心靈震顫，讓人們的敬畏與讚美之情油然而生！

　　維耶爾薇婭：請給我明示，表哥，你言下的擁有高尚趣味的人賞鑑繪畫的時候，是不是也能展示其豐富的常識？

　　荷瑞修：夫人！

　　維耶爾薇婭：先生，要是我的話太冒昧了，還請你多多諒解。然而，在我看來，說這位畫家把農家客棧的馬廄畫成了恢宏壯觀的宮殿，如此讚美一位畫家，聽上去好像很奇怪。這比史威夫特[1]對腓利門和巴烏西斯的變形還要差勁。[2]

　　荷瑞修：夫人，鄉下的馬廄裡除了不賞心悅目的骯髒、讓人厭惡、粗鄙淺陋的東西以外，再沒有其他。那些東西起碼不能讓上流社會的人覺得高興。

　　維耶爾薇婭：下一個房間裡的那幅荷蘭繪畫沒有一點讓人不悅的地方；然而，就算是海克力斯還沒做過清潔的奧吉亞司牛圈[3]，也沒有那些帶凹槽的廊柱更讓我厭煩，因為如果跟我的判斷力相左，所有人的作品都不能讓我賞心悅目。我本想讓一個人用繪畫重現一段重要的歷史故事，而眾人皆知，那段故事就是在一個鄉村客棧裡上演的，而那個畫家卻由於對建築略知一二，居然給我畫出了一個可充當一位羅馬皇帝的大廳或宴會廳的

房間，這不是對我的公然挑釁嗎？況且，我們的救主降臨這個世界時，選擇了這個貧窮淒苦的地方，而這就是最真實的歷史環境。這裡蘊藏著批判浮華的最好寓意，可謂是謙虛的最好教材，而在義大利，謙遜的品德已經基本無影無蹤了。

荷瑞修：夫人，經驗真是不同於你的看法。有一點毋庸置疑：就算在粗俗者當中，描繪骯髒不堪的事物也不起作用，雖然這些人都非常瞭解那些事物，因為它們要麼會招致鄙夷，要麼毫無價值。與此相反，壯麗的廊柱、華美的建築、卓絕的高屋頂、讓人驚歎不已的裝飾，以及所有雅致的建築物，卻最適合用敬仰和宗教的華威，激發人對具有這等壯麗建築之地的虔誠。在這一點上，世上有哪個會議廳或馬廄能跟與一座富麗堂皇的大教堂相提並論呢？

維耶爾薇婭：我知道，在愚昧而迷信的人們之間，流傳著一種人為激發虔誠的方法；然而，你但凡審慎探究上帝的工作，我就敢斷言……

里歐・門尼斯：表妹，拜託你不要再為你的低下趣味而辯解了吧。那位畫家與歷史的真實毫無瓜葛，他的任務是表達這個題材的崇高，讓他的觀眾賞心悅目，並且本不應把我們人類的非凡拋諸腦後。他的藝術和良好感覺都一定要用來把人類昇華到最高境界。傑出的畫家作畫不是為了普通人，而是為那些擁有完美理解力，能領悟其中精髓的人們。你所埋怨的，其實是這畫家的優雅涵養和取悅觀眾對畫面的影響。他在著手畫聖嬰和聖母的時候，想的是但凡略微提及一下那頭牛和那頭驢子，就已經能夠讓人回憶起那段歷史了。關於那些還需要更多教誨和說明的人，那畫家壓根沒想要讓他們去欣賞這幅畫。至於其他人等，他只用那些偉大的、堪被世人矚目的東西去迎合。你看，那畫家諳熟建築，諳熟繪畫透視學，你可以推測他在描繪廊柱的明暗上是多麼熟稔，你可以看到他怎樣在平面畫布上呈現出空間的深度和高度，給人立體的感覺。除此之外，他表達光影效果的

技藝實在非比尋常，他依靠這些技藝為你把光影的奇蹟展現得一覽無遺。

　　維耶爾薇婭：如果這樣，為什麼又大言不慚地說繪畫是在描摹自然呢？

　　里歐・門尼斯：初入此道的人開始時要模仿所見事物的樣子。然而，大師在單獨作畫時，我們卻盡可期盼他儘管對自然的完美之處瞭若指掌，卻並不根據自然原來的樣子去畫它，而是根據我們心中自然呈現出的樣子去畫。宙克西斯[4]畫女神，挑選了五位美女充當模特，遴選她們各自的精華所在，糅合在一起。

　　維耶爾薇婭：他筆下的全部美的所在，仍舊都源於自然。

　　里歐・門尼斯：是的，然而他割捨了自然裡的精粗，只用其中最好的東西入畫，而這麼做讓他創造出來的那位女神比自然中所有的都要優越。德米特里烏斯由於對自然太過忠誠而被詬病；而狄奧尼索斯也由於把人畫成跟我們一樣而備受譴責。更現代一些的米開朗基羅被看作太過描摹自然，而當年利西普斯[5]由於把人雕塑成了自然中呈現的樣子，也遭到過那種老掉牙的指責，即被當作是普普通通的雕刻家。

　　維耶爾薇婭：這些都是真的嗎？

　　里歐・門尼斯：你大可自己去讀一下戈萊漢姆《繪畫藝術》那本書的前言。那本書就放在樓上的書房裡。

　　荷瑞修：夫人，可能你對這些事情非常不瞭解，然而它們對公眾卻非常有益。我們越是看重人類的傑出，那些美麗的形象就越會讓高尚者意識到自己的榮光，這些理念彌足珍貴，生生不息。所以，那些美麗的形象基本上始終可以鼓舞高尚者去完善美德，做出英雄的舉動。事物中蘊藏的壯麗理應被展示出來，那種壯麗大大超出了純粹的自然中的各種美。夫人，你會因為觀賞歌劇而心情愉悅，對此我非常篤定。你一定意識到了歌劇高於自然的偉大風格與瑰麗雄奇。就算表現最熙熙攘攘的場面，其風格也十

分溫和，其動作也十分輕巧而穩健。歌劇的題材常常是崇高的，所以，演員所做的動作都既沉穩肅穆，又心曠神怡，讓人陶醉。如果歌劇裡的動作與普通生活中沒有差別，它們就會貶損歌劇的崇高感，同時又搶走了你的愉悅。

維耶爾薇婭：我向來不曾期盼能在歌劇院裡遇見自然裡的丁點事物。然而，位高權重的人也去歌劇院，並且每個人都會盛裝出席，因此，欣賞歌劇就成了一種責任。我不會輕易錯過一場歌劇，因為去歌劇院看歌劇是非常時髦的選擇。而且，皇族及君王本人也經常會去歌劇院，為歌劇增光添彩，所以欣賞歌劇基本上已經成了他們的一種義務，就如同去皇宮一樣。讓我高興的是歌劇的觀眾、燈光、音樂、場景及其他各種裝飾。然而，我只知道其中幾個義大利語單詞，因此不能聽懂宣敘調裡那些最堪被稱讚的歌詞，這讓歌劇有些動作在我來看非常可笑……

荷瑞修：可笑？夫人！看在上帝的名義上……

維耶爾薇婭：請寬恕我這一觀點，先生。我向來不會譏諷歌劇，然而我要坦承：就娛樂本身而言，一齣好戲讓我從中獲得的開心要遠遠超過這些。我喜歡所有需要理解力的娛樂，超過喜歡我的眼睛和耳朵所能享受的一切休閒。

荷瑞修：我有點遺憾，沒想到您這樣一位擁有常識的太太會做如此的選擇。夫人，您對音樂就沒有絲毫賞鑑力嗎？

維耶爾薇婭：我把音樂當成我休閒的一部分。

里歐‧門尼斯：我表妹會彈一手漂亮的羽管鍵琴。

維耶爾薇婭：我喜歡聽優雅的音樂，然而它不會讓我深深地陶醉其中。我聽別人提到過那種境界。

荷瑞修：是的，不會有什麼東西比一個美好的和聲更能提升人的心靈境界了。它就像是讓靈魂與肉體分離開來，把靈魂送到天堂之中。正是基

於這種情形，我們才能留下非同一般的印象。樂器不再演奏時，我們的情緒就平靜下來，優雅的動作與華美的音色融為一體，在我們面前彙集成一片非同尋常的光明，體現了我們所稱頌的英雄業績，體現了「歌劇」這個字所蘊藏的意義。充滿魅力的聲音與充滿表現力的姿勢水乳交融，合二為一，充斥著我們的心靈，強勁地激發我們的偉大情操，而就算是最有表達力的語言，也基本上不能讓我們信任那些情操。只有為數不多的喜劇可以讓人忍受，其中最好的，就算表情的輕浮不曾讓人沉淪，主題的下流也一定會使世風日下，起碼會糟蹋那些高尚者的品格。

相比之下，悲劇的風格更高尚，其主題往往非常偉大；不過，所有強烈的感情，甚至對這些激情的展示，都會攪擾人心，讓人煩躁；除此之外，演員全力、強烈地表現事物時，其表演常常與真實生活非常相似，所以，禍根就常常是那些形象；而演員動作的失利，也常常是因為它們表現得太過接近自然。我們由經驗可知：那些淒慘的表演，常能在沒有防備的頭腦裡激起同感，讓人對美德另眼相看。

劇場自身並無多少魅力，觀眾本身就更不存在什麼魅力，起碼大多數常去劇場看戲的觀眾是這樣，其中有些基本就是最卑微的人。就算是最沒有風度的人士，也會察覺到這些人身上諸多讓人嫌棄的東西：除了難聞的氣味和不夠優雅的外表，你還會看到讓人不屑一顧的浪子和恬不知恥的蕩婦，他們花錢買票看戲，就自忖眼光高於其他人等。你常常必須要去聽咒罵、髒字連篇和惡意譏諷，卻不能因此而怒語相向。上等人和下等人奇異地攪在一起，都進行相同的娛樂，而並不考慮衣著和地位。所有這些都讓人無比厭煩。與林林總總的人等混雜在一起，其中有的人的地位甚至還不及中等，彼此之間沒有尊重可言，這讓上流人士非常不爽。

置身歌劇院，所有的事物都變得非常有魅力，共同創造十全十美的歡愉。首先是優美的聲音，其次是動作的穩重老成，都對減緩和消退各種激

情有好處。恰恰是溫柔的聲音與動作，恰恰是頭腦的安靜祥和，才讓我們感覺溫柔可親，才能讓我們置身最臻於天堂般的完美境地。反之，強烈的感情中卻涵蓋著諸多有損心靈的因素，它們會摒棄我們的理性，讓我們更像是野蠻人。我們非常鍾愛模仿，這實在難以置信！我們在不經意間，根據我們面前的模型和範例被勾畫出來，被重塑修正，這著實怪異！在歌劇中，你不會看見讓表情變形的憤怒，也不會見到妒忌；你不會見到有害的激情火焰，而它們象徵的愛情，則個個都是純潔且只居於撒拉弗之後的；在它們之間，你不會發現有哪一件是會有損想像的東西。

除此之外，還有一類觀眾。劇場本身成了安靜祥和與所有觀眾榮譽的棲息地。你無法給這樣的劇場加上別的什麼稱謂。在這裡，朝氣勃勃的天真與無力抵禦的美麗基本不用維繫。在這裡，我確信你不可能見到言行乖張和舉止粗魯，不可能聽到肆無忌憚的下流話、放蕩不羈的俏皮話及惹人嫌惡的諷刺。相反，你如果留心的話，就會發現劇場燈火輝煌，裝飾得恢宏壯觀，觀眾的服裝奢華雅致，身穿這些服裝者氣宇軒昂，偌大的劇場裡五光十色，色彩斑斕。另一方面，劇場裡的觀眾舉止優雅，每個人臉上都透著一種相互尊重的神情。你必須要認同這一點，世界上不會有哪一種娛樂比歌劇更讓人高興了。夫人，請相信我，世上不會有哪一個地方能如同歌劇院那樣，會賦予男女這麼多機會以全力悅納高尚的情操，讓他們遠離粗鄙。世上也不會有哪一種休閒或聚會能如同欣賞歌劇那樣，讓有涵養的年輕人得以完善自己的氣質，受到深遠持續的美德習俗的陶冶。

維耶爾薇婭：荷瑞修，你對歌劇的讚譽，遠遠超過我之前聽到和想到的。我想，每個喜歡這種休閒方式的人都會對你感激涕零。我相信，這種高雅志趣對你這番頌詞將特別有裨益，其中，下流的話已經被層層篩掉了，而且你還讓人驚異地深入研究了事實。

里歐・門尼斯：維耶爾薇婭，你如今對自然和常識有什麼想法？它們

不是還不曾被棄之一隅嗎？

　　維耶爾薇婭：我還不曾聽到任何可以憑常識讓我轉變之前看法的事情。你話裡話外都說自然好像並非繪畫描摹的對象。這是一種見解。然而我不得不承認，截至目前，與其說我認同這一見解，不如說我對它佩服得五體投地。

　　荷瑞修：夫人，我一直不喜歡稱讚不合乎常規的任何事情，然而，里歐‧門尼斯飾演他伴裝已經挑定的角色時太過積極，這一定有他自己的想法。他那些有關繪畫的見解是明明白白的，無論他是出於玩笑還是當真如此認為的。然而，他的話和他近來捍衛的那個觀點迥然不同，而所有人都瞭解他所捍衛的那個觀點。所以，我就實在不知道該如何去拜訪他了。

　　維耶爾薇婭：你們已經讓我瞭解到我的頭腦非常膚淺了。我眼下要去探望幾個人，我和那些人的想法更為一致。

　　荷瑞修：夫人，請給我個機會讓我送您上馬車吧……里歐‧門尼斯，乾脆直說吧，你究竟在想什麼？

　　里歐‧門尼斯：什麼也沒想。我剛剛跟你說過，我已經完全摒棄了原來的愚蠢想法，能像我做得這麼乾脆的人少之又少。我不知道你到底對我有多嫉妒，然而我意識到自己更合乎當下的社會體制了。之前我覺得，國家重臣們及所有位高權重者的行為標竿都是貪婪和野心，他們處心積慮地為自己謀利，就算在擔當為公眾謀福的苦差時，也不忘記個人的私利；他們心底的快樂彌補了他們的倦怠，而他們沒人想要承認那種快樂。就是在一個月不到的時間裡我依然想，每個大人物心底都對自己擁有關切和真正的熱忱；要致富，要贏得榮譽頭銜，要讓自己的家族聲名遠播，還要有機會滿足自己對所有舒服、雅致生活的美好設想，並且完全無須自我壓抑，就能讓自己聲名鵲起，被眾人視作聰慧、仁愛和慈悲的典型，這些就是除了位高權重的滿足和管轄眾人之樂以外，手握重權者們所看重的東西。當

時我的頭腦是那樣膚淺，不能想像一個人為何竟會不為自己考慮，而甘心為奴做僕。然而，如今我已經割捨了那種狹隘的評判方式。在政治家的一切施政綱領中，我明確地看到了公眾的利益；在他們的所有行動之中，我看到了社會的美德熠熠生輝。我還意識到，國民的利益乃是所有政治家行動的導航。

荷瑞修：我儘管不能百分百地贊成你的這一見解，然而世界上確實存在這樣的人，出現過愛國者，他們完全不顧念自己的私利，為了給自己的國家謀福祉，歷盡了千難萬險。不但這樣，就算而今也仍然還有甘願這樣做的人，如果他們被委以重任的話。我們已經看到一些君王割捨了自己的安閒和愉悅，犧牲了自己的平靜，去刺激王國的興盛發展，擴展王國的財力和榮譽。除了自己臣民的福祉，他們對其他所有事情都不屑一顧。

里歐·門尼斯：拜託你不要喋喋不休了。可能你比我還要瞭解過去和現在的差異，當權者與不當權者的差異。然而你清楚，就在許多年前，你我曾彼此約定：永不參與派系爭鬥。我希望你所關注的重點，是我的重整旗鼓和我心中發生的嬗變，你似乎在對我這種改變心存疑懼。曾經，我對大部分國王和其他位高權重者的宗教信仰的評價一般，然而如今，我卻按照他們對自己臣民談宗教時的一言一行，來評價他們的虔誠。

荷瑞修：這當然最好了。

里歐·門尼斯：之前，我一直考慮事情的壞處，就對外戰爭而言，我曾有過絕頂愚昧的想法。我那時覺得：許多戰爭的導火索都是些不足掛齒的小事，而政治家為實現自己的企圖，存心對那些起因言過其實；國家之間最具顛覆性的曲解，可能是源於一個人內心的仇恨和愚笨，或者源於一個人的異想天開；許多戰爭都是源於參戰各國重臣之間的個人恩怨、憤怒、嫌惡和傲慢；所謂各國君王之間的「個人仇恨」，起初大都會成為兩國君王之間或堂而皇之或私下隱祕的仇恨。然而，如今我已學會尋找對外

戰爭的更重要的導火索了。同理，我也與奢侈和淫蕩達成統一了，曾經它們讓我非常惱怒，而如今我堅信，大部分有錢人的金錢被他們虛擲一空，這非常合乎社會激勵藝術和科學的初衷；而富人們最奢華的花費，其主要目的其實是為了讓窮人有事可做，而不至於餓死街頭。

荷瑞修：你的想法的確已經漸行漸遠了。

里歐・門尼斯：我十分厭惡嘲諷，並且跟你一樣對它厭惡之至。在我看來，在領悟世界、考量人心方面，啟發力最強的作品莫過於講話、碑文和獻詞，而在所有這些之前的是專利證書的前言，我收藏了非常多的這類東西。

荷瑞修：一項非常有用的事業！

里歐・門尼斯：請你一定要放下對我這番轉變的所有懷疑，我要跟你說幾條操作簡便的規則，那是我為年輕的初入此道的人們量身打造的。

荷瑞修：好吧，該如何去做？

里歐・門尼斯：用沙夫茲伯里大人的精華理論去衡量人們的行為，就是用和《蜜蜂的寓言》迥然不同的理論去衡量。

荷瑞修：說真的，我不知道你是什麼意思。

里歐・門尼斯：你立刻就會知道了。儘管我把它們稱為「規則」，但從嚴格意義上說，它們充其量是些可以從中引出規則的事例罷了。舉例說明，假如我們發現一個勤快的貧苦女人，她向來節衣縮食，衣衫殘破，為的是節約四十個先令，用這些錢去讓她兒子在六歲時就能做煙囪清掃工。根據社會美德理論，以寬容的態度去衡量這女人的所作所為，我們就一定能想像到，雖然她一生中不曾為清掃煙囪而付過一文錢，經驗卻告誡她，如果沒有這種不可或缺的清潔，肉湯就會時常被煮壞，許多煙囪也會因此而起火。所以，為了盡力而為，為同代人造福，她摒棄了自己的所有，既摒棄了後代，又摒棄了錢財，來幫助別人遠離一些災禍，許多被人忽略的

煤煙常常會引發那些災禍。除此之外，她還沒有一點私心，捨棄了自己的獨生兒子，讓他去做那個最慘不忍睹的職業，來為公眾謀福。

荷瑞修：在我看來，你並不十分認同沙夫茲伯里大人關於臣民高尚美德的理論。

里歐・門尼斯：在一個星光點點的夜晚，我們心懷讚美之意，抬首仰望天空的光華萬丈。不會有什麼事物比夜空更能確切地表明這一點——偌大的宇宙，浩瀚的大千世界，都勢必是一位力量非常強大、才華橫溢的傑出建築師的傳世名作。顯而易見，宇宙萬物都屬於一個完整結構的組成因素之一。

荷瑞修：你也想要用這個開玩笑嗎？

里歐・門尼斯：肯定不是玩笑。它們向來毋庸置疑，我對它們毫無疑慮，就如同我確信自己的存在一樣。然而，我卻要引述沙夫茲伯里大人從中得出的諸多結論，來向你證明，我順從了這位大人的教誨，並且對它們唯命是從；而在我對那個貧苦女人的所作所為給予的判斷裡，完全不曾有一點違逆那種寬容的思維方式的東西，那種思維方式是由性格論生發並強烈引薦的。

荷瑞修：一個人閱讀過這樣一本書，卻不能把它用於更好的場合，這說得通嗎！請你闡述一下你提到的那些結論吧。

里歐・門尼斯：數不清的閃亮的星體，無論其亮度、速度及各自的軌跡差異有多大，全部都是宇宙的構成元素之一。因而，我們所在的這個地球，也都是空氣、水、火、無機物、植物和動物的有機結合。雖然這些事物在自然本性上相互之間有很大差別，它們還是一起組成了這個有水有陸地的星球。

荷瑞修：完全正確。我們人類全部都是由各種宗教信仰有別、政府體制有別、利益和風俗有別的民族組合而成的。這些民族分散定居在地球

的不同角落。同樣,一切民族的文明社會也都是由數不清的男女組合而成的,儘管在年齡、體質、體力、性格、智力和天賦方面,他們相互之間存在巨大差別,然而他們依舊成為一個政治實體的組成元素。

里歐‧門尼斯:這正是我原本打算說的話。先生,現在請給我明示,人們自己結成這樣的社會,其崇高目的不就是希望大家都幸福嗎?換言之,這樣組合在一起的個人,不都是想要讓自己過得比另一種生活更悠閒嗎?那種生活如同其他動物一樣,缺少維繫和依賴,是一種沒有約束的放蕩不羈的原始生活。

荷瑞修:這的確不僅僅是人們結成社會的初衷,而且是所有政府和社會在各種階段上期望實現的目標。

里歐‧門尼斯:由此得出的結論一定會是,人們用明顯有損於文明社會的方式去謀求私利和快樂就一直是個錯誤;這般做事的,勢必會是小肚雞腸的人,鼠目寸光的人,利慾薰心的人。反之,聰明人如果不顧及所有人,就向來不把自己當成個體。就數量而言,他們僅僅是所有人中一些不足掛齒的因數而已。他們不能從有損於公眾利益的事情中獲得絲毫滿足。如果這個道理是確切無疑的,那麼,所有個人私利豈非無須遵從這種整體利益嗎?所有人的努力豈不都該是出於提升所有公眾的共同福祉嗎?除此之外,想要實現這個目標,個人難道不需要不遺餘力,把自己變成自己所在的那個群體的、可以對公眾服務有用的一分子嗎?

荷瑞修:這到底意味著什麼?

里歐‧門尼斯:我所說的貧窮女子在我提及的那種情境下,其所作所為難道完全合乎這種社會理論嗎?

荷瑞修:一個窮苦的、不會思考的晦氣傢伙,缺少理智,沒上過一天學,竟然能依循這般大度豪爽的原則為人處事,哪裡是一個有理智的人可以想像得到呢?

里歐・門尼斯：我已經跟你說過了，那女人非常貧困，我也不知道她上沒上過學；然而，要說她不會思考或缺乏理智，那就請包涵我對你所說的話，這僅僅是你的惡意中傷，你壓根不能驗證你的觀點。按照我對她的描述，你充其量可以說她是一位通情達理、美德和智慧兼備的窮苦女子，除此之外無法推導出別的結論。

荷瑞修：在我看來，你一定要讓我確信你並不是說著玩的。

里歐・門尼斯：這也是我所希望的。我再重複一遍，在我所舉的這個例子中，我也緊緊跟隨沙夫茲伯里大人的腳步，完全恪守他的社會理論。我如果在什麼地方有所出入，請儘管指正。

荷瑞修：那位作者說到了這麼下流可恥的事情嗎？

里歐・門尼斯：高尚之舉裡絕不會存在一點下流的事情，無論這高尚之舉是出自何人。不過，如果每個粗俗者都不接納社會美德，那麼，性格論譏笑上帝啟示的一切宗教信仰，特別是基督教，人口中眾多的窮苦大眾又該去依循怎樣的規則或教誨呢？而且你如果鄙夷那些貧苦和目不識丁的人，我也可以用相同的方法去評判那些位高權重的人。請批判那種社會理論的人留心考量一下那位受人愛戴的律師吧：他近來已經由於其財富而聲名遠播。他儘管上了歲數，卻依然是不停地奔波於出庭、查辦各種疑難案件中。為了儘量捍衛他人財產不受侵犯，他絲毫不考慮改變一下那種會減少他壽命的飲食方式；那位敬業醫師的善心是多麼備受矚目！他一天到晚都忙於出診，他有好幾套馬車隨時候命，以便讓自己可以服務更多的人，甚至在他進行維持自己生命所需的必要活動時，也在埋怨白白耗費了時間；而那位孜孜不倦的教士已經是一個很龐大的教區的事務主管，卻依然熱情洋溢，恪盡職守，盡力爭取去再多掌管一個教區，雖然其他五十位失業同行也在進行同樣的努力。

荷瑞修：我明白你的意思了。你浪費口水，說出了這段意味不同的

頌詞，其實是想由此得出一些反證。你的譏諷確實十分精妙，如果說得恰到好處，就可能讓人捧腹。然而，如此一來，你就勢必認同這一點，即那些考慮不周的讚美承受不了認真的審查。我們如果覺得窮人的終極目標和永恆擔憂就是獲取其生存所需，以免讓自己餓死街頭；我們如果覺得窮人的子女是他們的巨大包袱，他們都在如此的壓力下忍耐，並且千方百計地想卸下這個包袱，而這又與自然恩賜給他們對子女的那種下流的、出自本心的關愛並行不悖；當我們把所有這些都考慮在內的時候，你對那位任勞任怨的女人的美德就能輕易進行闡釋了。同理，為公眾付出的精神，那些大方慈悲的原則，看上去也就望塵莫及了。你的聰明已經在你剛剛列舉的三種行業裡把它們挑揀出來了，人們憑藉它們來活命。人盡皆知，聲譽、財富和傑出是一切律師和醫生畢生追逐的目標，這的確都是十分緊要的事情。其中很多人以無法想像的耐心及精益求精的精神，不遺餘力地做著自己的工作，所有時代都存在這種人。然而，無論他們的勞動量有多大，背後又有著怎樣的辛苦，其初衷仍舊如同其職業一樣清晰可辨。

里歐・門尼斯：他們不是有益於人類，也能讓公眾從中獲益嗎？

荷瑞修：我對此毫不否認。我們經常可以從他們那裡得到無法估量的好處，這兩種行業裡的傑出人才不但對社會非常有用，而且是社會必不可少的。然而，儘管有些人為了自己的職業犧牲了所有個人生活和全部安閒自在，可是如果無法贏得與目前一樣的金錢、聲譽和其他好處，那麼，就不可能有一個人去忍受即便是目前四分之一的苦。那些金錢、聲譽和其他好處是其服務對象因為尊重和感激而給他們的酬勞。我絕對不信，如果把這個問題拋給他們，他們當中會有哪個傑出人才會對此矢口否認。因此說，如果野心和愛財是已被公眾默許的人類行事原則，那麼，那種覺得人類擁有美德的想法就是非常傻的，而人們都裝作害怕說自己沒有美德。然而，你對那位教區牧師的稱讚倒是最讓人捧腹的。我知道許多為那些貪得

無厭的神父釋罪的理由，其中有一些十分荒誕可笑。然而，你能從他們的讚美詞裡剔除出來的，卻是我所知道的最非同一般的東西。在你看來，就算對教士聖職具有高度推崇的人，從那些謀求增加會眾的教士身上也不可能發現絲毫美德；因為那些教士的生活已經非常閒散自在，而另外一些教士卻面臨著餓死街頭的危險。

里歐・門尼斯：然而，要說哪種社會理論裡還有些許合乎現實的東西，即如果每個行業的人都根據那些大方慈悲的原則行為處事，那就會對公眾更有裨益。如果這三種行業的大部分人都比目前對別人關注的更多，對自己關注的更少，你就會贊同說：如此一來，社會將成為獲益方。

荷瑞修：我對此一竅不通。一想到許多律師和醫生們所擔負的苦差事，我倒是非常想弄清楚，如果巨額錢財的不斷賄賂和鼓舞能讓敬業的可貴激情持續保持下去，而對迎合人的天性也絲毫沒有幫助，那麼，就算他們甘心，是不是還會用相同的方式去孜孜不倦做下去。

里歐・門尼斯：千真萬確，荷瑞修。用這個論證去批判那種社會理論，比你猛烈批駁的那個作者所說的全部話語都更有分量，更容易把它徹底駁倒。

荷瑞修：我並不這麼認為。有些人利慾薰心，然而我不能因此就輕易下結論說其他人身上就沒有美德可言。

里歐・門尼斯：那位作者也不這麼認為。你如果覺得他持這種觀點的話，你對他的誤解就實在是太深了。

荷瑞修：對那些沒有資格被讚美的人，我堅決不做評論。然而，人類可能很壞，但他們身上依舊是惡德與美德同在，只不過美德更稀缺而已。

里歐・門尼斯：沒有人會批評你剛剛的最後一句話，然而我不懂你究竟想說明什麼：沙夫茲伯里大人不是全力行善、弘揚社會美德的嗎？我的所作所為和他所做的不是如出一轍嗎？就算我所說的那些有關思考的有益

指導並不正確，起碼我還是希望人們多關注公共福祉，少在意個人私利，並且對鄰人要比目前更加友善。

荷瑞修：這僅僅是希望罷了，然而事實上會是這樣嗎？

里歐·門尼斯：如果這是不可能的，那麼，探討這個問題，驗證美德的高尚所在，就是世上最無聊的事情了。人們如果無法去鍾愛美德，頌揚美德之美又有何價值所在呢？

荷瑞修：美德如果沒有受到過稱讚，人們可能會比目前還要差勁。

里歐·門尼斯：按照同樣的邏輯，如果對美德多加頌揚，人們說不定比目前還要好。然而，我現在理解你為什麼把這些充當托詞和藉口來批判你自己的想法了，你意識到自己必須要認可我那番頌詞的正確性（你稱它們為「頌詞」）；要麼，你可能在沙夫茲伯里大人的大多數言論裡也意識到相同的問題。但凡你還有別的主意，你就既不想認同我的頌詞，也不想去說沙夫茲伯里大人有何謬誤。這位大人用人們鍾愛結伴、不好獨處作為證據，去證明人喜歡同類，天生就對同類懷揣友善之心。你評估我對那三種行業提到的所有話語時非常嚴苛，然而，你如果用一樣嚴苛的眼光去評估沙夫茲伯里大人的結論，我知道你最終得出的結論也不會有半點差池。

然而我仍舊要捍衛我之前的觀點，並且要挺身而出為社會美德理論說幾句良心話，宣導那種社會理論崇高的作者對人類有著最淳樸的看法，用傑出的方式頌揚了人的高貴；但是，我效仿他的所作所為，卻被當成是開玩笑，我認為這沒有根據。他因為善意而寫作，並且儘量用出彩的觀念和從宗教裡引發的為公精神去鼓舞讀者。世人儘管享用了他的勞動果實，然而，在他頌揚的為公精神不曾被最下流的商人採納之前，大家對他的著作本該帶來的好處卻毫無感覺。確實，你會費盡口舌說那些最下流的商人既沒有仁慈大度的情操，也不尊重那些已經在許多人身上發現蹤跡的崇高原則。

現在我發現有兩類人，他們之間存在依賴關係，卻幾乎不曾謀面。這種不幸一定會在社會肌體上撕開一個極大的口子，如果對公共利益最為關注和崇高的友善之心不能左右並強迫後一類人（在前一類人看來，後一類人絕對是陌生人）及那些不曾上過幾天學的平凡人等，去幫助前一類人達成其善良的職責，遏制那傷口的持續擴大，那麼，一切深奧的思想，一切發明帶來的幸福，都不能彌合那道傷痕。大量手藝精湛的工匠都只有一方斗室容身，雖然任勞任怨，但也會由於填不飽肚子而餓死，而這全都是因為如果其他人不去消費，他們就無從得知該讓誰來買自己的勞動成果。同理，那些富裕而奢侈的人天天都用多餘的小對象和雅致的小玩意兒來打扮自己，形形色色，數不勝數。創造那些小玩意，要麼為了迎合沒有必要的好奇心，要麼為了逞一時之快。如果那些人壓根不曾見到過那些小東西，或不知道從什麼地方可以買到它們，就絕對不會想到它們，更不可能對它們有絲毫欲求了。因此說，玩具商窮盡一生去發明小玩具，迎合了社會上這兩個不同等級的人的需求，這給公眾的利益帶來了多少好處啊！這些商人讓那些急切需要幫助的窮人有事可做、有衣可穿，還辛勤地去尋找手藝高超的工匠，誰都無法製造出比那些頂級工匠還要好的工藝品。他還用自己殷勤的呵護備至和老成持重的面容，去取悅那些素不相識的陌生人，往往是開始先跟這些人寒暄幾句，爾後和善地問幾個問題，以評估他們的需求。這些商人不僅僅在上班時間內工作，而且在那些人休息時也照常上班，天天都在耐著性子等待著顧客惠顧。無論是酷熱難耐的夏日，還是寒冷刺骨的冬天，這些商人都會高高興興地去迎接挑戰。這是一幅多麼優美的畫面！它體現了人類生來就友愛和善！這是因為：如果玩具商們根據另外一種原則行為處事，僅僅為我們供應生活必需品，他們的確體現了對人類更傑出的愛與寬容，然而人們卻不會花費哪怕幾分鐘去想一想那些最讓人想入非非的愛與寬容，而要人們停止幻想，甚至不去幻想那些最沒有意

義的東西，估計連一個小時都沒門。

荷瑞修：你確實把你的幻想演繹到了極致，然而，你就不對自己這些癡心妄想心生厭倦嗎？

里歐‧門尼斯：你到底在我這些善意的指點裡找到了什麼紕漏？難道它們與我們人類的尊嚴背道而馳了嗎？

荷瑞修：我欣賞你的別具一格。我還承認，你還巧妙地運用了你那種誇大其詞的談話方式，你已經把那種社會理論置於一種糟糕的視角之下，我之前一直不曾從那個視角去思考過它。然而你知道，就算最好的事情也會備受譏諷。

里歐‧門尼斯：無論我對這一點瞭解與否，沙夫茲伯里大人已經對此持完全批判的態度，並認為玩笑和譏諷是驗證事物價值的最好、最有用的試金石。以他之見，所有玩笑都不能壓制真正崇高和美好的東西。這位爵爺大人利用這塊試金石去審視福音書和基督教信仰，並且因為它們好像承受不住玩笑而披露它們。

荷瑞修：他披露了教給凡俗人等的關於上帝的迷信和虛假見解，然而，任何人對最高存在和宇宙的信念都不會比他的還要至真至純。

里歐‧門尼斯：你已經認為我對他的指責沒有問題了。

荷瑞修：我並不自詡要維護那位高貴爵爺筆下的每一句話。他的文風非常活潑，他的語言非常優雅，他的推理也非常縝密。他的許多思想都闡述得盡善盡美，而他採用的絕大多數形象也十分獨到而精緻。我會非常青睞一位作者，而不會強迫自己去應答對他的一切挑剔質疑。談及你提到的對他的效仿，這種揶揄式的效仿壓根激不起我的興趣。然而，你可能招致的笑聲估計會讓你減少給自己惹事上身的頻率。請對我坦誠相告：你提及的那些辛勞而卑賤的勞動，迎合了暴飲烈啤酒之外的娛樂；當你考慮到這一點時，難道不曾意識到板車車夫也擁有社會美德嗎？

里歐·門尼斯：沒錯，我發現確實如此。我在一匹拉板車的馬身上也找到了一些社會美德的印記，就如同我在許多大人物身上找到的一樣。他們那些最利己的行為，但凡社會可以由此贏得一丁點利益，那多數源於他們恪守美德的各種規定，源於他們對公眾的友善仁慈，我們如果對這一點有絲毫懷疑，大人物們就會火冒三丈。甄選教皇的時候，紅衣主教們最相信和最仰仗的就是聖靈的指點，但是你會信以為真嗎？

荷瑞修：這跟我相信基督變體基本相同。

里歐·門尼斯：然而，你如果是從孩提時代就信仰羅馬天主教，你就會對二者都深信不疑了。

荷瑞修：關於這一點，我不確定會不會如你所說。

里歐·門尼斯：你如果像千千萬萬的信徒那樣虔誠地信仰那個宗教，你就會確信，而那個信仰並不是沒有理性和常識可言，就如同你我二人。

荷瑞修：我對此無話可說。世上有大量事物雖然神祕得有點無法解釋，然而它們仍舊是真實存在的，而它們剛好就是信仰的對象。因此，當某件事情超出我的能力之外，並且真是我所無法理解的，我就保持緘默，非常恭敬地拜伏在它腳下。然而，我如果非常確信地發現某個事物與我的理性背道而馳，並和我的判斷力相抵觸，我就不可能輕易認可一件事情。

里歐·門尼斯：你如果相信上帝，你又有什麼真憑實據去印證，在一件對一切基督教世界比對其他世界關係都更為重大的事務上，上帝不曾給人指點迷津呢？

荷瑞修：你這個問題是個陷阱，而且全無公平可言。一切都在上帝督導和掌控之中，沒有例外。要證明我對教皇選舉的反駁是對的，要證明我對它懷疑的原因，我僅需證明一點就足矣。教皇選舉裡採用的器物和方式顯然是人定的，一切都是世俗世界的，其中大量都是不合法的和卑劣的。

里歐·門尼斯：不是所有方法全都這樣，因為他們天天都會禱告，都

在莊嚴地請求上帝的指點。

荷瑞修：然而，從他們的其他行為當中，你卻可以輕易評判出他們祈禱的主旨何在。羅馬教廷的確是個最大的高級政治學府，是研究怎樣策劃陰謀的最好學校。在那裡，那些平常的奸詐和人盡皆知的計策相較之下都變得普普通通，並且人類費盡心機、絞盡腦汁地精心謀劃著各種陰謀。在那裡，才幹必須臣服於謀略之道，就如同力量必須臣服於捽跤術一樣。一些人採取某種方法來藏匿自己的能力，不讓旁人對他們有一丁點瞭解。那種方法對這些人的幫助，比真知和深刻的理解力的幫助不知要強多少倍。在這所神聖的殿堂裡，全部都是能夠用黃金買來的，而真理和正義的價值居於一切事物之後。紅衣主教帕拉維奇尼和其他誓死捍衛教皇權威的耶穌會派教士，已經假惺惺地認可了教會手中的政治權力，並且沒有在我們面前把那些只有在紅衣主教眼裡才有意義的美德和成就藏匿起來。在他看來，無論用什麼手段，讓教皇權力能夠延伸到世俗權力之中，可謂是最大的光榮，而被敵手算計，特別是被最下流的詭計算計，則稱得上是最大恥辱。尤其在選舉教皇的會議上，不搞點陰謀詭計就會終無所獲，人心是個無底之洞，深不見底，漆黑一片，以至最狡猾的掩飾偶爾也會被看穿，人人都笑容滿面、鉤心鬥角。這個團體所有的成員，心中想的除了迎合私欲，就是捍衛自己一黨的利益（無論它對錯與否）及打垮所有可以與其抗衡的派別。在這樣一個團體的各種詭計、策劃、派別爭鬥和陰謀算計之中，你還會相信有半點神聖、虔誠，或者對宗教精神的一絲敬畏可言嗎？

里歐‧門尼斯：你這些感歎，驗證了我經常聽到的那個觀點，即叛教者是最鐵面無私的勁敵。

荷瑞修：難道我之前是信仰羅馬天主教的嗎？

里歐‧門尼斯：我的意思是，你違背了那種社會美德論。你以前是它最堅決的擁護者。而今，沒有人會像你這樣認真地由其所作所為來洞悉其

為人，並且對待那位不幸的紅衣主教也確實都沒有你這麼不留情面。我之前從未想過：如果我把那個「畸形理論」棄置一旁，居然會找到你這樣一位魔鬼。然而，以我之見，你我當初的觀點好像都有些變化。

荷瑞修：在我看來，是我倆想法更接近了。

里歐・門尼斯：不止這樣。誰會料想：在聽我對事物給予世間最友善解說的同時，又會聽到你對它們最強烈的譴責呢？

荷瑞修：人們真的是被蒙蔽得太深了，對你我都一無所知。我想不到他們會採取什麼行動。然而，在你我的辯論裡有一點卻是顯而易見的：你儘量把與你意見相左的觀點的可笑之處完全披露出來，以此捍衛了你的觀點；而我捍衛自己觀點的方式是：讓你發現我們並沒有你認為的那麼愚笨。我以前下定決心堅決不跟你探討這個話題。然而你看，我已經打破了這個誓言。我不喜歡被人認為不懂禮貌，我只是因為禮貌才跟你探討的。然而，我並不後悔與你進行這番長談，因為我認為你的觀點並不像我之前所想的那樣可怕。你已經認同：世上是有美德的，世上也有把美德當作行為標竿的人。我原本認為你會對這兩點矢口否認。然而，我可不希望讓你私底下因覺得用五彩斑斕的幌子誆騙了我而揚揚得意。

里歐・門尼斯：我的偽裝並沒有強大到你都無法參透，我也不會和別的某個會輕易上當的人探討這個話題。我知道你有著聰明的頭腦和極好的判斷力。也正是由於這個原因，我才非常誠摯地希望你聽我為自己做一番闡述，聽我把你我之間的不過毫釐的差異說明白，因為你原本可能認為你我有千里之差。放眼世間，只有你最不希望把我當成壞人，然而我十分擔心把你給得罪了，所以沒有你的許可我是不可能跟你探討這些問題的。就算為了你我的友誼，請你為了我暫時委屈去看一下《蜜蜂的寓言》吧。那本書做得很精美，而你熱愛書籍。我有一本《蜜蜂的寓言》，裝訂得非常精緻，請你一定要允許我把它當作禮物送給你。

荷瑞修：里歐·門尼斯，我儘管不是個剛愎自用的人，然而我非常在意榮譽——你明白什麼是標準意義上的榮譽。那本書飽受譏諷，就算是聽到別人提起它的名字我都非常憎惡；如果有誰想讓我認同其中哪怕是一丁點的看法，我立刻就會暴跳如雷。截至今日，榮譽仍是一個社會最穩定、最崇高的維繫。所以請相信我，永遠不要無緣無故地拿榮譽開玩笑。榮譽是真真切切的，是讓人崇尚的，同時也是非常認真的，無論何時何地都不能當成娛樂譏諷的對象。所有獨具一格的幽默，所有狡黠頑皮的嬉笑，但凡是與榮譽有關，都讓我不能容忍。可能世界上這種人只有我一個；你願意的話，大可說我這種態度不正確。隨你怎樣都行，我所能說的就是：我不希望別人拿榮譽開低級玩笑。因而，你如果還把我當成朋友，就務必不要把《蜜蜂的寓言》送給我。關於那本書的事，我的耳朵裡已經被填塞得滿滿當當。

里歐·門尼斯：請給我明示，荷瑞修，世上存在與正義無關的榮譽嗎？

荷瑞修：誰說存在與正義無關的榮譽？

里歐·門尼斯：難道你不曾默許：雖然你眼下意識到我欺騙了你，然而你當初把我想得比這還壞嗎？如果沒有仔細研究，所有人或所有人的著作都不能被說成是異端邪說或單純的臆想，更不能被視為敵人或充斥著敵意的譴責。

荷瑞修：你的話句句在理。我誠摯地懇請你能寬恕我對你的曲解。請把你的想法和盤托出，我會非常有耐心地聽著，只要你的話不像剛剛那麼危言聳聽即可。然而，希望你務必要端正一下態度。

里歐·門尼斯：對你，我不會說什麼不入耳的話，更不會危言聳聽。我只是希望你能相信，我對人類的見解並不如同你以為的那樣，其實它們並非那麼滿是惡意，也沒有那麼挑剔苛責。你只要細心審視就會意識到：

我對事物價值的見解，其實也跟你沒太大差別。請思考一下你我剛剛做的事情吧，我始終儘量從我所知道的、最仁慈的角度去考量所有事物，以揭露那種社會理論的荒誕所在。老實說我確實是這樣做的。而今，再請你審視一下你自己都做過些什麼：你始終在駁斥我潦草編造出來的那番「頌詞」的滑稽，把事物恢復到正常的狀態下，你做得非常正確，因為你明白人們肯定會從正常的維度去審視這些事物。你做得非常好，只不過你的所作所為和你宣揚要捍衛的那種理論剛好截然相反。你如果用相同的方式去考量一切行為，那種社會理論就完全沒戲了，起碼有一點是顯而易見的：那種理論不能付諸實踐。你說大部分人都擁有那些美德，然而，我們說到某個具體的人時，你卻舉不出哪怕一個具體的實例。我一度到處去證明你的這種見解，然而我不僅在最卑微的人們那裡一無所獲，而且在最上流的人士那裡也收穫寥寥，而你又覺得把中層人士想得更好是很滑稽的一件事。你支持一種美好的想法，難道同時還會認為它並不美好或無法付諸實踐嗎？根據那些美德原則行為處事的人到底是何許人？我們到底要去什麼地方才能覓得他們的蹤影呢？

荷瑞修：各國都有許多家境顯赫、出身名門的人。他們並不曾悅納提供給他們的那些養尊處優的位置。他們只在意那些崇高和傑出的事情，無一例外。豈非如此嗎？

里歐．門尼斯：當然。然而細心考察他們的舉止，仔細探究他們的生活，並且用你審視那些紅衣主教、律師和醫生時那種不那麼大度的眼光，去考量他們的行動，看其美德讓其行為比那個貧窮女人的究竟優越幾何。實際上，頌詞裡涵蓋的真實要比諷刺裡涵蓋的真實少得多。當我們的感官都沉靜下來、身心不曾遭遇絲毫攪擾、不曾有什麼讓我們心生不悅的事情時，我們就會對自己的處境感到滿意。而恰恰是在這種情形下，我們最有可能把外在的表現誤當成真實，我們對事物的判斷也尤為大度。荷瑞修，

請牢記在心，就在半小時之前你頌揚歌劇時是那麼熱情洋溢。一旦想到自己看到了歌劇中大量引人入勝的情景時，你的心靈好像得到了提升。我不想說些什麼話來批判你對歌劇、對歌劇觀眾優雅氣質的頌揚，然而，你腦子中轉著這些天真的想法，並且說歌劇院是培養高度持續的美德習慣的最好方法時，估計已經讓自己迷惑了。你是不是認為在相同數目的人當中，那些去歌劇院者的真正美德，要比去動物園者的美德多得多？

荷瑞修：這個比較可謂恰如其分！

里歐‧門尼斯：我是十分認真的。

荷瑞修：狗吠、牛鳴和熊吼，那聲音該是怎樣的悅耳動聽呀！

里歐‧門尼斯：千萬不要誤會我的意思。你非常瞭解，我所對比的，並不是這兩種地方給人們帶來的快樂的差別所在。你所說的那些事是最無須抱怨的。那些連綿不絕的詛咒聲和咒語聲、反覆提及的虛假歌詞和其他更骯髒的話語、大喊大叫、聲音扭曲的人聲的大量低沉噪音，實在是最殘忍的煎熬。那個地方的腐爛味及各種糟糕氣味會一直讓人憎惡。然而，在卑賤人士聚會的所有地方裡……

荷瑞修：嗅覺完全被滿足了。

里歐‧門尼斯：總而言之，這種消遣方式實在讓人厭煩，它讓你全部的感官備受煎熬。我對所有這些都非常認同。油光滿面的腦袋，其中有的還是血紅色的，不合適的衣裳，野蠻、恐怖的外表，你在那些永不停息的聚會上的所見所聞，必然會讓你十分驚詫。所以，你在一群衣衫殘破、骯髒粗鄙的下流人當中親眼看見的其他所有事情，也都會讓你非常驚訝。那幫人的各種娛樂裡，不存在哪怕一種行為不讓人厭煩。但是，野蠻和舉手投足間缺乏禮貌，卻不應與惡德及罪惡的東西攪在一起，這就如同注重禮節、舉止優雅無法與美德及虔誠攪在一起一樣。為了惡作劇而揭發預謀的謊話，是比教人去說假話還要大的罪過。敵人私下裡竊竊私語的中傷對

一個人的傷害，會比其最吵鬧的敵手所有恐怖的漫天咒罵對他的衝擊還要大。在每個基督教國家，上流人士也像卑劣之輩一樣有淫蕩與通姦的行為。然而，如果說卑劣者比文質彬彬的人會更容易沾染某些惡德，那麼，後者則比前者染上另外一些惡德的可能性就大得多。在宮廷裡，嫉妒、中傷及仇恨心比在草舍中引發災禍的可能性更大。窮人當中並沒有虛榮過頭和野心害人的人；窮人染上貪婪的惡德的可能性很小，更不可能去批判宗教信仰；窮人剝削公眾的機會遠遠少於富有者。你瞭解那些聚會上的大多數傑出人士，然而我期盼你先認真地回顧一下其他人的生活，能想到的人越多越好，而後再去考察歌劇院觀眾的各種美德。

荷瑞修：你讓我忍俊不禁。你提到的那些人，著實擁有太多美德。你已經讓我完全信服：閃光的東西未必就是金子。你還想要說些什麼嗎？

里歐・門尼斯：因為你讓我發言了，而且還表現得願意洗耳恭聽，我就想好好趁這個機會，對你講些至關重要的事情，可能你不曾從這個角度思考過它們。但你也知道：理應從這個角度去考查那些事情。

荷瑞修：不好意思，我的確要走了。我今晚的確有件事情必須要辦。它對我的一場官司有很大影響。我在你這裡的時間已經遠遠超出了我之前的預料。然而，如果你明天可以到我家來吃點羊肉，那時就我一個人在家，你想說多長時間都可以。

里歐・門尼斯：這當然最好了。到時我很樂意前去。

【注釋】

1. 史威夫特（1667-1745），18世紀英國著名文學家、諷刺作家、政治家，被高爾基譽為「世界偉大文學創造者」。其代表作品是寓言小說《格列佛遊記》，其他作品有《桶的故事》《書的戰爭》。——譯者注

2. 腓利門和巴烏西斯是希臘神話中弗里吉亞的農民夫婦，由於款待過微

服出巡的主神宙斯而受到神的眷顧。——譯者注

3.希臘神話英雄海克力斯，曾接受國王命令他完成的十項艱巨任務，其中一項是在一天內把伊利斯國王奧吉亞司的牛圈打掃乾淨，那裡有三千頭牛，三十年不曾清理過，汙穢不堪。——譯者注

4.宙克西斯（前420-前380），古希臘畫家，他以日常繪畫和對光影的利用而聞名。——譯者注

5.利西普斯（約前336-約前270），古希臘雕刻家，作品無一傳世，而今僅存的是其大理石複製品，包括〈繫鞋帶的運動員〉、〈亞歷山大胸像〉等。——譯者注

2. 荷瑞修與里歐・門尼斯的對話

荷瑞修：你我昨天的討論讓我印象十分深刻。你所說的一些事情讓人非常開心，其中有的事情我是不可能隨便就拋諸腦後的。我想不起來自己之前是否像昨晚離開你之後那樣對自己進行過反思。

里歐・門尼斯：坦率誠懇地反思自己，這個任務比平時預料的還要難辦。昨天我問過你：我們在什麼地方、在什麼人那裡才能發現你提到的那種人，即那些依循美德原則行為處事的人。你的答覆是，有一個等級的人就是這樣。我已經在那些人身上發現了許多讓人十分欣賞的地方，然而那些人也並非完美無瑕。如果可以把那些缺點棄置一邊，而從可以在部分人身上發現的不同美德中遴選出一些最好的，那麼，這種集聚了所有美德的場景將會打造出一幅美妙絕倫的圖畫。

荷瑞修：把這幅畫畫得完美無瑕，那絕對會是一幅精品。

里歐・門尼斯：我可沒這個膽子去嘗試。然而我認為，給它畫一幅小小的速寫不能算是件多難的事。它仍舊理應比自然要好，並且是個能夠模仿的實例，比所有活人的榜樣都要好得多。我想試一下，只是想一想這事，就讓我幹勁十足。一位才貌兼備、品行俱佳的君子的肖像該是多麼美妙！一個家境顯赫而富裕的人，自然創造他時會非常慷慨，他瞭解這個世界，他一直嬌生慣養，他的形象該是多麼讓人陶醉！

荷瑞修：我敢對你發誓，我也如此認為，無論你這話是一個玩笑還是正經的。

里歐・門尼斯：他那些最大的缺點被隱藏得多麼巧妙！儘管金錢是他

的偶像，儘管他心中垂涎著錢財，他內心深處的貪婪還是一定要服從他外在的不屑一顧，他的行為處處被大度慈悲的光環籠罩著。

荷瑞修：你的過錯就在這裡。這也是你讓我無法忍受的原因。

里歐・門尼斯：哪裡不對嗎？

荷瑞修：我瞭解你的意思，你將會給我畫一幅這位君子的漫畫像，而你嘴上卻說你要給他畫一幅肖像畫。

里歐・門尼斯：你誤會我的意思了。我壓根不是這個想法。

荷瑞修：然而，人的天性怎麼就不會是善良的呢？你非但沒有掩飾人的缺點，反而讓他平添了許多缺點，它們都無憑無據、沒有意義。對外在表現無隙可乘的事物，你從哪裡得出內在敗壞的結論呢？你為何就說那個人的缺點都被隱藏起來了呢？你既然認同那君子不曾體現出愛財之心，並說他的行為到處都籠罩著大度慈悲的光環，為何你還會認為他貪得無厭、拜倒在金錢腳下呢？這真的是無稽之談。

里歐・門尼斯：我對所有人都不曾進行過這樣的預設。我要與你辯駁幾句：我以下的話語除了充作評論之用，並無其他想法；無論一個人對自己內心的短板和天生的缺陷有多麼清晰的認知，他都擁有獲得常識及舉止優雅的素質，並且就算沒有得到哪怕一點點幫助，他也有能力讓自己的短板和缺陷不為外人知曉。然而，你這些問題問得恰到好處。既然你說到了這些問題，我就要對你知無不言，言無不盡。首先我想跟你說一下我接下來要做的那番描述的出發點所在，說一下那番描述有什麼用。簡而言之，我要向你證明，最華美的上層建築其基石也有可能是破敗不堪的。你一會兒就能更深層領會我的用意了。

荷瑞修：然而，你如果沒有見過它，又怎麼會洞悉維繫大樓的基礎將會敗落呢？

里歐・門尼斯：放心。我對你發誓：如果沒有你本人的同意，我不可

能把隨便哪種事物說成是必然的。

荷瑞修：我不期望別的，只希望你會恪守這一諾言。好吧，請跟我說一下你想一吐為快的話吧。

里歐・門尼斯：驕傲與虛榮心真正在意的，往往是他人的看法。一個人最大的夢想，能充斥整個心扉的夢想，就是自己被世間所有的人稱讚，就是獲得所有世人的掌聲和讚頌，不光是現在，將來也會如此。這種激情往往會被澆熄，然而讓人無法相信的是，雖然人們的環境和志趣各異，這種激情的力量卻培育了，並且有可能持續培育許多優秀而差別巨大的奇蹟！首先，仰仗驕傲之情，一個人就能不把那些極大的危險放在心上，也就不恐懼所有形式的死亡。同理，一旦具備自傲之心，一個人會到處尋覓危險和死亡，而如果他的體格強壯有力，他甚至還會坦然面對危險與死亡而無所畏懼。還有就是，世上不存在西塞羅所說的那些良好職能或義務，無論是對他人還是對我們自己，也不存在沙夫茲伯里爵爺所說的那些仁愛、人道或其他社會美德的先河；然而，擁有常識和知識的人，其虛榮心如果強大到可以制服其他所有激情（那些激情阻隔和擾亂著他的計畫），那麼，就算只是因為虛榮心作祟，他們也會把常識和知識付諸行動。

荷瑞修：在你看來，我真的會對你所說的話全盤接受嗎？

里歐・門尼斯：必然會。

荷瑞修：那要到何時？

里歐・門尼斯：就在你我說再見之前。

荷瑞修：非常棒。

里歐・門尼斯：擁有一定才華的人，如果生活環境無憂無慮，接受過優秀的教育，性格又不異於常人，其舉手投足就幾乎全都是溫文儒雅的。這種人越是自傲，越是在意他人的尊重，就越會去研究他人的尊重，以此讓自己被一切與其交談者心悅誠服。他們會不惜千辛萬苦，費盡心機地掩

飾所有常識告訴他們不能被別人發現或知道的事情。

荷瑞修：我必須要讓你暫停一下，因為我無法讓你繼續這個話題了。你所說的，無非還是之前的陳腔濫調。說所有人都有驕傲之心，我們眼前所見的全部都是偽善。這些觀點根本無憑無據，世界上再也不存在比你說的這些更滑稽可笑的話了。因為如果依你所言，最崇高、最勇猛、處境優渥的人的驕傲之心也就最盛。這與我們人人皆知的常識可謂南轅北轍，因為日常生活中的情況迥然不同。暴發戶、一手打拚沒有背景的人，以及沒上過幾天學、由於發財而揚眉吐氣的最普通的人，如果略高於中等水準，從下等的位置搖身一變榮登光鮮的位置上，其驕縱和狂傲就展露得一覽無遺了。而另一些人就不是這樣，一般說來，地球上不會有人比那些家境顯赫的人更禮貌、更人性、更儒雅了，他們都坐擁巨額財富和祖先的龐大房產。憑藉世襲血統而聲名昭著，從孩提時代他們就對壯觀的場面和光鮮的頭銜見怪不怪了，接受的是與其身份匹配的教育。我不知道世上有什麼民族，只要不是未開化的野蠻人，其年輕男女沒有接受特別的教育，要他們戒驕戒躁。你能不能舉出個例子，某個學校、老師或父母不是循循善誘，教育學生要以禮相待和順從聽話的？不光這樣，「有禮貌」這個詞本身不是也剛好有這一層意思嗎？

里歐·門尼斯：我拜託你，咱們還是心平氣和，說話時儘量用詞恰當點吧。優雅禮貌的準則給我們制定了千百條規矩，讓我們遠離驕傲的各種外在特徵，然而，任何一條規矩都不是針對驕傲這種激情本身的。

荷瑞修：你怎麼會得出如此的結論呢？

里歐·門尼斯：事實的確是這樣，任何一條規矩都不是針對這種激情本身的。紳士教育向來無須要求壓抑驕傲，而是一直刺激他們的榮譽感，要求他們一直維持強烈的榮譽感，要求他們在關鍵時刻內心一定要關注自己的意義。

荷瑞修：這一點非常需要深思熟慮，並且可以費點工夫去仔細考量一番。然而，你要刻畫的那位十全十美的君子究竟在什麼地方呢？

里歐・門尼斯：我已經準備妥當。我想先說一下他的住所：儘管他在好幾個國家名下都有豪華的住宅，在此我卻僅僅談一下他那座最重要的家族府邸，那上面刻印著他家族的名號，是家族的榮耀所在。這座豪宅恢宏壯麗，讓人無比豔羨。他的花園占地廣闊，裡面有數不清的讓人賞心悅目的事物：園地被劃分成諸多小塊，各有不同的用途；儘管對自然的仔細修繕處處皆是，然而每個部分都錯落有致，別具一格；儘管每一塊的局部都被設計得精巧雅致，然而整體佈局卻可以呈現出最大的特色。室內的所有器物無一不彰顯著主人的典雅與華貴。所有花費都用於搭建景觀美麗和居所舒適上，所以你不會發現有絲毫花銷是被浪費掉了。他全部的餐具和傢俱都非常精緻，在此你只會看到那些最高級的器用。室內所有的繪畫都是由最傑出的畫家所畫，確實都是精品佳作。他不收藏毫無價值的細碎物品，也不會讓你瞥見他家中有一件惹人討厭的對象。他的幾套收藏品都是既賞心悅目，又美妙絕倫，價值遠比大小重要得多。然而，他的古董和財寶並不僅限於他的收藏櫃裡，室內裡裡外外裝飾的大理石和雕刻本身就是無價之寶。在室內的許多地方，你都會發現許多讓人拍案叫絕的鎦金裝飾和精巧雅致的雕工。大廳和走廊裡的擺設估計更是價值連城，其客廳和過道也絲毫不差。這些廳堂非常寬敞而奢華，都是品位極致的建築師的名品佳作，其裝修佈局也都讓人讚歎。整個豪宅都體現了主人雅致的品位，惟妙惟肖的裝飾姿態萬千，到處都氣度不凡，又一乾二淨，連最漠不關心、最沒有眼力的人也會對它們豎起大拇指。與此同時，其中最普通器物的所有部分也做工精緻，給人一種更踏實的滿足感，連好奇心最強的人也會為之嘆服。但是，這個十全十美的樣板最大的好處卻在於，就算在最平凡的房間裡也不會存在一件毫無意義的東西，就連最短的過道也都裝修得非常

漂亮。而在最壯麗的廳室裡，同樣沒有一點奢華的陳設，沒有一個地方帶著哪怕一點點冗雜裝飾。

荷瑞修：這幅圖畫似乎讓您煞費苦心，可惜的是它一點也不招我喜歡。請繼續您的話題。

里歐·門尼斯：我坦承，我之前也不喜歡它。他的馬車和侍從為數太多，全都是一一精心挑選過的。他的所有用品都是理性選擇的結果，而且從性價比角度來說都是最高的。他本人看上去一直都興高采烈，其心胸也如同他的臉上表現出來的一樣豁達樂觀。在家時，他最喜歡關照別人，向來不會成為別人的負擔。他的所有快樂好像就是為了讓朋友們覺得高興。就算是在最欣喜若狂的時刻，他也不曾對誰有不合禮數的舉止，向來不隨意叫別人的簡稱。就算是對地位最低下的客人，他也不曾用沒有禮貌的隨意態度去招呼他們。對所有與他有過交流的人，他都仔細地聆聽，除了對他待客美食的稱讚之外，他不放過一字一句。除了對他的稱讚之外，他絕不干涉任何交談。對他名下東西的全部讚揚，他不會輕易去人云亦云，就算那些東西是名副其實、堪受此讚，也是這樣。在國外，他從不關心那些謬誤和過失；一旦有不如意的事情，他要麼三緘其口，要麼儘量讓事情朝著最好的方向發展，以抵消旁人的埋怨和失望。但是，在他告別一個住處之前，卻一定會把那裡的優點誠摯地誇讚一番，他的話語儘管向來幽默風趣，然而又絕對是既謹慎又好玩。就算是只涵蓋一絲一毫骯髒齷齪含義的話，他也絕對不碰。他更不會拿傷人當作玩笑話。

荷瑞修：太棒了！

里歐·門尼斯：他不跟風、不愚昧，遠離所有與宗教有關的辯論。然而他經常光顧教堂，並且家族的祈禱儀式很少會見不到他的蹤影。

荷瑞修：這位君子已經近乎聖人了！

里歐·門尼斯：我本以為你我會在這一點上有爭執。

荷瑞修：我不是故意在找毛病。請繼續您的話題。

里歐・門尼斯：因為他本人學識淵博，他就努力鼓勵藝術和科學的發展。他獎罰分明，對有功者和藹可親，對勤勉者給予重獎，又向來堅決批判道德淪喪的人和剝削欺壓的人。他的飲食儘管比所有人的都要精緻考究，酒窖也比所有人的都要地道，他卻可以克制食欲，絕對不會飲酒過度。儘管他在飲食方面十分挑剔，然而他向來會選擇對健康有好處的食品，而不光熱衷於美味可口的食物；對所有可能有害健康的東西，他絕不大吃特吃。

荷瑞修：這著實值得稱讚！

里歐・門尼斯：如同在其他一切事情上一樣，他也十分在意穿著，經常添置新衣。在自己的穿著打扮上，他認為整潔比華貴要重要得多，然而他的僕從卻都有華美的服裝。除了在非常莊重的場合，並為了展現對他人的敬重，他本人並不經常穿金戴銀。為了展現這些奢侈的習慣一無是處，他每次都會穿不一樣的衣服。一套服裝只要穿過一天，第二天他就不可能再穿了。他所有的衣物是最時髦的，其裝束也異於常人，然而他卻讓別人去打理它們。世上不存在比他穿得還要好而卻如他那樣不注重衣著的人。

荷瑞修：完全正確，對有地位的人而言，衣著端莊大方乃是必然的，然而太過在意，卻不合體統。

里歐・門尼斯：所以，他雇用了一位品位一流、眼光獨到的管家，此人讓他無須為了穿著而煩惱。同理，他的配飾和亞麻內衣則由一位心靈手巧的女人負責。他的談吐文質彬彬，和藹可親，既不點到為止，又不高談闊論，既不炫耀才華，又不俗不可耐。他的舉止絕對是溫文爾雅，絕不矯揉造作；他的氣質端莊儒雅，而不舉止輕浮；他的舉手投足盡顯高貴之風，因為儘管他向來和藹可親、謙卑持重，他的自高自大不會比任何人少一絲半毫，其舉止中卻仍舊體現了某種雍容華貴的東西。他謙虛但不卑

賤，高貴卻不怠慢。

荷瑞修：這真讓人佩服得五體投地！

里歐‧門尼斯：他對窮人仁愛友善，他的房門向所有人敞開著，他把鄰人都當成朋友。他視佃戶如慈父一般，覺得他們的幸福與自己的利益休戚相關。對偶爾的衝撞，不會有人比他還要泰然自若；對無意的傷害，不會有人比他還要寬容大度。他可以把在其他地主看來是傷害的事情變成有益的事情。無論損失是大是小，他都算作自己的過錯，無論是因為他自己的粗心大意還是別的緣由，他都成倍賠付。他希望越早瞭解這些損失越好，常常沒等到它們招致怨言，就已經做好補救。

荷瑞修：哦，稀缺的人類啊，得小心提防才是！

里歐‧門尼斯：他儘管向來不會責備自己的僕從，卻可以享受他們最好的服務。儘管他的家用開支應有盡有，家庭成員也數量龐大，然而家中卻井井有條，這就如同其家族的富足一樣家喻戶曉。

他的指示一定要照章行事，然而其要求卻向來都非常合理。即便是對最卑微貧苦的腳夫，他也從不趾高氣揚、隨意呵斥。僕人的分外殷勤及所有堪被嘉許的行為，他都盡收眼底，並經常給其當面稱讚；對不能討他歡心的僕人，則交由管家去責罰或是解雇。

荷瑞修：他非常聰明。

里歐‧門尼斯：無論是哪個僕人伺候他，他都仔細關照，無論是患病還是健康。他給下人的工錢比其他主人給的兩倍還要多。對那些特別勤懇細緻、盡心盡力伺候他的僕人，他還經常會有禮物相送。然而，他卻苛求下人不能收來訪客人的哪怕是一文賞錢，無論是為何。

僕人的大量過錯，但凡是初犯，他都會忽略過去或寬恕了之；然而如果僕人再次犯下同樣的過錯，一旦查實，就馬上會被解雇。除此之外，他還會鼓勵別人檢舉他人的錯誤，並給予獎勵。

荷瑞修：在我看來，這是我聽到的唯一會惹人議論的行為。

里歐‧門尼斯：我倒並不認同。請告訴我，你為何會有此想法？

荷瑞修：首先，這樣一條命令要強迫人去遵循是非常困難的；其次，就算它能被眾人遵循，也並無什麼意義，除非大家都會如此這般行事，而那種可能性微乎其微。所以我想，實施這個家規的想法是沒有意義的。它只會讓小氣之徒心生愉悅，他們家中不可能依循此例。然而它卻會讓慷慨者與那些展露其仁慈寬厚品德的機會失之交臂。而且，它明顯還會讓你的家向形形色色的人敞開大門。

里歐‧門尼斯：可能會找出避免這些弊病的方法。然而對那些有才幹、上過學的人而言，實施這個家規卻是好事一樁，因為這可以讓他們受益良多。這些人錢財無幾，而對其中的很多人來說，賞給下人的這點錢可以算是個壓力巨大的重負。

荷瑞修：我知道，只有你說的這一點才算是重要的。然而我依然要請你諒解我讓你的話告一段落。

里歐‧門尼斯：他的所有商業來往都精準而公允。他擁有大量不動產，所以他手下有幾位精明強幹的經理去打理它們。然而，雖然他的帳目全都記得非常清晰，他還是把親自督管帳目當成自己的職責所在。

他向來不會隨便支付哪個商人送來的沒有核查的帳單，儘管不喜歡親自涉足現金的支出，付起帳來卻既守時而爽快，又精準而誠信。只有一個例外，那就是他向來不喜歡在新年那天欠別人帳。

荷瑞修：我非常佩服這一點。

里歐‧門尼斯：他友善可親，對人關懷備至，和顏悅色，從不大嚷大叫。總而言之，世上不會有誰能如他那樣看上去不因地位而洋洋自得。他儘管卓有聲譽、資產雄厚，然而他的虛懷若谷也如同他的其他過人之處一樣多。他儘管地位尊貴、出類拔萃，然而向來不會因為自己的偉大而沾沾

自喜，而是對自己優於他人的地方視若無睹。

　　荷瑞修：這個人物著實堪受嘉許，他讓我特別開心。然而我還是想唐突地跟你說：如果之前不瞭解你的目的，不瞭解你的初衷，我原本會因為你這番話語更為欣慰高興。在我看來，你的初衷其實非常狡猾，即築就這麼一座十全十美而高貴典雅的大廈，卻僅僅是想要把它推翻。這是在費盡心機地展現你惡作劇的能耐。我已經發現，你這番話裡還有一些用詞模糊的地方，其用途是讓你能夠含沙射影，能夠摧垮你為這座大廈搭建的基石，它們就是：「其心胸也如同他的表情一樣豁達樂觀」，「向來不會看上去因為自己的偉大而沾沾自喜」。我瞭解你運用「好像」、「看上去」之類的字詞時，絕對是事出有因的。你把它們視為許多後門，好從中開溜。如果你之前不曾讓我瞭解你的初衷，我原本不可能關注這些東西。

　　里歐・門尼斯：我確實是故意留下了你所說的這些伏筆，然而我出此下策只是想要遠離正義的審視，不想要讓你覺得我的話不對，不讓你抱有太多偏見去進行判斷——如果事後印證這位君子是在因循一種可恥的準則行為處事的話。我坦承，我想要讓你相信他其實也就這樣。然而，想到這可能讓你非常不高興，我打算只是在描述中為你提供些微細小的消遣，我就稱心如願了。就其他而言，我並不在意，你想怎麼看都行，無所謂誤解不誤解。

　　荷瑞修：為何要這樣呢？我以為，你刻畫這個人物的初衷就是想要教化我。

　　里歐・門尼斯：我可不曾說是要教化你。我原本打算僅給你羅列一些事實，讓你自己去慎加判斷，然而我錯了，如今我已經把自己這個錯誤看得清清楚楚。昨晚和今天你我打算討論的時候，我都覺得你是循著另外一種邏輯去考量問題，和我所見的略有差別。你談及了人們對你的一種看法，談及了自我反省，此外還有其他諸多蛛絲馬跡，而我卻太馬虎，居然

把它們誤當作於我有用的東西。然而，我也由此而得知，對我擁有的那種想法，你依舊如同以前一樣強烈排斥。所以，我會扔掉自己的這個想法。我並沒想要從所謂的勝利中贏得歡樂，也不瞭解有什麼會比想到開罪於你讓我更加難過。拜託你，你我還是用看待另一個重大問題的那種態度去看待這個問題吧，那就是絕對不要重提這個話題。有見識的朋友之間，本該遠離他們已經知道的所有存在著根本矛盾的話題。

請信任我，荷瑞修，我有能力讓你覺得高興，有能力給你所有歡喜，為此我不可能會有一絲抱怨。然而讓你覺得不舒服，絕不可能是我有意為之。就昨天和今天我嘮叨了這麼多事，我再三地懇求你寬恕。你知道關於直布羅陀市的消息了嗎？

荷瑞修：發現我的缺點和你的謙卑，我慚愧至極。我並非曲解你所說的那些伏筆，你提到的話的確讓我印象非常深刻，我也曾努力地進行過自我反思。不過，恰恰如你所言，坦率誠懇地反省自己，這是項困難的工作。我誠摯地期盼你說話時沒有一絲企圖，如此一來，你我就能夠討論這些話題了。開罪於你的是我，我需要為自己的失禮懇求你諒解。然而你瞭解我始終執著的準則有哪些，我無法頃刻之間就把它們棄之一旁。儘管我心知肚明這十分艱巨，然而我卻可以隨時目睹真理，這讓我的看法有所改變。有時候，我也認為自己心中在糾結，然而我已經習慣於把所有真正美好的行為都當成是一切堪被嘉許的出發點，所以，如果我依據之前的思維方式去對待問題，它就會讓我得出原先的那些結論。請寬恕我的左右搖擺吧。我非常欣賞你所說的這位十全十美的道德君子，我坦承，我不知道這樣完美無瑕、沒有一絲貪念的完人，如果不是因循美德與虔誠的準則行為處事，怎麼會在各個方面都表現得這般超凡脫俗。世界上真有如此一位地主嗎？如果我錯了，我非常樂於傾聽你給我解答疑惑，讓我醍醐灌頂。請與我明示吧，請你和盤托出。我發誓會仔細聆聽，請你坦誠相待，盡抒己

見吧。

　　里歐·門尼斯：原先你也曾要我和盤托出，可如果我這麼做了，你看上去卻不開心。但是，如果你還想我再做一遍，我就暫且一試吧……世界上到底有沒有或者曾經有我所說的這種人，這倒可以說是無關緊要的。大部分人都會覺得，一條清澈見底的河流，其源頭卻可能骯髒汙濁、遍佈汙泥；而假設有這樣一條水流，這要比把它設想成對讚美的過分期盼、對最狡猾評判者的大肆吹捧的過度希望要簡單得多。雖然我非常容易認同這一見解，有一點還是毋庸置疑的，即：才華橫溢、富甲一方的人可能集聚了這些美德的全部精髓，其身體與普通人並無二致，並有著優越的教育背景；世上還有很多人，其天性並不高出眾人一等，然而憑藉我所說的那些幫助，卻有可能擁有那些優秀品德並成就非凡，前提是他們一定要決心十足，讓自己的所有欲望和才華都聽從那種最強烈的激情的差遣。那種激情如果可以一直得到源源不斷的迎合，就始終能夠掌控人的其他所有的激情，必要時甚至會戰勝它們，無一例外，就算在最不容易的條件下，也會這樣。

　　荷瑞修：討論你提到的這種情況出現的可能性有多大，這可能會招致長時間的爭執不休。然而依我看：這種可能性很明顯是小之又小。就算這個世界上的確存在這樣一個完人，那麼，說他的行為源自他的傑出本性，因為其中涵蓋著許多的美德和珍稀的天賦，這個見解要比說他所有的美好品德都源於各種不道德的初衷更能讓人信服。如果說驕傲可能是所有這些美好行為的源泉，那麼，其他人身上偶爾也會展露出驕傲的痕跡。根據你的觀點，世人驕傲的表現並不稀罕。才華橫溢、富甲一方的人遍佈歐洲各地，其中卻很難找到幾個你為我們形容的這種標竿讓人模仿，原因何在呢？為什麼我們想要見一見彙集諸多美德和傑出品德於一身的人是如此困難呢？

里歐・門尼斯：世上儘管有數不勝數的富甲一方的有錢人，然而其中行為這般十全十美的人的確少見，這種情況有著幾個顯而易見的原因。首先，人的氣質迥然有別，有人天生活潑，忙裡忙外；有人天生閒散，內向安靜；有人英勇無懼，有人則害羞膽怯。其次，還需要想道：氣質的培養或多或少是存心養成的，因為一類氣質會被教育所約束，另一類則備受鼓舞。其三，這兩類氣質各自基於人們有所差異的幸福觀上，按照這些觀念，人們對榮耀的鍾愛就註定了人們的行為方式存在差別。有些人覺得掌控和駕馭他人是最大的幸福；有些人則把無所畏懼當作最稀罕的品德；還有些人覺得博古通今、有朝一日成為名家是最大的幸福。所以，雖然人們都鍾愛榮耀，然而贏得榮耀的方式卻各有差別。不過，一個人如果厭煩煩冗嘈雜，生性好靜，熱衷安閒自在，而教育也鼓舞了他的這種氣質，他就非常有可能覺得：擁有優雅的紳士風度乃是最堪被追求的。我大可斷言，他如果內心出現了類似的想法，其行為就必然會與我所形容的那個人非常相似。我說「非常相似」，是因為我在看待某些事情時可能存在偏頗，並不是萬事盡在我掌握之中的。有些人會說我把幾種必不可少的品德漏掉了，然而我堅信：一般說來，在我們所在的這個國家和這個時代，我所羅列的那些品德必然可以讓人贏得期盼已久的聲譽。

　　荷瑞修：毋庸置疑。對你最後提到的那句話，我壓根沒有反對意見。我曾經也跟你說過：你形容的那個完人值得稱讚，這讓我非常開心。我之所以關注到你儘量把這位君子形容得這般形同聖人，是由於這種人實在是太少見了。然而，我並不曾把它當成現實的映照。我之前在一個問題上與你見解有異，然而那僅僅是因為你我遵循的邏輯有別罷了。我把你的回答仔細考量了一番，所以搞不懂自己是不是思路有誤，如果這樣的人的確並不少見，我就必然會認為是自己錯了。我會尤為尊重如此一位天才，並且時刻準備認同他才能超群。然而，驕傲遍地都是，可是其影響卻並非更為

廣泛。在我看來，你用來解釋這種現象的原因還不算充足。說人們由於天性有別而被激勵去為著不同的目標奮鬥，我對這一點舉雙手贊同。然而，世上也存在許多的富人，其天性同樣是鍾愛安閒和自在，並且特別期盼被當作儒雅紳士。基督教國家裡有為數眾多的人家境顯赫，資產雄厚，有著最好的教育背景。他們學習、旅行，嘗遍千辛萬苦，以讓自己臻於至善，然而如果不奉上恭維，你卻只好說：其中不會有哪怕一個人擁有全部的優秀品德和你羅列的所有美德。為什麼會這樣呢？

里歐‧門尼斯：千千萬萬的人都在為了這個目標而奮鬥，其中最終實現了那一目標的人遠遠不止一個，這十分現實。在有的人身上，掌控的激情可能沒那麼強烈，沒有能力完全約束其他的激情：愛欲和貪婪可能讓其他激情有所變化，例如酗酒和賭博就可以讓許多人變節，征服他們的決心。這些人要麼可能不曾擁有持之以恆地達成自己目標的能耐，不能有始有終地執著於同一個目標；要麼可能對有識之士嚮往的東西沒有真正的興致與體悟；要麼可能其天賦並沒能讓他們在一切關鍵時刻都可以把自己藏匿起來。這是因為：天馬行空是非常簡單的，但要化作現實卻難比登天。隨便一個類似的阻隔都能夠全盤摧毀它，讓這幅假象不能成形。

荷瑞修：我不想就此與你爭執辯駁。然而，到目前為止，你既不曾印證哪怕一個問題，也不曾給出一個原因，說明你為什麼認為一個品行優異的人，其外在表現這麼光彩奪目，而其行為卻是源於下流的目的。如果你不說出質疑他的原因，你就沒有資格去批評他。

里歐‧門尼斯：那是自然。同理，我不會提到一個心有成見或有失公允的字眼。因為我並不曾說過：我如果找到了一位擁有我所說的全部優良品德的君子，就會如你那樣覺得他條件優越，並認為他的十全十美全都源於對榮譽的分外熱衷，並無他由。我想印證並一貫堅守的是：一個人展露出的這些舉動，有可能全都源於我所羅列的那些原因，除此之外並無其

他緣由，並無其他的援手。不光這樣，我還堅信：一位這麼十全十美的君子，雖然學識淵博、才華橫溢，然而依舊可能無法意識到自己行為的初衷，起碼是對此並無十全的把握。

荷瑞修：這是你提到的最讓我參不透的話。為什麼你接二連三地拋出了諸多難題，卻沒有一個答案？請你先解讀一下你最後那個難以自圓其說的觀點，之後再繼續這個話題吧。

里歐・門尼斯：要達成你這個願望，我就必須要讓你先回顧一下我們的早期教育，即孩提時代所接受的原始教育、按照別人要求行事的選擇及對他們好壞的判別。簡而言之，就是要順從，並無其他。要實現這個目的，就不能缺少賞罰，還一定要採取其他多種多樣的方式。然而，有一點是毋庸置疑的：事實說明，要達成這個目的，更常使用並效果顯著、可以對兒童影響更為巨大的東西，絕對是用羞恥心造就的把柄。羞恥心儘管是一種天生的激情，然而我們如果不在兒童牙牙學語或獨立行走之前就存心地激發他們的羞恥心，他們就不可能這般快捷地意識到它的存在。兒童的判斷力非常弱，激發了他們的羞恥心，我們就有可能教會他們對我們覺得開心的事情覺得羞恥，只要我們意識到他們或多或少產生了一絲羞恥心就行。不過，但凡有即便是一絲一毫的驕傲，對羞恥的畏懼也就拋諸腦後了，所以，羞恥心日增，驕傲之心一定也會隨之倍增。

荷瑞修：我原本該意識到，驕傲之心的擴張會讓兒童變得更放肆，更無法無天。

里歐・門尼斯：你的判斷非常正確，確實會這樣，這勢必會成為培養優雅舉止的巨大絆腳石，直到經驗向人們揭示：驕傲之心是不能用強力壓制的，人們能夠運用計策來駕馭它；駕馭驕傲的最佳辦法就是讓這種激情自己約束自己。所以，精明的教育就容許我們在狡猾地隱藏驕傲的同時，又盡情保留最多的驕傲。我們對這種自我隱藏引以為傲，雖然這樣，我還

是覺得：進行這種自我隱藏時，我們不可能意識不到顯而易見的困難，而且，它起先會讓我們覺得非常不舒服；然而當我們一天天長大成人時，這種不舒服會慢慢減弱。

當一個人的行為已經變得和我所形容的一樣謹小慎微，長期依循最嚴苛的優雅教養準則行為處事，故此贏得了一切相識者的崇敬，當高尚與文明已經內化為他的行為準則（這是非常現實的）時，他就會把自己那些行為準則拋諸腦後，而不會想到那個掩飾的誘因，它把生命和動力賜給他一切的行為當中。起碼他意識不到那個誘因。

荷瑞修：讓你這麼一說，我樂於接受驕傲之心是十分有用的觀點，如果你想要這麼說的話。然而我依然無法心滿意足，我想弄明白：一個人如果擁有了這樣的理智、知識和洞察力，對自己的認識又這樣深刻，為何無法看透自己的心靈、無法意識到自己行為的初衷呢？除了他有可能得了健忘症之外，到底有什麼原因讓你對這一點深信不疑呢？

里歐‧門尼斯：有兩個原因讓我想要審慎地對此進行思考。第一個原因是，在與我們有聯繫的問題上，特別是在關於我們自己的意義和優點的問題上，驕傲之心既可以讓其他人蒙在鼓裡，也可以讓那些有理性、有才幹的人蒙在鼓裡；我們越是對自己給予更好的合理評價，我們就越有可能不分青紅皂白地把對我們最大的趨炎附勢盡收囊中，雖然我們在其他事情上都非常有見地、非常有才幹。亞歷山大大帝就是這樣。雖然他可以說是天賦異稟，但依然發自內心地懷疑自己到底是不是神。我的第二個原因會讓我們確信：這裡提到的這個人如果可以自我反省（而他這樣做的可能性微乎其微），因為我們一定要保證一點：要進行自我反省，我們就一定要心甘情願而且有資本這樣去做。而世上的所有理由都讓我們相信：一個這般完美又特別驕傲的人最刻意迴避的事情，絕對是進行形同此類的自我反省。其理由是：他的其他自我約束的行為，都可以從他所看重的那種激

情裡得到彌補，只有自我反省才會真正讓他煩擾，只有這種行為才會打破他的平靜，他不能補償這種損失。如果最傑出、最真誠的人都是墮落和奸詐的，他們的境遇勢必慘不忍睹，只因他們要在永恆持久的偽善中消磨一生的時光！因此說，自我反省、勇敢地審視自己的內心，這是一個人所能料想的最讓他提心吊膽的任務，因為他最大的歡愉就是在心中暗地欣賞自己。進行自我反省，這著實有損修養，然而這項任務的複雜性……

　　荷瑞修：請閉嘴吧，我認同你的觀點，雖然我坦誠：我不曉得你從中會有什麼收穫，因為這不僅不能破解你正要印證的巨大難題，反而會讓它的難度加大。那難題就是：你所形容的這位完人，其行為為什麼會源於下流的出發點？如果這並非你的本意，我就不知道到底是什麼意思了。

　　里歐‧門尼斯：我已經跟你說過：那就是我的本意所在。

　　荷瑞修：你研究深邃事物的卓越才智，絕對遠高過其他人等。

　　里歐‧門尼斯：我明白，你想搞清楚我是憑藉什麼謊稱自己擁有這種最深邃的洞察力、自詡我比一個詭計多端的聰明人對他自己的瞭解還要多得多；你還想瞭解我為什麼膽敢自稱能看透並研究人心，而我又已經承認那顆心完全被掩飾了起來，外人一無所知。嚴格說來，我不可能擁有這般手段，因此只有浪蕩子弟才會自詡有這種能耐。

　　荷瑞修：你怎麼看待自己，隨你怎麼說，我可不曾說過這些話。然而我承認：我期盼目睹你可以驗證這一點，印證你擁有這種能力。對你形容的那個完人，我仍舊記得清清楚楚，雖然這樣，你還是預先在他身上留有許多鋪墊。我之前告訴過你：但凡事物的外在表現無機可乘，你就不會有一個正當的理由去質疑它們。我還是堅持這個觀點。你形容的完人是完整的個體存在，你沒有資格改變他身上的一點東西，無論是你賦予他的優秀品德有所減損，還是給他附加一些其他的品德，它們要麼與你已經賦予他的品德互相矛盾，要麼無法與之協調統一。

里歐‧門尼斯：這兩件事情我都不打算做，我也不曾進行做那種具有決定性的磨練。經由那種磨練，一個人的行為到底是源自內心仁慈和宗教原則，還是只是源自一種貪戀虛榮的初衷，自然就明明白白。如果是後者，那就有一種百試百靈的方法，可以把這個藏匿的惡魔從他最隱祕的洞穴裡揪到大庭廣眾之下，在那個地方，世人全都會知道他。

荷瑞修：在我看來，我在辯論方面無法與你匹敵，然而我非常樂於擔當你那位君子的辯護人，與你那百戰百勝的辯術進行較量。我一生中還不曾像這樣熱衷於一項事業。來吧，我就擔當他的辯護人，來批判你能指出的一切假設，但凡這些假定合情合理，並能與你曾經說過的話統一起來。

里歐‧門尼斯：非常棒。我們先預料一下這個最優雅、最審慎、最有涵養的人可能遭遇的情況。不料這位完美君子在大庭廣眾之下與另一個人發生爭執，此人的家境和品格與他一樣，只是不會像他那麼足以駕馭自己的外在表現，也不那麼看重束縛自己的行為。在爭論中，這對手由於心思歹毒，就逐漸變得不平靜，好像不再考慮對那君子應有的尊重，起先一箭雙雕地中傷那君子的聲譽。你說，那君子此時此刻該做些什麼呢？

荷瑞修：立刻要求對方對自己的話給予解釋。

里歐‧門尼斯：對這個要求，那個情緒亢奮的對手譏笑著顯出一副不以為然的表情，要麼直接不予解釋。那君子一定會要求與對方一決高下，兩人的爭吵就不能倖免了。

荷瑞修：你太魯莽了，因為這場爭論剛好是被大家親眼看見的，基於這種情形，在場的朋友或隨便哪位紳士都會出面調停。他們會隨時關心爭論的最新動態，一旦有威脅性詞彙說出口，就立刻會被非常儒雅地叫停。語言上的衝突尚未出現，兩人就會被善意地勸解開來；如果有可能，他們還會被大家叫離。隨後，人們可能會用最優美的詞彙去讚揚榮譽，以幫助雙方達成和解。

里歐・門尼斯：怎樣遠離爭吵的教誨對我而言是沒用的。你提到的這些，人們可能會去做，也可能不會去做。朋友的好意勸慰有可能奏效，也可能不會。我的初衷是在一切有可能的範圍內進行各種假設，所以，那些假設都是有理可循的，並且與我形容的那位君子的性格相匹配。這兩人身處的狀況，讓你本人向那位君子提議與對手進行一場決鬥，難道我們不允許進行這樣的假定嗎？

荷瑞修：無須贅言，這種情況是可能發生的。

里歐・門尼斯：這就足矣。所以，一定會出現一場決鬥。在決鬥中，就算考慮到其他一定會出現的情況，我們也能夠說：那位完美的君子必然會將其最勇猛無懼的一面展示出來。

荷瑞修：如果我們預料或假設他不會這樣，實在無法合乎常理。

里歐・門尼斯：所以，你就知道我是非常公平的。然而，請你對我坦言：一個文質彬彬、友善和藹的君子，僅是為了這麼一丁點衝撞，怎麼會這般突然地打算動用一種最粗暴的行為舉動來求得寬慰呢？而最重要的是：讓他振奮、激勵他去克制對死亡的畏懼，究竟又是什麼呢？如你所知，克制對死的畏懼，這是世間最艱難的事情。

荷瑞修：那就是他與生俱來的英勇和無畏，它們是基於他天真無邪的生命和正直無私的舉止。

里歐・門尼斯：然而，一個這般充滿正義而且謹小慎微的人，懷著造福社會的各種願望，怎麼又會知法犯法、觸犯自己國家的法律呢？

荷瑞修：他依循的絕對是榮譽所定下的律條，那些律條遠比其他所有法律要重要得多。

里歐・門尼斯：在意榮譽的人如果希望言出必行，就理應都信奉羅馬天主教。

荷瑞修：請與我明示這又是為何呢？

里歐・門尼斯：因為在他們看來：口頭傳說遠比用文字記載的所有法律重要得多。因為沒有人能告訴我們：與榮譽相關的律條是在何時、在哪位國王或皇帝統治時期、在什麼國家、由哪個權威機構最先提出的。那些律條竟然威力如此巨大，這的確是讓人百思不得其解。

荷瑞修：它們在每一個在意榮譽者的心上留下了深深的烙印，這是毋庸置疑的。你自己就可以發現它們的蹤影，在所有人心中都能意識到它們的存在。

里歐・門尼斯：讓它們在什麼地方留下烙印，任憑你說就是。然而它們都與上帝制定的法律迥然不同，互相排斥。我形容的那位君子的信仰如果像他表面展現得那麼虔誠，他就一定會駁斥你的看法；因為所有教派的基督徒都會不約而同地認同一點：上帝的法律遠比其他所有法律要高出許多；其他所有想法都理應順應上帝的法律。一個理智的基督徒，到底會用怎樣的理由，才能順從或支持那些容許有仇必報、支持恣意殺人的律條呢？他信仰的宗教法規早已明令指出：嚴禁一切報復和殺人。

荷瑞修：我並非是一個詭辯家。然而你心知肚明，我所說的句句屬實。在注重榮譽者之中，一個人如果存在這樣的擔憂就會備受譏諷。雖然這樣，我還是覺得：在能夠不置一個人於死地時卻依然要這樣做，這實在是重罪一樁；所有謹言慎行的人都需要竭力避免出現這種情形。最需要批判的是最先衝撞別人和在大庭廣眾之下辱罵別人的人。因為輕浮而率先冒犯別人者，或因為放肆而存心挑釁者，全都理應被處以絞刑。除了愚鈍之人，所有人都不可能做這種事。雖然這樣，如果罵名被迫加於你的身上，那麼，世上的所有道理也都不能教你怎樣視若無睹。如你所知，我就碰到過這種情形。我這一輩子都會銘記在心，當時我向對方提議進行決鬥時心中有幾千幾百個不情願。然而，註定要出現的事情是不會把所有法律放在眼中的。

里歐·門尼斯：就是那天上午，我恰巧碰到過你。你看上去非常平靜，一點也沒有流露出絲毫惱怒的樣子。你原本可以不考慮那些。

荷瑞修：那個時候表現出惱怒，這實在是愚蠢至極。然而，我非常瞭解自己當時的感受。我心裡的激烈鬥爭實在無以言表。那實在是可怕至極，當時，我情願割捨自己的一大半財產，也不希望讓強加在我頭上的那件事情出現。然而，如果第二天我又遇到並不那麼有威脅的挑釁，我依舊會採取同樣的舉動。

里歐·門尼斯：你可還知道當時你腦子裡想得最多的是什麼？

荷瑞修：這還需要問嗎？我所想的，是我一生中經歷的最重要的事情。我當時已經不是個孩子。那時，我們從義大利回來沒多久，我那時已經二十九歲了，認識了許多好友，他們對我也不能說差。一個處在那個年紀的人，身體強健，精力旺盛，每年有七千英鎊收入，未來還會置身英國貴族之列，不會有什麼原因去和世上什麼人發生爭執，也不會有什麼原因期盼自己告別這個世界。對男人而言，提議決鬥要冒很大的風險，而且，如果不幸將對手置於死地，你還會後悔終生。你無法在考慮這些事情的同時（雖然還有其他更重要的擔心），又無所顧忌地打算進行決鬥。

里歐·門尼斯：你對那樁罪惡沒有說過隻言片語。

荷瑞修：毋庸置疑，關於那樁罪惡，我的確想了很多；然而，其他的事情自然也至關重要，所以，一個身處那種情境的人如果不仔細考量，就會進退維艱。

里歐·門尼斯：你如今有個絕佳的機會，荷瑞修，能夠讓你反省自己的內心，並且藉助我的一點幫助，去考量你自己。如果你願意屈身一試，我發誓你必然會有重大的發現，並且會相信那些你目前不想坦承你所相信的真理。你熱衷正義、心地善良，你這樣的人不能夠始終堅守那種思路，因為它一直在強迫你吞吞吐吐，讓你無法直視光明或理性。你希望我問你

幾個問題，並且心平氣和、直截了當地進行回答嗎？

荷瑞修：可以，我對此沒有絲毫顧忌，保證知無不言，言無不盡。

里歐·門尼斯：關於熱那亞[1]沿海一帶的那場風暴你還有印象嗎？

荷瑞修：就是那場吹向那不勒斯[2]的風暴嗎？我記得一清二楚。每次想到它我就渾身戰慄。

里歐·門尼斯：你當時恐懼嗎？

荷瑞修：一生中從沒有過的恐懼。我厭惡變幻莫測的天氣，我也無法忍受大海。

里歐·門尼斯：你當時恐懼什麼呢？

荷瑞修：這還需要問嗎？難道你不知道：那時我只有二十六歲，在那場風暴到來的時候，我最擔心的就是被淹死。當時，船長自己都說我們處境十分危險。

里歐·門尼斯：然而，無論是那船長還是其他的水手，在你那個年齡上都不會有當時你哪怕一半的害怕和擔憂。

荷瑞修：事實真是如你所說。當時，船上所有的水手們都不曾如我那樣手足無措，況且他們早已對大海習以為常，風暴對他們而言只不過是家常便飯。而在那之前我從未涉足海域，可剛好那個晦氣的下午我們從多佛爾[3]坐船去加萊[4]。

里歐·門尼斯：沒有知識和經驗，這會讓人在沒有危險的地方設想出危險。但是，那些確切的危險，當人們已經瞭解了它們的危害時，卻是對每個人的天然勇氣的考量，無論人們是否對它們習以為常。水手也如同其他人一樣不希望因此而命喪黃泉。

荷瑞修：我坦承自己在海上是個膽小鬼，關於這點我沒有絲毫羞恥之心。如果是在陸地上，我肯定會……

里歐·門尼斯：就在你進行那場決鬥的六七個月之後，我記得你染上

了天花。當時你非常擔心自己會因此送命。

　　荷瑞修：那並不是沒有緣由的。

　　里歐·門尼斯：我聽你的醫生說，當時，你對死的擔憂讓你寢食難安，夜夜失眠，高燒不退。它對你的影響一點也不比那熱病本身小。

　　荷瑞修：那段時間真的是非常恐怖。我非常開心它終於成為過去式了。我的一個姐妹就因為天花而喪命。之前我沒患天花的時候，就一直對它心存恐懼。有許多次，我只要一聽到它的名字就渾身難受，坐立不安。

　　里歐·門尼斯：與生俱來的勇氣就是一副與死之擔憂抗衡的盔甲，無論那勇氣以什麼形式存在，不管在這個堅不可摧的世界上它是多麼脆弱，無一例外。它會在風暴四起的海洋上輔助你，也會在灼人的高溫中輔助你。它會讓你時刻冷靜，無論是在攻城掠地的時候，還是在與對手進行決鬥之時。

　　荷瑞修：你意欲何為！難不成你想讓我相信自己缺乏勇氣嗎？

　　里歐·門尼斯：絕對不是這樣。質疑一個男人的勇敢是無憑無據的，而你已經一次又一次、十分卓越地展現過你的勇敢了。我想瞭解的是，你的勇敢是不是源於天性使然。如你所知，與生俱來的勇敢與後天造就的勇敢，兩者差異非常明顯。

　　荷瑞修：我可不想陷入你設下的這個陷阱。然而我並不認同你的看法，你曾經說過：人們並不渴求一位君子體現出自己的勇敢，除非與他的榮譽息息相關。如果他膽敢為了他的國王、朋友、情人及與他名聲有關的所有事情去戰鬥，那麼，他的其他行為就任憑你想像。除此之外，在患病和遭遇其他危險時，在身處困頓之時，你都可以非常清楚地意識到上帝的援助之手，所以勇敢與無畏都是不真摯、不合適的。責罰他人時的大膽放肆乃是一種叛逆之舉：這是在與上天抗衡，而只有無神論者和自由思想家才會犯下如此罪責。只有那些人，才會由於不思悔改而臭名昭著，才會在

提及死亡時而不懺悔。其他所有人，但凡稍微有點宗教的意識，在告別這個世界之前，都會期盼進行最後的懺悔，我們當中最好的人也不能像我們期盼的那樣永世長存。

里歐・門尼斯：聽到你的信仰是這麼虔誠，我特別開心。然而，你難道還不曾發現你的話前後矛盾嗎？

一個真心要懺悔的人，卻寧可讓自己身陷一樁重罪中，其行為對他性命的恐嚇基本上比其他所有行為都要大、要直接得多，而誰都不曾逼迫他做出那種行為，他也並不是一定要那麼做。這怎麼可能呢？

荷瑞修：我已經不止一次地向你坦承我認為決鬥是一樁罪了。我還知道，若不是一個人是因為迫於無奈而參與決鬥，決鬥就更是一樁重罪，然而我的情形並不是這樣。因此，我期待上帝會原諒我。讓人們把決鬥看作消遣好了。不過，如果一個人做出某個行為是非常勉強的，那麼，他的所作所為就不可避免。我覺得，我們大可公允地說：他是迫於無奈而出此下策，是必須如此。你可以批評有關榮譽的苛刻的律條，批判強大的習俗力量，然而你如果要在這個世界上求得一席之地，就一定要順應它們。難不成你自己不打算這麼做嗎？

里歐・門尼斯：不要問我打算做什麼，問題在於該怎麼做。一個人信仰聖經，同時卻又信仰一個暴君，它比魔鬼還要狡猾、狠毒、殘暴，而且喪盡天良；要麼相信一個比地獄還要壞的凶犯；要麼相信那些痛苦，它們要麼比那些無以言表卻生生不息的酷刑還要慘痛而永恆。這現實嗎？你沒有回答這個問題。請試想一下其何罪之有，然後跟我說你信仰的究竟是什麼隱晦的東西。你如果不看重那些律條，鄙夷那個暴君，又有什麼大災難會加諸你的身上？請讓我瞭解那些最有可能會讓我恐懼的東西吧。

荷瑞修：你想被別人當成是膽小鬼嗎？

里歐・門尼斯：憑什麼？就因為我不敢抗拒那些注重人道的、非常神

聖的法律嗎？

荷瑞修：準確地說，你的觀點是正確的，那個問題的確不好作答，然而，有誰會這般看待問題呢？

里歐・門尼斯：一切優秀的基督徒都會這樣。

荷瑞修：那麼，他們究竟在什麼地方呢？如你所知，全人類都會鄙夷和譏諷提出那些擔憂的人。我有所耳聞也親眼見證了那些神職人員自己在大庭廣眾之下把對膽小鬼的鄙視掛在嘴邊，無論他們傳道時提及哪些，稱頌什麼。完全摒棄這個世界，同時切斷與世上所有有價值者之間的交流，下這樣的決心是一件非常恐怖的事情。你打算成為人們街頭巷尾談論的對象嗎？你甘心委身成為小酒館、公共馬車和菜市場的眾人奚落挖苦的對象嗎？難道一個人就應當必須直面挑釁而放棄戰鬥，或無怨無悔地默默承擔這一切嗎？

里歐・門尼斯，請你務必要公正：難道就該不要回應挑釁嗎？難道一個人勢必要成為眾人的話柄、被人在街上指手畫腳，甚至成為孩子們譏諷的對象、成為雜役和出租馬車夫們奚落的對象嗎？一想到這裡，你還能心平氣和嗎？

里歐・門尼斯：你如今仔細思考的這些東西，估計都是凡俗人等的觀點，而在其他情況下你是非常鄙視他們的。你究竟是怎麼回事？

荷瑞修：這些話只是推理論證的結果。你也知道你的觀點經不起推敲。你出口怎麼會這麼傷人呢？

里歐・門尼斯：在披露和認可那種激情的時候，你為什麼這麼膽小呢？那種激情顯而易見是所有這些事情的源頭，是我們一想到自己被鄙夷就覺得不舒服的原因，它真真切切，無法複製。

荷瑞修：我可壓根不存在這樣的感覺。我能夠坦率地跟你說：我說這番話時，心中湧現的除了理性和榮譽準則之外，並無其他。

里歐·門尼斯：你是不是覺得：最卑微的群氓及人類的糟粕也會因循榮譽準則行為處事？

荷瑞修：不，肯定不是。

里歐·門尼斯：你是不是覺得：家境最顯赫的嬰兒在兩歲以前就會被榮譽準則左右？

荷瑞修：那太可笑了。

里歐·門尼斯：如果這兩種人都沒有受到榮譽準則的影響，那麼，榮譽觀念就不是遺傳的，而是從文化中獲取的；要麼，就算那些家境顯赫者的血液中蘊含了榮譽觀念，那也要等到他們擁有辨別力的時候才可以被意識到。這兩種榮譽觀念都不能被當成我提到的那種榮譽準則，即那種顯而易見的原因。

這是因為，我們看得真真切切：一方面，連最貧苦交加的晦氣蛋也無法容忍奚落和挖苦，世上不會有任何一個乞丐會卑微到從不因被鄙夷而生氣；另一方面，人類很早就被羞恥觀念所左右，兒童如果遭到譏諷或挖苦，就算他們還無法說話，他們也會大吵大鬧。因而說，無論這條重大的準則是什麼，它都是先天存在的，是我們天性的一部分。難道你不知道那個準則準確的、地道的、家喻戶曉的名字嗎？

荷瑞修：據我所知你把它稱之為「驕傲」。我不想和你就萬物起源和各種原理發生爭執，然而，在意榮譽者對自身的特別關注（它正是源於我們天性的尊嚴），當經過良好的鍛造以後，鑄就了他們個性的基石，能成為他們歷經千辛萬苦的堅強後盾，所以對社會著實有用。同理，所有人都期盼贏得他人的交口稱讚，期盼贏得諸多讚譽，甚至期盼能夠榮耀加身，這種期盼對公眾也有好處。這個看法的正確性，也可以從其反面得到驗證。缺少羞恥心的人全都是恬不知恥，壓根不關心別人對他們有什麼認識和意見。我們發現，沒有人會相信這些人。他們缺乏原則，但凡可以遠離

死亡、痛苦和刑罰，就時刻都可以胡作非為、惹是生非。他們的自私之心或隨便一種如禽獸般的貪念，都會引發他們去這般行事，對他人的評價毫不在意。這種人是表裡如一的「缺少行為準則者」，因為他們心中不會有什麼力量可以鼓舞他們做出英勇的、合乎美德規範的行為，不會有什麼力量可以克制他們，讓他們不去做些下流無恥的勾當。

里歐・門尼斯：但凡那種特別關注、期盼沒有超出理性的邊界，你這番話的前半部分就絕對正確。然而，你這番話的後半部分卻是大錯特錯。那部分人，我們所說的「缺乏羞恥心的人」，他們的驕傲並不比那些比他們優秀的人少一丁點。請思考一下我談論教育及其力量的那番話吧。你還能夠把天然性向、知識和環境考慮在內；因為就這些方面而言，每個人都迥然有別，因而他們會受到各種各樣激情的左右和駕馭。人可以學會對世上所有的事物產生羞恥之心。同為驕傲，既能讓溫文儒雅和謹言慎行的官員為自己表現出來的榮譽和福分暗地裡自我表揚，也能讓浪子和惡棍去誇讚自己的惡行，賣弄自己的卑劣舉止。

荷瑞修：我實在不明白，在意榮譽的人與毫不關心榮譽的人，這兩種人為什麼會因循相同的準則去行為處事。

里歐・門尼斯：這沒什麼奇怪之處，就像自愛也會讓人自取滅亡一樣，都是最真實可信的事實。同理，一些人做出卑劣行徑，剛好是在縱容自己的驕傲，這也是毋庸置疑的。要弄清楚人的本性，就一定要考察和實地檢測人心，一定要擁有洞察力和聰明才智。一般說來，所有動物被賜予的激情和本能，無一不是服務於某種理性的意圖，常常是向著其自身或其物種的繁衍生息和幸福安康而努力。我們的使命，就是避免那些激情和本能對社會產生威脅，避免它們損傷社會的某個部分。然而，我們為何要對擁有這些激情和本能覺得羞愧呢？所有人都對自己有很高的評價，這種本能乃是一種特別有用的激情。然而，雖然它是一種激情，雖然我能夠印證

缺少它，我們人類會是一種倒楣而卑劣的生靈，然而如果它沒有分寸，還是會成為諸多災禍的源泉。

荷瑞修：然而，在有涵養的人那裡，這種激情從來都是有節制的。

里歐・門尼斯：你是想說，對於那些人來說，無度的驕傲從不展露在大庭廣眾之下。但是，我們肯定不會按照我們所目睹的那種激情本身去評判其程度和力量，而要按照它所造成的影響去評判。它被隱匿得最多的地方，常常就是它最強烈的所在，而如果要讓驕傲擴展，對它造成影響，天下不會有什麼事情可以好過所謂的「精良教育」，以及與上流社會之間的持續往來了。唯一可以約束或抑制驕傲的辦法，乃是遵循基督徒的信仰。

荷瑞修：你這般篤定地堅守這條原則：人對自己的這種評價屬於一種激情，這又是為何呢？你為什麼把它稱之為「驕傲」，而不是稱作「榮譽」呢？

里歐・門尼斯：我有十足的把握這樣做。首先，說人類本性中就有這個原則，這就將一切歧義剔除在外了。誰是在意榮譽的人？誰又是個例外？這個問題常常會引發爭執。在能夠被冠之以「在意榮譽者」的人當中，所有人對榮譽規則的恪守程度又各不相同，這就讓榮譽原則自身出現了巨大的差別。然而一種天生的激情卻是無法更改的，它是我們精神的組成因素之一，無論它是否炫耀自己，都是這樣。問題的本質仍舊是：我們告訴人們該讓它去往何處。榮譽必然是驕傲的衍生物，然而相同原因不是始終都會造就相同的結果。卑賤之輩、兒童、野蠻人及其他許多沒有一點榮譽感的人，全都擁有驕傲之心，這一點展露得清楚無遺。其次，說人類本性中也有著這個原則，還能夠協助我們解釋產生在爭吵和抗衡中的一些現象，解釋在這些情景下那些在意榮譽者的行為，因為無法用其他什麼方式去解釋它們。

然而，我持那種觀點的最大原因卻是：但凡人們期盼自我尊重得到

滿足，但凡人們被激勵自我尊重，這條自我尊重的原則就擁有驚天駭人的力量，就可以發揮非同小可的作用。你還記得當年你進行決鬥時的那些擔憂嗎？還記得你是多麼無奈地進行決鬥的嗎？你本來就瞭解決鬥是罪惡，也對它深惡痛絕。既然這樣，到底又是多麼奇妙的力量戰勝了你的意志，壓制了你對決鬥的那種超乎尋常的毫不在乎呢？你把它稱之為「榮譽」，說你進行決鬥是源自不能逃避得太過、遵循榮譽準則。然而，人們除了與各種激情鬥爭之外，向來不會把這樣的暴力加到自己身上，那些激情是已然存在的，是先天的。榮譽觀念則是後天習得的，榮譽規則也是後天學成的。在我們看來，不會有什麼外來的東西（有些人擁有它們，而有些人則沒有）可以引發這般激烈的戰爭和巨大的騷亂。所以，無論是因為什麼，可以讓我們這般激烈地與自己搏鬥，並把人類本性區別開來兩極對立的東西，一定是人類精神的組成部分之一。坦率地說，當時你心潮澎湃的鬥爭，就是對羞恥的害怕與對死亡的害怕之間的鬥爭。如果你那時對死的害怕並非如此強烈，你的內心鬥爭就不可能那麼激烈。然而，就算這樣，你對羞恥的害怕仍舊掌控著你，因為它是最強烈的。然而，你對羞恥的害怕如果比不上對死的害怕，你的推論將就會是另一番情景，並且找出某種方式去遠離決鬥了。

荷瑞修：這絕對是對人性的一種罕見解讀。

里歐・門尼斯：是的。因為人們不曾採用這種解讀方法，許多人都無法正確地認識我們正在探討的這個話題，而人們對決鬥行為的一番探討也常常難以自圓其說、前後不一。有位牧師寫過一篇批判決鬥之風的對話，其中有言：進行決鬥者對榮譽的內涵有錯誤的認知，是根據錯誤的榮譽準則行為處事。就此，我的朋友站在正確的立場上加以奚落道：你覺得提議決鬥和接受挑戰是背離真正的榮譽原則的，這就相當於，你不認同自己眼前所有人都在穿的衣服屬於時尚。此人如果熟知人的本性，就不可能犯下

如此大錯了。然而，他但凡堅信榮譽是一條合法而完備的原則，又不去考察它源於什麼激情，他就不能說明一個基督徒為什麼自詡遵循這個原則去進行決鬥。所以，在另外一個地方，在相同正義感的驅使下，他又說：接受決鬥挑戰者缺乏立遺囑的條件，因為他並非身處在精神健康的情境之下。他如果說接受決鬥挑戰的人被邪惡附身，他的話大概會看上去更有理可循。

荷瑞修：為什麼會有此斷言呢？

里歐·門尼斯：因為沒有理智的人會胡思亂想，其舉止和言談也斷斷續續，這非常普遍。然而，一個頭腦清醒的人，一個看上去沒有一丁點精神恍惚的人，其言行全都在理性掌控之下，與平時並無差別；況且，就算是憑藉最縝密、最嚴格的邏輯推理，我們也無法把他說成一個傻子或瘋子。然而，如此一個人面對一樁最為重大的事件時，其舉動卻剛好與其切身利益自相矛盾（這連小孩都非常明白），那就是他存心自取滅亡。目睹這些，相信他被邪惡精靈的力量駕馭的人就會覺得他必然是被邪惡附身，必然是被人類之敵掌控著，而不會意識到他言行中顯而易見的滑稽可笑。不過，缺乏那種罕見解讀的幫助而只憑這樣的預設，也不能夠破解那個難題。這是由於：無論其行為是被什麼符咒或魔法附身，一個理智、頭腦聰敏的人，竟然會把一種捕風捉影的職責誤看作無法逃避、一定要踐行的使命，就算為此拋下所有真正的責任，也是義不容辭，到底是什麼符咒或巫術讓他的心智恍惚呢？不過，我們暫且放下所有宗教信仰及人類法律的約束，並預設我們提到的那個人是忠貞不貳的伊壁鳩魯主義者，壓根不在乎來世，如此一個人超然物外，安寧靜謐，既不適合與困難周旋，又生來並不勇猛，然而他卻拋下了自己在乎的悠閒與安寧，並好像甘心不顧性命，置身於冷血的決鬥，還自在地想著：只有把對手完全打垮，自己的生命才可以擁有最穩固的保障。逼迫他有如此決定的，到底是什麼強大的邪惡力

量呢？

荷瑞修：位高權重的人基本上沒有必要擔心相關的法律和懲罰。

里歐・門尼斯：法國的情形也不是這樣，七省聯盟也不是這樣。然而，在珍視榮譽者當中，位居最高等級者也和位卑言輕者的等級一樣喜歡決鬥。就算在英國，我們也會瞥見大量膽大包天的人由於參與決鬥或被流放，或被處以絞死的鮮活案例。珍視榮譽者一定是天不怕地不怕的人，你必須要考慮一下這條自我尊重的原則，然後再跟我說：這條原則是不是僅僅是魔法，如果被它蒙蔽心智，一個擁有優雅審美和評判力、身強體健、活力四射，又正當年富力強的人也會被其蠱惑，堅決拋下愛妻及滿載希望的孩子們，拋下優雅的交談和魅力四射的友人，拋下最富足的財產和所有今生幸福的快樂體驗，去進行一場不正當的決鬥，而人們發現最後的結果會是：其中獲勝的一方要麼會卑賤地死去，要麼會被放逐天涯直到永遠。

荷瑞修：我知道，如果按照這個思路去看事情，它們就真的是不能解釋的。然而，你的理論可以對它們進行解釋嗎？你能說明白自己的想法嗎？

里歐・門尼斯：這是最簡單的事了，就如同太陽一樣耀眼。你如果意識到兩個情況那一切就可以解釋了。

它們一定會緊隨其後，並在我已經提到的話裡有跡可循。第一個情況就是：對羞恥的害怕，其表現常常是五花八門的，它會因為時風和習俗的變遷而變化，並可能被附著於不同的對象上，這是由我們接受的不同教育決定的，是由陶冶我們的不同戒律決定的。正由於這樣，這種對羞恥的害怕，無論其是多是少，是好是壞，有時會導致特別好的結果，有時會引發最嚴重的罪惡。第二個情況是：儘管羞恥是一種確切的激情，然而對羞恥的擔心卻全都是源於想像，除了因為我們自己對他人評價的擔憂之外，再無一個緣由。

荷瑞修：然而，一個人如果在榮譽問題上有不妥舉動，就真的會給自己招致大量確定的、真真切切的災禍。這會泯滅他的好運和所有晉升希望。如果是官員，則會由於允許對他在大庭廣眾之下進行侮辱而名譽掃地。不會有人喜歡跟膽小鬼共事。誰會招用膽小鬼做事呢？

里歐‧門尼斯：你重申的這些全都無邊無際，起碼在你自己那件事情上是這樣。當時你不擔心別的，只擔心別人對你有什麼評價。此外，對羞恥的害怕如果比對死的害怕還要大，它就足以壓倒其他所有擔憂，這已經有確鑿的證據。然而，如果對羞恥的害怕還沒有能夠大過對死的擔憂，那麼，其他所有的就都不能壓倒對死的擔憂了。對死的害怕如果比對羞恥的害怕要大，那麼，一旦生命遭遇威脅時，就不會有什麼顧慮會讓一個人置身你死我活的戰鬥中，或者按照隨便哪條榮譽準則行為處事了。因而說，無論是誰，但凡是因為恐懼羞恥而提議或接受決鬥的挑戰，他都一定會發現：第一，他如果不順從那個暴君，他所顧慮的災禍僅僅是源於他自己思想；第二，如果有人千方百計說服他降低對自己的那份特別尊重和評價，他對羞恥的害怕也會立刻降低。從所有這些看來，我們正在探究的這種極度焦慮的根本緣由，這個法力巨大的巫師，並非其他，而恰恰就是驕傲，是過度的驕傲，是極端的自尊（有些人可能就是由於從小接受某種優越的教育，而築就了這種極端的自尊），以及對我們人類、對我們傑出本性的那些恆久的奉迎。那位巫師就是他，他可以轉換其他所有激情的自然對象，能讓一個充滿靈性的生物對最受其天性青睞的東西覺得慚愧，也對其職責覺得慚愧。參與決鬥者都認可自己對它們覺得慚愧，認可自己是明知不行而存心如此。

荷瑞修：人是一種如此奇特的機器！人是一種多麼五花八門的組合物！你基本上已經讓我信服了。

里歐‧門尼斯：我並不希望贏得什麼勝利，而只打算為你服務，讓你

清醒。

荷瑞修：同樣是一個人，對死的害怕在疾病纏身或風暴突襲時展示得這麼清晰無餘，而在決鬥或一切軍事活動中卻被藏匿得這般完善，這是為什麼呢？請告訴我們答案吧。

里歐·門尼斯：我勉力一試吧。在一切關乎聲譽的緊急時刻，珍視榮譽者心中對羞恥的害怕都會被有效地激發，而他們的驕傲之心也會陡然而生並把它當作援助，全神貫注地遮蓋對死的害怕。憑藉這種卓越的努力，對死的擔憂就徹底被遏制，起碼是不會讓人知道和發現了。然而，在其他所有被視為並不關乎名譽的險境中，珍視榮譽者的驕傲之心就會處於潛伏狀態。因而，對死的擔憂就沒有任何束縛，可以大搖大擺地展露無遺。所以我們就會發現：珍視榮譽者分明是按照處境的差異而採取相應的行為，這是由他們自詡信奉基督教還是被非宗教思想的玷汙決定的，因為這兩類人世間都有。你會發現，身處相同的危險之中，你提到的無神論者，以及那些常常被認為是不相信來世的人（我所說的都是珍視榮譽者），起碼大部分都是一幅處之泰然、最英勇無畏的表情，而其中嘴上說是基督教的忠實信徒的人，卻是一幅最著急忙慌、膽小如鼠的表情。

荷瑞修：不過你為什麼要說他們是「嘴上說是基督教的忠實信徒的人」呢？果真如此的話，珍視榮譽者當中就不會有一個基督教徒了。

里歐·門尼斯：我也搞不清那些人為什麼是如假包換的信教者。

荷瑞修：你為何會有如此看法呢？

里歐·門尼斯：在清教國家裡，或者更確切地說，在其他所有國家裡，羅馬天主教徒不可能是永遠值得信賴的良好臣民。只有在羅馬天主教國家中，他們才有這種可能性。如果一個人認可自己還敬仰地球上另外一種無上的權力，那麼，所有君主都不會真正地信賴這個人對他袒露的忠誠。我對此非常確定，你知道我話裡的含義。

荷瑞修：我非常瞭解。

里歐·門尼斯：你能夠讓一位榮譽加身的牧師去和一位騎士結伴，並讓他們置身於同一間小屋之中，然而榮譽和基督教信仰卻壓根互不相容，這就如同尊嚴與愛情不能容忍彼此一樣。請回憶一下你自己的所作所為，你會意識到：你所說的「上帝的援助之手」那番話僅僅是個托詞而已，是個藉口罷了，它只不過是為你那一刻的意圖服務的工具。而在另外一個地方，昨天你還提道：「上帝督導和掌控著世間萬物，沒有個別。」

所以，估計你已經明白：在生活的凡俗事件和災禍中，也如同在另一件並不更非同小可的事情中一樣，都能夠瞥見上帝的援助之手。一場嚴重的疾病，可能還沒有兩個敵對黨派之間的些許摩擦那麼致命。在珍視榮譽者當中，常會出現一些沒有意義的爭吵，其危險程度並不比最猛烈的暴風雨導致的危險要小一點。因而，一個理智的人如果遵循一種真真切切的原則，就不可能在置身於一種危險之中時把不展示害怕當成是無視神，而在置身於另一種危險之中時卻由於被看作心中有恐懼就覺得慚愧。請你想一下自己前後的矛盾吧。在一種情形下，為了驗證你在缺失驕傲之心的情形下恐懼死亡是合情合理的，你瞬間搖身一變成為宗教最虔誠的信徒；當時，你的良心是那麼小心翼翼、謹言慎行，害怕會遭到萬能上帝的責罰，而你把這視作等同於跟上天作戰。然而在另一種情形下，當榮譽攸關的時候，你卻不只是敢於存心而有意地摧毀上帝那條最嚴苛的戒律，而且膽敢認可：對你而言，能發生在你頭上的最大災難，乃是世人都覺得（或起碼是有所質疑）你對那條戒律不敢有絲毫懈怠。我批判那些聰明人鄙夷神聖的上帝。拒不承認上帝是真實的，與承認上帝存在後再鄙夷他，前者的勇敢還沒有後者的一半多。所有無神論……

荷瑞修：請暫停，里歐·門尼斯。我已經不能繼續否認真理的力量了。我打算從今往後更進一步考量自己。請你答應做我的老師吧！

里歐・門尼斯：請務必不要拿我當話柄，荷瑞修。我從沒打算去教化一個如你這般知識淵博的人。然而，你如果可以採納我的建議，就請你審慎而勇敢地進行一次自己反省。你如果有時間，就去讀一下我鼓勵你看的那本書吧。

荷瑞修：我向你發誓，我一定會看的。我還會特別願意接受你那件精緻的禮物，昨天我還把它拒之門外。煩請你派僕人明天上午把它送去我家吧。

里歐・門尼斯：那禮物微不足道。你最好馬上就派一個僕人隨我取回。我立刻就坐車回家。

荷瑞修：我明白你有什麼擔憂。也罷，你想怎麼做就怎麼做吧。

【注釋】

1.熱那亞，義大利最大商港和重要工業中心，利古里亞大區和同名省熱那亞省的首府。位於義大利西北部，利古里亞海熱那亞灣北岸。——譯者注

2.那不勒斯，是義大利南部的第一大城市，坎帕尼亞大區及那不勒斯省的首府。——譯者注

3.多佛爾，位於英國東南部的港口城市。羅馬時期為去歐洲大陸的交通要地。4世紀建要塞。11世紀諾曼人建城堡，成為當時五大港之一。1278年正式命名。——譯者注

4.加萊，法國北部港市。與英國多佛爾港相距30餘千公尺。法國最大的客運港。——譯者注

3. 荷瑞修與里歐·門尼斯的對話

荷瑞修：煩勞你送書給我，真是不勝感激。

里歐·門尼斯：那本書能博得你的歡心，這實在是最好不過的事了。

荷瑞修：坦率地說，我之前覺得任憑誰都不能說服我去看那本書，然而你卻十分狡猾地將我說服了，而不會有什麼東西能比那個關於決鬥的實例那樣更有說服力了。無須你重提，你所說的論據已經讓我十分驚訝了。一種可以戰勝對死的害怕的激情，不僅會迷惑一個人的判斷力，而且會導致其他諸多後果。

里歐·門尼斯：我們會被一種激情塑造成多麼奇特、多變、不能解釋又前後不一的形象，這真是無法相信。那激情如果不能被掩飾起來，就無法得到滿足。我們被說服而以為那激情已被完全掩飾起來時，我們會發自內心地歡呼雀躍。所以，世上不會存在什麼善心或純真天性，不會存在什麼溫良和善的品德或社會美德無法用它進行偽飾。總而言之，那激情可以模擬人類的體力、腦力所製造的所有成果，無論好壞。那激情可以在很大程度上把它主宰的人們騙得團團轉，這是毋庸置疑的。設想一下，最傑出的天才如果坦承自己恐懼沒有緣由的擔心、恐懼虛榮的庸俗人等（他對他們沒有絲毫傷害）把各種罪名加之於他，內心卻沒有應有的害怕，即害怕由萬能的上帝施行的真正責罰（因為他的舉動嚴重地激怒了上帝），然後又自詡是所謂什麼宗教的忠實信徒，並到處炫耀，對這種人還用談什麼理性力量、判斷力和洞察力嗎？

荷瑞修：然而，你那位朋友（這裡指的是曼德維爾自己）壓根並未進

行此番宗教反思，事實上，他還為決鬥的合理性辯解呢。

里歐・門尼斯：怎麼，難道就因為他覺得法律理應最大限度地對參與決鬥者施以嚴苛懲罰，不應寬恕所有犯下那種罪的人嗎？

荷瑞修：他的這一點提議看上去可以把決鬥犯罪的概率降低一點，然而他卻表露了維繫決鬥傳統是非常有必要的觀點，說它可以讓大部分社會因此變得更文明、更公允。

里歐・門尼斯：你就沒發現其中暗藏的奚落嗎？

荷瑞修：確實沒有。他純粹是在論證決鬥的功用，並盡其所能，用充分的例證，來說明如果取消決鬥會招致多大的爭議。

里歐・門尼斯：一個人原本在非常認真地探討一個題目，卻突然戛然而止，你會覺得這是真的嗎？

荷瑞修：關於他的所作所為我沒有印象是如你所說的那樣。

里歐・門尼斯：我這裡現在就有這本書，我要把那段話找出來……請你把這一段讀一下吧。

荷瑞修：「讓人搞不懂的是，一個國家居然不希望看到一年當中可能只有五、六個人喪命，而這些人的初衷，乃是去贏得一些非常有意義的福澤，例如舉止的文明、交談的歡愉，以及時刻有人相伴的快樂。人們常常甘心為這些福澤而放棄生命，甚至偶爾一個小時就有上千人因此而死亡，卻無從得知這樣的犧牲究竟算好還是壞。」挺好，這段話好像是言辭間帶有一種奚落的語調，然而，這段話前面的那些話卻十分認真嚴謹。

里歐・門尼斯：你的見解非常正確，在他看來，決鬥（即維繫決鬥的習俗）對讓人溫文爾雅、讓交談更加順暢非常有裨益。這話真真切切。然而，他那本書卻由始至終地譏諷和披露了禮節本身及那種愉悅。

荷瑞修：一個人在前一頁還正兒八經地頌揚一件事，下一頁就立刻對同一件事奚落嘲笑，誰能瞭解他這麼做的用意何在？

里歐‧門尼斯：在他看來，除了基督教信仰，不會有什麼值得恪守的堅實原則；而由衷地遵守基督教信仰原則的人數量有限。你如果一直站在這個立場上去看待這位作者，就不可能意識到他的話自相矛盾。一旦你發現他的話聽起來自相矛盾之時，就勞駕你再審慎地看一下。透過更細緻的考量，你會意識到：他不過是在按照別人自詡遵循的那些原則，去揭示或披露他們的前後不一而已。

荷瑞修：他內心裡好像並非無神論者。

里歐‧門尼斯：是的，他如果不是這樣，他想告慰的那些讀者、現代自然神論者[1]及所有上流社會人士，就不可能成為他的讀者。他給那本書預設的讀者群，正是這部分人。針對第一種讀者，他揭示了美德的起源及其不確定性，言明他們施行那些美德時的前後不一。針對其他的讀者，他揭示了惡德、快樂、凡俗崇高的虛榮，以及牧師們虛假的善意（他們表面上是在宣揚福音，卻隨意遷就那些背離了福音律條，甚至與之非常迥異的東西）都是荒誕的。

荷瑞修：然而這並非世人對這本書的認識。人們大都覺得那本書的意圖是宣揚惡德，讓國民沉淪。

里歐‧門尼斯：你是否意識到其中有類似的東西？

荷瑞修：用良心發誓，我一定得坦承我並沒有發現蛛絲馬跡。那本書披露了惡德，奚落了惡德；然而是它又奚落了戰爭和作戰的英勇，也奚落了榮譽及其他所有的東西。

里歐‧門尼斯：敬請諒解，本書並沒有絲毫奚落宗教的意思，哪怕是隻言片語。

荷瑞修：然而，它如果真是一本好書，為何會有這麼多神職人員群起而攻之呢？

里歐‧門尼斯：個中緣由我已經對你說明白了。那本書的作者確實

披露了這些人的生活，然而不曾有人說他所用的方式並不正確，不曾有人說他對教士們太鐵面無私。人們被某件事情激怒，卻又無法對它抱怨的時候，會看上去非常憤怒。教士們給那本書冠上惡名，是源於他們惱羞成怒，然而他們不可能如實地把讓他們惱火的根本原因告知於你。你如果能夠耐心傾聽，我就給你舉個與此差不多的例子，它能夠把這種情況說得非常明白。然而我基本上不期盼你會有這樣的耐心，因為據我所知你是歌劇的忠實支持者。

荷瑞修：你可以知無不言，無須有絲毫顧忌。

里歐・門尼斯：我向來非常討厭閹人，即使這種人的唱功和演技再嫻熟，也無法把我這種厭惡消泯掉。我耳畔響起一個女性的聲音，當然會覺得眼前應該是個女人，然而那些沒有性別的動物一旦出現在我面前，我就會產生極度的厭惡感。假設有個人也跟我一樣討厭閹人，且機智聰慧，想要批判那種讓人憎惡的奢侈情趣，因為它讓人們學會了心腸堅硬，為了休閒、尋點開心而去摧殘男人，只是為了娛樂就讓一部分同胞轉身成為廢人。可以說，為了譴責這種享樂，他把那種行為本身的一個把柄牢牢握在手中，他用最沒有傷害性的方式去闡述它、探討它；然後，他又言明人類的知識範圍是多麼狹隘，我們所能獲得的幫助是少之又少，要麼分別論證，要麼闡述哲理，要麼運用某種數學方法，以此回顧和研究一種先驗的原因，來印證這種對男人的糟踐為什麼會對其嗓音造成這麼讓人震驚的影響。接下來，他又說明我們人類真真切切是一種後驗的動物，那種糟踐男人的辦法不但對其咽部的腺體和肌肉有很大影響，而且也對氣管和肺臟造成了一定的影響，總而言之，它完完全全影響了血液的性質，進而影響了周身體液和所有的神經纖維。他還能大言不慚地說：世上所有的蜂蜜、蜜糖、葡萄乾或鯨腦油，所有的乳液、錠劑或其他含清涼芳香劑的藥物，所有的放血術，所有的嚴禁飲食的規定，所有嚴禁女人食用的辛辣食品及

酒類的規定，都無法達到如同那種方法這麼有效地維繫、修飾和鞏固嗓音的效果。他大概會再三重申：不會有什麼方法會如同閹割那樣成效明顯。為了隱匿他這個目的，為了迎合讀者，說到閹割術時他可能會說它還有意圖，說它是出於對同性戀罪犯的嚴厲懲罰，還說有些男人是出於健康和長生的目的而甘心承受去勢術。他會說：按照凱撒的記載，在古羅馬人看來閹割比死刑還要殘忍——比死刑還要嚴苛。他會說到閹割偶爾會被用來作為一種報復的方式，再對那個讓人同情的阿伯拉爾[2]說上幾句冠冕堂皇的話語聊作寬慰。他還會說去勢術偶爾還會被當成一種預防措施，然後說一下康巴布與斯特拉托妮絲[3]的故事，順便再截取馬提亞爾[4]、尤維納利斯[5]等詩人的詩歌的部分內容。在他所說的有關去勢術的千百件趣聞軼事中，他會從中選出最有意思的東西來修飾所有內容。他旨在譏諷；他要批判我們對這些閹人歌手[6]的鍾愛；他要譏諷那樣一個時代，其中，一位生命時刻處於危險之中、一心報效祖國的英勇的英國貴族和將軍，其一年的全部薪俸，還沒有一個流氓出身的義大利地痞悠閒自在、時斷時續地唱一個冬天的歌所掙的錢多7。

他還會譏諷上等人對閹人歌手的鍾愛和迷戀，因為他們對這些最讓人憎惡的小人寵溺有加，把只有上等人才能享用的榮譽和禮節，錯誤地加之於這些生靈之上，它們壓根不是源於自然，而純粹是外科手術的產物；這些最最卑賤的動物並不是沒有投桃報李之心，卻用惡毒的咒罵來回報製造他們的人。如果他把這些寫進書中，書名就叫《閹人也是人》。我就算沒看過這本書，而只聽說了有這樣一個書名，也會瞭解閹人而今備受尊崇、非常流行，成了大家眼中的紅人。然而一想到閹人其實並不是男人，我還會把這本書視為對閹人的譏諷，或是對太過看重閹人者的嘲笑。然而，皇家歌劇院的先生們如果對這作者出言不遜而心生怨憤，就會覺得：一個無名小輩居然膽大包天，像他們一樣去打擾他們的消遣，這委實是無法無

天。他們如果怒氣衝天，存心想要找作者的茬兒，就既無須替閹人歌手辯解，也無須提及作者批評他們那種消遣的什麼言論，只要對世人說此人宣揚去勢術，並且援引此人的相關話語，讓公眾關注到他的卑劣言辭就可以了。這會輕而易舉地引發公眾對那作者的義憤填膺，輕而易舉地讓那本書遭到大陪審團取締。

荷瑞修：這個比喻對於那個不公的裁決非常適合，也非常適合那種虛偽的批判。然而，奢侈的確會讓一國興盛發達，私人的惡德也的確是公眾的福澤，而去勢術維繫和美化了人聲，這不也全都是鐵一樣的事實嗎？

里歐・門尼斯：在我這位朋友預設的前提下，我相信果真這樣，這些情況都完全一致。要維繫、修飾和鞏固男青年的美好嗓音，最好的辦法莫過於去勢術了。問題的關鍵不是這辦法是不是行得通，而是它究竟合不合法，為讓嗓音優美而遭受那種損失是不是值得的，是一個男人甘心拋下讓人羨慕的婚姻，也要盡可能在歌唱上贏得滿足，也要贏得接踵而至的各種好處，而他的選擇會讓他與享受子女的天倫之樂徹底絕緣，這樣做是不是有意義的？同理，我這位作者朋友也印證：首先，民眾追求並期待的國家之福，乃是財富、國力、榮耀和聞名遐邇的高尚，乃是國內生活安閒自在，物質富足，百業發達，以及讓外國對該國心存敬畏、謙卑和尊崇。其次，缺少貪婪、揮霍、驕傲、嫉妒、野心和其他惡德，就絕不會擁有上述福氣。第二點已經得到了毋庸辯駁的證明。問題的關鍵不是這是不是正確，而是為獲得這種福氣付出這些必不可少的代價是不是值得的，而是一國的大部分國民如果不全都沉淪卑俗，該國是不是會期盼享有什麼福分的機會。他讓那些基督徒去考慮這個問題，讓那些自詡放棄了凡塵所有榮耀與虛榮的人去考慮這個問題。

荷瑞修：然而，你又怎麼得知這位作者所說的對象就是那些人呢？

里歐・門尼斯：因為他那本書選擇了用英文撰寫，出版地又選在倫

敦。然而，你把它從頭到尾讀過了嗎？

荷瑞修：從頭到尾讀了兩遍。其中有不少地方都深合我意，然而對於整本書我卻說不上喜歡。

里歐‧門尼斯：你對其中的哪些缺點無法認同呢？

荷瑞修：它讓我閱讀另一本書的興致大減，那本書要比它好很多。沙夫茲伯里大人是我最鍾愛的作者，我對他那本書早先非常熱衷，特別欣賞，然而，一聽到你跟我說我喜歡的到底是什麼，那本書的魅力就立刻無影無蹤了。既然我們都這麼非同凡響，我們為什麼不充分地利用它一下呢？

里歐‧門尼斯：在我看來你已經打算更深刻地進行自我反省，並想要細緻而英勇地考察你的內心了呢。

荷瑞修：那是件特別困難的事情。從上次見你之後算起，我已經試了足足三次了，一直試到我大汗淋漓，我才無奈地把那種做法棄之一旁。

里歐‧門尼斯：你最好再試一下，並且要慢慢習慣於進行抽象思考，如此一來，這本書就會對你非常有用了。

荷瑞修：它會讓我無所適從，因為它把一切的禮節規矩和優雅舉止都奚落了一遍。

里歐‧門尼斯：請諒解，先生，這本書僅僅是告訴我們它們到底是什麼而已。

荷瑞修：它告訴我們：優雅的舉止無一不是為了迎合他人的驕傲、掩飾我們的自傲。這難道不驚世駭俗嗎？

里歐‧門尼斯：可是這難道不是真的嗎？

荷瑞修：我一讀到那段話就十分驚訝，趕快把這本書放在一邊，打算用起碼五十個事例去證明它究竟正確與否，其中既有注重禮節的例子，也有舉止卑俗的例子。我一定得坦承，所有的事例都證明了那段話確實是正

確的。

里歐・門尼斯：即使你驗證到世界末日，那段話也絕對沒錯。

荷瑞修：然而，這難道不讓人憤怒嗎？我情願自掏腰包付出一百個金幣，也不希望知道這一點。親眼看見我自己被這麼不留情面地揭露，這實在讓我不能容忍。

里歐・門尼斯：在珍視榮譽者當中，我還真沒發現一個像你這樣敢公然對抗真理的。

荷瑞修：你想怎麼挖苦我就怎麼挖苦我吧，悉聽尊便。我所言句句屬實。然而，既然我已經深陷其中，而今我就一定要走到盡頭了。我這裡有五十個事例想聽你賜教。

里歐・門尼斯：請將其一一擺出來吧。但凡我可以為你盡點綿薄之力，我就會把它視為我的榮幸。我非常瞭解這位作者的心情。

荷瑞修：就驕傲而言，我有二十個問題要請你賜教，然而我不曉得該始於何處。還有一點我搞不清楚，即：為什麼說缺少自我約束就意味著缺少美德呢？

里歐・門尼斯：古人都持這種觀點。沙夫茲伯里爵爺是第一個公然反叛的人。

荷瑞修：然而，放眼世界就不能找出些好人了嗎？

里歐・門尼斯：好人能夠找到，然而，那種遴選卻是依憑理性和經驗，而並不是只憑天性的，換言之，它並不是憑藉從沒接受過教育歷練的天性。然而，我常常要竭力遠離「好」這個字模稜兩可的意思，因此，我們還是把它界定在「擁有美德」的內涵上得了。於是我就可以斷言：世上不存在一種美德行為不想要戰勝天然去雕飾的天性或博取在與這種天性抗爭時或多或少的上風。要不然，「美德」這個名字就實在是徒有虛名了。

荷瑞修：然而，如果我們年輕時憑藉精心的教育贏得了這個勝利，難

道我們之後的行為舉止不是順其自然、心甘情願地合乎美德的嗎？

里歐‧門尼斯：是的，如果我們的確贏得了那個勝利的話，那就真是這樣。但是，我們到底知不知道自己贏得了那個勝利呢？我們有怎樣的根據相信那能稱之為勝利呢？早在孩提時代，我們就不曾儘量約束自己的欲求，而是始終在學習怎樣煞費苦心地掩飾它們。我們心裡非常明白：無論我們的行為和環境出現了怎樣的改變，那些激情一直就在那裡。這個事實難道不是顯而易見的嗎？就像我這位作者朋友說的，「美德不需要一點自我約束」的理論讓虛偽有了可乘之機。它讓人有了佯裝熱愛社會、佯裝考慮公眾的藉口，比那個與其背道而馳的信條給出的藉口更明目張膽，讓人有了更多作假的可能。那個信條就是：不克服各種激情，任何優點都無從談起；缺少明顯的自我約束，也就缺乏任何美德。我們可以試著去問一下那些世故圓滑、深諳人心者：是不是意識到大部分人對自己的判斷都是這麼公允，乃至為自己比事實上價值更大？是不是意識到大部分人知道自己私底下的缺點錯誤時（你永遠不可能讓他們意識到他們有缺點錯誤）都這麼坦率直白，乃至從不克制或迴避自己對它們的害怕？無論何時都從不掩飾自己的過錯，無論何時都不用偽裝的外表掩飾自己，心中明白自己最在意的是自己不會佯裝依循社會美德和關心他人的原則為人處事。像這樣的人，到底在什麼地方呢？

我們當中最好的人偶爾也會收到他們迷惑的人的稱頌，雖然我們同時也發現：我們那些被當成美好的行為，乃是我們天性中一種強大的缺陷所導致的後果。那種缺陷常常對我們有害，我們也曾千百次地期盼自己可以戰勝它，卻次次敗北。因為每個人都有各自的性格氣度與環境，即便是同樣的初衷也可能引發截然相反的行為。家境優越者可能展示出美德，而同是這些人，如果身陷困境，則常常會展示出其自身的缺陷。如果想對世界有更多認知，我們就一定要進一步地研究它。你非常討厭下流社會的生

活，然而我們如果一直停留在上流社會中間，不拓展我們的研究範圍，那麼，這個範圍內的事情就不可能讓我們獲得有關人類天性的所有知識。在環境不好的中等階層中，也有些人受過還算可以的教育，他們早先也擁有和上等人相同的美德與惡德，並且具備和上等人相同的能力，然而他們取得的成績卻迥然有別。這顯而易見是他們具備的氣質秉性有別導致的。我們可以看下兩個人的情況，他們都適合做相同的行業，都兩手空空，面對世界，早先都曾得到過相同的幫助，也都曾碰到過同樣的問題。如果這兩人除了秉性氣質之外，其他全部都沒有差別：一個天性積極，另一個則天性散漫。後者雖然其行業可以賺錢，又精於此行，卻不可能憑藉靠勤勉而發家。機運或某個非凡的小概率事件，極會成為引發他生活巨變的機遇，否則，他就基本上沒有機會讓自己置身中等階層之列。如果不是他的驕傲對他造成了不同尋常的影響，他一定永遠都無法擺脫貧窮，除了一點點虛榮心作祟，沒有什麼會阻止他陷入貧困的境地。他如果頭腦聰慧，就會非常誠懇，而他心中那點貪婪之念也絕不可能讓他放棄誠懇。而那個積極進取者，則輕而易舉地融入這個紛擾複雜的世界。

我們會發現：雖然是一樣的環境，他的表現卻迥然有別。一點點貪念就會激發他去勤勤懇懇、歷盡千辛萬苦地追求其目標。誠摯如果沒有起作用，他就費盡心機，而此時，微弱的良心不安壓根不會減緩他的腳步。為實現目標，就算他的利益要強迫他去詆騙欺瞞，他也會盡力運用自己的常識，裝出一副誠實無欺的樣子。

為了讓藝術和科學給他帶來滾滾財富，甚至只是為了把它們當成謀生的手段，只是懂得藝術和科學是沒用的。在符合禮儀的範圍內讓自己功成名就、名揚四海，又不誇大其才，不有損他人，這是所有尋求謀生之道者不容推卸的責任。在這方面，那個散漫者儘管做得不好，有心無力，卻不會輕易承認自己的失誤，反而譴責公眾不利用他、無視他的優點（儘管

旁人沒有發現那優點，他自己卻會因為把它藏匿起來而開心之至）。你費盡口舌想讓他明白自己犯了錯，他甚至不把那些最可靠的求職方式放在眼中，雖然這樣，他還是用外在的美德行為竭力掩飾自己的缺點。提及他太過貪圖享樂的氣質給他導致的各種缺點，以及對心靈平靜的太過鍾愛，他都全部歸因於自己的謙虛克制，說自己討厭恬不知恥和自賣自誇。

那個和他氣質截然不同的人，則不但相信自己的優點，不但利用其去贏得最大的利益，而且費盡心機，竭力讓旁人把他的長處看得明明白白，竭力讓他的各種能力看上去比自己所熟知的更傑出。公然聲稱自己比別人優秀，誇讚自己多麼有能耐，這會被看作愚蠢之舉。所以，他最喜歡做的事情就是找一些熟人和朋友，讓他們替他炫耀。為達成自己的夢想，他葬送掉了自己的其他全部激情。他譏諷灰心喪氣，對旁人的斥責司空見慣，所有冷淡和厭煩都不可能讓他覺得羞愧。這些總能讓這人做到為自身利益而屈伸有度。他能把自己的身體騙得團團轉，讓其把那些必需之欲擱置一旁。他不容許自己的頭腦有片刻安寧。但凡可以實現夢想，他就會裝出一副禁欲、貞潔、憐憫和虔誠的樣子，而其中又沒有一丁點美德或宗教信仰。採取合法的非法手段，他竭力擴張自己的財富，永不停歇，貪得無厭，只有在大庭廣眾面前或害怕遭到世人唾棄時，他會暫時停歇。

在我所說的這兩個相反的人身上，天生的氣質都會讓激情畸形，並把它們雕刻成各自喜歡的模樣。目睹這種情況，著實讓人覺得興致盎然。例如，驕傲對這兩人的影響就迥然不同，基本上可以說是截然相反。那個積極進取者的驕傲表現為酷愛精緻器皿、服飾、傢俱、馬車、豪宅，以及社會地位高於他的人們所享用的全部事物。然而在另一個人身上，驕傲則表現為暴戾乖張，甚至表現為孤僻冷漠。他如果機智過人，就常常會喜歡冷言冷語，雖然他原本天性純良。

所有人的自愛之心始終都躁動不已，滿足和迎合著各自熱衷的喜好，

並且一直讓我們無法看到前景中自己並不中意的一面。身處這種環境，那個天性散漫者不能從外界找到讓自己高興的事情，於是把目光投向了自己內心深處。在那裡，他用放縱和欣喜的態度看待所有事物，賞識自己的優點，無論它們是先天存在的還是後天習得的。所以，他會輕易鄙夷其他沒有擁有他那些美好品德的人，特別是位高權重的人，然而他從不激烈地憎惡或忌恨這些人，因為那會讓他心緒煩躁。他認為不會輕易實現的事情都無法實現，這讓他對讓自己的處境變好沒有希望。他資產頗少，其收入只能讓他維持一種衣食無憂的生活而已，所以，他如果真像他表面上那麼幸福，他的常識一定會讓他擁有兩種品德：其一是節約，其二是自稱壓根不會正眼瞧一下財富，因為如果不這樣做，他就必然會垮臺，他的缺點也會無法規避地被展露無遺。

荷瑞修：聽你這麼一說，看到你對人類有如此認識，我非常欣慰。然而，你自己不也認同過節儉美德嗎？

里歐・門尼斯：我並沒有這種想法。

荷瑞修：一個人如果沒有什麼收入，他就有節儉的緣由。處於這種情形之下，他看上去一定要自我約束，要不然，天性散漫、不把金錢放在眼中的人就無法力行節儉了。我們經常發現不在意金錢的散漫的人成為乞丐一族，其最平常不過的原因就是他們沒有擁有節儉的美德。

里歐・門尼斯：我剛剛對你說過：那個天性散漫的人剛開始也是一貧如洗，撇除那一點點虛榮心不談，沒有什麼可以阻止他陷入貧困的境地。對羞恥的極其害怕，會在很大程度上影響一個生性散漫但頭腦聰明的人，讓他內心生發足夠的動力，以免遭他人的鄙夷，然而也只是這樣罷了，這不可能讓他有什麼別的出息，所以他才鍾愛節約，把節儉當作工具，用節儉充當幫手，以達成他的最高美德，也就是他所看重的悠閒心靈的安寧。反之，那個積極進取者但凡有一丁點虛榮心，就會奢華無度，而不會

勤儉持家，除非是出於貪婪的要求才會這樣。所有出於激情的節儉都不是美德，而對財富虎視眈眈的也很少是真心實意的。我知道有一些富甲一方的人，由於考慮到子孫後代，或因為使用金錢的其他正當目的而生活簡樸，並且比他們更有錢時還要吝嗇。然而我卻不曾看到一個不貪婪或不貧苦的節儉者。同時，世上還有數不勝數的揮霍無度的人，他們沒有節制，奢華浪費，但凡還有能夠揮霍的東西，就好像壓根無視金錢的存在一樣。然而，這些壞蛋卻最不具備容忍貧困的能力，他們的錢一旦用盡，你就可以處處瞥見：缺少錢，他們是多麼坐立不安，多麼焦躁難耐，多麼痛苦不堪。從古至今，自詡鄙夷財富的人，其數量事實上遠比一般預想的還要罕見。一個特別有錢的人，身體強健，體力和腦力都非常健全，不存在埋怨世界和命運的什麼原因，卻非常蔑視財富和好運，為了一種堪稱讚美的目標而甘心去清苦度日，這樣的人實在是寥寥無幾。據我所知，古代只有一個人真正把這一點付諸實踐了。

荷瑞修：快跟我說一下：此人是何方神聖？

里歐・門尼斯：是克拉佐莫尼的阿納克薩哥拉，在愛奧尼亞。他特別有錢，出身名門，才華超群，備受稱頌。他捨棄了財產，把它們散發給了親戚，沒有接納為他提供的治理公眾事務的工作，而這僅僅是希望有更多閒置時間去思考自然的運行規律，去研究哲學。

荷瑞修：在我看來，缺少錢比有錢實踐起美德來要更困難得多。能夠不受苦受窮的人卻過著清貧的生活，他就是頭腦愚鈍。可以正當發家致富的人卻存心選擇貧窮，我會覺得他是精神有問題。

里歐・門尼斯：然而，你如果親眼所見他把自己的房產賣掉，把錢散發給了窮人，就不會對他有這種看法了。你要清楚他有此舉動需要何等的胸襟。

荷瑞修：我們可不具備那樣的胸襟。

里歐‧門尼斯：可能是這樣吧。然而，對於與世隔絕、違背我們對它的鄭重誓言，對此你有何看法呢？

　　荷瑞修：就字面意義而言，這是極不現實的，除非我們告別這個世界。所以在我看來：與世隔絕只不過意味著不想與世上的骯髒齷齪者混為一談罷了。

　　里歐‧門尼斯：對所有基督教美德、財富和權力乃是龐大的圈套和極大的阻隔，這是毋庸置疑的。雖然這樣，我也並不曾料到你的解釋會這麼嚴謹。然而，大部分人但凡還有能夠捨棄的東西，就都會認可你的見解。如果把聖人和瘋子擱置一旁，我們就會到處可見：自詡鄙夷財富、一直在喋喋不休地大談特談拒斥財富的人，往往都特別貧困、特別懶惰。然而，會有誰去斥責這些人呢？他們之所以那樣完全是為了維護自己。如果不是萬般無奈，誰會希望備受鄙夷？因為我們一定要知道：在貧困導致的各種困難當中，最不能容忍的就是旁人的譏諷。

　　　　所有不幸的貧困，

　　　　都比不上他人的當面譏諷更尷尬。

　　家財萬貫或擁有稀世珍品的人，其滿足本身就隱含著一層意思，即對缺少這些東西的人們的鄙視；而除了摻雜著同情和禮貌的言談舉止之外，不會有什麼東西能掩蓋那種鄙夷。誰如果對此持否定態度，就請他自己反省一下，看一下自己內心的那種快樂是不是符合塞內卡[8]的相反議論吧，因為他曾有言：沒有比較就沒有痛苦可言。在此我所提及的鄙夷和譏諷，必然都是所有頭腦聰明、富有涵養的人都盡力遠離或執意排斥的事情。而今，我們看一下面前這兩個性格迥然不同的人的行為，留心他們怎樣用不同的方式達成這個任務，因為他們各自都會依循自己的價值觀行為處事。你看，那個行動至上的人會想盡千方百計，以贏得可以讓他稱心如意的結果；然而那生性懶惰的人卻不可能這麼做：他不能鼓舞自己採取行動，因

為其偶像約束了他的一舉一動，因而，他會輕易做的事情就是與世人爭辯，找出一些藉口，去詆毀在別人看來堪稱讚揚的東西。事實上，他能做的也只有這些。

荷瑞修：我目前已經明白：驕傲與常識一定會讓一個生性散漫的窮人勤儉持家。我還知道了它們怎麼會讓他裝出一副安於貧困的姿態，那是因為：他如果不厲行節儉，就會馬上陷入貧苦與困頓；如果他對財富流露出一絲一毫的鍾愛，如果他生活得稍微富足一點，他為他所看重的那個缺點辯解的唯一理由也就消失了，而立刻就會有人問他為何不設法讓自己過上好一點的生活。人們還會持續不斷地示意他，說他與很多致富機會擦肩而過。

里歐・門尼斯：所以，人們儘管口頭並不贊同一些事情，然而其內裡的原因，顯而易見並不總能對公眾袒露。

荷瑞修：然而，無論怎麼說，這種特別散漫的氣質，就是你提到的這種貪圖享樂不思進取的性格，難道不正是我們時常提到的「懶惰」嗎？

里歐・門尼斯：必然不是。我提到的「散漫」中壓根沒有怠慢或遊手好閒。散漫者雖然不很勤快，然而有可能十分勤懇。他會俯身拾起他腳下的東西；他會在閣樓裡或其他所有地方工作，不在公眾的視線之內，既耐心又謹小慎微，然而，他卻不瞭解怎樣拜託和懇請別人雇他工作，也不瞭解怎樣向一個敷衍了事、奸詐狡猾的主人索要屬於他的酬勞。後者要麼不好接近，要麼把自己的錢緊緊攥在手中。他如果是文人，則會為生計而好好學習，然而往往會用低價出賣自己的勞動成果，並甘心把作品賣給一個無名小卒（因為後者願意出錢購買），也不希望容忍跋扈書商的無禮羞辱，不希望忍受骯髒的商業語言的煎熬。生性散漫者儘管有時也會結識對他饒有興致的身份尊貴的人，然而向來無法憑藉自己的本事去贏得一個保護人。就算有了保護人，這散漫的文人也僅僅是得到恩人的主動施捨和爽

快乾脆的大方饋贈。他非常不情願為自己去懇請別人，一直都害怕跟人求情，所以，對自己獲得的收益，他僅僅闡發其發自內心想要他闡發的那些自然情緒，而並沒有其他感激需要言表。

那個積極奮鬥進取沒有停歇的人則研究所有的取勝之道，來迎合自己的欲求。他聰明機智，孜孜不倦地尋求保護人。贏得保護人的恩惠後，他就裝出一副一輩子不勝感激的模樣。然而，他卻把自己曾經得到的恩惠全都變成了祈求新恩惠的緣由。他溫文爾雅的舉止既有可能惹人憐愛，其逢迎拍馬也可能非常隱晦，然而他的心卻不曾有絲毫動容。他既不會有閒情逸致，也不會有那份心力去愛他的那些恩人。為贏得下一個恩人，他始終都會把那個最初有恩於他的人當作砝碼。如果無法讓恩人們為拓展或捍衛他自己的財富、地位和名聲有一點作用，那他就不可能對哪一個恩人的財富、地位和名聲有絲毫的尊重。

綜上所述，再稍加關注一下凡塵之事，我們就會輕易看穿幾個現象的本質了：首先，那個行動至上、積極拚搏的人如果按照其天性行為處事，一定會比那生性散漫的人碰到更多坎坷荊棘和數不盡的阻隔。他還會遇到形形色色的巨大引誘，它們會讓他違背美德的嚴格規範，而那天生散漫的人卻基本上與它們無緣相遇。在許多情境之下，他都會出於無奈做出違背美德規範的舉動，為此，雖然他老奸巨猾、深思熟慮，還是勢必會被人家當成壞人。終其漫長的一生，他一定要憑藉諸多的好運和百般的精明，才會讓自己贏得還不錯的名聲。其次，那天生散漫的人會耽於自己的生性喜好之中，在其環境尚佳的範圍內盡可能地追求感官享樂，而不會輕易衝撞或打擾鄰人。他太過在意自己心靈的寧靜，非常不希望把它棄之一旁，而這必然會極大程度地抑制其他各種最重要的激情。所以，一切激情都不可能對他造成強大影響，最後，他的心靈就會腐爛變質。他不需要什麼計謀，也不需要經歷什麼困難，就可以獲得許多惹人歡心的品德，而那都將

以社會美德的形式展現出來。其實他跟從前一樣，就鄙夷世界而言，那生性散漫的人可能對索要和懇請傲慢的恩惠不屑一顧。起先，那種恩惠會讓他動心，然而他也會高高興興地奔向一位富有的貴族，因為他明白對方會慷慨慈悲地接納他。他非常喜歡與這位貴族分享所有奢華舒爽的生活，這位貴族為他提供的最奢侈的享受也涵蓋在內。你如果想更深層地考驗他，那就給他許多的榮譽和財富吧。如果他命運的這種改變並未讓他內心深處的惡德迸發出來，而且他也不曾因此變得貪婪或揮霍，他不久就可以在上流社會裡贏得一席之地。他大概會成為慈悲的主人、寵溺子女的父親、樂善好施的鄰居，並擁有讓他開懷的優點、美德的捍衛者，以及對自己的國家擁有良好希冀的人。然而在其他方面，他卻會充分享用所有快樂。他並不會對自己的激情有絲毫克制，而是心平氣和地迎合它的需要。過上揮霍浪費的生活時，他就真誠地譏諷節儉，而貧窮潦倒時，他又公然鄙夷富貴，並興高采烈地坦承：那些吹捧與虛偽乃是沒有意義的東西。

荷瑞修：你已經讓我認識到：「美德需要自我約束」這個見解更科學、更穩妥，而虛偽在其中的分量，則比在那個與之相反的理論中要小得多。

里歐·門尼斯：所有忠實於自己天性好惡的人，就算向來不會看上去這般仁慈、這般大方、這般純厚，也向來不會與哪一種惡德爭執不休，而只是跟與自己性格氣質相矛盾的事情有所爭執。反之，依循美德原則行為處事的人，則向來凡事都要聽從理性的擺佈，向來會與阻隔他們行使職責的所有激情抗爭到底！那生性散漫的人向來不會拒不承認自己欠下的債；然而，如果那筆債務非常龐大，雖然他非常窮困，他也不會讓自己償還債務可能遇到並需要承擔的問題惹上身，起碼不會盡心竭力去迎合債主，除非債主經常催討，或揚言說要用官司解決問題。他不是個喜歡挑起事端的鄰居，也不會在熟人當中引發爭議；然而他卻不可能以葬送自己的安逸為

代價而為朋友或國家效力。他對窮人並不敲詐勒索、剝削傾軋，也不會為了錢財而有什麼可恥行徑；然而他卻不可能去竭力拚搏、歷盡艱辛（而那躁動進取者則不會放過任何機會，來供養一個大家族，照顧子女，並施捨親屬，讓他們也能有好日子過）。他所注重的那個缺陷，不會讓他去為福澤社會而做了百件事情。而如果他的氣質迥異，他原本也有資本、有可能讓那些事情成為現實。

荷瑞修：你的這些觀點實在罕見，並且，按照我對自己的考量，它們都準確無誤，非常合情合理。

里歐・門尼斯：盡人皆知，最常見的被偽裝出來的美德莫過於慈善，而大部分人卻很少會費心去思考到底什麼才是慈善，所以，無論慈善偽裝中的欺騙是何等明目張膽、何等恬不知恥，世人卻時時都會對撕破偽善、揭穿騙局者覺得氣憤和憎惡。因為盲目的命運之神的垂青，憑藉經營一種對國家有害的行業，逮住所有的機會剝削窮人，就算一個下流的鞋匠也可能因此而富甲一方。隨著時間的推移，憑藉持續不斷的累積和自私自利的節儉，這筆財富極可能會成為一個商人巨額的、見所未見的財產。我非常瞭解這種商人的脾氣和秉性，他如果在自己行將就木之時把自己的大多數巨額錢財用於建造大樓，或用於捐助建造一個醫院，我是不會頌揚他的美德的，雖然他在有生之年割捨了自己的錢財。如果搞明白此人在最後的遺囑裡非常不公平，不但沒有對那些曾給他極大恩惠的人感恩回饋，而且欺瞞了另外一些人，而他的良心分明知道自己至死都對他們心存愧疚，我就更不可能頌揚他的美德了。我非常希望你能告訴我：你如果知道我提到的所有這些都是真的，你會給他這份非同小可的禮物，即這筆巨額捐款定個什麼名義呢？

荷瑞修：我同意一種觀點，即我們鄰人的一種舉動如果可能有著相反的意義，而我們的責任就是讚揚並相信其中最有價值的意義。

里歐・門尼斯：我也發自內心地希望能從中發現其最有價值的意義，然而，如果世上每一個人都不覺得它有什麼價值，那它還何用之有呢？我指的並不是捐款行動本身，而是它所因循的原則，是激勵他捐款的內心初衷，因為我只把源自自然起因的行為視為行動。所以，任憑你怎麼稱呼它，拜託你盡可能仁慈地對它進行評判，而後再給出些評論吧。

荷瑞修：他的動機可能不止一種，而我並不自詡可以將它們識別出來。然而，那捐款無論怎樣都是一種堪受嘉許的方式，因為它對本國的每一批後代都非常有好處；它是一種崇高的預先關懷，因為它會一直將許多窮人的苦難降到最小，給他們難以言表的安撫；它不但數量龐大，而且合乎時宜，物盡其用，社會剛好有這樣的需求；在之後的世世代代裡，其餘一切人等可能已經記不得這位捐款者是誰了，然而千千萬萬受苦受難的人們卻把他永遠鐫刻在心底深處。

里歐・門尼斯：所有這些我都沒有不同意見，就算你的讚美之詞再多一些，但凡它們所稱頌的只涉及捐款行動本身，以及公眾希望從中贏得的收益，我也不會反對。然而，你如果說那個行為是出於此人福澤公眾的精神，出於他對人類的樂善好施的大方觀念，出於他的博大胸襟，或出於其他什麼美德或傑出品德（捐款者顯然與那些東西毫不相干），那就是一個聰明人的大錯特錯了。這些看法僅僅是因為根據自己的判斷力一意孤行，或是因為蒙昧和愚鈍。

荷瑞修：我徹底投降。我知道：許多行動都被看作美德的表現，其實它們並不是這樣的；人們生來氣質迥異，思想方法也各不相同，所以，相同的激情也對人們造成不同的結果。我也知道：這些激情是我們先天就有的，是我們的本性之一，在我們還沒有意識到的時候，其中一些就已經在我們心中扎根了，起碼是它們的種子已經深埋於我們心中了。不過，如果每個人都具備這些激情，為何一些人的驕傲會遠比另一些人的更明顯呢？

在你已經表明的情況一定會推出以下這個結論，即一個人比另一個人對驕傲更沒有免疫力；換言之，一個人身上的驕傲的確會明顯多於另一個，無論在圓滑世故、能狡猾藏匿驕傲者當中，還是在不瞭解世道人心、把驕傲公然示眾者當中，都是這樣。

　　里歐‧門尼斯：我們完全能夠斷言，所有人自打出生之日起就要麼明顯、要麼潛在地擁有了源自我們天性的那些東西。然而，那些並非先天就有的東西，無論是其本身，還是其後來導致的結果，卻無法說是源自我們的天性。但是，每個人都擁有不同的相貌和身材，同理，人們在其他方面也不盡一致，那些方面更不在人們的視線之內。所有這些都是因為不同的體質造成的，即要麼是固體或是液體的體內形態。面容上的各種明顯不足，有些是緣於蒼白的黏液質，有些則緣於血紅的膽汁質。有些人比一般人更貪戀美色，而另一些人生來就比其他人更膽小怕事。然而總的看來，我認可一點：如同我這位作者朋友對其他動物給出的評論那樣，最好的人（我所說的是自身構造最完美的人，例如那些擁有了十全十美的天賦才能者）生來就具有最強烈的自傲傾向。然而我也深信，人與人之間驕傲程度的不同，卻更多是因為環境與教育，而不是身體結構的不同。激情如果得到最大的迎合，如果受到很小束縛，這放縱就會讓它們愈演愈烈。反之，有些人壓抑激情，除了基本生存需要之外，從不想入非非，例如不能或缺少機會去迎合驕傲這種激情，他們往往最不會驕傲。不過，無論一個人心中感到的驕傲有幾分，他思維越靈敏，判斷力越強，閱歷經驗越豐富，他就越能輕而易舉地洞悉：每一個人都非常厭惡那些展現自己驕傲的人。人們越早接受禮貌風範的洗禮，就會越早懂得怎樣在藏匿驕傲方面做得天衣無縫。出身卑賤、沒有接受教育者會受到非常多的束縛，所以不會有什麼機會去縱容自己的驕傲；如果有機會對別人大呼小叫，他們就會出現一種混合著自傲的報復心理，而這會輕易讓驕傲的激情成為潛在的禍端，當這

種人身邊不存在地位更高或身份相近的人時，就更是這樣，因為在地位更高者或同輩面前，他們必須要把那種討厭的激情藏匿起來。

荷瑞修：你是不是覺得女人生來就比男人更驕傲？

里歐・門尼斯：我並不這樣認為。然而，女人因教育而生的驕傲卻遠比男人多很多。

荷瑞修：我不瞭解你為何會出此言，因為富人家中的兒子，特別是身為長子的，也會如同做女兒的那樣，自孩提時代起就得到許多可以引發驕傲之情的飾物和精巧對象。

里歐・門尼斯：然而，在受教育程度相當的人們之中，女士得到奉迎卻會遠比男士得到的要多得多，也要早得多。

荷瑞修：但是，為什麼與男人的驕傲相比，要更支持女人的驕傲呢？

里歐・門尼斯：我們支持士兵的驕傲之心，遠比支持其他人的驕傲要高很多。這兩者道理相同，都是出於提高對羞恥的害怕，而這會讓兩者都時刻在意自己的榮譽。

荷瑞修：然而，這兩者如果要恪守各自的分內之事，女士為何一定比男子更驕傲呢？

里歐・門尼斯：這是由於女人最容易遇到被驕傲迷惑的風險。女人如果有驕傲之心，這激情會在她十二三歲時就開始對她產生影響，可能比這還早；而且，女人還要隨時招架男人的各種誘惑。女人必須要對我們男性的各種猛攻心存敬畏。口才卓越、魅力無限的引誘者，會讓女人在其本性的唆使和引誘下為所欲為。除此之外，那引誘者還會言之鑿鑿，還會用真真切切的錢物賄賂女人。這誘惑大概在私底下操作，因為那時不會有人在女人身邊規勸她。文質彬彬的紳士在十六、七歲之前沒什麼機會顯露自己的勇氣，也很難這麼迅速地顯露其勇氣。他們不曾受到考驗，直到他們開始與那些在意榮譽者交往，因為到那時其驕傲就會得到認可。如果與別人

有口角之爭，他們會去諮詢朋友，而世上有那麼多與紳士行為有關的精妙言論，讓他們恐懼，讓他們去恪守本分，其方法是逼迫他們遵守榮譽的律條。所有這些都一起影響，提升了他們對羞恥的害怕。但凡可以讓對羞恥的害怕大於對死的害怕，他們就算是修成正果了。他們不可能幻想從破壞榮譽的準則中贏得快感，再奸詐的引誘者也都不能誘使他們去當膽小鬼。那驕傲乃是男人珍視榮譽的緣由，它只會敬仰男人的勇氣。但凡男人能展示出勇敢，但凡他們能因循時尚的男子漢榮譽準則行為處事，他們就能夠不受斥責地縱容其他一切欲望、炫耀自己的淫蕩了。同理，那驕傲也會引發女人的榮譽感，其對象也只有女人的貞潔而已。但凡女人珍貴的貞潔完美無瑕，她們就不會知道有什麼羞恥感了。溫柔和嬌嫩乃是對她們的讚頌，但凡她們不是存心誇讚自己的溫柔可人，就沒有必要害怕什麼滑稽的危險。不過，雖然女人體格柔弱，雖然對女子的教育往往是要她們溫柔，但女人如果出錯，暗地裡犯下了不貞的罪孽，那麼，為了對世人掩飾這個缺陷（教育讓她們對這個缺陷覺得慚愧至極），什麼真正的危險她們不敢去冒，什麼痛苦她們無法忍受，什麼罪行她們不敢去犯啊！

荷瑞修：確實這樣。我們很少耳聞卑賤的妓女把自己的嬰兒置於死地，雖然她們在其他方面是最不知廉恥的壞女人。我發現了《蜜蜂的寓言》裡對此有所提及，那段議論真是棒極了。

里歐‧門尼斯：那段話清清楚楚地表明：就同一個人而言，相同的激情既可能導致顯而易見的善行，也可能導致臭名昭著的惡行，這完全在於一個女人的自愛及現實處境的引導；同是對恥辱的害怕，既會讓男人偶爾表現得美德非常高尚，也會讓他們在另一些時候犯下最恐怖的罪行。因而說，無論是誰，但凡略加注意自己屬於什麼人，應該都會非常瞭解一點：榮譽並不是基於什麼真正的美德或真正的宗教原則。這些人都是榮譽那個偶像最虔誠的信徒。榮譽分別為男女兩性定下了不同的義務。首先，看重

榮譽者都愛慕虛榮、縱容欲望，都遵循世風及時尚，都以奢華無度為樂，都盡可能樂享現世的生活。其次，「榮譽」這個字本身的含義也是非常變幻莫測的，按照應用對象特點的差別，其對象是男是女，其意義就有天壤之別，乃至無論是男是女都無法容忍捨棄自己的榮譽，雖然兩性都是有罪之身，並且都公然炫耀自己的榮譽，而那些榮譽卻會讓對方慚愧之至。

荷瑞修：非常抱歉我無法說你這些見解不夠公允，然而它們真的特別離奇，因為你的觀點是：用一種十全十美的教育去激發並辛勤地提升人的驕傲之心，會成為讓人竭力藏匿驕傲的外在表現的最好手段。

里歐·門尼斯：我的這個見解儘管離奇，卻是最最真切的事實。然而，但凡這般縱容驕傲，並且這般刻意地儘量讓它遠離世人的視線，就如同在意榮譽的男女的所作所為一樣，如果不掌握怎樣讓這種激情自己批判自己，如果不許可用毫無瓜葛的人為表現去置換驕傲的天然表徵，那麼，無論怎樣的人為力量都不能讓人們容忍那種束縛。

荷瑞修：我明白，你言下的「讓這種激情自己批判自己」，也就是說用私底下的驕傲去藏匿驕傲的清晰可見的外在表現。然而，我還無法真正地理解你言下的「置換驕傲的天然表徵」是什麼意思。

里歐·門尼斯：一個人因為自己的驕傲揚揚自得，並縱容這種激情時，他的面容、舉止、步態和行為都會刻有驕傲的印記，就像抬頭挺胸的馬或神氣十足的雄火雞，這些表現都特別讓人厭煩。每個人都依循心中相同的原則行為處事，而那原則就是那些表徵的根源。除此之外，人掌握了說話的能力，所以，驕傲之情讓人想到的一切公開的詞句，都一定會因為相同的原因而同樣讓人不悅。因而說，但凡生發了一丁點禮儀規範的社會，全都會禁止公開展示驕傲；而人們在自己家中就要學會用其他表徵去置換沒有包裝的驕態，儘管其他表徵與驕態一樣顯而易見，卻既不那麼讓人厭煩，也相對而言對他人更有裨益。

荷瑞修：它們又是何物呢？

里歐‧門尼斯：華美的衣服及其他飾物，一乾二淨的外表，要求僕人對他們俯首貼耳，豪華的馬車、傢俱、房屋，榮譽頭銜，以及人所能得到的——既能讓自己博得他人的尊敬，又不展現那些被禁止的表徵的所有事物。他們如果已經對這些東西稱心如意，也容許他們胡思亂想、反反覆覆，雖然他們在其他方面都因為健康及見解非凡而聞名遐邇。

荷瑞修：然而，他人的驕傲無論是以怎樣的面貌展現出來，都會讓我們不悅，而且你也提到：那些充當替代的表徵與驕態同樣顯眼，如果是這樣的話，這番變化又能得到些什麼呢？

里歐‧門尼斯：收穫絕對是非常大的。無論是缺乏教養者還是富有教養者，如果存心用表情和姿勢來展示驕傲，見證者就都會瞭解他的驕傲。同理，如果用語言宣洩驕傲之情，所有洞悉那種語言的人也都會瞭解他的驕傲。這些表情、姿勢和語言都是符號和印記，在全世界範圍內通用。無論誰有這樣的表現，它們都會被人們收入眼底並知曉。一小部分做出這些表現的人儘管不是有心，卻由此而開罪了他人，次次這樣。反之，另一類表徵卻能夠並不認同其真正的含義，而且，許多從其他各種動機引申出來的藉口也可以為它們申辯，而相同的禮貌規範則要求我們必須承認那些表現，也不能輕易對那些表現有所質疑。在為這些表徵提供的那個最重要藉口當中，藏著一種俯首貼耳的態度，而這會讓我們覺得心滿意足和快樂無比。有些人沒有一丁點機會在被容許的範圍內顯露驕傲的表徵，那麼，就算一點驕傲之情，也會給他們招致麻煩，雖然他們自己常常並不知曉。因為對這些人來說，驕傲之情會輕易轉化成為嫉妒和惡意，但凡受到一丁點刺激，就會藉著這些偽裝而暴露無遺，因而常常導致刻薄惡毒的言行。普羅大眾或凡夫俗子等導致的禍患，不會有一種缺少這種激情作祟。反之，人們用可靠的方式去發洩和迎合驕傲的機會越多，人們就越容易掩飾這種

激情的那些讓人厭煩的表現，並越容易看上去完全不被驕傲所左右。

荷瑞修：我非常瞭解：真正的美德需要征服尚未馴服的天性；基督教信仰則需要更嚴苛的自我約束；除此之外，為了讓我們被一種在所有力量之上的力量所認可，最必不可少的很明顯就是真誠；我們還需要保持心靈澄明。然而，如果暫且把今世的神聖信仰與來生擱置一邊，你不覺得人與人之間的這種溫文儒雅與和諧相處會給世間帶來怎樣的好處嗎？你難道不認同：儒雅風度和文明禮節，比缺乏這些禮貌的其他所有方式都更能讓人們高興、讓人們的當下生活更美好嗎？

里歐·門尼斯：你如果把我們本該優先考慮、本該優先關注的那些事情擱置一邊，人們就會覺得那種福分及心靈的平和沒有意義，而它們只能源於一種有心做善事的意識。真的，在一個傑出的國家裡，在財富充盈的民眾（其最大的希望好像是悠閒與尊貴）當中，缺少那些技巧，上流社會的人們就不可能享受被賦予的這麼多姿多彩的現世生活。而對那些技巧欲求最盛的人，絕對是那些貪婪無度的才華橫溢者，因為他們會把老練的審慎與聲色犬馬雜糅在一起，而把研究最完美的快樂當成主要目的。

荷瑞修：那天你我在我家聊天時，你說過，不會有人知道，關於榮譽的律條是在何時、在什麼國王或皇帝在位時期、在什麼國家、經由哪個權威機構最先施行的。請你跟我說一下：我們提到的文明舉止或儒雅風度，到底是在何時或以怎樣的方式出現的呢？到底是哪位道德家或政治家會教化眾生以掩飾自己的驕傲為榮呢？

里歐·門尼斯：人永不停歇地積極迎合自己的需要，永不停歇地積極改善自己的現實生活條件，這就讓諸多有用的藝術和科學日臻完善，而它們發端於何時無從知曉，我們唯一能說的是：藝術和科學是人類祖先創造出來的，是世世代代的人們辛苦勞作的成果。在勞動中，人們永遠都在不遺餘力地研究和發明各種方法和工具，以迎合自己的各種需要，並盡可能

修繕自身的不足、缺陷。我們早先的建築雛形是在什麼時候問世的？雕刻與繪畫是怎樣經歷了這數百年發展的？是誰教會了每個民族使用自己擁有的語言？如果想回顧一般社會使用的格言或政治出現的源頭，我不會歷盡千辛萬苦去尋找最先是在什麼時間或是哪個國家聽到它們的，也不去整理其他人的相關言論；然而我卻會直接追溯它們的起源，即人性本身，在其中尋覓那發明所修繕或彌補的不足或缺陷。如果情況實在是混沌不明，我偶爾還會根據推理找尋出口。

荷瑞修：你曾利用那些推理去印證自己的見解嗎？

里歐‧門尼斯：從來沒有，我只利用每個人都能在人身上看得一清二楚的東西，即在這個小小世界中呈現出來的現象，來進行推理。

荷瑞修：無須多言，這個題目早就在你的腦海中了。你是否可以把自己的一些猜測告之於我呢？

里歐‧門尼斯：這是我的榮幸。

荷瑞修：請容許我在不明就裡時向你發問。

里歐‧門尼斯：正合我意，因為這其實是在幫我。所有動物，起碼是那些最完美無瑕的動物，上帝都賦予了他們用於自我保護的自愛能力，這是毋庸置疑的。然而，一切動物都不可能去愛自己壓根不中意的東西，因此所有動物的自賞都一定會超出對所有其他事情的喜愛。在我看來，這種自賞如果不是亙古就有，所有動物的自愛就不會如我們目睹的那樣無法變更了。請你寬恕，我這個觀點可能非常新穎。

荷瑞修：如果動物的自賞已經把自愛包含在內，你又覺得動物的自賞並不等同於自愛，這有什麼理由呢？

里歐‧門尼斯：我要盡可能把我的意思表達得更直白些。在我看來：為了提高動物對自我保護的關注意識，大自然就讓牠們擁有一種本能，而因為這個本能，所有動物的自我評價都遠比其實際價值要高出許多。就我

們而言，我的意思是，就人類而言，這個本能好像還與一種不自信形影相隨，它源於一種意識（或起碼可說源於一種領悟），即發現我們真的對自己的評價太高。正因為此，才讓我們這麼希望獲得他人的嘉許、歡心和接納，因為它們可以強化和證實我們對自己的好評。這種自賞（請容許我給它賦予這個名字），儘管並不總是會在完善程度一樣的所有動物身上清晰地瞥見，然而仍舊廣泛存在。有些動物需要自我完善，因而也需要展示自賞的方式。另一些動物則太笨拙、太懶惰。同理，我們還需要把這一點考慮在內：一直身處同樣的環境中、生活方式沒什麼變化的動物，既缺少機會，也缺少緣由讓它們展示出自賞；動物的活力與生命力越強，這種自賞的展示就越直白；就同一類動物而言，動物越有活力、越在自己那個物種中脫穎而出，就越喜歡展示自賞。在大部分鳥類中，特別是在那些能展示分外精美的羽毛的鳥類中，這一點展示得特別突出。馬的自賞展示，比其他所有缺少理性的動物還要清晰可見，而其中表現最明顯的，要屬那些身形矯健、體格強壯、最健康和活力四射的馬。附加的裝飾也會讓馬更熱衷展示其自賞。除此之外，如果馬認識的那個人（他為牠打掃衛生，照料牠，養育牠）在場，牠也會這樣。動物的這種自賞，並不是無法成為動物喜歡自己物種的基本原則。牛羊太過笨拙而沒有生氣，因而一點也表現不出這種自賞。然而，如果把牛或羊集合在一起放牧餵養，因為牠們相互之間非常相似，牠們就好像都知道牠們擁有相同的利益和一樣的敵人了。我們經常會發現成群結隊的牛一起抗擊狼群的進攻，經常會發現羽毛一樣的小鳥一起成群飛翔。我敢斷言，叫聲尖銳的鷗鴉對自己叫聲的偏好，也一定會超過對夜鶯啼囀的喜好。

　　荷瑞修：蒙田的看法似乎與你大體一致，因為他曾假設：如果讓野獸去形容牠們的神，牠們就都會把神描摹成自己那個族類的形象。然而，你提到的「自賞」，很明顯就是「驕傲」。

里歐・門尼斯：我也覺得它真的就是驕傲，起碼它是驕傲的源泉。我也非常瞭解：這自賞如果沒有節制，並且在公然示眾時對他人有所衝撞，那就會被當作一種惡德，並被冠以驕傲的稱謂了。然而，如果這自賞並沒有公開展示……我們就不能對它以此命名，雖然人們把它當作行為處事的準則，而並不把其他什麼東西當作行為處事的準則。

荷瑞修：你提到的「自賞」乃是人們合理的、先天的自重；但凡它節制，進而可以鼓舞人們做出良好行為，它就特別堪稱嘉許，就能夠被稱之為「對讚美的偏好」或者「對他人讚譽的期盼」。你為什麼不用這些名稱中隨便哪個名字稱呼它呢？

里歐・門尼斯：因為我不希望把結果與原因雜糅在一起。不光這樣，我還認為：許多動物都展示出了這種自賞，而我們常常視若無睹，其根源是我們對那些表現沒有進一步的領悟。貓洗臉、狗把自己舔得一乾二淨，這都是在其能力允許的範圍內的自我修飾。野蠻人用堅果、橡實果腹，缺少一切外表的美化，其展示自賞的緣由和機會就遠比文明人少得多。雖然這樣，如果上百個男性野蠻人都自由自在地聚在一起，那麼，為讓自己出類拔萃，他們不消半小時工夫，就還是會展示出我們在此提到的自賞，雖然他們都吃得飽飽的。其中活力最旺盛者（無論在力量上、頭腦上還是兩者都有）將最先展示出自賞。如果這些人如同我們預定的那樣，都缺少教育的薰陶，那些自賞展露就會引發競爭，他們必然要在激烈的爭鬥之後才能形成共識，除非其中某個人擁有遠遠超出同輩人的明顯優點。我之所以把「男性」和「都吃得飽飽的」當作前提，是因為這些人中如果有女人，或他們還沒吃飽，他們之間的爭執就可能是由於其他原因造成的了。

荷瑞修：這實在是一種純粹理論層面的思考。然而，如果有幾百名野蠻人，不曾接受過一點管制，男女都有，年齡都超過二十歲，都是陌生人，只是萍水相逢，你覺得他們可以組建一個社會、形成一個實體嗎？

里歐‧門尼斯：在我看來，那情形應該和許多馬聚在一起差不多。不過，社會可不是用那種方式形成的。幾個野蠻人的家族是無法聯合起來的，各個家族的首領也無法出於共同的利益而全都支持建立什麼政府。然而有一點是毋庸置疑的，即：在他們當中，雖然已經分出了尊卑貴賤，所有男人也都擁有了足夠的女人，然而在這種混沌狀態下，我們無法衡量人們對力量與膽量的關注要超過頭腦多少。在此我所說的是在男人當中，因為女人自我讚賞所遵循的，往往是她們身上那些為男人青睞的東西。因而，我們就能夠斷言：女人常常會自我欣賞，並且相互之間會嫉妒對方的美貌；相貌奇醜女人，身材畸形的女人，以及所有最少承蒙大自然恩澤的女人，全都會最急切地求助於藝術與額外裝飾。如果知道這會讓男人更容易青睞她們，其他女人就會迅速去模仿；不出多久，但凡環境允許，她們就會竭力互相攀比；一個鼻子小巧精緻的女子，仍舊會嫉妒那個鼻子醜陋的鄰女，因為後者鼻子上有一個環是後加的。

　　荷瑞修：就野蠻人的舉止習俗，你發表了這麼多議論，估計這讓你特別高興。然而，這跟文雅禮貌到底有什麼關係呢？

　　里歐‧門尼斯：它的種子就植根於我剛才提到的那種自愛及自賞中。如果想一下它們在自我保護中扮演的角色，想一下它們在一種被恩賜了頭腦和語言，並且在會笑的動物身上引發了怎樣的影響，我們立刻就能理解這一點。自愛首先會讓這種動物去積極尋找維繫生命所需要的全部東西，讓他們穿得足夠厚實，以抗衡空氣的傷害，並用盡千方百計保障自身及其幼兒的安全。自賞會讓這種動物去發現機會，運用姿勢、外表和聲音展示自我尊重，它遠大於對其他一切人的尊重。沒有上過學的人期盼周邊的所有人都認可他對自己的最高讚譽，而但凡其有足夠的膽識，他也會對一切不認同其自我評價者怒火相向。他如果覺得什麼人對他印象不錯，就特別喜歡與其結交，對當面稱頌、給予好評者，更是這樣。每每發現他人身上

有比不上自己的地方，他就會忍俊不禁；但凡他自己的憾事讓他有藉口可循，他依然會譏諷別人的倒楣；他也會辱罵膽敢惹惱他的人。

荷瑞修：依你之見，這種自賞被恩賜給動物，是出於自我保護，而我卻覺得它會引發傷害，因為它一定會讓人們相互厭煩。我不知道人們從自賞裡究竟能獲得怎樣的收益，無論是野蠻人還是文明人。你能用一個事例，來驗證自賞帶來的收益嗎？

里歐・門尼斯：你的這一發問，讓我深感震撼。難道你不記得了：我所說的許多美德，可能是想要獲取讚譽而偽裝出來的；而一些特別走運的頭腦聰明的人，其好品德一概是憑藉他驕傲的幫扶和鼓動？

荷瑞修：請諒解，然而你說的都是社會裡的人，都是接受了完善教育的人。身為個體的人，自賞對他有怎樣的好處呢？我非常明白，自愛會鞭策他為了自己的生存與安全而勞作，讓他中意在他看來是對其生存有好處的全部東西；然而，自賞對他究竟有怎樣的好處呢？

里歐・門尼斯：我如果跟你說，一個人迎合了自賞的激情，他內心的快樂與滿足乃是可以激勵促使他保持健康的一劑強心良藥，你肯定會譏諷我，覺得這種觀點無憑無據。

荷瑞修：我可能不會譏諷你，然而，我會一一羅列那種激情讓人形成的許多念念不忘的煩惱和痛心疾首的哀怨，它們源於羞恥、沮喪和其他不幸，而我知道，正是因為它們，千百萬人已經葬身墳墓，其速度比人們較少受到驕傲的影響時要迅速得多。

里歐・門尼斯：我並不批判你的觀點，然而，說這激情本身對人的自我保護沒有意義，這可算不上是證據，而僅僅是跟我們說凡俗幸福是多麼不可靠，普通人的生存環境是多麼悲苦。世間萬物，不會有任何一種東西會一直給人帶來好運。雨水和陽光給我們帶來了世俗的所有舒適生活，然而也引發了數不清的災難。一切捕食動物及上千種其他動物，都冒著生命

危險去找尋食物，其中大多數動物都在獵捕食物時命喪黃泉。食物豐盛給一些動物帶來的致命威脅，並不比缺乏食物給另一些動物帶來的致命威脅要小。提及我們人類，所有富裕的國家都人口興旺，人們不會受到其他危險一絲一毫的威脅，卻常常因為沒有節制的吃喝而自取滅亡。飢餓和焦渴會驅使動物去尋覓並期盼生存必需之物，因為它們缺少那些東西就不能生存。這仍舊是如假包換的事實。

荷瑞修：我還是不知道這種自賞能讓身為個體的人從中獲得怎樣的收益，而那收益本該讓我相信：大自然把這種自賞賜給人類，是希望人類能自我保護。你的話語有點隱晦難懂。你是不是可以舉出一個具體的人從心中那條原則贏得的一種收益，它既顯而易見，又淺顯易懂？

里歐‧門尼斯：因為所有人都對這種激情覺得羞恥，因為所有人都不認可自己懷有這種激情，這種激情的本來面目就讓我們難得一見，因為它披上了千百種各式各樣的偽裝。我們常常被它所左右，自己卻還在雲裡霧裡。然而，這種激情卻好像在源源不斷地為我們的生活供應各種調味品，就算是在入不敷出的情況下，也依然這樣。人們高興時，為了獲得希望享受的滿足，心中隨時都擁有著諸多的自賞，然而自己還一無所知。習慣耽於那種享樂的人如果希望幸福快樂，這種自賞是不可或缺的。缺少它，他們就無法體驗到一點點快樂。這就是他們對那種激情的恪守和謙卑，而這可以讓他們對自然最宏大的呼籲也視若無睹，可以讓他們去斥責最強烈的欲望，但凡耳聞要迎合那欲望，一定要把那種激情作為犧牲品。我們繁榮昌盛時，它會讓我們的幸福翻番；而我們置身逆境時，它又會鼓舞我們去克服灰心喪氣。它是希望的源泉，是我們最好祝願的始發點和最終歸宿。它是抗擊絕望最牢固的盾牌，但凡我們還會中意自己的處境，無論是現在的環境還是未來的前途，我們都會悉心關照我們自己。但凡自賞仍在，所有人都不可能狠心自殺了事。然而，但凡自賞消於無形，我們的所有希望

也會馬上煙消雲散，這時我們除了祈求自己一死了之之外，不會有其他任何希望，直到最後我們變得都不能包容自己，因而，我們的自愛就鼓動我們給這種狀況畫上句號，轉而到死亡中去求得一席之地。

荷瑞修：在此你提到的是「自憎」，因為你自己就曾有言：動物不可能中意它不感興趣的東西。

里歐‧門尼斯：如果從反面來看的話，你所言甚是。然而這只向我們證明了我經常默認的那一點，即人是個矛盾結合體。否則的話，有一種情況就會看上去最最真實了，即：無論是誰走上自殺這條路，都勢必是為了迴避某種東西，他對那種東西的害怕，已經遠遠大於他對死亡的害怕。所以，無論自殺者給出怎樣滑稽的原因，一切自殺行為中都還是隱藏著一種對自己友善的顯而易見的動機。

荷瑞修：我必須要承認，你這些觀點讓我覺得非常有意思。我非常欣賞你這番論述，我看到其間一直有一種現實可能性的宜人之光在閃爍不已。然而，你如果仔細考慮自己那個推測，就能夠得知你還不曾給出一點能夠證明的論據。

里歐‧門尼斯：我之前告訴過你，我不可能依循那個推測去重申哪個觀點，不會依循它得出哪個結論。但是，無論人自然把這種自賞賜給動物是出於什麼目的，無論是除了我們人類之外其他動物是不是也有幸被恩賜了白賞，有一點都是毋庸置疑的，即就我們人類這個物種而言，所有的個體對自己的愛都遠遠勝於對其他所有人的愛。

荷瑞修：一般說來，大概是這樣的。然而我能夠對你發誓：按照我自己的經驗，這並不是廣泛存在的真實。我經常幻想自己有朝一日會成為泰奧達提伯爵，你在羅馬見過他。

里歐‧門尼斯：他這個人真的是特別好，富有涵養，因而你才幻想自己成為另一個他——你僅可以有這個想法。塞麗婭的臉、眼睛和牙齒都非

常美，然而她的頭髮卻是紅的，髮質也不好，所以，她夢想著自己能擁有克蘿的頭髮和貝琳達的身材，然而，她仍舊是塞麗婭而不是別人。

荷瑞修：然而，我真是幻想自己就是那個人，就是泰奧達提本人。

里歐‧門尼斯：那是不現實的。

荷瑞修：為什麼，連幻想這樣都不現實嗎？

里歐‧門尼斯：是的，連幻想這樣都不現實，除非你幻想與此同時煙消雲散。我們的美好幻想是對我們自己而言的，所以，我們對自己的所有改變都有一個附加條件，即：這個自我本身，也就是我們的某一部分，幻想仍舊保留我們自己。這是由於，在你幻想時，如果摒棄了你對自己的意識，那麼就請你跟我說一下：在你幻想的那番改變成為現實之後，到底是你的什麼部分會變得更合乎你的期待呢？

荷瑞修：我知道你的言辭是正確的。不中意某種事物，誰都不會期盼把它變為己有，而如果完全換作另外一個人，那事物的所有部分就都成了令他望塵莫及的東西。

里歐‧門尼斯：還沒等到那番變化成為現實，他自己——我是說那個幻想者，必然已經消弭無影了。

荷瑞修：然而，我們什麼時候才打算探討文雅禮節的源頭呢？

里歐‧門尼斯：接下來就是這個話題，而我們無須在這種自賞以外去尋覓那個源頭，我已經印證了這種自賞在每個人身上都存在。你只要把以下兩件事思考一下就行了：其一，那種激情的性質一定會讓我們得出一個結論，即在既不關係到利害，又不關係到尊卑的交談當中，一切沒上過學的人始終會相互厭惡，因為如果雙方全都一樣，但凡其中一個對自己的評價稍微高過另一個，雖然後者仍舊覺得前者與自己一樣，但兩人如果都瞭解對方在想什麼，他們就都不可能稱心如意。然而，如果這兩人的自我評價都比對對方的評價略高一點，他們之間的差異就更為顯著；而他們如

果把自己的感覺直接說出來，那就會讓他們相互之間不能容忍。在尚處於野蠻階段的人群裡，這種情況時時刻刻都會存在，因為缺少一種既注重技巧又非常繁瑣的混合物，就不能克制那種激情的外在表現。我請你思考的第二件事就是：在一切人當中，這種自賞可能引發的不便對人會造成怎樣的影響——他們擁有很高水準的智慧，非常鍾愛自己最大的安逸，並且為了它積極拚搏。在我看來，如果恰到好處地考慮這兩件事情，你就會意識到：自賞一定會引發的煩惱與不安，無論是用怎樣辛苦而無功的努力來彌補，最終都一定會形成我們提到的優雅風度和文明舉止。

荷瑞修：我想我知道你想說什麼了。在這種自由自在的狀態下，所有人都被自我評價所左右，都體現出你所形容的各種最自然的形態。他們都會覺得鄰人直白的沒有一點修飾的驕傲是非常不禮貌的。在充滿理性的動物中，這種情形不會延續太長時間，然而從這種行為中連續體驗到的不舒服，卻會讓許多人去思考這種行為的緣由，經過一段時間，他們就會意識到：他們自己毫無修飾的驕傲展示也如同別人的一樣讓人憎惡，反之也是如此。

里歐‧門尼斯：你提到的，肯定是「制定禮節」這種解決方式的哲學原因，它的初衷就是克制人類的舉動，其對象是接受文明薰陶的人。做所有這些事情無須經過前思後想，而在相當長的一段時期之內，人們事實上已經在無形之中逐漸讓這些事情成為現實。

荷瑞修：在人們的自我克制中能夠發現顯而易見的自我約束，所以勢必會給人們招致麻煩，既然這樣，人們為何還會去自我克制呢？

里歐‧門尼斯：人在尋覓自我保護的途中，為了讓自己覺得負擔更少一些，就發現了一種持之以恆的努力，它潛移默化地讓人們學會了在危難關頭怎樣避害。人類但凡被置身於政府的管轄範圍內，並且對在法律的規範下生活習以為常，仰仗經驗與模仿，他們在交談中可以懂得多少陰謀、

伎倆和詭計，實在難以置信，而他們卻一點也不曾發現那個逼迫他們去行動的天然原因，那就是人們心底深處的各種激情，它們左右著人們的意志，駕馭著人們的行為，人們卻對此一無所知。

荷瑞修：笛卡兒曾把野獸當成天然的機器，你也把人當成了天然的機器。

里歐‧門尼斯：我並不曾有這個想法。然而，我支持一種想法：人憑藉本能意識到自己四肢的功用，這就如同野獸憑藉本能意識到其四肢的功用一樣；就算對幾何學或數學一竅不通，連兒童也可以掌握怎樣做一些稱得上技巧繁瑣的動作，也可以思考有一定深度的問題，也可以發明一些非常精緻的對象。

荷瑞修：依你之見這些行為的源頭何在呢？

里歐‧門尼斯：源於那些有益的姿勢，即在抗擊重力、推拉移動重物時所採取的有利姿勢；還源於他們擲石塊時十分熟稔的姿勢，也源於其他投擲姿勢，源於他們彈跳時所利用的那種讓人震撼的嫻熟。

荷瑞修：請你詳細說明一下，何為彈跳時的讓人震撼的嫻熟？

里歐‧門尼斯：如你所知，人們進行遠距離彈跳時，常常先是一陣助跑，然後才會起跳。能夠肯定的是，這個辦法能夠讓人跳得要遠一些，只是比沒有助跑的彈跳要費力一些。其原因也非常淺顯，身體進行了兩種運動，並被這兩種運動所牽引。此時此刻，跳躍讓身體擁有的速度一定會把助跑的速度也包含在內。而跳躍者原地立定時，其身體撤除跳躍所需要的肌肉力量運動的話，就再沒有別的運動。你會發現：數以千計的男人和男孩彈跳時都使用這個策略，然而不會有一個是由於明白其中原因才出此下策的。我提到的這個彈跳時所採取的策略，我但願你可以把它用於闡釋良好禮貌守則上，千百萬人都掌握了怎樣運用禮貌守則，卻不曾考慮過禮貌的源泉，也不曾想過禮貌給社會帶來了怎樣的真正收益。最世故圓滑、最

工於心計的人無論在何時何地都會出於自己的利益考量，最先掌握怎樣藏匿驕傲這種激情。不出多長時間，就不會有任何人展露出絲毫驕傲的表現了，無論是拜託他人支持，還是希望別人施以援手，無一例外。

荷瑞修：能夠想像，具備理性的動物無須思考、無須弄懂自己行為的原因，也都可以達成這一點，身體運動與運用理智是截然不同的兩件事。所以，賞心的姿勢，優雅的舉止，鎮定自如的風度，總而言之，所有文質彬彬的外在舉動，都是能夠掌握的，並且可能無須什麼思考就可以付諸行動。然而，優雅禮貌卻命令人們隨時隨地恪守，在言談、寫作及指使別人去做的行動中，都要恪守此道。

里歐‧門尼斯：有的人從來都沒有從那個角度去探究過這個問題，對他們而言，禮貌必然是不能想像的最大難事。憑藉心智與實踐，憑藉持續的辛苦勞作，再加上幾代人多少年的共同經驗，人們已經發明了許多禮貌技巧。然而，那些技巧卻僅能為平庸之輩運用於股掌之中。航行在大海上的最好的戰艦，裝備完整、水手齊全，是一臺多麼漂亮、宏偉而壯麗的機器啊！它的體積和重量都遠遠超出了人類發明的其他所有運動體，所以，世上再不會有其他什麼發明會招來這麼多五花八門的讚譽與稱頌了。英國有很多造船高手的作業隊，如果具備合適的材料，不出半年時間，就可以生產打造出一艘上好的戰艦並讓其出海遠航。然而有一點卻不能否認，即：如果不把造船作業一點點地分解成更多種細微的勞動作業，那就不能實現造船的目標；同理，那些勞動作業只需用到能力一般的工人就已足矣，這也是毋庸置疑的。

荷瑞修：你想從中推出怎樣的結論呢？

里歐‧門尼斯：有些成就往往會被我們用人的傑出才華與非凡洞察力來解釋，其實它們卻源於久遠的時間和多少代人的經驗。那些成就的本性與它們蘊藏的睿智，其間差異也不大。生產不同用途船隻的技巧，現在已

發展得非常完善，為洞悉其發展一定要做出怎樣的犧牲，我們只需把這兩點考慮在內就行：其一，許多顯而易見的技術改進是在五十年之內或更短的時間之內達成的；其二，英國人的確在一千八百年以前就能夠生產並已經把船隻投入應用了，到目前為止，他們不曾擺脫過船隻。

荷瑞修：所有這些都非常充分地印證了現在的造船技藝走過了一個多麼漫長的發展過程。

里歐・門尼斯：勒瑙勳爵曾有一本書，其中詳細敘述了艦船航行原理，從數學角度全面地講解了船隻運作及駕駛的各項內容。這本書讓我知道：無論是艦船和航海的早先發明者們，還是之後對艦船哪一部分進行改良的人們，全都不曾考慮過是什麼驅使他們進行了這種發明或改良，就如同現在最卑賤粗俗的文盲做了水手一樣，雖然不甘心，時間與親歷還是會讓他們成才。成百上千這樣的人起先被硬拖上船，心不甘、情不願地留在船上，然而不出三年時間，他們就對船上的所有纜繩、所有扳手都了若指掌，壓根不用費心去研習數學，就掌握了數學及其實際應用，其知識比一位從來沒有涉足海上的最傑出數學家終其一生的成就還要圓滿。我所說的這本書提到了許多讓人大開眼界的事情，其中說到了船舵與船身一定要維持在怎樣的角度上才能最有效地操縱船隻。這一點雖不無道理，然而，一個十五歲少年當年如果在平底船上幹一年，也可以掌握這方面的所有具有實用價值的知識。他會發現船尾始終是跟隨船舵運動的，於是集中注意力關注舵柄，而壓根不去考慮船舵。過一兩年時間，他的航海知識和駕船能力就會形成一種習慣，讓他會如同掌控自己身體一樣，僅靠直覺去駕船。他駕船時能夠半睡半醒，或者考慮與駕船毫無瓜葛的事情。

荷瑞修：我相信你說的所有這些。如果真像你提到的那樣，早先發明、後來改良艦船及航海技術的那些人不曾想到過根據勒瑙勳爵所說的那些原因去採取行動，他們就沒有可能根據那些原因去行動，也不可能積極

主動、有計劃地把它們視為先驗的初衷，去誘使他們把發明和改良投入應用。在我看來，你打算論證的正是這一點。

里歐·門尼斯：是的。我還非常認同：最早在藝術、禮儀或航海方面進行探索的開拓者們，其實並不懂得那些藝術在自然中真正的緣由與根基所在；同理，就算目前這兩門藝術已經非常完善，在那些最瞭解它們、天天都在改良它們的人當中，絕大部分仍舊如同其前人早先那樣對其原理一知半解。然而我同時也認為勒瑙先生所說的道理非常正確，你的想法也像他的一樣正確。換言之，我認為：你對禮貌起源的闡述的確言之鑿鑿，就像勒瑙先生對艦船運作原理的敘述一樣準確可靠。創造和改良各種藝術的人，考察事物來龍去脈的人，這兩種人不可能屬於是同一類型。考察事物來龍去脈的人，大部分內向文雅，喜歡靜謐，討厭生意往來，把冥思苦想當作享樂。與此相反，在創造及改良各種藝術的人中，往往最有可能成功的是那些積極向上、勤奮進取、辛苦勞作的人，例如那些親身下田勞作、親自做各種試驗、專心致志於當下之事的人。

荷瑞修：人們往往會認為，喜歡冥思苦想的人最適合進行發明創造。

里歐·門尼斯：然而這種見解並不正確。生產肥皂、織物染色及其他各行各業的神奇技巧，全都經歷過從原始卑俗的緣起到非常完善的發展過程，然而，在對它們的許多改良中，到目前為止仍能為人記憶猶新的，一般說來都是以下這些人的功勞，他們或從小專注幹一行，或長時間投身並擅長一行，而並不擅長化學或其他學問，而人們原本理所當然地覺得他們擅長那些學問。其中一些技藝的操作工序，特別是給織物染色的操作工序，的確都讓人歎為觀止。憑藉火和發酵把各種成分糅合在一起，就搞定了幾種操作，而就算是最聰明的自然學家，也不能用所有已知理論去解釋那些操作的理論根據。這就準確無誤地說明：那些技藝並非根據之前的推理創造而成就的。但凡大部分人都開始掩飾對自己的絕對好評，人們

對彼此的寬容心就越來越大了。因而，天天都要有新的改良，直到其中一些人變得足夠恬不知恥，不但會拒不承認對自己的絕口好評，而且能假裝自己對他人的評價遠超過對自己的評價。這會讓人看上去溫文爾雅，而趨炎奉迎就如洪水猛獸般地向著他們奔湧而去。他們的不真誠一旦企及這個水準，就會意識到它給自己帶來的好處，所以順其自然要把虛偽傳授給子女。在所有人身上，羞恥這種激情都特別常見，又出現甚早，因此所有民族都不會笨拙到一直對它視若無睹，一直不去充分利用它。因而說，人們也同樣地把幼者的輕信玩弄於股掌之中；就算是出於達成各種善意目的，人們也常常會不由自主地利用幼者的輕信。父輩的知識，所有人的生活經驗，加上自己年輕時掌握的東西，都要對子孫後代傾囊相授。一代一代的人因此掌握的東西，都必然比上一代人掌握的更廣博、更精深。憑藉這樣的辦法，兩三個世紀之後，禮貌規範就勢必會達到近乎完美的水準了。

荷瑞修：如果那些人都達到了這種水準，其餘的人也就可想而知了。在我看來，這是因為禮貌規範一直在持續完善之中，就像其他所有藝術與科學也在持續完善之中一樣。然而，如果上溯到野蠻人時代，人類在禮節方面起先三百年間的進步卻幾乎止步不前。古羅馬人的緣起要更為理想，其國家早就有六百年的歷史，並且基本上把全世界囊括其中，而其後才能夠稱得上一個優雅的民族。最令我驚歎且目前我已經深信不疑的是：所有這些成果居然都是基於驕傲。讓我震撼的另一件事情是：你竟然能說，一個民族在壓根不懂得美德或宗教時也會注重文雅禮貌。我確信，世上向來就不曾出現過類似的民族。

里歐·門尼斯：請諒解，荷瑞修，我壓根沒有在言談間有過絲毫暗示說有什麼民族會壓根不懂得美德或宗教，我沒有緣由要涉及它們。首先，你問我怎麼理解這個世界對文雅禮貌的運用，卻摒棄了對未來狀態的探究；其次，禮節技巧與美德或宗教沒有絲毫關係，雖然它與後兩者背道而

馳的可能性很小。禮節技巧是一門學問，它一直是以我們天性中同一條穩固原則作為其根基所在，無論是在哪個時代和哪個地方付諸實踐，無一例外。

荷瑞修：既然與美德和宗教沒有絲毫關係，又不認可它們，它又怎麼能說是跟美德和宗教沒有衝突呢？

里歐·門尼斯：我知道，這聽上去好像前後不一，然而這個觀點卻非常正確。禮節信條教育人們對所有美德要好話相送，然而在所有時代和所有國家，對美德的要求卻都只是時尚美德的外在表徵罷了。在聖嚴的宗教事務上，人們也全都只是滿足於合乎奉神的外在規矩，因為世間所有宗教都一致贊同文雅禮貌，如果全民都恪守它的規定。請你跟我說一下：如果全部人對一位老師的評價都如出一轍，我們又按照什麼去評判他呢？全世界文雅禮節的規則都向著一個方向，也就是它們全都僅僅是憑藉各種不同舉措讓我們自己為他人認可，並盡一切可能把他人對我們的成見降低到最小罷了。憑藉這種伎倆，我們彼此幫扶，享受生活，執著於快樂，在享受所能得到的全部美好事物時，所有人因憑這種行為所贏取的歡樂，會遠遠超過不仰仗它時的所得。在此我提到的歡樂，其內涵是欲望迎合時的歡樂。上溯到古希臘，上溯到古羅馬帝國，上溯到那些在它們之前就繁榮昌盛的傑出的東方國家，我們會意識到：第一，奢侈與禮節一直是在齊頭並進的，未曾有一刻彼此分離；第二，地球上文明人士所期盼的，向來都是安閒與享樂；第三，他們最先考量的課題、最在意的事情，乃是外在的表現，而其目標向來是為了獲取眼下的幸福。所以，在芸芸眾生看來，他們最不在意的，好像總是自己轉世會變作何物。

荷瑞修：對你的這番言談我感激不盡，我非常中意你一一解答了我原本說到的各種問題。然而，對你說的其他那些話，我一定要先費些工夫去考慮，然後我才會考慮期待你的下次來訪，因為我目前已然有所相信：大

部分有關我們人類自己的知識的書籍，或者缺陷多多，或者處處摻假。

里歐・門尼斯：對喜歡用功讀書的人而言，所有書籍都趕不上人類本性這部書翔實、忠厚。我發自肺腑地認為：你如果預先細心考量過，你自己原本就能意識到我向你袒露的所有事情。然而，如果能為你提供一點在你看來饒有興致的娛樂，我會覺得特別開心。

【注釋】

1. 自然神論是17至18世紀的英國和18世紀的法國出現的一種哲學觀點。自然神論認為上帝是世間萬物最根本的起源，在此之後上帝並不再對這個世界的發展產生影響。持有這種觀點的包括英國哲學家約翰・洛克、法國哲學家伏爾泰和本書再三提及的英國哲學家沙夫茲伯里。——譯者注

2. 阿伯拉（1079-1142），法國學者、哲學家、神學家，由於和他的女學生哀綠綺思私下裡戀愛生子而被施以閹割之刑。——譯者注

3. 康巴布與斯特拉托妮絲是古代敘利亞文學作品中的一對情侶。——譯者注

4. 馬提亞爾（40-104），古羅馬時代著名的諷刺詩人。——譯者注

5. 尤維納利斯（64-140），古羅馬時代著名的諷刺詩人。——譯者注

6. 意為閹割手術後用假嗓模仿女聲的男歌手。——譯者注

7. 根據記載，18世紀一個名叫法里內利的義大利閹人歌手，在英國每年可以賺到五千英鎊，他回國後用積蓄修建了一所別墅，並用「英國人的愚蠢」為其命名。——譯者注

8. 塞內卡（前4-65），古羅馬哲學家，曾做過羅馬帝國執政官而富甲一方，後奉暴君尼祿之命自裁。他主張約束欲望，聽從命運的擺佈。——譯者注

4. 荷瑞修與里歐・門尼斯的對話

里歐・門尼斯：請進，您的僕人已經在此恭候您大駕。

荷瑞修：里歐・門尼斯，而今你還有什麼話要說，你這話豈非虛禮嗎？

里歐・門尼斯：這是由於你非常注重禮貌。

荷瑞修：那天人們跟我說你在那裡時，我實在是非常希望由我本人去告訴你，誰正在到處找你，並要你跟我到敝宅走一趟。

里歐・門尼斯：那的確是太勞您大駕了。

荷瑞修：你要瞭解我是多麼虛心好學，不出多長時間，你一定會教會我把禮貌規矩全都擱置一旁了。

里歐・門尼斯：你不愧是我的好老師。

荷瑞修：我就明白，你會寬恕我。你這間書房非常雅致。

里歐・門尼斯：我鍾愛它，因為陽光向來無法照進去。

荷瑞修：這房間的確挺好！

里歐・門尼斯：你我到裡面敘敘話吧？舍下的房間裡，它算得上是最舒服的了。

荷瑞修：正合我意。

里歐・門尼斯：我原本期待在這之前就能見你一面。你花了太長時間考慮了。

荷瑞修：只不過才八天而已嘛。

里歐・門尼斯：你對我上次跟你說的那些新觀點有什麼思考嗎？

荷瑞修：已經深思過了。我還是覺得它並不是沒什麼可能，因為我知道：人降臨到這個世界上時既不具備思想意念，也不具備什麼知識。所以我已經對這一點一清二楚：所有藝術與科學都一定緣起於某個人的腦子裡，無論目前其起源已經怎樣被人們忘懷，都是這樣。上次跟你分別之後，我已對禮貌的起源翻來覆去考慮過不下二十次了。一個還算得上通情達理的人，如果在處於野蠻階段的民族當中意識到了相互藏匿自傲的最先嘗試，那會是一幅十分壯觀的場景吧。

里歐・門尼斯：這會讓我們瞭解：令我們震撼的，主要是事物的奇特所在，它們既可能招致我們的厭煩，也可能贏得我們的支持；而在熟悉的事物面前，我們卻常常置若罔聞，雖然它們起先作為新事物出現時也曾讓我們震撼。你目前正轉而對一個真理深信不疑，而八天以前你卻情願送上一百個金幣，也不希望去弄懂它。

荷瑞修：我已經有所相信，我們如果在非常年輕的時候就對一種事物見怪不怪，將來它就不可能在我們眼中看上去那麼滑稽。

里歐・門尼斯：自孩提時代起，我們就受到了一種還說得過去的教育，它勤勤懇懇、一絲不苟地教給我們各種禮節，例如鞠躬、脫帽致意及其他各種舉手投足的禮貌。所以，我們甚至在成年時就不常會把優雅的舉止視為後天學到的東西，不常會把文雅談吐當成一門學問。在姿勢和動作方面，在言談與寫作方面，有數以千計的東西被視為天性如此、易如反掌，而它們卻給他人和我們自己帶來了數不盡的痛苦。我們明白，那些東西乃是巧奪天工的產物。我明白，舞蹈大師的四肢被搞出了多麼醜陋的腫塊啊！

荷瑞修：昨天上午我凝神靜坐，你說的一句話忽然浮現在腦海中，它把我逗樂了，而我起先聽見時並沒有好好考慮過它。說起處於童年期的民族但凡有藏匿其驕傲的跡象就意味著具備了初步禮節時，你曾說：「每

天都一定要有新改進，直到其中一些人變得足夠恬不知恥，不但會拒不承認對自己的絕口好評，而且能假裝自己對他人的評價遠遠超過對自己的評價。」

里歐・門尼斯：能夠斷定的是，那一定是各個地方趨炎奉迎的源頭。

荷瑞修：說到趨炎奉迎和恬不知恥時，對世上第一個敢於對與自己身份一致的人說「我是您虔誠的僕人」者，你有何看法呢？

里歐・門尼斯：如果那句話是個變換花樣的諂媚之辭，我會更希望弄明白輕信它的驕傲者為什麼頭腦會這麼簡單，雖然我也希望弄明白說那話的小人為什麼這麼恬不知恥。

荷瑞修：那句話肯定在一段時間內是新的。拜託你跟我說一下，在你看來到底是脫帽之禮更久遠，還是「您虔敬的僕人」這種說辭更久遠？

里歐・門尼斯：兩者都既久遠又時新。

荷瑞修：我認為脫帽之禮更久遠一些，因為它象徵著自由。

里歐・門尼斯：我不能苟同，因為說「您的僕人」如果還沒有流通，第一個行脫帽之禮的人就無法被人接納。說「您的僕人」如果還沒有成為一種約定俗成而盡人皆知的恭維方式，那麼，一個人絕對有可能把脫鞋作為尊敬的表達方式，如同用脫帽一樣。

荷瑞修：所以，就像你說的，他非常有可能是第一個用脫帽表達敬意的人，而不是第一個迸出「您的僕人」這種說法的人。

里歐・門尼斯：截止到今天，脫帽向來都是一種人盡皆知的禮貌之辭的無語表達。請關注習俗及那些約定俗成的觀念的力量吧。你我都譏諷這種久遠的滑稽之舉，都特別篤定一點，即這種做法勢必源於最卑俗的趨炎奉迎。然而，我們見到關係一般的熟人時，卻都一定會行脫帽之禮，都一定會有此禮貌之舉。不但這樣，我們如果不這樣做，甚至還會覺得無比痛苦。然而我們卻找不到理由相信：說「您的僕人」這句諂媚之詞的做法

是在身份相仿者之間先盛行開來的。其實，它起先是諂媚者對君王說的，後來才慢慢被廣泛應用。這是由於，身體、四肢的所有奉迎姿勢和溜鬚拍馬，非常有可能源於對征服者和暴君的諂媚。征服者和暴君讓所有人都恐懼他們，一點對抗的形跡也會讓他們擔憂，而最讓他們高興的東西，乃是那些恭恭敬敬、全然順從的姿勢。如你所知，那些姿勢全都擁有這種想法。它們讓人具有安全感，是無言的拚搏，意在撫平和消解征服者和暴君的害怕與擔憂，即擔心自己會遭到傷害。面帶順從之意，磕頭、下跪、深鞠一躬，雙手放在胸前、雙手背在身後、兩臂環繞，以及所有能說明「我們既不囂張、又不防備」的順從姿態，這些都是展現給身居高位者的顯著標誌和讓人深信不疑的證據，好像在說：相比於他的尊重而言，我們覺得自己特別卑俗；我們聽任他的指使，全無對抗之意，更不用提向他攻擊。因而，說「您的僕人」和行脫帽之禮，起先都是對有資格贏得服從者展現的皈依。

荷瑞修：在過了相當長的時間之後，它就慢慢變得更加普遍，成了一種彼此示以敬意的禮節。

里歐・門尼斯：這與我的想法是一致的，因為我們發現：當禮節越來越多時，致意的最高級形式就變得非常普通，因而，向身居高位者表示敬意的新形式就被創造出來，替代了原有的禮節。

荷瑞修：所以，「閣下」這個稱謂在前段時間還只是對我們的國王和王后的專有名詞，而目前稱呼紅衣主教和公爵也可以用它們了。

里歐・門尼斯：「殿下」這個字也是這樣。而今不但對國王的兒子，甚至對國王的孫子都能夠這樣稱呼。

荷瑞修：「大人」這個字的含義中蘊含的尊貴，在我們英國比在其他所有國家都維繫得要好得多。在西班牙、義大利、高地與低地荷蘭，基本上對所有人都能夠這樣稱呼。

里歐・門尼斯：它在法國的歸宿要好得多，因為在法國，「Sir」這個字裡蘊藏的尊嚴全都沿襲下來，只有君主才能夠用此稱呼。然而在我們這裡，它已經變作一個敬稱，對國王能夠這樣稱呼，對鞋匠也可以這樣稱呼。

荷瑞修：無論時光讓這個字的意義發生了怎樣的變化——因為它變得更加完美——恭維還是變得越來越不那麼直言不諱了，而它利用人之驕傲的動機，也比以往藏匿得更為隱晦了。對一個人當面讚美，在古人而言是非常常見的做法。謙遜是特別要求基督徒擁有的一種美德，顧及這一點，我就經常思索：教會的神父們怎麼能夠擔待得起佈道時會眾對他們的歡呼稱頌，雖然有些神父批評這樣做，然而大多數神父卻好像在聽到歡呼稱頌時都特別受用。

里歐・門尼斯：人性永遠都是一樣的。歡呼會讓那些不遺餘力、嘗盡甘苦、費盡心思的人精神振奮，效果非常好。批評這樣做的神父們，其實是在批評對它們的浪費。

荷瑞修：絕大多數聽佈道的人的狂呼經常會傳到我們耳朵裡：真是太聰明了，太棒啦，再正確不過啦，實在是奇蹟，太露骨啦，實在是天才啊！他們也跟佈道者說自己是東正教徒，有時還把他們稱作是「最棒的福音傳播者」。那場景真的非常怪異。

里歐・門尼斯：當一句話說完時，用一下這些詞句可能還情有可原，然而大部分人卻一而再，再而三地大聲重複它們。他們大聲喧囂，無論佈道進展到哪裡，時刻都有可能被這噪音打斷，所以，他們聽到的佈道內容，甚至都不及四分之一。雖然這樣，有的神父還是坦承：這些歡呼聲委實讓他們特別喜歡，並且可以慰藉人類的短板。

荷瑞修：如今，人們在教堂的舉止要規範多了。

里歐・門尼斯：先前西方世界的異教信仰基本上消弭之後，基督教徒

的宗教狂熱就比從前少很多了，因為以往有很多批判基督教的異教徒。在消解那種時尚方面，宗教熱情的稀缺起到了至關重要的作用。

荷瑞修：然而，無論那能不能算作一種時尚，估計它都是非常讓人憎惡的。

里歐・門尼斯：現在，我們在一些劇場裡也會目睹觀眾的反覆稱頌、鼓掌、跺腳，以及歡呼的最不切實際的表現。你有沒有考慮過：備受喜愛的演員會不會憎惡這些東西？最上流的精英人士是不是會憎惡普羅大眾對他們的喝彩聲和士兵們尖銳的呼喊聲？

荷瑞修：我所結識的一些王公貴族，他們特別憎惡這些東西。

里歐・門尼斯：那是由於他們擁有太多太多類似的東西了；然而，他們起先肯定不會憎惡它們。當駕馭一臺機器時，我們理應顧及其結構的承受力。可數的動物無法享受不計其數的快樂，所以我們才明白：快樂如果大於其恰當界限就會搖身一變，成為痛苦。然而，但凡不背離一國的風俗習慣，那麼，所有歡呼的熙攘，其持續只要沒有大於合理時限，就都不可能讓人心生不悅。我們往往會用歡呼表示認同；而聽到歡呼時，我們也覺得非常受用。不過，如果是濫飲，再醇厚的美酒也會讓人作嘔。

荷瑞修：美酒越是爽口甜美，就越容易讓人心生膩煩，越不適合開懷暢飲。

里歐・門尼斯：你這個比喻非常正確，歡呼喝彩起先會讓人心曠神怡，可能還會接下來帶給人八九分鐘無以言表的快樂。不過，同樣的歡呼喝彩如果一直持續，沒有間斷，那麼，不出三個鐘點時間，它就會逐漸讓人覺得從比較開心到置若罔聞乃至胃口喪盡、心亂如麻，甚至因憎惡而痛苦不堪。

荷瑞修：聲音當中勢必蘊藏著無窮的魔力，所以會對我們產生差別如此之大的影響。我們經常會目睹這些影響。

里歐·門尼斯：我們從歡呼喝彩中獲得的快樂絕不是源於聽覺，而是源於我們對喝彩緣由的看法，即對這些聲音的緣由、對他人認可的觀點。在義大利每一個劇院裡，你都能夠耳聞：當所有觀眾都希望保持安靜和全神貫注時，那就是在用既定的方式表示認同與支援，而他們此時發出的聲音非常近似我們的噓聲，與我們的噓聲基本上並無二致，而噓聲卻是我們表達憎惡和鄙夷最明顯的標誌。毋庸置疑，對庫佐尼而言，更美妙的是對福斯蒂娜喝倒彩時的吶喊聲，而不是她聽到的這個沾沾自喜的對手炫技時最傑出的聲音。

荷瑞修：那的確太讓人憎惡了！

里歐·門尼斯：土耳其人用全然的肅靜表示對他們君主的敬仰。土耳其後宮嚴格恪守這種禮儀，而離土耳其蘇丹的寢宮越近，這個禮儀就恪守得越是嚴苟。

荷瑞修：這種肅靜，當然是迎合驕傲之心的一種更文明的方式。

里歐·門尼斯：所有這些都由時尚和風俗決定。

荷瑞修：然而，為迎合一個人的驕傲而奉上的無聲禮物，就算聽覺依然尚在，也依舊能夠為他所用；而歡呼喝彩卻無法企及這點。

里歐·門尼斯：在迎合驕傲之情上，這太不足掛齒了。我們從縱容欲望中獲得的快樂，要遠遠大於其他所有快樂。

荷瑞修：然而，肅靜所體現的尊崇與敬仰，卻比熙攘更激進、更深邃。

里歐·門尼斯：它對撫慰怠惰者的驕傲非常管用，然而積極進取者卻熱衷於引發驕傲之情，就算它已經心滿意足，也仍舊讓它處於活躍的狀態，並且肯定會比前者更支持歡呼嬉鬧。但是，就這兩種方式而言，我並沒有想要進行評判，而情願一概表示支持。為了鼓舞人們舉止優雅，古希臘人和古羅馬人對歡呼嬉鬧已經駕輕就熟，並且成效都非常顯著。鄂圖曼

帝國的人則習慣於用肅靜去迎合驕傲，這讓他們成了言聽計從、謙卑溫順的奴僕，而這恰恰合乎其君主的期待。在一人大權在握的情況下，沉默可能會更加管用；而在臣民被賦予了有限的自主權的情況下，歡呼嬉鬧可能更加管用。如果合理理解，充分利用，這兩種方式都是滿足驕傲的非常奏效的途徑。我知道有一個膽識過人的人，他對戰場上的叫嚷早已習以為常，大聲地歡呼鼓掌會讓他非常高興；然而他曾經卻對自己的男管家暴跳如雷，只是由於後者收拾餐具時發出了一丁點聲音。

　　荷瑞修：那天，我的一位老姑媽辭退了一個非常機靈的下人，因為他忘了踮著腳尖小心翼翼地走路。我也應當坦承：男僕步履太過低沉，僕人們所有不合規矩的大喊大叫，都會讓我覺得無比憎惡，雖然在這之前我不曾探究過那究竟是緣何而起。你我上次聊天時，你一一列舉了自賞的各種表現，談及野蠻狀態下人們的自賞會有什麼表徵，其中你說到了笑。我明白，笑是我們人類特有的行為。拜託你跟我說一下：你是不是覺得笑也是源於驕傲呢？

　　里歐·門尼斯：霍布斯就支持那個見解，並且，笑大部分是源於驕傲。然而，這個假說依然不能對許多現象予以解答。因而我情願說：笑是一種順其自然的潛意識的動作，當我們不明就裡地覺得高興時，理所當然就會發笑。我們如果覺得自己的驕傲得到了迎合，如果耳聞或目睹自己喜歡或認可的事物，如果縱容了其他什麼激情或欲求，而讓我們開心的原因又看上去合理且有意義，我們就不光是會發笑了。然而，如果事物或行為特別離奇，偏離了常軌，又恰好讓我們開心，而我們又無法言明其因何而起，它們往往也會讓我們發笑。

　　荷瑞修：我情願相信你的想法與霍布斯的觀點是一樣的，因為引起我們發笑的事物，大部分都會讓他人覺得或多或少有些許羞赧、不舒服，要麼就是會觸痛他人。

里歐‧門尼斯：然而，你對呵癢又有什麼看法呢？連既聾又瞎的嬰兒也會由於被呵癢而大笑。

荷瑞修：你可以用你的理論來解釋這種現象為什麼會出現嗎？

里歐‧門尼斯：我並不覺得自己的解釋是完美的，然而我會盡我所能給你解釋。我們由經驗可知：一般說來，皮膚越光潔、越白皙、越細膩，人就越容易被搔到癢處。我們也知道：用粗陋、尖銳和硬朗的東西去碰一下皮膚，我們甚至在還沒有覺得疼痛時就會心生不悅；反之，如果用溫柔平滑的東西去碰一下皮膚，則非但不會令人憎惡，相反會讓人開心。溫和的碰觸會對幾根神經同時產生影響，其中每一根都會感覺非常舒服，所以就可能引發一種混合快感，而那就是笑的時機。

荷瑞修：然而，你為什麼會覺得自發的快感中夾雜著下意識的動作呢？

里歐‧門尼斯：無論我們自詡自己產生意念時的行動多麼不受限制，那些意念對身體的左右都不會聽從人的意志的掌控。與笑最截然相反的，絕對就是不開心了。不開心讓額頭出現皺紋，讓雙眉緊蹙，讓雙唇緊閉。而笑則與之不同，如你所知，人們呼氣時，胸腹部肌肉會向內收縮，橫膈膜則被提到比平常更高的位置。而使勁吸氣時，我們好像在拚命壓迫心臟（雖然沒什麼用），用那種壓迫的姿勢吸入所能容納的最多的空氣。我們呼氣時也如同吸氣時一樣使勁，吸氣時需要全部肌肉瞬間同時放鬆。大自然的這種預設，肯定是出於為人類自我保護服務的努力，那努力乃是大自然強行加諸我們身上的。所有能發出聲音，能由於苦惱、疼痛及危險降臨而埋怨的動物，其動作是多麼無意識啊！在深重的痛苦中，大自然所做的各種努力都特別強烈，乃至可以戰勝天性。她要求我們用聲音把真實感覺掩飾起來，我們出於無奈嘟起嘴巴，或者深深地吸一口氣，緊咬嘴唇，或讓雙唇緊閉，用最管用的辦法避免氣息呼出。我們由於悲痛而歎息，由於

高興而發笑。笑時讓呼吸有所壓力，而在其他所有時候，這種情況只是偶爾出現。一起讓外部肌肉和體內所有的東西都很放鬆，好像除了笑的痙攣性振動發送給它們的運動之外，沒有其他什麼運動了。

荷瑞修：我親眼看見有的人會笑得精疲力竭。

里歐・門尼斯：我們發現：歎氣時所有這些情況是多麼迥然不同！疼痛或巨大的悲哀讓我們失聲大哭時，我們的嘴巴就轉而成為圓形，或起碼是橢圓形，雙唇突出，互不接觸，舌頭收起。這就是為何所有民族的人在驚訝或尖叫時之所以都發出「啊」的聲音的原因！

荷瑞修：這又為何呢？拜託你跟我說一下吧。

里歐・門尼斯：因為當嘴巴、嘴唇及舌頭處於這種狀態的時候，它們既不可能發出其他母音，也壓根不可能發出哪怕一個輔音。當你笑時，嘴唇收起，嘴巴張得最大。

荷瑞修：我覺得你不應太過突出這一點，因為哭泣的時候情況也是這樣，而哭泣肯定是悲哀的象徵。

里歐・門尼斯：人在非常痛苦時，心臟所擔負的壓力巨大；人們常常竭力抵禦焦慮，為數不多的人會由於焦慮而哭泣。然而，人們哭泣卻能夠降低壓力，並可以讓壓力明顯減弱，因為人在哭泣時會放下防備心。悲痛的哭泣並不能當成是悲哀的象徵，因為它是在暗示：我們接下來再也不可能壓抑自己的悲哀了。所以，哭泣才不被視為男子漢的行為，因為它好像意味著我們已經失去了全部力量，是對悲哀的投降。但是，對成年人而言，哭泣這個動作本身卻並不是只因為悲痛，人們開心時也可能哭泣。有的人儘管在沉重的悲痛中看上去非常堅強，在最大的不幸中也不掉一滴眼淚，卻會在欣賞一齣精彩戲劇的場景時不由自主地暗自垂淚。有的人會輕而易舉地對一種事物心潮澎湃，另一些人則更輕易為另一種事物所動容。然而，無論讓我們為之動容的是什麼事物，它都會降服我們的頭腦，引發

我們哭泣，於是成為哭泣的潛意識緣由。因而說，除了悲痛、開心和同情，其他一些與我們沒有瓜葛的事物也會左右我們，例如：闡述震撼的事件，上天對美德的突然垂青，英雄事蹟、慈善之舉，戀愛、友誼，身臨巨大險境，要麼耳聞、目睹人類的崇高思想與情操。這些事物如果是剎那間傳達給我們的，而傳達的方式能夠讓我們認同，又超出我們的意料，並被敘述得有聲有色，就會輕而易舉地左右我們。

我們還發現：最會由於這些毫無瓜葛的起因而落淚的，是那些心智健全、聰慧機敏的人，而其中那些最淳樸、最大度和最天真者，則最輕易流淚。與之相反，笨拙者、凶殘者、自私自利者及胸有城府者，則不會輕易為那些事物所動容。所以，真正的哭泣一直都是一種實在而下意識的象徵，它意味著某種事物使人震撼並讓心智為之折服，無論那是什麼事物。我們也看到：外界的暴力，就像疾風、濃煙、洋蔥的臭味，以及其他具有揮發性的刺鼻味道等，都會對人體淚腺導管及腺體周邊的神經產生影響，所以，瞬間腫脹與精神壓迫就會對內部組織產生影響。在種類多樣、形態有別的有生命動物身上，上帝的智慧展示得最清楚無疑。這些動物身體的所有部分都具有巧奪天工的設計，都能最準確地用於各種預設的初衷。人體首先是一件最讓人歎為觀止的藝術佳作。解剖學家估計對全部的骨骼、韌帶、肌肉和肌腱都瞭若指掌，並且可以十分精準地剖析所有的神經、所有的膈膜。同理，博物學家也可能十分透徹地考察人體的內部運作，考察健康與疾病的各種表現。他們都會為人體這臺精巧的機器所驚訝。然而，如果不是通曉幾何學和力學，所有人都無法洞悉那工藝本身有多麼精緻、多麼高深、多麼漂亮；就算是對那些他親眼所見的人體器官，也是這樣。

荷瑞修：數學被用於醫學實踐究竟有多長時間了？據我所知，醫學這門技藝正是因為數學，其準確性才大為提高。

里歐・門尼斯：你提到的根本是另外一件事情。如果你所說的是治病

的手法，那我就要說：數學與醫術不曾有過絲毫瓜葛，也絕不會有絲毫瓜葛。人體結構與人體運動估計可以從力學的角度進行闡釋，而所有體液都遵循流體靜力學規律。不過，如果我們打算探索遠在視線範圍之外的、對其形狀及大小一無所知的事物，數學的所有部分都幫不上忙。如同其他人一樣，醫生對各種療效及性狀的物質的藥理及成分一竅不通，對當成草藥的物質的汁液，以及包括用它們製作的所有藥物，也都一竅不通。沒有什麼會比醫術更沒有確定性的技能了。在醫術中，就算是最寶貴的知識也全都源於觀察，並只有源於觀察。才華橫溢、講求實效的人如果研究醫術，只有在歷經長久而小心的體驗之後，才有可能擁有那些知識。然而，那種認為數學對醫術有所幫助的說法，或者認為數學在治病方面作用顯著的說法，卻是個彌天大謊，就如同教友派的文章、賣藝人的幫手一樣讓人誤入歧途。

荷瑞修：然而，骨骼、肌肉及人體許多非常顯著的部位都擁有了特別傑出的技能，所以，難道我們缺乏根據就可假定：人體中那些我們不能覺察的部分也擁有了同樣傑出的技能嗎？

里歐‧門尼斯：我對此非常確定。顯微鏡已經為我們開啟了另一個世界，而我基本上不可能相信：大自然居然會在我們不能尾隨它的地方戛然而止。我堅信：我們的思想和心思的好惡對人體有些地方的左右，要比我們到目前為止所洞察的更真切、更無意識。在它們對眼睛和面部肌肉的明顯影響當中，有意識成分一定會是看上去最少的，所以我才會產生上述那個觀點。有男人們在身邊時，我們維持警戒狀態，因而常常捍衛了自己的尊嚴。我們雙唇緊閉，下顎收緊，嘴部肌肉稍稍收縮，臉的其餘部分一直處於原位。你如果帶著這種狀態來到另一個房間，見到一位溫柔可親、舉止端莊的年輕美女，那麼，還沒等你意識到，你的表情就馬上會難以置信地有所改變。你還沒發現自己臉上有所改變，你的表情就早已換作

另一種狀態了。這時看到你的人就會意識到：相較於剛才而言，你表情中更添了幾分溫柔因數，嚴厲的因數卻褪去了幾分。我們低垂下顎的時候，嘴巴就會稍稍開啟。此時此刻，我們如果沒有目的地注視前方，並非刻意關注什麼目標——換句話說，我們如果是讓面部放鬆，不給面部肌肉加以什麼壓力，那麼，我們的面容就可能十分近似自然狀態。嬰兒還沒學會吞咽唾液時，嘴巴往往都是張開的，並一直在流口水。嬰兒還沒有擁有智力，頭腦還處在模糊狀態時，其面部肌肉其實是放鬆的，下顎是低垂的，嘴唇也處於放鬆狀態。起碼，在這個時期，我們在嬰兒臉上意識到的這些現象比後來要多得多。人一旦老去，智力減弱，這些現象就會重新出現。除此之外，在絕大部分癡呆者臉上也能看到這些現象。所以，一個人的行為如果特別笨拙，或說起話來就像先天的傻瓜，我們會說他「wantsa Siabbering-Bibb」（止不住口水）。想到所有這些，再想到世上最容易惱火的是呆子（最不被驕傲掌控的也是呆子），我就要發問：我們面部那種雅觀表情裡，是不是也蘊藏著某種水準的自賞呢？這種自賞無意識地左右著我們，並且好像是對我們有所裨益。

荷瑞修：我不知道該怎麼答覆你。我只不過是對此非常確信：有關人類下意識原理的這些推斷，讓我意識到自己的相關知識非常匱乏，我真是搞不懂：你我怎麼會聊到這個話題上來呢？

里歐・門尼斯：你要追溯人類愛笑的源頭，而沒有人能夠解釋愛笑的原因；就算是略微含有準確因素的原因，也不能解釋。處於這種情形當中，所有人都能夠妄加揣測，因而，人們除了從中獲取已然存在的各種成見之外，無法得出什麼結論。但是，我跟你說的這些尚未成型的思想，只不過打算讓你洞悉大自然的作品是多麼變幻無常。換言之，大自然的作品到處都是，全都潛藏著清晰可見的力量，而人類的智慧卻不能洞察。勤懇的觀察、小心的體驗和把歸納的事實當作支撐的論證，憑藉這些獲得的有

用知識，要遠遠多於仰仗直接探討根本原因、經由先驗前提以此推理的高傲嘗試獲得的東西。就算對大自然的時鐘機構一竅不通，並沒有考察其內部機理，也可以憑藉洞察力找出其運動的原因，我實在難以相信世上有誰會如此聰慧。然而所有能力平平者，必然都可以只是憑藉外部的觀察而發現：大自然的時鐘機制非常精準，與時間絲毫不差，而這源於某種潛在的精巧工藝的準確性；其指標的運動，無論在與之匹配的什麼時刻上停頓，其早先原因都是它內部某種東西的率先運行。同理，我們還能夠斷言：思想對身體的影響特別明顯，於是，它就可以經由聯繫而發出許多動作，所以那些動作是無意識的。然而，這種操作所需要的那部分身體器官和方法，卻是我們的感官不可能洞察到的。這些動作有著驚世駭俗的敏捷性，我們的能力絕對不可能感知到它們。

荷瑞修：然而，靈魂不就是用來思考的嗎？它與下意識機制存在何種關聯呢？

里歐·門尼斯：那種認為人體內的靈魂就是用來思考的說法是不對的，這就如同說建築師就是用來建造房屋一樣是不對的，因為真正建造房子的是木工和泥瓦匠等人，而建築師則用粉筆畫線並擔當監工的角色。

荷瑞修：在你看來，靈魂更直接地存在於大腦的什麼部位？換句話說，你是不是覺得靈魂散落在整個大腦的所有部位？

里歐·門尼斯：就此事我所知道的全部內容，都已悉數對你交代了。

荷瑞修：我明確地意識到：思考的運作仍屬於勞作的一種，然而它起碼是我頭腦裡的某種運作，而不是我的小腿或胳膊裡的運作。請跟我說一下：我們透過對大腦進行解剖的研究獲取了什麼遠見卓識呢？

里歐·門尼斯：在關於大腦的知識裡，不存在什麼先驗的東西。最傑出的解剖學家的知識，比起屠宰業學徒來也不會多很多。我們可能會稱讚大腦硬膜和腦脊軟膜神奇的統一，稱讚大腦周邊的血管及動脈的縱橫交

錯。然而，如果把它們剖開，我們眼前的也只有數對神經及神經根，只會發現許多形形色色、大大小小的腺體，而它們與大腦構造有別，這一看就會分辨得一清二楚。最頂尖的博物學家如果關注到了這點，並且用各種名稱給它們命名以示差別，其中許多名稱並不是特別合適，更不能說是精確了，他就一定會發現：就算在這些相對大一些的可視部分當中，除去神經及血管，可以用來大概說明大腦運作機制的東西也是少之又少。然而，就大腦本身的奇特構造及大腦更神祕莫測的運作原理，他卻全然不知。然而，大腦這個整體卻好像是一種髓狀物質，其中錯落有致地涵蓋著數不清的肉眼不能覺察的細胞，它們依循一種難以想像的次序散落在大腦裡，彙聚到一起，其各種各樣的縱橫交錯，讓人不解。博物學家可能還會進一步說明：有根據相信，這就是人類知識的巨額儲備，人類淳樸的感官持續獲取非常龐雜的意象，並把這些寶藏置放於其中。恰恰是在這個器官中，精力被從血液中稀釋出來，而後提煉成基本上看不到實體的微粒；其中最渺小的粒子要麼一直在尋覓那些留存下來的意象，要麼就是用形形色色的方式存儲那些意象，在那種神祕物質的各種褶皺中穿梭不停，持續不斷地進行著那種無以言表的運作，而這種運作的縝密精緻，連最卓越的天才也會為之讚歎不已。

荷瑞修：這些推測儘管都特別神奇，然而卻無法證明什麼。你曾經提到，大腦物質的確太渺茫，所以我們對其運作一概不知。然而，光學鏡片如果取得更大的進步，如果可以創造一些顯微鏡，可以把對象放大到現在的三四百萬倍，那些微粒肯定就能夠進入我們的視線了，但凡那些進行大腦運作的東西，甚至是只擁有一點實體就行。而現在，這些微粒還絕對無法被你提到的那些感官所感知到。

里歐・門尼斯：這樣的改進是不現實的，這一點能夠加以證明。然而就算是這些改進真的成為現實，我們從解剖學那裡獲取的幫助依舊會非常

少。動物沒死的時候，我們不能看到其大腦，也不能深入到其大腦內部開展研究。即便你把一個鐘錶的主發條拆卸開來，摳下錶芯，只把鐘錶外殼留下，也絕對不會發現到底是什麼讓它轉動並指示時間的。我們能夠檢查鐘錶的全部齒輪，檢查其他所有屬於鐘錶運動或動作的部分，還有可能發現它們在指標轉動方面所起的作用；然而，這種運作的根本原因卻將始終是個無解之謎。

荷瑞修：靈魂就如同我們體內的主發條，它是精神的、是永不泯滅的。然而，那些擁有與我們差不多的大腦，卻缺少精神的永不泯滅靈魂的動物，其主發條又是何物呢？你不覺得狗和馬也能思考嗎？

里歐・門尼斯：我認為狗和馬也能思考，雖然其思考的完善程度比我們人類要差很多。

荷瑞修：它們體內負責思考的究竟為何物呢？我們到什麼地方才會發現它的蹤影呢？它們的主發條到底為何物呢？

里歐・門尼斯：我對你的唯一回答是：那就是生命。

荷瑞修：何為生命？

里歐・門尼斯：人人都知道這個詞的意思，雖然估計沒有人會知道生命的本源為何物，而它讓人體其他一切部分得以運動。

荷瑞修：對所有已然感知不能探究其原理的事物，人們的看法始終都是眾說紛紜，並且，所有人都盡一切可能強行把自己的想法強加給別人。

里歐・門尼斯：如果有笨蛋或流氓，他們真的會這樣做。然而，我可不曾強行讓你接受我自己的想法。我已經跟你說過，我對大腦運作的看法僅是一種推論罷了。你如果覺得它無憑無據，我也只能如此而已。一種事物的本質如果缺少一點外在表現，你就不要妄想可以去證明它。動物呼吸驟停、血液無法流通時，其體內情況就跟其肺臟還在運行、血液及體液還在全身充分運動時差別極大。蒸汽機如你所知，水蒸氣就是駕馭引擎的

動力所在。動物一旦死亡，我們不能看見那些負責大腦運作任務的飛逝微粒；而當引擎停止、水也降溫時，我們卻仍舊能夠發現引擎裡的蒸汽，它們負責著一切運作的任務。雖然這樣，如果讓一個人去看沒有投入使用的引擎，並跟他說明引擎的工作原理，他心中又非常明白水經加熱可以變成蒸汽，卻依舊無法相信那種解釋，這還是特別不能讓人相信。

荷瑞修：然而，你不覺得世界上不會有兩個完全相同的靈魂嗎？它們難道真會是一樣的好與壞嗎？

里歐・門尼斯：就物質和運動而言，起碼對於我們運用這兩個詞時所意味的東西，有許多還可以被人們認同的想法。所以，我們可以形成對有形事物的觀點，雖然我們的感官不能掌控它們。我們可以想像出只有肉眼（甚至仰仗頂級的顯微鏡）所能見到的千分之一大小的物質部分；然而，靈魂卻絕對不能被感官駕馭；對它沒有展現給我們的東西，我們委實是掌握得非常之少。我認為：人與人之間的能力的不同是源自人們之間的不同，並且絕對是源自這種不同，它要麼是構造上的不同（即人體穩定結構精確水準的差異），要麼是在利用這種構造上的不同。新生兒的大腦就像空白登記冊，而且，你以前也正確地提到過：我們的意念全都源於我們的感官。我對此深信不疑。然而我堅信：在靈魂的掌控下，精力以難以置信的神速，追蹤、連接、分離、改變及合成著許多意念，而思維活動就體現於精力在大腦中的這種尋覓當中。所以，嬰兒一個月大時，我們能夠做的最好的事情，除了餵養和讓其處境安全之外，就是從培養兩種最奏效的感覺（也就是視覺與聽覺）開始，讓他們瞭解各種想法，讓他們的大腦開始這種運作活動，並根據我們的示範，引導他們在思維上以我們為榜樣，而嬰兒的思維活動剛開始是非常糟糕的。從中可知，跟健康嬰兒說越多的話，越是頻繁地在他們面前做各種活動，對他們的幫助也就越大，起碼在嬰兒兩歲之前是這樣的。為看護嬰兒，讓其接受這種早期教育的薰陶，我

寧願選擇一個伶俐的年輕村姑，也不希望選擇世上最睿智的老齡保姆，因為前者的舌頭絕對不會有停息的片刻，她會一直圍著嬰兒轉；嬰兒醒來的時候，她會一直逗他高興，一直跟他嬉戲玩鬧。如果有足夠的能力，雇用兩至三名這樣的村姑要遠遠好過只雇一個的效果，因為如此一來，她們就能夠輪流休息一會。

荷瑞修：如此說來，你是覺得兒童從保姆們那些笨拙的閒聊裡收穫頗豐了？

里歐・門尼斯：那閒聊對兒童的幫助實在是難以估計，既可以讓他們懂得怎樣思考，也可以讓他們知道如何說話，其好處要遠遠好過她們儘管擁有閒聊的能力卻從不閒聊，而且奏效更快。她們的使命就是盡可能充分運用那些機能，讓嬰兒一直不停地和她們對峙，因為這個時期的良機一旦喪失，將不可能再有挽回的機會了。

荷瑞修：雖然這樣，我們還是對自己兩歲以前所經歷的事情沒有什麼印象。所以，如果兒童沒有聽到過類似的閒聊，又會有怎樣的損失呢？

里歐・門尼斯：打鐵要在其熱且柔軟時效果才會最好。同理，教育兒童要從孩提時代開始，因為那時他們周身的每一塊肌肉、每一根血管、每一個肌體組織都是柔軟的，比成年後接受輕微印象的影響要容易得多。在幼兒時期，骨骼大部分都還是軟骨，而大腦本身也比成年後要柔軟很多，處於流體狀態。恰恰是因為這一點，幼兒才不會如同成年人那樣把所獲意象保留得相對完善，他們的大腦物質將來會變得更加堅硬。但是，因為早先獲得的意象全部消失，新印象就會源源不斷地置換它們。大腦起先被當成各種口令的記錄板，或是一個用於操作的採樣器。嬰兒需要掌握的，首先就是自我表現的行為，即學著說話，並培養一個習慣，即把各種意象存儲起來，敏捷而輕便地掌控已保留意象，以實現其初衷。獲得這個習慣的最好的階段，絕對是大腦物質柔順、各個器官也最敏捷而柔韌的時期。所

以，但凡嬰兒盡心盡力學著思考和說話，無論他們有什麼想法和說什麼話，都沒有一丁點危害。在靈巧的嬰兒身上，我們很早就可以從他們的眼睛中意識到：就算還無法做到，他們也已經在竭盡全力地把我們當成榜樣；他們的大腦在進行這樣的練習，他們盡可能地試著去思考，並盡可能說出一些單詞。從嬰兒斷斷續續的動作上，從他們嘴裡吐露的那些特別滑稽的話語中，我們就能夠意識到這一點。然而，良好思考中蘊藏的努力，要遠比口齒伶俐的講話中所蘊藏的多得多，所以，良好的思考就成了當下最緊急的事情。

荷瑞修：真是少見，你竟然說到了幼稚教育，並且這麼在意一種我們無形之中早已擁有了的事情，即思考。對所有人而言，思考都是一件最最輕鬆自在的事情。「疾如思想」就是一句成語。用不了幾分鐘，一個笨拙的農夫就可以讓自己的思想從倫敦發散到東京。就如同最傑出的智者一樣駕輕就熟，不費吹灰之力。

里歐・門尼斯：雖然這樣，還是不會有什麼事情可以如同進行思考時一樣，讓人們之間展示出這麼巨大的不同。相較於我提到的這種不同，人們在身高、體型、氣力及美貌上的不同實在是不足掛齒。世上再不會有什麼東西可以比得上思考的駕輕就熟更有意義，更能準確無餘地體現在人們的一言一行當中了。兩個人可能擁有相同的知識儲備，然而其中一個發言時可以信手拈來、出口成章，而另一個則需要費盡心思準備才可以。

荷瑞修：我能夠斷言，但凡瞭解怎麼花更少的時間來準備，誰都不可能為了一次發言而花兩個小時的工夫做準備工作。所以，我無從得知你依照什麼假設這樣兩個人擁有相同的知識儲備。

里歐・門尼斯：「知道」這個字包含著兩層含義，而你好像對此並不曾留意。當你眼前有一把小提琴時你明白它是小提琴，這與你明白該怎麼演奏它可是天壤之別。我提到的知識是前一種的情形。你如果從那個意義

上去對待這個問題，就一定會認可我的看法，因為無論如何費盡心機，都不能從大腦中取出裡面原本就不存在的東西。如果你花了三分鐘想好如何編寫一封信件，而另一個人儘管也會寫信，並且寫信的速度跟你一樣，卻花了大概一個鐘點才想好同一封信件，那麼，我就可以分辨得一清二楚：那個思維遲鈍者具備跟你一樣的知識，起碼他不曾展現出知識少於你；他獲取的那些意象儘管跟你一樣，他卻無法找到它們的蹤影，或起碼是無法如同你一樣如此敏捷地根據信件的排列把它們組合到一起。兩篇一樣精美的習作，無論是散文還是韻文，如果我們確定其中一篇是即興之作，而另一篇是花費兩小時勞作的成果，那麼，那即興之作的作者的天賦才能就遠遠超出了另一個，雖然我們肯定瞭解這兩人擁有相同的知識。所以你看：充作大腦獲取的翔實意象的知識，與充作需要時把那些意象抽離出來、讓其時時刻刻都能服務於我們的目的的知識（也可以稱之為技能），兩者是全然不同的兩碼事。

荷瑞修：我們瞭解一個事物，卻無法時時刻刻讓它為我所用，我原本覺得這是記憶的問題。

里歐‧門尼斯：記憶的問題要對此承擔一定的責任。然而，有些人博學多才，記憶力也相當好，可是對事物的判斷力卻非常之差，要麼可以恰如其分地談論事物的情形少之又少，要麼說出來時已是時過境遷。在讀書太多的人當中有些悲哀的書呆子，讀起書來貪多求雜，卻消化不良。在大型圖書館裡，我們經常會發現許多學識淵博的笨蛋，由這些人的著作可知，他們把知識蘊藏到頭腦中，其手法大概與他們把傢俱放置在架子上非常相似。對他們而言，大腦中儲存的珍貴知識就像重擔，而非一種可以讓聲名顯赫的東西！所有這些都因為思考機能的一個缺陷、一種愚鈍，因為一種才華的匱乏，即運用已有概念以博得最佳收益的能力。與之相反，我們也發現有另外一些人，他們的頭腦儘管非常聰明，卻壓根沒有看過書。

如果接受了一樣的教育，大部分女人都會比男人接受創新的速度更快，且更容易有靈敏的應答。我們發現其中許多女人在交談方面聲名遠播，如果想到她們去獲得知識的機會如此罕見，這種情況的確讓人震撼。

荷瑞修：然而，這些人擁有理性的判斷力的可能確實非常之少。

里歐·門尼斯：那只不過是因為她們練習的機會太少，實際操作的機會也少，且不夠勤奮罷了。探究神祕莫測的事物，這遠遠超出了女人的生活領域。女人往往能勝任的那些位置，已經為女人安置了別的工作。可是，不存在一種腦力勞動是女人無法勝任的；起碼，在擁有相同幫助的前提下，女人也會如同男人一樣進行腦力勞動，但凡她們開始去做並持之以恆就行。理性的判斷力僅僅是這種腦力勞動的結果而已。一個人如果不遺餘力地細心權衡事物，把事物放在一起進行對比，用抽象歸納、公平公正的方法去研究事物，換句話說，他研究兩個命題時，並不關心哪個命題是真，因而沒有成見，集中精力全神貫注於命題的所有部分，細緻全面地研究相同的事物；他如果經常採取這樣的做法，我會覺得：如果其餘條件一樣，這個人就極可能擁有我們提到的「理性的判斷力」。較之於製作男人的工藝，製作女人的工藝好像更繁瑣、更完善；女人的五官更精緻，聲音更悠揚，其整個外表也更為完美。男女皮膚的不同，就像是細布與粗布的不同。所以，我們的這種想法是無憑無據的，即認為大自然只賦予了女人這些我們目之所及的優點，而在製造女人的大腦時，卻並不曾像造就其外表時那樣竭盡全力；大自然恩賜女人以精緻的身體結構和尤為精準的組織構造，這在她們身體的其餘部分都是顯而易見的。

荷瑞修：「美」是女人的專利，而「力」則是男人的專利。

里歐·門尼斯：大腦的那些微粒無論多麼渺小，都蘊藏著許多意象，都有助於思考的開展。在身體構造的契合度、匹配度和精準度上，所有人之間一定有著這樣那樣的不同；這就如同人們略大的肢體之間也有著不同

一樣。所以，女人超出我們男人的地方在於其器官的優越，無論是器官的協調性還是柔韌性，都遠遠勝過了男人，而這在思考藝術中都舉足輕重，並且是僅有的能稱得上天賦異稟的東西，因為我提到的這種仰仗實踐的才能，乃是與惡名相隨而至的。

荷瑞修：製造女人大腦的工藝，比製造男人大腦的更加精湛，所以我揣摩著：製造牛羊犬馬大腦的工藝估計是非常粗鄙不堪的。

里歐·門尼斯：我們有這種想法是有根據的。

荷瑞修：無論如何，那個自我，即生發意志及願望、對事物進行選擇的那個部分，都一定沒有什麼實體，因為如果擁有實體，它就一定或就是單一的微粒（而我基本上能夠斷定它不是），或者就是許多微粒的組合而成，而這實在讓人難以置信。

里歐·門尼斯：我對你的話沒有異議。而且我也說過：在所有動物身上，思考與行動的本源都是不能闡明的。然而，就算這本源沒有實體也於事無補，它對解決說明或預設它時的問題沒有絲毫幫助。我們能夠斷言的一個後天習得的，按照事實進行歸納的命題是：無論這個本源為何物，它與身體之間有著一種雙向接觸。而非物質實體與物質之間的彼此運作，就像思想大概是物質與運動的結果一樣，都是人類的能力所不能參透的。

荷瑞修：儘管其他許多動物都好像被恩賜了思想，然而除了人以外，在我們所瞭解的動物當中，我們無從得知有什麼展示出（或表面上像是）它們發現自己在思考。

里歐·門尼斯：如果不能觀察到動物的各種性質，我們就難以斷言動物到底是不是擁有某些本能、特徵和能力。然而，動物的身體機器那些至關重要的、最必不可少的部分，卻非常有可能並不像人體機器那樣精密繁瑣，因為對動物來說，那些部分在三年、四年、五年，至多不超過六年就可以成長到最完美的水準；而對於人而言，它們在如此短暫的時間裡基

本上還不能成熟；需要歷經二十五年時間，人體的這些部分才可以發育成熟並擁有足夠的力量。一個五十歲的人可以回憶起自己二十歲時曾做過什麼事，回憶起自己以前是個小男孩、以前有過多少位老師，這種意識絕對要憑藉記憶，並一直不能追根溯源。換句話說，如果還不擅長思考，大腦還沒有達到適宜的協調狀態，還無法永恆地儲藏所獲意象，那麼，在所有人的腦海中都不會有兩歲以前自己的模樣，不會對兩歲以前發生的所有事情有一丁點印象。但是，這種回憶無論回溯到多麼久遠的從前，它讓我們形成的自我認知，其準確程度都還趕不上另一個人對我們的認識，他從小跟我們一起長大，而我們無法見到他的時間，向來不可能多於一星期或一個月。兒子從一到三十歲，母親比兒子更有理由認為：兒子就是因為她才能降臨到這個世界上來的那個人。這樣的母親天天都會惦記著兒子，每時每刻都清楚地記得兒子面容的各種變化，她對自己對兒子的瞭解更有信心，因為她知道兒子從出生之時到目前為止並不曾有任何變化；而她卻無法斷言自己是不是有什麼變化。所以，我們唯一知道的是：這種意識要麼是各種精力在大腦所有迷宮來回穿梭的到處尋覓（尋覓跟我們有聯繫的事實），要麼就是這種運作出現的結果。喪失記憶的人雖然其他方面可能沒有一點毛病，然而思考起來卻頂多如同一個傻瓜，無法覺察到自己與一年前沒有分別，而只是覺得認識自己僅僅兩個星期而已。記憶喪失有程度上的差異，然而記憶徹底失去的人，其實可以算是個白癡了。

荷瑞修：我認為，我已經讓你我的這番閒聊離題千萬里了，然而我並沒有一點後悔。你就大腦的運作原理，以及思想對稍大肢體的無意識左右的談論，是個值得深思的偉大主題，它關係到那種無邊無垠的、無以言表的睿智，憑藉它，一切動物顯而易見地都擁有了各種本能，以讓它們有能力達成其各自的造化目的的需要。一切欲望都被非常精巧地糅合在各種動物的身體構造之內。你對我闡述了文明禮節的源泉，我覺得你的闡述非

常合情合理。而你在論述自賞時，提到了我們人類要遠遠優越於其他所有動物，在最高層次的與時俱進和頑強不屈的勤懇方面，人類也遠遠勝過其他所有動物。憑藉這種優越性，為數眾多的人從一種最保守且不能戰勝的激情當中，獲得了難以估量的好處，既獲得了個人的悠閒與自在，又捍衛了群體的福澤、平安和團結。而那種激情，其本質好像旨在摧毀人的社會性、摧毀社會的，並且向來是會激勵教育缺失的人們互相中傷。

　　里歐·門尼斯：憑藉相同的論證方式，也就是把歸納置於我們眼前的事實當作論據，以此來推論，自賞的性質及功效以及其他各種激情，就非常輕易地被解釋，並變得可以在我們的理解範圍之內了。生存必不可少的東西並沒有把做好的物品擺在各種動物面前，供它們隨心所欲，這是一看便知的。所以，動物就擁有了各種本能，而本能則激勵動物去找尋這些生存必不可少的東西，教動物怎樣去贏得它們。迎合欲望的熱情和希望，向來是跟動物自身的力量和本能加諸動物身上的驅動力相匹配的。然而，這些生存必不可少的東西散落在不同場所，動物又非常之多，五花八門，並都有自己期望實現的需求。所以，有一點就必然是顯而易見的，即動物贏得生存必不可少的東西，以迎合各種天性之需的企圖，一定會頻頻遭遇各種阻力，往往會無功而返。

　　除此之外，如果所有都不曾被恩賜一種激情，喚醒它（他）的所有力量，以戰勝所有的緊迫感，鼓舞他去戰勝他捍衛生存的崇高工作之路上的各種阻力，那麼，許多動物可以獲得成功的概率就非常渺茫。我所形容的這種激情，就稱之為「憤怒」。懷揣激憤的激情和自賞心理的動物，發現其他動物享用著他急需的東西為什麼會妒火中燒？這非常好解釋。經過了辛苦勞動，連最粗暴、最辛勞的動物也需要休息一會兒。我們從中可知：一切動物都對安閒自在的生活都有些許鍾愛。動物不遺餘力地運用其力量，這會讓它（他）們倦怠；而我們由經驗得知：要彌補精力的缺損，

最有效的辦法就是吃飯和睡覺。我們發現，那些一定要戰勝最大困難才能夠生存下去的動物，其激憤之情是最強烈的，並且都被賦予了傷害性最強的前肢。這種激憤如果一直在駕馭一隻動物，那動物就會一直會無視眼前的凶險，所以不出多久就會遭遇滅頂之災。正因如此，所有動物才都擁有恐懼之心：與帶槍的獵人狹路相逢，就算是雄獅也會抱頭鼠竄，其他許多動物也都是這樣。憑藉我們對野獸的研究，我們有根據相信：在最完善的動物當中，同一物種的大部分動物都擁有一種能力，即相互之間讓對方明白自己有何需要。我們還能夠確定的是，許多動物不但可以互相體諒，而且大概已經知道該怎樣體諒我們人類。如果把人類與其他動物進行對比，顧及人的身體結構，人的各種明顯能力，人超出其他動物的思考及回憶機能，人早已學會說話的能力，以及人手及手指的各種用途，我們就缺乏根據質疑：人比我們所瞭解的其他所有動物都更適合在社會中生存。

荷瑞修：因為你對沙夫茲伯里大人的觀點持全盤否定的態度，我期盼你給我講一下你對社會、對人的社會性總的來說有什麼見解。我會聚精會神地傾聽你的話語。

荷瑞修：那麼，就「我瞭解而且期待更好的辦法，卻運用了更糟糕的辦法」這句話而言，你又是怎樣理解的呢？

里歐‧門尼斯：它僅僅指出了我們生來就有的墮落而已。不過，人們大可盡情地各抒己見。人所不認同的所有無意識動作，要麼是顫抖的，要麼就是情不自禁的，在此我所說的是那些被意志所左右的動作。例如，一個人在兩種事物之間進行選擇的時候，他會覺得自己的選擇是最明智的，無論其原因是多麼前後不一、多麼無憑無據、多麼有害無益。缺少這種情形，世上就不可能有人去死心塌地地自殺，而懲治罪犯也就成了有失公允的事情了。

荷瑞修：我知道所有人都竭盡所能讓自己高興，然而，相同物種的動

物之間竟然有著如此之大的差別，例如人們對快樂的見解就非常迥異；除此之外，其中有的動物還把其他動物最深惡痛絕的事情視為自己歡樂的源泉。這些情況的確讓人無法置信。同為尋覓快樂，然而問題就是：在什麼地方才可以發現它的蹤影。

里歐・門尼斯：快樂能夠在今生的完美幸福當中找尋得到，就像可以在哲人石當中找到那樣。無論是仁人志士，還是笨蛋傻帽，都曾經想方設法去找尋這兩者，然而到目前為止都未能得償所願。但是，在尋找這兩者的旅途中，辛勞的開拓者們卻往往會發現許多有用的東西，而他們原本並非打算尋找那些東西，依循天意運行的人類聰慧也不可能意識到它們的存在。在地球上所有人類能夠生活的地方，絕大部分人都會彼此扶持、一致對外，並會結為政治實體。在這個實體中，人們可以在數百年內安逸地生活在一起，對上千種事情置若罔聞，而他們一旦得知那些事情，所有人都會為了讓公眾的幸福（這裡是說人們對幸福的一致看法）更加完美而努力奮鬥。我們已經意識到：世界上有一些角落，許多優秀富裕的民族對艦船一竅不通；而在其他許多地方，海上交通卻已經經歷了兩千年以上的發展，在人們明白怎樣利用羅盤航海之前，航海術就已經有了很大的改進。篤定要說這部分知識就是人們選擇航海的原因，或者用它來印證人類生來就擁有進行海上活動的水準，這一切都非常滑稽。要打理一個菜園，我們就一定要有天時地利，擁有合適的土壤和氣候條件。具備了這些因素，我們除了耐性、菜種和正確培植之外，其他的也就不是必備的了。考究的甬道、溝渠、雕像、涼亭、噴泉及小瀑布，儘管是對自然美景的巨大翻新，卻不是菜園必不可少的東西。所有民族一定都經歷過粗鄙的起始階段，而在那些原始人群身上，人的社會適應性也像是後來一樣清晰可見。人被看作社會性的動物，有兩個最大的根據：其一，因為人們廣泛認同，相較於其他所有動物而言，人生來就都更鍾愛社會，更離不開社會；其二，因為

人結為一體收穫的好處，要遠遠比其他動物聯合起來（如果它們有聯合的想法的話）收穫的要大得多。

荷瑞修：你為何覺得「人們廣泛認同」，相較於其他所有動物而言，人生來就更鍾愛社會，更離不開社會呢？難道事實不是如此嗎？

里歐·門尼斯：我這麼注意言辭，真的是非常有根據的。所有生活在社會當中的人，勢必都比其他所有動物都更離不開社會。然而，人是不是生來就是這樣，這卻是值得質疑的。而且，就算人生來就是這樣，那也不用談所謂的傑出，也不堪備受稱讚。人喜歡自身的悠閒和安康，向來期盼讓自己的處境更為優越，這些一定已經成為激勵人去鍾愛社會的動力了，因為人在自然環境中處境險惡、勢單力薄。

荷瑞修：你說「人在自然環境中處境險惡，勢單力薄」，這豈非是與霍布斯犯下了相同的錯誤嗎？

里歐·門尼斯：壓根不一樣，我所說的是成年男女。他們的知識面越寬，他們的素質就相應越高；他們手頭的東西越多，他們在自然環境中就看上去愈加處境險惡、勢單力薄。一個每年收入兩萬五千到三萬英鎊的貴族，身邊有三四輛六輪馬車和五十多名僕人，而如果不把他的財產包括在內，就他本人而言，他要比一個最卑微的人處境更加險惡，而後者每年的收入不過才五十英鎊而已，對步行早已習以為常。所以，一位沒有親手給自己戴過別針的太太，放眼全身，無論穿衣還是脫衣都就像是一個玩具娃娃，一定要女僕及另外兩三名侍女伺候著才行，她要比那個擠奶女工朵爾更勢單力薄，因為後者一個冬天的時間內在天未放亮之前就已經自己穿上補丁衣服，而且速度比做其他事情還要敏捷。

荷瑞修：然而，你提到的讓自己的處境變好的想法，難道不是十分廣泛、所有人都這麼想的嗎？

里歐·門尼斯：所有被視作擁有社會性的動物都是這樣。在我看來：

這是我們人類當中所有有名字的人具有的特性。因為世上所有的人，但凡在社會中上過學，並且可以按照自己的想法去掌控自己的生活，都會在自己的個性、財產、環境或社會中他所在的那個部分裡添置、削減、修整一些東西。在一切動物當中，只有在人身上才會發現這種情況。如果人的期盼不如此苛刻、不如此貪婪，我們就一直無從得知人在迎合自己的所謂需求時會這麼辛苦。綜上所述都印證著：我說人是社會性動物的第二個根據是：人結為群體所獲的收益，顯而易見比其他動物結為群體（如果它們有結群的想法的話）所獲的要大得多。要知道之所以有這種說法，我們就一定要到人的本性中發現人超出其他所有動物的品德，那些絕大部分人都擁有的品德，無論是生來就有的還是後天掌握的。然而這麼做時，我們卻不能夠對人們身上一切在視線範圍內的東西視而不見，從人們的孩童時期直到老年的時期。

荷瑞修：我真搞不明白，你為何要提前示意要研究人的一生。只是研究一個人最穩健、最老成持重時所擁有的品德，這還不綽綽有餘嗎？

里歐・門尼斯：我們所說的動物的馴服性，其中有很大的一部分指的就是肢體的柔韌性，以及它們對靈敏運動的適應能力。動物發育成熟之後，這些性質要麼全部消失，要麼性能大減。就獲得思考和說話機能的能力而言，我們人類到目前為止都是優於其他所有動物的。這種能力是我們人類天性獨有的一個奇特功能，這是毋庸置疑的。雖然這樣，有一點還是顯而易見：人發育完全後，如果這種能力還是一直被視而不見，它就會退化掉。同理，我們人類往往可以擁有比大部分其他動物要長的壽命，所以，我們就具備了一種其他動物缺失的特權，即掌控時間。相較於壽命僅為人類的一半而能力與人匹敵的動物，人有為數更多的機會去變得更加睿智（雖然它必須要源於切身體驗）。如果其他條件一樣，六十歲的人比三十歲的人更明白在生活中什麼應該抓牢不放、什麼應該退避三舍。

在《兩兄弟》裡，拉克昂在為青年做的傻事辯解時，曾跟他的兄弟德梅亞說了如下話語：「如果處於另外一種年齡，我們會更加審慎地對待所有事情。」這句話既對野蠻人非常適合，對哲學家也同樣非常適合。恰恰是這些能力的合力還有其他的特性，一起組成了人的社會適應性。

荷瑞修：然而，你羅列的這些特性當中，並不曾涉及對我們這個族群的愛，這又該做何解釋呢？

里歐‧門尼斯：第一個原因，我曾經有言，對同類的愛好像並非只屬於我們人類的，其他動物也擁有這種愛；第二個原因，這與我們談論的問題沒有絲毫瓜葛，因為我們如果細心研究過所有政治實體的本質，就會意識到：對同類之愛之類的情感，歷史上不曾出現過什麼依賴，也不曾出現過什麼關注，無論是出於建立政治實體的目的，還是出於捍衛政治實體的目的，都是這樣。

荷瑞修：然而，這個特徵的說辭本身與這個字的意思，卻從對方引進了「愛」這個意思，並經由相反的性質展示出來。鍾愛獨處的人討厭結伴；性情寂寞、內向、鬱鬱寡歡的人，則與熱衷於交際的人迥然不同。

里歐‧門尼斯：我知道，我們把有的人比作另外一部分人的時候，常常在那個意義上採用這個字。然而，當我們提及一種人類唯一的品性、說「人是一種社會性動物」時，這個字就只是有這一層意思而已：我們天性中就有某種適應性，絕大部分人憑藉它來互相幫助，有時候會組成一個實體；這種實體給予並綜合了所有人的力量、技能與智慧，它可以駕馭自身，在關鍵時刻發揮作用，好像被同一個人的心靈點醒，同時被這個人的意志所左右。儘管我樂於支援一種說法，也就是在激勵人們進入社會的各種目的當中，有一種強烈訴求置身其中，那就是人類天生希望結伴，然而，人的這種強烈訴求卻徹頭徹尾是出於自身利益，並且全都期盼成為同伴中鶴立雞群的人；除了期盼獲取一些好處或他希望獲取的其他東西，人

向來不曾期盼其他什麼東西，無論是結伴還是其他事情，都不曾期待。我不認可這樣的說法：人天生就擁有這種強烈訴求，而它源於人對同類的愛心，那愛心遠遠大於其他所有動物的同類之愛。這種說法是我們對人類自身平常的奉迎，然而其現實緣由也只不過是我們大家都是「溫良的僕人」罷了。我舉雙手贊成這一點：這種姑且稱之為「人對同類的愛」，以及傳聞所言我們懷揣的、遠勝於其他動物的那種相互之間的天然好感，既不會對建立各種社會有絲毫裨益，人們小心翼翼地交往時，也不仰仗它；就算沒有它，人們也依舊會溝通交流如平常一樣。

所有社會的牢固基礎乃是政府。我們接下來就要仔細探究這條真理，它會為我們提供能夠解釋人的優越性及社會性的所有原因。這條真理顯而易見地闡述了一點：如果要立刻組成一個共同體的動物，首先一定要是能夠被掌控的動物。這種素質需要動物心懷恐懼，並擁有相當的理解力，因為缺乏恐懼心的動物向來是不能被掌控的；如果缺乏這種有用激情的左右，動物的聰慧與勇猛越多，牠就越不溫順、越難掌控。同理，缺乏理解力的恐懼只會讓動物遠離它所恐懼的艱難險阻，而並不考慮自己擺脫困難後的境遇。舉例說明，野鳥想要飛出鳥籠去覓食，可以在鳥籠上撞得自己腦漿四溢。溫順的動物與能夠掌控的動物相比，兩者有巨大的差別，因為一隻動物如果僅僅是對另外一隻唯命是從，牠只不過是在做一件自己並不情願的事，以此來逃避另一件自己更不情願的事。我們可能會特別溫順，然而對我們所順服的人卻並無裨益。不過，做一個能夠被掌控的人，則相當於竭盡全力讓管轄者稱心如意，甘心為了治理者而不遺餘力。

然而，愛則終會存在於家庭之中，所以，如果把自我徹底擱置一邊，所有動物都絕不會為其他動物孜孜不倦，都不能與其他動物之間在很長一段時間內維持安然無恙。由此可知，溫良順服，並學會了把自己遭到的壓迫看作對自己有好處的事情，並因此而甘心為其他動物孜孜不倦，一隻動

物只有這樣，它才是確切的「能夠掌控的動物」。把幾種動物轉化為這種能夠掌控的動物，並不是一件很困難的事情。然而，人是世間唯一一種這般馴服的動物，以至可以被改造成服務於自己族類的動物。雖然這樣，如果缺少這種馴服性，人就一直不可能擁有社會性。

荷瑞修：人不就是為服務於社會而創造出來的嗎？

里歐・門尼斯：我們從天啟中得知：人就是因為社會的需要才被設計而生的。

荷瑞修：然而，如果缺少天啟，或者你如果是個中國人或墨西哥人，身為哲學家你又該怎樣回答我這個問題呢？

里歐・門尼斯：大自然為社會創造了人；同理，大自然為釀葡萄酒而製造了葡萄。

荷瑞修：釀葡萄酒是人的想法，就如同從橄欖和其他蔬菜中榨油、用大麻做繩子是一樣的道理。

里歐・門尼斯：用單一的個人組成社會也是這樣，並且，不會有什麼事情比這對技巧的要求更高了。

荷瑞修：人的社會性難道並非大自然的傑作嗎？或者換種說法，它難道不是世間萬物的造世者，即神聖上帝的妙筆嗎？

里歐・門尼斯：毋庸置疑。然而，所有事物的內在優點及其特性也都是這樣。因而說，葡萄適合釀製紅酒，大麥和水適合釀製其他酒類，這些都是上帝的佳作；然而，意識到它們的功用並加以充分運用的，卻正是人的傑出才華。同理，人的其他一切能力及其社會性，顯而易見也都是源於人的創造者——上帝。所以，我們的辛勞所能生產及贏得的全部，其早先無一不是源於我們的創造者。然而我們提及自然之作，以與技藝之作區分開來，卻好像並不需要我們的允諾就能夠成立。所以我們才有如下看法，一到合適的季節，大自然就會生產豌豆。然而在英格蘭，如果缺少技藝和

卓越的勤勞，你就不能在一月份得到嫩豌豆。大自然所創造的東西，她一定要親手孕育創作。有些動物可以一清二楚地發現：大自然在創造它們時就是懷著組成社會的目的，蜜蜂就是其中最恰當的例子，因為由實際效果可知，大自然為此而讓蜜蜂擁有了各種本能。

我們把自己及其他所有的存在都看作宇宙萬物的傑出創造者的功勞，然而，缺少上帝從中維持，所有的社會就不能延續下去；同理，缺少人類智慧的幫助，所有社會也不能延續下去。所以，每個社會都勢必擁有依賴性：或仰仗於彼此的合同，或仰仗於強者讓弱者承受的忍耐之上的力量。技藝之作與自然之作之間有很大的不同，所以我們無法避開其中之一分別去領會這兩者。先驗的知覺只有上帝才有，上帝的智慧本身就涵蓋著最早的確定性，而我們提到的「證明」，其實僅僅是從中提煉的、不盡完美的拷貝罷了。因此，在自然之作當中，我們既不會發現煞費苦心的勤勉，也不會發現屢敗屢戰的蹤影。它們都完美無瑕，與自然的早先設計沒有一絲差池。自然之作如果不曾遭遇攪擾損毀，它們一定都臻於至善，是人的才智與感覺所不能體悟的。與之不同，悲哀的人類除了按照歸納的事實進行的邏輯推演之外，不能確定任何事情，包括對人類自身的存在也不能妄下斷言。最終，人的技巧與創造之作就都是瑕疵斑斑，其中大部分在起初都非常粗鄙卑劣。人類的知識進步得非常遲緩，有的技藝和科學在經歷了數以千載的發展之後，才達到了相對完美的水準。我們有根據地幻想一下：第一個指使蜂群採蜜的那個蜜蜂社會，其蜂蠟與蜂蜜的品德是不是會比其全部後代所製造的要差很多呢？而且，自然規律是既定的，是無法更改的。自然的所有秩序和規則都是亙古不變的，人的智慧與接納對它們壓根沒什麼影響。

如果認為那個東西不容易發生變化，他為何有時會對它心生喜愛，有時卻又心生不悅？

在蜜蜂當中，難道之前沒有可能出現過形式與目前有別的所有蜂群都順服的政府嗎？就政府這個問題而言，人們進行了多少形式多樣的思考！多少荒誕不經的想法不曾被提到檯面上來啊！就這個問題而言，人們的見解存在著多麼大的差別！多少性命關天的爭論沒有出現過！不過，到底哪一種才是政府最好的選擇，這個問題卻到目前為止都不曾得出結論。人們想出了數不勝數的計策，無論是好是壞，都說是希望能為社會造福，讓社會變得比以前更加好。然而，我們的智慧卻又多麼淺薄，人的判斷力又是何等容易出錯！我們常常會意識到，在一個時代好像對人類非常有裨益的事情，在其後世卻顯然對人類是個禍端；甚至在同一個時代之內，被一國無比敬仰的東西，在另一國卻讓人心生厭嫌。蜜蜂在其器用和建築上都有過怎樣的改變呢？它們建造過的蜂巢有不是六角形的嗎？它們可曾用工具彌補過自己天賦上的缺陷嗎？世界上所有傑出的國家建造了多麼壯觀的建築，都有著怎樣震撼的豐功偉業啊！而大自然對所有這些成就的貢獻，卻只不過是提供了各種材料。大理石源於礦場，然而把它做成雕像的卻是雕刻家。人類發明了許多的鐵質工具，五花八門，數不勝數，而大自然除了把她藏在地心的岩漿奉獻給我們之外，未曾留給我們一件東西。

　　荷瑞修：然而，工匠、發明技藝者、改進技藝者，其大多數能力卻都源於讓勞動更加完善的過程中，而他們的天才則源於大自然。

　　里歐・門尼斯：其才能要仰仗他們的身體構造，即人體機器的精準性，就這個意義來講，他們實在像你說的那樣，並且也就這樣罷了。然而，我已經對此滿口承認了。你如果腦海裡還留存著我對人腦的那番談論，就會意識到：在所有人開展那些工作所必備的技能與耐心方面，大自然的付出實在是微不足道的。

　　荷瑞修：如果我不曾對你的意思理解有所偏差的話，你是想闡明兩件事情：第一，人勝於其他所有動物的社會適應性儘管是真實具備的，然而

在許多的人彙集在一起並得到完備管理以前，它在個體的人身上卻基本上不可能被意識到。第二，這種真實具備的性質，即人的社會適應能力，乃是一種複合體，它由幾方面的事物一起組合而成，而並不是由人唯一的、野獸並不擁有的什麼明顯品性組合而成。

里歐・門尼斯：你說得一點也不錯。所有葡萄都內藏著一點汁液，而把許多的葡萄放在一起擠壓，它們就會產生一種液體，憑藉諳熟的操作就能夠被釀成葡萄酒。然而，如果想一下要把那液體變成葡萄酒一定要經過發酵，換句話說，如果想一下發酵是釀造葡萄酒不可或缺的因素，我們就會對這一點一清二楚：如果不是措辭非常不妥，我們就不能有此言論「所有的葡萄裡都蘊藏著葡萄酒」。

荷瑞修：葡萄酒性，但凡是發酵出現的結果，它就是一種外來成分；所有葡萄但凡單獨儲藏，其中的每一粒都無法具有這種性質。所以，你如果把人的社會性比喻成紅酒的葡萄酒性，你就一定要讓我心服口服：社會當中也有著一種與發酵作用類似的東西。換言之，每一個單個的人並非確實具備這種東西，大家彙聚在一起時，它明明也是一種外來成分。要形成社會，那種發酵過程就不可或缺，就像讓葡萄汁液形成葡萄酒性也不可能離開發酵一樣。

里歐・門尼斯：這種與發酵作用類似的東西，能夠在人們的交往中得到驗證，因為如果檢驗進行判斷並揚言「人是社會性最強的動物」的所有機能及素質，我們就會意識到：大家這些素質的很大一部分（如果不是相當大的比例的話）都源於人們之間彼此的交往。工作成就了工匠這一職業。人是在社會共同生活的過程中才擁有了社會性的。天生的溫情激勵每一個母親去關愛照顧自己的後代，在後代還沒擁有自我照顧的能力時，母親們撫育著他們，並保護他們不受到一丁點傷害。然而，在窮人當中，女人缺少時間讓自己用各種方式來展示對嬰兒的疼愛，而她們對孩子的寵溺

日積月累，她們常常無法照看孩子，無法陪孩子盡情嬉戲。這樣的孩子越健康、越安靜，他們就會越輕易被視若無睹，與嬰兒閒聊的缺失，無法時刻激發嬰兒的精神，這常常是引起兒童將來不可避免的笨拙與蒙昧的主要原因。我們往往會把完全是因為無視早期教育招致的結果視為是天生能力的缺失。我們不常見到與自己的同類沒有任何交往的人，所以我們很難想像沒有經過教育的人會是怎樣的情形。然而，我們卻絕對有根據認為：這種人的思考能力勢必有著諸多缺陷；一個人如果既缺少什麼東西來模仿，又不曾有人去教他，那麼，就算他學習能力再強，也沒有一點意義。

荷瑞修：所以，哲學家闡釋自然規律時說他們瞭解自然狀態中的人有怎樣的想法，在缺乏指導的條件下，那些人怎麼解釋自己和上帝創造的萬物。這的確是才智超群。

里歐・門尼斯：洛克先生之前睿智地說過：要想進行正確的思考和推理需要時間與實踐。不擅長思考，只在意眼下有用之事的人，想要超出目前的水準很難。在地球上那些偏僻的角落，在人跡罕至之地，我們會意識到：相較於在大城市及規模較大的村鎮裡及其周邊而言，這裡的人類更近似於自然狀態。就算在最文明的國家裡，情況也是這樣。在這些人中最愚鈍的人身上，你估計能夠明白我這個觀點是正確的。你如果與他們泛泛談論點需要邏輯思維的事情，那麼，在五十人中，不會有哪怕一個人知道你的話是什麼意思的。然而，他們當中很多人卻是非常能幹的勞工，並且聰明得能夠誆騙他人。人是有理性的生靈，然而人的理智卻並非先天就有的，而且，就算後來他樂於擁有聰明才智，也無法如同穿一件衣服一樣，立刻就能實現。說話也是我們這個物種獨有的屬性，然而不會有一個人打從生下那天起就能說話。就算兩個野蠻人孕育的第十幾輩後代，也不會擁有什麼稍微有模有樣的語言。如果一個人在二十五歲之前不曾聽到過別人說話，我們也不會有根據認為他在二十五歲之後能掌握說話的能力。

荷瑞修：你曾經說過，當動物的器官還算靈敏柔韌、能輕易包容各種印象時，教育乃是必不可少的。在我看來，無論是說話還是思考，這種教育的意義都至關重要。然而，人們能讓狗或猴子學會怎樣說話嗎？

里歐・門尼斯：在我看來這是不現實的。然而在我看來：其他動物不曾嘗盡一些孩子吃的那種苦頭，因為後者一定要經歷過諸多痛苦，才能明白怎樣說出一個字。另一件需要思考的事情是：儘管有的動物的壽命可能比人類長，然而不曾有什麼物種如同人這樣有這麼長的年輕期。除此之外，我們的成長要感恩那些被我們看作人類勝過其他動物的學習天賦（它源於人體結構及內部構造的極大精確性），除此之外，我們基本上不可能從我們的順應性上獲得一丁點幫扶，因為人一定要度過漫長遲緩的各種漸變，才會達成充分的成長。在我們的器官才成熟到一半時，其他動物的器官已經成型了。

荷瑞修：如此說來，在我們對人類被恩賜了的說話能力及社會性的奉迎當中，只有一點是確切存在的，即：人如果在孩提時代就接受教育，就可以憑藉耐心和辛勤掌握說話的技巧，並讓自己擁有社會性。

里歐・門尼斯：要不然就沒有可能。一千個二十五歲以上的成年人，如果從小到大都生活在野蠻的環境裡，並且素昧平生，你就一直不能讓他們擁有社會性。

荷瑞修：在我看來，他們的教育如果是從這麼晚才開始的話，他們就沒有被文明化的機會了。

里歐・門尼斯：然而我說的只不過是社會性，因為它是對人的固定形容。換句話說，我們無法憑藉技巧去管轄這些人，就像無法用它去管轄一千匹野馬一樣，除非你派兩三千人去監控他們，並讓他們永遠心懷畏懼。所以，大部分社會以及所有國家在早先的時候，非常有可能都是根據威廉・坦普爾爵士預設的方式形成的，然而其過程卻不可能如他所說的那

麼快捷。我真的非常想搞懂：一個依他所言肯定擁有了聰明才智的人，怎麼會在一隻不曾接受教育的動物身上發現正義、精明和智慧；或怎樣在壓根沒有文明社會的時候，甚至在人們還沒有開始交往時去幻想文明人。

荷瑞修：我覺得，我曾經必然耳聞過坦普爾爵士的相關觀點，然而我不記得你所說的是他的什麼觀點了。

里歐‧門尼斯：你一轉身就能看到他那本書，在從下面數第三個架子上，第一卷。勞駕你把它拿給我。他的觀點應該聽一下的……這是他闡述政府的一篇文章。就在這裡：「因為如果我們顧及，人透過生育很多子女來擴展自己這個物種的規模；父母照顧子女，甚至為他們提供必不可少的食物，直到子女可以自謀生路。無論是上溯到哪一代人，子女可以自謀生路，這都比我們在其他動物那裡發現的情況要晚得多；人類依賴父母的時間也遠遠比其他動物要長得多；如果我們不光顧及人對子女的關懷，而且顧及人為撫育自己可憐的子女而必須要付出的辛勞（無論是採集自然的水果時，還是獲取那些通過辛苦勞動才能得到的食物時）；如果人必須要撫育子女，必須要去抓捕那些比較溫順的動物、獵取那些相對野蠻的動物，偶爾還必須要鼓起一切勇氣去捍衛自己的小家族，與凶猛野蠻的野獸抗衡（那些野獸會把人當成獵物，就像人會把溫良孱弱的動物當成獵物一樣）；如果我們假設人可以根據子女飢餓的水準或要求，審慎而有條不紊地分配食物（無論這些食物為何物），並且偶爾會把當天剩餘的食物留到第二天，偶爾情願自己飢腸轆轆，也不讓渴求食物的子女餓肚子……」

荷瑞修：這其實並非是個野蠻人，也肯定不可能是個沒有接受過教育的人。他其實會非常勝任治安法官的工作。

里歐‧門尼斯：拜託你不要插話，讓我把它念完。我就念如下這段：「當兒子成人，可以承擔供養家庭的重任時，他就會用教訓和實例讓兒子明白：在家中身為兒子，長大之後需要做什麼事情，而將來成為另一個家

庭裡的父親，又需要去做什麼事情；跟每一個子女闡明：如果想要安分守己，怎樣的品德是好的，怎樣又算是壞的；跟他們說：大部分的社會（它們肯定既蘊藏著人們廣泛認同的美德，也蘊藏著惡德）都擁戴並激勵人們去一心向善，都討厭並懲治心生惡念的人。最後還要跟他們說：生活中無論碰到怎樣的事情，如果現在無法讓他寬慰，就抬頭看天；每每意識到自己的軟弱時，就去向一種更廣的、更崇高的自然求助。想到上述這些事情，我們必然會由此得到結論說：這個人的孩子一旦長大成人，人們必然會誇耀他的聰明、善良、勇猛和謙卑。人們如果發現他在家庭中一直養尊處優，還會覺得他特別榮幸。」

荷瑞修：我實在是好奇：這個人難道不是地球人嗎？他是從天而降的嗎？

里歐・門尼斯：最滑稽的想法就是……

荷瑞修：這番辯駁已經浪費了你我如此多的工夫。我能夠斷言，我這些離題萬里的問題已經讓你疲憊不堪了。

里歐・門尼斯：不，你讓我非常開心。你提的問題每一個都特別切中要害。頭腦睿智的人如果向來都沒有思考過這些事情，都會問一些類似的問題。我是存心把這段文章讀給你聽的，因為我覺得它可能會對你有幫助。然而，如果你對這個話題心生厭倦的話，我不可能讓你惱火的。

荷瑞修：你誤解我的意思了。我已經開始認為這個題目非常有趣了。只是在你我進一步探討它之前，我想要再把那篇文章仔細看一遍。這需要一段很長的時間。看完它之後，我會非常希望再與你探討這個題目的其他內容，越早越好。我瞭解你非常鍾愛美味的水果，明天你如果跟我一起用餐，我會拿一個鳳梨給你。

里歐・門尼斯：我特別希望能和你在一起，因此壓根不會抗拒每一個這樣的機會。

荷瑞修：那麼，再見啦。

里歐・門尼斯：再見。您的僕人隨時恭候您的大駕。

5. 荷瑞修與里歐・門尼斯的對話

　　里歐・門尼斯：它實在是比其他一切水果要好很多。其味濃郁而不令人膩煩。我實在想不出該用什麼詞彙來形容它的味道。在我看來，那好像是集合了各種不同味道的美味佳餚，讓我腦海中浮現了多種美味水果，卻又覺得比它們好得太多。

　　荷瑞修：非常慶幸你喜歡它。

　　里歐・門尼斯：它的香氣也讓人久久不能忘懷。我覺得，你昨天應該給它削過皮，因為那香氣如今還在這房間裡迴盪，讓人心曠神怡。

　　荷瑞修：它的果肉非常細膩，其氣味特別好聞。你如果拿過它，那香氣就會在你的手指上停駐很長一段時間，因為雖然目前我已經洗過並擦乾了手，那芳香一直是要到明天早上才會消失得無影無蹤。

　　里歐・門尼斯：這是我到目前為止吃到的第三個產於我們英國本地的鳳梨。在北方的氣候裡種植鳳梨肯定是個重要的印證，它體現了人類的辛勞和我們園藝技術的進步。享受溫帶地區的舒爽空氣，同時又可以生產出最成熟的水果，而那種水果生性就喜歡灼熱的陽光，這的確是妙事一椿。

　　荷瑞修：獲取熱氣非常好辦，然而技藝的卓越，卻取決於發現並駕馭好鳳梨適宜成長的溫度。如果這一點無法實現，鳳梨就沒有機會在英國成熟。而仰仗溫度計準確地調控溫度，確實是一項非常偉大的發明⋯⋯

　　里歐・門尼斯：我還希望再喝一點鳳梨汁。

　　荷瑞修：請自便。剛剛我本打算建議為一個人的健康而舉杯，而那並不能說是時機不對。

里歐・門尼斯：拜託你跟我說一下，是哪個人呢？

荷瑞修：英國可以種植和生產鳳梨這種外邦水果，在相當大的水準上應該算是我想到的那個人的功勞。即馬太・戴克爾爵士。英國第一顆成熟的鳳梨，就是出自他在里奇蒙的果園裡。

里歐・門尼斯：我非常同意為他的健康用鳳梨汁乾杯，他是位大好人。我還認為，他也應是特別誠懇的。

荷瑞修：世上想要找出另一個人可以如他那樣有著如此豐富的經驗，可以擁有他那樣的賺錢能力，同時又如他一樣秉公辦事，對什麼人都不構成傷害，真的是難比登天……

里歐・門尼斯：你回想過我們昨天探討的那些事情了嗎？

荷瑞修：我從你這裡走之後一直在考慮那些事情，不曾想過別的。今天一大早，我再次把那篇文章通讀了一遍，並且比讀前一遍時更加認真。我特別鍾愛它，然而我覺得：你昨天讀的那一段，以及其他幾個差不多的段落，其中的話與《聖經》對人類源頭的闡述有所出入，因為《聖經》有言，亞當是人類共同的祖先，因而諾亞及其後代也都是人類的祖先。如果是這樣的話，世界上為什麼還有野蠻人呢？

里歐・門尼斯：我們關於世界遠古歷史的瞭解非常淺薄。我們還弄不明白：戰爭、瘟疫和飢荒曾導致了怎樣的大破壞，人們又曾遭遇過何等的不幸；我們也無從得知：從大洪水發生之後，人類到底是怎樣散佈到世界各個角落的。

荷瑞修：然而，人卻一直能自學成才，可以成功地教導自己的孩子們。我們沒有理由相信，身為諾亞後人的文明人會對自己的後代視而不見。然而，儘管每一個人都是他們的後裔，可是每一代人的經驗和智慧不但不曾提高，反而是在退步，人們越來越無瑕顧及自己的子女，甚至到最後倒退到了你提到的那種自然狀態，這的確讓人難以置信。

里歐・門尼斯：我不瞭解你此番話語是不是嘲笑之意，然而你的話壓根不能算是什麼難題，並無法質疑《聖經》提到的人類起源史是否真實。《聖經》已經讓我們瞭解了人類神奇的源頭，瞭解了大洪水過後有比例較少的人類倖免於難。然而它不曾跟我們闡明從那之後人類經歷的一切巨變。《舊約》裡基本上不曾提到一點與猶太人毫無瓜葛的詳情。摩西也不曾自詡可以對發生的所有事情（或人類第一對父母的經歷）給予翔實的詮釋。摩西既不曾說及亞當的女兒們，也不曾說及世界之初必定會經歷的那些事情。從《聖經》談及的該隱建造一座城和其他情況，我們就可以對此看得一清二楚。從中可知：摩西從世上第一個人談論到那些族長的後裔時，除了那些合乎他本意的確切情況外，並不曾談論其他的事情。然而，當時世上必然還有野蠻人。歐洲大部分國家的人都有過在世界的許多地方親眼見過野蠻人男女的經歷。那些人壓根看不懂文字，在他們當中也無法看到一丁點秩序或政府的蹤影。

　　荷瑞修：我對那些人是野蠻人沒有絲毫懷疑。而且英國年年都從非洲抓捕許多奴隸，這說明：世界上游的地方一定有著許多還不曾擁有多少社會性的人群。然而我知道，證明他們都是諾亞兒子們的後代，這是我無能為力的事情。

　　里歐・門尼斯：你還會意識到，要解釋古代的確出現過的大量技藝和有用發明為何沒有流傳下來，這也是無比困難的。然而，我在威廉・坦普爾爵士那篇文章裡找出的問題，卻源自他對自己筆下野蠻人特性的形容。他讓野蠻人進行那種正確的邏輯推演，並且根據那種合理的方式行為處事，然而這有悖於野蠻人的天性。在野蠻人身上，各種激情都特別野性，它們你漲我退競相佔據上風。野蠻的人既無法做出符合理性的思考，也無法前後一致地去積極完成隨便哪項工作。

　　荷瑞修：你對我們人類的看法與大家有很大差別。然而，一個人成熟

之後，他們的頭腦裡難道不會順其自然地擁有一點是非觀念嗎？

里歐·門尼斯：在答覆你這個問題之前，我希望你能先思考一個問題——野蠻人之間必然一直都有著很大的不同，有些充滿野性放蕩不羈，有些則相對溫良。所有動物生性都熱愛自己還無法獨立生活的後代。人類也是這樣。然而就養育後代來說，相對於社會中的人而言，野蠻人遭到小概率事故和糟糕命運的打擊的概率更大。所以，野蠻人的孩子肯定會非常頻繁地被轉交他人代為撫養，所以在長大成人之後，他們基本上對自己曾有過父母這件事沒有什麼印象。如果孩子在非常小的時候（在不到四五歲時）就被拋棄或丟掉，他們就無法活命。如果缺少其他動物的照料，他們就要麼會飢餓而死，要麼會成為野獸的腹中之物。僥倖活下來的孤兒很小就能自謀生路養活自己，所以，他們長大後，肯定要比一直生活在父母羽翼下的人更加野性十足。

荷瑞修：然而，你所能想到的最野蠻的人，難道不可能生來就擁有一點是非觀念嗎？

里歐·門尼斯：我覺得，這一類人會不在乎現實情境，把他可以搞到手的全部都順其自然地收入囊中。

荷瑞修：如果有幾個類似的人彙聚一堂，他們迅速就會意識到並不是全部都是自己的了。

里歐·門尼斯：他們會非常迅速地產生意見分歧，並且爭吵不休。只不過我並不覺得他們能意識到。

荷瑞修：如此說來，人就不可能組合成一個整體了。如果這樣的話，社會又是如何出現的呢？

里歐·門尼斯：我早就跟你說過，社會出現於私人家庭之中，然而這個過程確實經歷了各種困難和曲折，並且需要很多良機相助才行。要在許多代人之後，才會有形成社會的現實性。

荷瑞修：我們明白人可以組成社會；然而，如果所有人天生就懷揣那種錯誤想法，即覺得所有東西都為自己所有，並且一直都無法覺醒，你又怎麼說明社會的出現呢？

里歐・門尼斯：關於這個問題，我有以下看法：要生存下去，一切動物就必然要去迎合自己的各種需要，而讓物種繁衍生息則向來是健康男人的需要，甚至在他還沒有完全發育成熟之前就是這樣。如果一對野蠻人男女在非常年輕時就彼此認識，並且沒有干擾地一起度過了五十個年頭，生存環境氣候適宜，對健康極好，食物又非常充裕，那麼，他們就非常有可能繁衍出許多的後代。這是由於，在天生的野蠻狀態下，人繁殖後代的速度要遠比所有有序社會所能接受的迅速得多。但凡條件允許，隨便哪個十四歲男性都會立刻與一個女性共同生活。但凡有男性求偶，不會有哪一個十二歲女性會反對。同理，但凡還有男性，所有十二歲女性都不可能一直都沒人求偶。

荷瑞修：在這些人裡大概不可能會阻止血親結婚，所以，一對野蠻人男女的後代可能不消多久就會有數百個之多。我能夠確認這種情況一定會出現。所以，他們都是不稱職的父母，可以教給子女的東西非常之少，所以，這些子女成人之後如果都無法分別好壞，也絕對無法形成社會，那麼，父母就不可能掌控他們了。你提到的所有人都生來擁有的那種錯誤想法，乃是個一直不能戰勝的困難。

里歐・門尼斯：按照你提到的那個錯誤想法，即覺得自己有資格擁有全部，人們理所當然會覺得自己所能獲得的全部都是自己的，所以，父母也一定會把子女當作自己的財產，並且用其來影響子女，讓子女的行為盡可能滿足父母的需求。

荷瑞修：如果野蠻人並不一以貫之地執著於什麼追求，其利益又在何處呢？

里歐‧門尼斯：在於當一種激情戰勝全部時，就去迎合它的需要。

荷瑞修：戰勝全部的激情不停地在改變，這樣的孩子估計非常不好管教。

里歐‧門尼斯：非常正確，然而他們還是能夠被管理的。換句話說，能夠駕馭得了他們，強迫他們唯命是從，起碼在他們還沒有足夠能力拒絕聽話時是這樣的。先天的關愛會激勵一個野蠻人男子去寵溺自己的兒子，會讓他竭盡所能為兒子供應食物和其他必備的東西，一直到兒子過了十二歲生日或還要大一些才行。然而，這種關愛卻不是他一定要迎合的唯一激情。如果兒子非常叛逆，或者做了父親禁止他做的事，父親就會覺得很是生氣，而那關愛也就戛然而止了。如果父親的生氣上升到了讓自己發火的水準，他就非常有可能會把兒子暴打一通。如果他把兒子打得傷痕累累，或者兒子的處境讓他心生憐憫，他的怒火就會平息下來，而那種與生俱來的關愛就會重現，他會繼續對兒子寵溺有加，並對自己的所作所為感覺慚愧。由此可知，如果顧及所有動物都憎恨並竭盡所能遠離痛苦，而每一個得到愛的動物都會從中有所收穫，我們就會意識到這種掌控最終會導致：野蠻人的孩子懂得了愛他的父親，同時也懂得了怕他父親。這兩種激情與尊敬組合在一起（對所有在很大程度上比我們優越的事物，我們理所當然都會尊敬有加），就非常有可能產生那種複合的激情，我們把它看作「敬畏」。

荷瑞修：如今我全懂了。你讓我眼界大開。我瞭解社會的起源了，瞭解得清清楚楚。

里歐‧門尼斯：情況可能並非如你所想的那麼一清二楚。

荷瑞修：這又是為何？那些艱巨的困難已經不存在了。沒有受教育的人長大之後就一直不可能被治理，這是真真切切的。在政府的優越性並不顯著的地方，我們的臣服就肯定不會是發自內心的。然而，這兩種困難

都已經不存在了。我們年輕時對一個人產生的尊敬，非常有可能會伴隨我們一生的時間；只要是認可權威的地方，只要是人們對權威心生敬畏的地方，管理芸芸眾生就談不上是什麼難事。如果這樣的人可以對自己的兒子們以權威壓制，那麼，他對自己的孫子們運用起權威來就更是信手拈來。這是由於，一個對父母沒有半點尊敬之心的孩子，卻不會拒絕尊重讓自己父親無比尊敬的那個人。而且，人的驕傲之心已經能夠鼓舞他去捍衛自己已有的權威，如果子女不順從他的話，他會想方設法，仰仗其他人的援手，讓這種叛逆消弭於無形之中。家中的老人去世後，權威就會從他那裡轉移到其長子手中，這樣世代相傳下去。

里歐·門尼斯：我覺得你的結論有點太草率了。那野蠻人如果明白事物的本性，生來就擁有常識，並如同亞當仰仗奇蹟那樣，生來就懂得怎樣運用一種現成語言，那麼，你提到的所有那些實現的可能性就非常之大。然而，一隻無知的動物，除了其自身經歷帶給他的經驗外對其他一竅不通，他壓根就不是去治理他人的合適人選，這就像是他壓根不是去教數學的合適人選一樣。

荷瑞修：剛開始他要管轄的頂多是幾個孩子，他的經驗會因為其家族的增長而慢慢增加。這壓根用不上那麼深奧的知識。

里歐·門尼斯：我並不曾說那要用得上多麼高深的知識。受過還算可以的教育、能力還可以的人，已有能力擔當那種初步的治理工作了。然而，一個不曾掌握怎樣駕馭自己的隨便哪種激情的人，卻不能勝任這個重任。子女但凡翅膀硬了，他立刻就會讓子女們幫助他尋覓食物，並且跟他們說該怎樣覓食、到哪兒去覓食。

野蠻人的孩子但凡有了能力，就會竭盡所能模仿其親眼所見的父輩的所有行為，模仿其聽到的父輩的所有聲音。然而，他們接受的所有指導，依舊只局限在那些掌握獲取滿足日常生存所需物品的範圍內。野蠻人的父

母常常會對已經成人的子女怒氣相向；這種情況每年都在增加，而那種與生俱來的關愛則每年都在遞減。最終，子女們常常會不明就裡地受罰。野蠻人時刻會意識到以前的行為中存在的錯誤，卻無法給將來的行為規定條令並在一段時間內自覺地因循它們行事。缺少前瞻性，這讓他們一刻不停地修改決定。野蠻人的妻子也如同丈夫一樣，目睹自己的女兒們懷孕和生產時會特別開心。孫子輩會讓他們喜上眉梢。

荷瑞修：我覺得，在所有動物當中，父母的那種天然關愛都只是對自己的子女而言的。

里歐·門尼斯：除了人類之外，其他動物都是這樣。在一切物種當中，只有我們人類才這麼自欺欺人，覺得世間萬物都是人類自己的附屬品。這種自傲所有人都是這樣，它一直讓人擁有對萬物的佔有欲，而無論是野蠻人的孩子，還是帝王之子，全都生來就擁有這種貪念。我們人類對自己的這種好評不但讓人宣稱自己具有掌控子女的資格，而且覺得自己擁有掌控孫子女的資格。其他動物的幼崽但凡可以自謀生路，就立刻擁有了自由，然而，人類中做父母的自詡擁有的子女管理權卻無休無止。從法律裡我們會發現，人心中自然而然出現的這種永恆性權威是多麼廣泛，多麼缺乏根據。為了避免父權氾濫，為了讓子女遠離父權的迫害，所有的文明社會都必須要制定這些法律，給父權設置一個相應的年限限制。在野蠻人當中，身為父母的對其孫子女擁有雙重所有權，因為他們肯定既擁有孫子女的父母又擁有孫子女，而一切後代都源於他們自己的兒女，不曾有外人的血統摻雜其中，他們會將整個家族的人都看作自己的奴僕。我還認為：這第一對父母越是博學，越是才能超群，他們就越會覺得自己對一切後代的統治權是理所應當、毋庸置疑的，雖然他們充其量可以親眼見到第五六代後輩。

荷瑞修：大自然讓我們降臨這個世界的時候，雖然我們全都擁有著一

種渴望政府的明顯貪念，然而我們卻生來不具有一點點適應政府管理的能力，這難道不足為奇嗎？

里歐‧門尼斯：你提到的這種奇怪之處，乃是上帝智慧的一個無法迴避的實例。如果每個人天生都沒有這種貪念，所有人也一定終其一生都不可能擁有它；如果一些人沒有擁有這種對治理的期盼，大量的人就一直無法組成社會。動物可能被逼無奈聽命於暴力，可能懂得藏匿自己原本的欲望，讓它們從其正當對象上轉移到其他地方去；雖然這樣，整個物種獨有的那種特殊本能，卻一直不可能憑藉技巧或馴導獲取。生來沒有擁有那些本能的動物，勢必一輩子都不會擁有它們。雛鴨一被孵出就會直奔水的方向，然而你卻不可能讓雞去學會游泳，就如同你一直無法讓它去吸吮一樣。

荷瑞修：我非常明白你的意思，如果驕傲不是每個人與生俱來的，那就不可能有哪一個人會擁有野心。就治理的能力而言，我們由經驗可知：它是後天掌握的。然而，對於世界上怎麼會出現社會，我所瞭解的卻並不比那個野蠻人多多少。你跟我說：在自我治理方面，那野蠻人無計可施、無力可用，這讓我的那些希望基本上全都泯滅了，因為我原本覺得，從那野蠻人的家庭中會慢慢出現社會。難道宗教信仰對他們沒有絲毫作用嗎？拜託你跟我說一下：宗教是怎麼降臨到這個世間的呢？

里歐‧門尼斯：宗教源於上帝，是憑藉奇蹟降臨到這個世界上的。

荷瑞修：這真的是用更難懂的去解釋難懂的事情。奇蹟剎那間出現，讓自然的秩序紊亂，我真是不明白它們。我更不瞭解會有怎樣糟糕至極的事情即將出現，甚至已成為現實。按照睿智的思維和已知經驗的審視，一切聰明人都對這一點深信不疑，即那些奇蹟是絕對不會出現的。

里歐‧門尼斯：能夠斷言，「奇蹟」這個字意味著：上帝力量的干涉讓事物擺脫了既定的自然規律。

荷瑞修：那些原本輕易著火的，在烈火中卻毫髮未傷，而健碩的獅子竭盡全力地壓抑飢餓，不去吃牠最期盼吃到的東西，所有這些奇蹟都讓人覺得太難以置信了。

里歐・門尼斯：要不然它們就不可能被當作奇蹟了。「奇蹟」這個字原本就有著這一層內涵。然而，人們自詡信奉宗教，卻竟然不認可奇蹟，這真是無從闡釋，因為宗教全都基於這各種奇蹟。

荷瑞修：然而，我問你那個大眾化的問題時，你為什麼說你的想法只不過是在那些受到天啟的宗教範圍之內呢？

里歐・門尼斯：因為在我看來，所有不曾受到天啟的信仰，都配不上宗教這個稱謂。最初的國教是猶太人的宗教，之後才有了基督教。

荷瑞修：可是，亞伯拉罕、諾亞和亞當本人儘管都並非猶太人，卻都擁有自己的宗教信仰。

里歐・門尼斯：只有他們才榮獲了天啟。上帝在我們人類第一對父母面前露臉，在把他們創造出來之時就給了他們誡命。在神聖的存在同猶太人的酋長們之間，也永遠都有相同的活動持續不斷。然而，亞伯拉罕的父親卻是個十足的偶像崇拜者。

荷瑞修：然而，埃及人、希臘人和羅馬人也有宗教信仰，如同猶太人一樣。

里歐・門尼斯：他們那些卑微的偶像崇拜和讓人憎惡的信仰，我把其稱作迷信。

荷瑞修：你大可隨心所欲地心有成見，然而他們每個人都把自己的崇拜視為宗教，如同我們的所作所為一樣。依你所言，人生來除了各種激情外空空如也，而我問你宗教是怎麼出現的，其深層含義在於：人的本性中到底有什麼東西並不是後天掌握，並可以讓所有人向宗教靠攏的？讓宗教出現的到底是什麼呢？

里歐‧門尼斯：恐懼。

荷瑞修：啊！世上最容易出現的是恐懼，你認同那個見解嗎？

里歐‧門尼斯：世上再不會有人比我更認同它了。然而，那則著名的伊壁鳩魯主義格言卻有百般疏漏，雖然不信宗教的人十分熱愛它。「恐懼上帝因恐懼而生」，這個見解既愚鈍又有辱神明。你還能夠有證據稱：青草因恐懼而生，或者日月因恐懼而生。然而我如果說的是野蠻人，說他們對真正的神明全然不知，其思考及推理能力也非常不完善，所以恐懼這種激情首先讓他們有機會看到一種潛在力量的幾絲光亮，這個見解就既不與常識衝突，又不與基督教相矛盾。之後，憑藉實踐和經驗，野蠻人的思考推理能力慢慢成熟，其大腦的運作也逐步臻於完善；而這種最高機能的培養，則一定會讓他們收穫關於一種無邊無涯卻亙古長存的知識。野蠻人的知識與洞察力越完善，那個存在的力量與智慧就會看上去更偉大、更威力無窮，雖然其知識與洞察力的完美水準，原本比人類有限的天性能夠企及的還要高。

荷瑞修：請你寬恕我對你的質疑，然而我依然希望給你一個自圓其說的機會。「恐懼」這個字如果沒有什麼修飾，聽上去非常難聽。就算如今，我也不能想像一種潛在的原因居然會是一個人恐懼的源泉，而那個人就像你提到的那樣，乃是早先的野蠻人，未受教育。潛在的東西對感官沒有直接影響，卻會給一個野人帶來如此強烈的影響，這到底是為什麼呢？

里歐‧門尼斯：一切起因並不非常清楚的不幸和災禍，酷暑寒冬，導致災害的暴風驟雨、洪水猛獸、電閃雷鳴（就算它們壓根不曾導致明顯的傷害）、黑暗中的聲音，隱隱約約，以及一切恐懼而懵懂的事物，所有這些都會讓人心中出現這種恐懼。我們所能預設的文明程度最低的野人如果長大成人，其智力都會讓他們明白：水果及其他果腹的東西並非時時刻刻都能唾手可得。這常常會理所當然地讓他把剩下的食物儲存起來。他的食

物或許會被雨水毀掉。他經常目睹森林凋零敗落,無法一直從中獲取充裕的食物。他的身體或許並不是一直非常健康,而他的子女或許也會生病,且無法發現什麼傷口或外部因素。這些事故剛開始並不曾讓他加以注意,要麼只是讓他非常愚鈍的頭腦嚇了一大跳,而在相當長時間內並不曾讓他對此進行思考。不過,因為類似事故頻頻出現,他一定會開始對某種潛在的起因有所質疑。由於經驗的擴展,他的懷疑就慢慢得到了證實。同樣有可能出現的情況還有:形形色色的苦難會讓他參透其中的部分緣由。最終還會讓他深信不疑:他必須要害怕的那些起因非常之多。強化這種輕信傾向,並讓他無形之中形成一種信念的,可謂是一種謬見。我們從孩提時代起就被那種謬見洗腦。嬰兒但凡開始憑藉眼神、姿勢和各種標記讓自己為我們所瞭解,我們就立刻能從他們身上發現其中的端倪。

荷瑞修:請跟我說一下那謬見究竟為何物吧。

里歐·門尼斯:小孩子好像都覺得,萬物都用他們自己的方式進行思考和感覺。並且,他們往往還用這種錯誤觀點去分析無生命事物。他們每次碰到什麼倒楣的事情,我們就能夠在他們的表現中清楚地發現這一點,而那些不幸其實是因為他們內心的野性和莽撞冒失。在全部類似情形中,你都會目睹他們對桌子、椅子、地板和其他東西怒氣相向,並且對它們拳打腳踢。因為好像是那些東西讓他們把自己給劃傷了,他們還臣服於自己釀就的其他大錯導致的結果。我們發現,保姆為寬容小孩子這個缺陷,好像也擁有一樣滑稽的想法,並假裝與有孩子一樣的感情,以撫慰怒氣衝天的小頑皮們的憤憤不平。所以,你經常會發現保姆們十分認真地呵斥和棒打一件東西,它要麼是讓那嬰兒生氣的真正對象,要麼是別的某種什麼東西,它本該為出現的事情而忍受懲罰,有的時候,它甚至還會被故意丟棄。我們不能有這種想法:一個沒有什麼指導並且向來不跟別人溝通的孩子,他這種生性的愚鈍會像在社會中成長起來的孩子那樣輕而易舉就能被

治好；而後者經常都在與比自己聰明的人溝通。我堅信：野蠻人終其一生都心懷那種謬見。

荷瑞修：我覺得人類的智力並不是這麼愚鈍。

里歐・門尼斯：如果是這樣，森林女神又來自何方呢？而砍伐，甚至只是弄傷讓人敬仰的巨大橡樹或其他高貴的樹木，又為何會被視為有辱神明呢？古代沒有受教育的異教俗眾，都覺得河流及泉水是充滿神性的，那神性又從何而來？

荷瑞修：源於那些另有所圖的祭司和其他騙子的欺詐誆騙。他們織就了那些謊言，把神話當成為自己謀利的工具。

里歐・門尼斯：雖然這樣，那也是因為那些人大都沒有理解力。在小孩子身上能夠發現一種特徵，它大概會讓人聯想到那個謬見，而它有能力（或一定）讓人覺得那些神話是真實可信的。傻瓜如果不是真的擁有各種缺陷，騙子就不可能有機可乘，去利用那些弱點。

荷瑞修：他們偶爾會存在類似的弱點，然而就算這樣，你以前也覺得：人生來就會對那些有恩於己的人心存感激。所以，人在發現了全部能夠享受的好東西，又無從考證它們的來龍去脈時，其感激之心最早讓他形成的又怎麼會是恐懼，而不是謙卑呢？

里歐・門尼斯：原因有如下幾個。人把大自然間存在的萬物當成自己的。在他看來：播種與收割理所應當獲得收成；無論他的收穫是多是少，他都全部據為己有。所有的藝術，所有的發明，但凡是我們瞭解的，立刻都會變成我們的權利和資本。因為人類對自己的好評，我們仰仗那些藝術和發明所做的全部事情，也全都被認為是我們自己所獨有的。我們充分運用了發酵和大自然的每一種化學物質，除了考慮到那屬於我們的辛勤耕耘的知識，實在是不知道還有其他什麼東西對我們還有所裨益。攪拌牛奶的女人製成了奶油，卻不去求證到底是什麼力量讓稀薄的淋巴微粒被

動地分離開來，從更加油膩的微粒中被剔除出來。釀酒、做麵包、烹調和我們所創造的其他成就中，付出辛苦勞動的都是大自然，她費盡千辛萬苦，把最關鍵的工作都做完了。雖然這樣，這些成就卻仍舊算作是我們自己的功勞。由上述這些，我們就能夠非常清楚地發現，人生來就把萬物據為己有。未開化狀態下的人擁有一種強烈情感，會把享用的所有事物當成是理所當然，會輕而易舉把他置身其中的所有事情都當成是自己單槍匹馬贏得的功勞。一個隨時隨地心中只有自己、不曾接受什麼教育的人，如果要他認識到自己需要對上帝心存感激，這需要他掌握知識，需要他深入思考，並且一定要非常諳熟正確的思考術。一個人的知識越貧乏，其理解力就越粗陋，其拓開觀察事物眼界的能力，以及由較少已知事實推出結論的能力，就會越差。還在自然狀態，缺乏知識、野蠻的人，其目光僅僅會停留在目之所及的事物上，能發現（通俗地說）鼻尖以外的東西的機會少之又少。野人如果被感激之情駕馭，常常會對他採果子的那棵樹展現尊敬之情，卻不可能想到要去感謝那植樹者。文明人對自己的財產所有權的疑慮，則比野人對自己呼吸自主權的質疑還要強烈。之所以說出現宗教的緣由最早是恐懼而非感激，這還有一個原因，即野蠻狀態的人向來不會質疑那個讓他受益的原因也會是帶給他傷害的禍端，而最早讓他關注的，肯定會是那些壞事。

荷瑞修：非常正確，自己身上發生的一件壞事，人好像會比對自己身上發生的十件好事記憶更加深刻。對一年患病的記憶，也好像要比對十年健康的記憶要更刻骨銘心。

里歐・門尼斯：在保障生存的一切勞動中，人每時每刻都在遠離禍端；而在享受自己鍾愛的事物時，人卻卸下了警備之心，甚至會不以為然。他可以接二連三地享受一千種快樂，並且對其來由一點也不關心。不過，但凡碰到一點壞事，他就會打破砂鍋問到底，以避免犯同樣的錯誤。

所以，明白壞事的緣由，乃是非常符合現實的考慮。可是，明白好事（好事向來會備受歡迎）的來龍去脈，卻不會有什麼實際用處。換句話說，明白好事緣何而起，這好像並不會讓他因此多幾分快樂。一個人如果發現有這樣一個潛在的敵人存在，我們就會覺得：如果可以發現這個敵人藏身何處，這人就會情願遷就他，與他結為朋友。同理，為了實現這個初衷，他還非常有可能四處去打探、調查和尋覓那個敵人；而如果找遍世界每一個角落，其打探都不能得到答覆，他就常常會抬頭仰望天空。

荷瑞修：所以，野人就可能在歷經相當長時期的上下求索之後變得更加聰明。我輕而易舉就會想像到，一隻動物如果真的恐懼什麼事物，卻既不曉得它是何物，又無從得知它在哪裡，這動物一定會覺得非常迷惘，進退兩難。我還會考慮到：一個人儘管有十足的把握覺得那可怕之物無跡可尋，他對無影無蹤之物的恐懼，也常常比對可見之物的恐懼還要更為強烈。

里歐·門尼斯：你提到的這種情況，只能是對於那些思考能力不夠健全的人，對於那些用最淺顯的方式、集中精力於保障生存能延續下去的人。在那個過程中，他會克服遇到的各種直接艱難險阻，而那種恐懼大概對他們不存在什麼影響。然而，如果這個人的推理能力還算可以的話，並且有時間進行思考，那種恐懼就會導致許多造型怪異的妖魔和臆測。一對野人夫婦如果不竭盡全力向對方闡述自己對這件事情的觀點，就無法長時間交談下去。到一定的時候，他們就會意識到並認同幾種東西發出的某些特殊的聲音，而他們的恐懼感大都是因它們而生。所以我才覺得：這種潛在的原因常常是他們早先可以為之命名的事物之一。野蠻男女對自己柔弱後代的在意並不比其他動物遜色分毫，而我們不能設想：他們培養的孩子，雖然不曾有過受教育的經歷，在十歲之前居然不曾在其父母身上發現對一種潛在原因的恐懼。同理，因為人與人之間在特徵、外貌和秉性上差

異巨大，我們也不能相信每一個人對這種原因的見解都是一樣的。所以我們還能夠說：一定數量的人如果可以彼此交談、彼此理解，他們對於那種潛在原因的認識就會有著諸多不同。人對那種原因的恐懼和認同是非常普遍的，並且又一直會把自己的激情看作由能夠想像到的各種奇異事物所導致的，所以，每個人都會謹小慎微地遠離那種仇恨和惡意，如果有可能的話，還會竭盡全力去與這樣一種力量結為朋友。如果考慮到這些事情，考慮到我們所知道的人性，我們就會得出這樣的觀點：在所有一定數量的人群裡，肯定有人存心說些關於這種力量的謊言的話，肯定有人自詡以前親眼見過它的真實面貌，否則我們就無法想像這些人可以長期共同交往。無論是以和平方式還是以其他方式交往，都沒有可能。對潛在力量的各種觀念，究竟是怎樣通過騙子們的詭計和欺詐，導致眾人的矛盾衝突的，這非常好解釋。如果我們特別希望下雨，而有人又讓我相信：我們這裡之所以缺少雨都是因為你，那麼，僅這一點就能夠挑起事端了。世上出現的所有事情，但凡其由頭是宗教信仰，無論是神職者的權謀，還是慘烈的暴行，無論是愚鈍之事還是讓人嫌惡之事，都能夠用這些原因和這個恐懼原理進行解決或給予解答。

荷瑞修：我覺得我必須要認同你的觀點，也就是在野蠻人當中，宗教的首要緣由乃是恐懼。然而你也要認同我的一個觀點，即所有民族為了特殊的恩惠與成就，向來會對其神明感激涕零（就比如勝利之後舉辦的大獻祭，以及形式多樣的競賽與節日的習俗）；所以，但凡人變得更睿智、更有教養，他們的大多數宗教信仰就是基於感激之上。

里歐·門尼斯：我瞭解，你在竭盡全力印證我們人類的聲名，然而人類卻壓根沒有理由能夠這般誇獎自己。我要跟你闡明：對人性進行一番細緻的考量，深入地分析人的本性，這會讓我們更無理由和必要為人類的驕傲而覺得歡欣雀躍，反之，這倒應該讓我們更有根據為人類的謙卑而覺

得欣喜。首先，野蠻人與文明人的天性壓根不存在什麼差異，兩者的恐懼之情都是與生俱來的。如果他們對這種恐懼都有所覺察，就都不會有這麼多年的壽命，除非有一天，一種潛在的力量慢慢成了他們恐懼的對象。這種情況會出現在所有人身上，無論是單獨的野人，還是社會中最有文化的人，無一例外。我們由經驗可知：所有的帝國、國家和王國有機會在技藝、科學、文雅禮節及一切現世學問方面卓爾不凡，同時又奉行最繁瑣卑俗的偶像崇拜，信仰一種虛假宗教的各種前後不一的信條。在崇敬神明方面，最有教養的民族也會如同所有野蠻民族一樣滑稽可笑。文明人往往會挖空心思做出殘酷至極的舉動，而野蠻人卻不曾有過這樣的想法。迦太基人以前是個非常強大的民族，世上出現過一個富庶而繁榮的國家，漢尼拔[1]以前統治著半個羅馬帝國；然而與此同時，迦太基人卻依舊是把其名門望族的孩子當成獻祭的貢品，把他們送給頂禮膜拜的偶像。個人的情況也是這樣，有數不勝數的實例驗證：在一些最有教養的時代裡，許多擁有理性和美德的人卻都對最高的存在有著最卑賤、最沒有意義和最肆無忌憚的想法。一些人的那些所作所為，一定會讓我想到他們對上帝的認識是多麼滑稽、多麼百思不得其解！亞歷山大・塞維魯斯[2]接掌了埃拉伽巴路斯[3]的王位，是改革陳舊習俗的傑出改革家，被人們一致稱為一位好國君，而其上一任則被一致稱為一個壞國君。主攻塞維魯斯的歷史學家稱：他的宮廷裡有個小祈禱室，只用於他的私人供奉事宜，內裡擺放著阿波隆紐斯[4]、奧菲斯[5]、亞伯拉罕、耶穌基督等神明的像。——你為何發笑？

荷瑞修：因為我想到：那些神職者為了讓你覺得一個人是好人，就會費盡心機地掩蓋他的過失。你提到的關於塞維魯斯的那些事情，我曾經也有所耳聞。有一天，我在摩里埃利編的《歷史大辭典》裡查找資料，不經意間發現了關於那位皇帝的一個詞條，而其中壓根不曾涉及什麼奧菲斯或阿波隆紐斯。我回想到拉普里迪烏斯那本書裡的那段話，就對此頗感意

外，並覺得自己可能是搞混了。所以，我再次拜讀了那位作者的大作，可還是看到了相關的記載。它們與你所說的一模一樣，我對此深信不疑。然而，摩里埃利卻存心對其不著一點筆墨，其動機就是要報答這位皇帝對基督徒的寬宏大量。他跟我們描述說，塞維魯斯以前對基督徒特別友好。

里歐·門尼斯：在羅馬天主教的國家裡，那不是什麼不現實的事。然而另一方面，我打算談論的卻是你提及的那些節日，勝利之後的大祭祀，以及各民族對其神明的廣泛感激之情。但願你一定要想到一點：如同在人類所有事務裡一樣，聖事裡也有著形式繁多的祭禮和儀式，也能夠發現諸多敬奉的案例。乍一看，所有這些都是源於感激之情；然而如果細心研究一下，你就會意識到它們其實都是恐懼導致的結果。我們儘管無從得知花神節[6]是從什麼時候開始的，然而卻明白它剛開始時肯定不是每年都有，直到一個年景不好的春天，羅馬元老院出臺了政令，讓花神節成了一個年度的節日。要形成確切的敬畏或尊崇，愛和敬也如同恐懼一樣，都是必不可少的因素。然而只恐懼一項，就足夠讓人裝出一副愛和敬的模樣了。這就像是對君王看上去俯首貼耳、內心卻咒罵和憎惡他們一樣顯而易見。偶像崇拜者對自己敬仰的所有潛在原因的看法，就如同人們對一種胡作非為的獨裁權力的看法一樣，既認可它們粗暴蠻橫、目中無人、頑固不化，同時又覺得它們是萬物的主宰，權力無限又無法抗拒。但凡有人質疑有什麼最零碎的聖事被忘記了的時候，人們就會一而再，再而三地重複那些莊嚴的儀式，其有何目的？你明白相同的鬧劇會多麼頻繁地重複上演，因為每次結束表演後，人們總會害怕遺忘了什麼。

請你一定要查閱一下自己看過的東西，並且牢牢記住。請留心人類對自己擁有的數不勝數的各種看法，留心人們對那種潛在原因（每個人都覺得它左右著人類事務）的數不清的各種觀點。請你回顧一下從古至今的歷史，仔細地研究所有重要的民族，既要研究它們的功績與成就，也要研究

它們的不幸與災難。請你研究一下歷史上的傑出將領和其他卓越人物們，既要研究他們的豐功偉績，也要研究他們的命運多舛。請留心他們的虔誠心什麼時候最是強烈，神諭什麼時候被最經常地請教，他們最經常地說及神明時是源於怎樣的目的。請你一定要理性地考量你記憶深處的所有關於迷信的事情，看它是神聖莊嚴的，是荒誕不經的，還是理應譴責的。如此一來，你就能夠意識到：首先，不信教者及一切對自己的神明全然不知的人，雖然其中許多人在其他問題上學識不凡，聰慧睿智，其胸懷坦蕩也經得住審視，然而他們一提到神明，卻並不認為眾神是睿智、友善、公允和慈悲的；與之相反，他們認為眾神脾氣暴躁，有仇必報，性情多變，絕情寡義。除此之外，芸芸眾生也早就懂得了這套說辭：神明也犯下諸多彌天大罪，也有過許多重大的道德淪喪之事。這無須重提。其次，人們因為感激而談及一種潛在原因的時候，所有的虛假宗教裡都會有數以千計的事例說服你：對神的敬仰，以及人對上天的皈依，全都源於人們的恐懼。「宗教」這個字就字面意思與對上帝的害怕，這兩者含義是一致的。人對上帝的認同如果剛開始時是基於愛，就像是基於恐懼一樣，那麼，那些騙子就無法利用這種激情施展詭計了。人如果的確是因為感激才去敬仰那些傳世的力量（他們這麼稱呼自己敬仰的偶像），那麼，騙子們所說的與男女眾神交情不錯之類的話，也就沒什麼意義了。

荷瑞修：立法者和民眾領袖全都從他們希望的那些藉口中贏得自己想要的東西，即敬畏。而且你也認同：要形成敬畏，愛與敬也就像恐懼一樣是必不可少的。

里歐·門尼斯：然而，按照立法者和領袖為人們制定的各種法律，按照他們對違法者的制裁，我們倒能夠輕而易舉地發現其最在意的是什麼要素。

荷瑞修：我們無法確切地知道：在很久以前，有沒有一位國王或其他

偉人既想要統治一個年輕的民族，又沒有聲稱可以與一種潛在的力量進行交流——那種力量要麼被他所駕馭，要麼是由其祖先駕馭。這些國王或偉人與摩西並無二致，差別就在於摩西本人就是一位如假包換的先知，並且真的曾獲得過上帝的指點，而其他人則無一不是騙子。

里歐·門尼斯：你想用這個來闡述什麼問題呢？

荷瑞修：我們無從得知我們對那種原因的看法到底正確與否，而從古至今擁有各種信仰的人們，也都無從得知自己對它的認識到底正確與否。換句話說，他們全都覺得自己的看法無可置疑，而所有不同看法無一例外全都是錯的。

里歐·門尼斯：我們採取了最嚴苛的審視，發現沒有什麼其他原因能承受得住這種審視，或者能承受得住最普通的考量，這時我們才問心無愧且心地坦蕩地說：我們自己也是這樣。這還不能說明問題嗎？一個人如果可以講述從未出現過的奇蹟，可以闡述從未實現過的事情的緣由，就像此後一千年，所有仁人志士都將全部認同：如果不是位傑出的數學家，誰都無法寫出艾薩克·牛頓爵士的那部《自然哲學的數學原理》；摩西向以色列人闡釋上帝對他明示的道理時，他給他們道明了一個真理，當時，世界上除了摩西不會有其他人瞭解那個真理。

荷瑞修：你的意思是，那真理就是：世上只有一個上帝，上帝是宇宙萬物的製造者。

里歐·門尼斯：非常正確。

荷瑞修：然而，所有理性睿智的人，難道無法仰仗自己的頭腦來瞭解這個真理嗎？

里歐·門尼斯：可以的，然而前提條件是：邏輯思維的能力一定要上升這數百年之後的完善水準，而他自己又瞭解了正確的思維方法。弄明白天然磁石的功用並製造出航海羅盤之後，隨便哪個普通水手都可以在海上

揚帆遠航。然而在那以前，但凡想到航海遠行，連經驗最豐富的水手也要毛骨悚然。當年，摩西對雅各[7]的後代們闡明這個最高的重大真理時，後者已是奴隸之身，被掌控在其被擄之國的迷信之中。埃及人統治著他們。那時的埃及人對許多技藝和科學了然於胸，並且比其他所有民族都更熟諳大自然的各種神奇之處，雖然這樣，他們對神明的認識卻最粗淺、最卑俗。在對那種掌控世界的潛在力量，即最高存在的看法上，所有野蠻民族都比不上埃及人那樣愚昧而淺薄。摩西教育那時的以色列人，而後者的孩子們在九歲或十歲之前，就掌握了最傑出的哲學家們經過世世代代之後才仰仗天性所能瞭解的東西。

荷瑞修：敬仰古人的人，肯定不可能認同那種所有現代哲學家的思維或推理能力能勝過古人的說法。

里歐·門尼斯：還是讓他們去相信自己的親眼所見吧。你說所有理性睿智的人都可以憑藉自己的聰慧瞭解那個真理，早在基督教誕生之初就一度掀起了激烈爭辯，而羅馬最傑出的人們也曾執拗地批判過它。塞爾蘇斯、西瑪求斯、波菲利、希羅克勒斯[8]和其他傑出的雄辯家，以及一些肯定擁有聰慧頭腦的人，都群起著書立說，紛紛支持異教偶像崇拜，盡力捍衛他們的多神崇拜信仰。摩西存在於奧古斯都王朝的一千五百多年以前。如果有人信心滿滿且特別篤定地跟我說：某個地方的人們壓根不瞭解怎樣用色和描繪，那裡如果有個人竟然告訴我，他憑藉靈感而掌握了繪畫藝術，我極有可能會對他報之以譏諷，而不可能認為他說的是真話。然而，我如果親眼所見他在我面前畫出了幾幅非常棒的肖像畫，我的質疑會立刻消弭於無形。我還會覺得：再有人質疑這個人的坦誠是十分荒誕的。其他立法者及開國者對其神明的形容（他們或其先輩與那些神明交流），其中蘊藏的思想都不能與那個神聖的存在同日而語。只需憑藉天性的指引，就會輕而易舉地印證那些思想一定都不是真實的。但是，摩西向猶太人形容的那

個最高存在的形象（也就是他是唯一的神，他是天和地的創始人），則可以承受得住所有的審視，是一個將比世界還要永恆的真理。所以，我認為我已經詳盡地表達了兩點意思：第一，所有真正的宗教都一定是上帝揭示的，缺乏奇蹟，宗教就無法出現在這個世上；第二，在不曾得到什麼指導時，所有人會認為宗教的那種天生激情就是恐懼。

荷瑞修：你已經費盡心思讓我認同：我們生來都是讓人同情的動物。然而，我剛開始聽到那些讓人慚愧的真理時，還是不由自主地要盡可能批判它們。我非常希望聽你探討社會起源問題，而我卻始終在問一些新問題，所以讓你一直無法談到這個問題。

里歐·門尼斯：你還記得剛剛我們說到什麼地方了嗎？

荷瑞修：在我看來，我們還不曾有什麼實質性的議論，因為到目前為止，我們僅僅就一對野蠻人男女，還有他們的一些子女和孫子女進行了探討，而這對野人既不知道該怎麼教育他們，也不懂得如何管理他們。

里歐·門尼斯：在我看來，那最野性的兒子如果跟他最野性的父親一起生活，則一定會對父親心生敬畏，這是特別值得說一下的重要一步。

荷瑞修：我原本也持這種觀點，然而後來你所說的話，卻讓我對它徹底地灰心了，因為你給我印證了：野蠻人父母無法去運用那種敬畏之情。我覺得，你我目前如同以前一樣，離社會起源問題還非常遙遠，所以，我期待你探討那個主要話題之前，先就一個你之前不曾作答的問題做一番闡述，也就是我所說的那個關於是非認識的問題。聽不到你對這個問題的看法，我一定誓不甘休。

里歐·門尼斯：你這個要求特別正常，我一定會盡可能讓你稱心如意。頭腦聰明、知識淵博、閱歷無數的人，但凡有著良好的教育背景，一定可以意識到迥然不同的事情之間的是非差異；一些事情會一直被他大聲呵斥，另外一些事情則一直會贏得他的稱讚。殺死或搶劫處於相同社會中

的一個對我們沒有任何傷害的成員，這向來是不對的；而救死扶傷、造福一方，則在他眼裡一直是良好的行為。用自己的想法推己及人，會被人們當成一條處世原則。不單才智過人的人，例如那些諳熟該怎樣進行抽象思考者，一切在社會中成長起來的能力平庸的人，也全都對此持支持的看法，在所有國家和所有世代，無一例外。同理，所有即便是略微可以運用自己思考機能的社會人（無論那社會是不是憑藉契約明確了勞動分工），好像都比社會之外的人對這一點更深信不疑：世上所有人都擁有平等的權利。然而，我們提到的那個野蠻人男子如果把那個野蠻人配偶和子女後代撇在一邊，不曾再見過其他人，你是否覺得他也具有與社會人一樣的是非認識呢？

荷瑞修：基本上不可能這樣，他的推理能力非常糟糕，這會讓他不能進行正確的推理，而他意識到自己對子女具有掌控能力，這會讓他變得非常蠻橫。

里歐・門尼斯：然而，他如果並非那樣軟弱，又或者他在六十歲憑藉奇蹟而擁有了不錯的判斷力和思考能力，所以也可以像聰明絕頂的人那樣進行完美的推理，你是不是覺得他會放下那個看法（即他可以駕馭的全部都在他掌控之中）呢？當他的行為好像基本上全都源於本能時，你覺得除了那些原有觀念之外，他還會對自己和子女懷揣其他看法嗎？

荷瑞修：毋庸置疑，因為如果他具備判斷力和理智，到底什麼會成為讓他如其他人一樣地去運用那些機能的阻力呢？

里歐・門尼斯：你好像不曾顧及一點：缺少對事實的歸納，所有人都不可能進行推理；人只能按照既有的或被當成真實的事實進行推理。只有接受過一定程度的教育並將在社會中存在的人，才明白我提到的是非差異；或起碼能夠說：一些人清清楚楚地看到過社會裡其他有教育經歷的人——後者地位與他們一樣，或地位比他們還高，與他們沒有絲毫聯

繫——只有這樣的人才明白我提到的是非差異。

荷瑞修：我開始認同你的話是正確的了。然而我又想到，一個胸懷正義之心的人，如果明白一個地方除了自己的妻子和後代不存在別人，為何就不會覺得自己是那個地方的主宰呢？

里歐・門尼斯：他絕對有可能存在這種想法。然而，世界上有數百個這樣的家族龐大的野蠻人，而那些家族素昧平生，也不曾聽說過對方，難道不可能出現這種情況嗎？

荷瑞修：你如果同意，還能夠說這樣的野蠻人家族有數千個，所以，世上就有著許多天然的家族首腦。

里歐・門尼斯：太棒了。我希望你能留心的是，對一些被大部分人奉為絕對真理的事情，成百上千個擁有優秀頭腦和判斷力的人極可能一竅不通。如果所有人的確生來就擁有這種佔有全部的精神，而除了憑藉人際交往和事實體驗（它讓我們認為自己缺乏這種權力），所有人都不能脫離它的掌控，那會是怎樣的結果呢？我們可以考量一個男人的一生，從他呱呱墜地到他入土為安之時，看一下他的兩種欲望中的哪一種看上去是最自然的，即到底是那種站在萬物之巔把全部都據為己有的貪念，還是那種根據恰當的是非觀念行為處事的傾向。我們將會意識到：在他的孩提時代，前一種欲望展現得一覽無遺；在他有過某些教育經歷之前，後一種傾向沒有絲毫外露；而他維繫蒙昧狀態的時間越久，後一種傾向對他行為的左右就越少。據此我斷言：是非觀念是後天形成的，因為它如果是生來就有的，要麼它作為認識（或準確地說來，那種把全部都收入囊中的天生本能），在我們非常小的時候就會影響我們，那麼，世上所有的孩子也就都不可能為得到哥哥的玩具而哭哭啼啼了。

荷瑞修：在我看來，世上最順其自然、最理所應當的權利，應該是人們對自己子女的權利了。我們絕對無法還清父母的恩情。

里歐‧門尼斯：良好父母對我們的養育之恩和教育之情，我們肯定要心存感激。

荷瑞修：這是底線，是父母賦予了我們生命。可能有上百個人教育過我們，然而少了父母，我們卻壓根無法降臨到這個世間。

里歐‧門尼斯：同理，缺少生產大麥的土地，就不可能有麥芽酒。我無從得知世上有什麼報恩不是預設的。一個人如果發現一包可口的櫻桃，就會不由自主地把它們吃掉，並會因此而覺得稱心如意。他非常有可能狼吞虎嚥，甚至把幾粒果核吞進肚裡，而我們由經驗可知果核無法被消化。如果十二個月或十四個月後，他剛好發現一塊地上長出了一株櫻桃幼枝，而誰都不曾料到那裡會長出它；他如果回想起自己曾經來過此處，就不一定無法猜出那幼苗生長的真正緣由。同理，這個人非常有可能因為好奇而挪走並去精心栽培那株櫻桃。我絕對可以斷言：無論那株櫻桃結果怎樣，這個人由於那個善舉而贏得的對它的所有權，與一個野蠻人對其子女的所有權是一樣的。

荷瑞修：我覺得，這兩者之間存在著非常大的區別。櫻桃核肯定不是他的一部分，也肯定不可能跟他的血液混為一談。

里歐‧門尼斯：暫停，所有的不同，無論你覺得它有多麼巨大，僅僅在於此處，即櫻桃核既不是吞下它的那個人的一部分，在被吞下後，其數量也不可能如同那野蠻人吞進的其他一些東西一樣，出現如此巨大的改變。

荷瑞修：然而，那吞進櫻桃核的人不曾對它做什麼事情，就算它沒有被吞下去，也非常有可能如同植物那樣生出新枝。

里歐‧門尼斯：此話非常正確。我也認同，那櫻桃幼枝的存在全都是櫻桃核的功勞，這一點你說得非常對。然而，我也非常清楚地談及那行為的意義，無論是那吞櫻桃核的人，還是那野蠻人，兩者的行動都僅僅源於

各自的潛意識之下的目的。那野蠻人採取行動時，非常有可能並不曾想要個孩子，這就如同那個吃櫻桃者不曾想要種櫻桃樹一樣。人們往往會說：我們的孩子乃是我們自己的親生骨肉，然而這種說話方式卻充斥著明顯的比喻色彩。不過，就算我們認可這觀點是正確的，雖然修辭學家沒有給它命名，它到底又能印證什麼呢？它可以印證我們的初衷是出於好意嗎？可以印證我們對他人的友善嗎？

荷瑞修：你想怎麼說就怎麼說吧，然而我覺得：最能讓父母對孩子的親情油然而生的，絕對是父母想到孩子就是他們自己的親生骨肉。

里歐‧門尼斯：我支持你這個看法。它清楚地體現了我們對自己、對所有源於我們自己的堪被稱讚之物的最高評價。與此相反，另外一些事物儘管也屬於我們自己，卻讓人憎惡，所以，出於取悅我們自己的目的，我們會竭力地把它們隱藏起來。但凡那些事物在大家看來全都被認為有失文雅，我們甚至會因此慚愧不已，那麼，提到或讓人聯想到它們就成了有失體統的失禮舉動。我們胃裡有形形色色的東西，然而我們壓根不能掌控它們，無論它們到了血液還是其他地方，我們憑藉知識而對它們採取的心甘情願的行為，只有把它們吞入胃中。而後，動物身體機能會怎樣運作它們，人就不能按自己的想法行事了，就如同人不能掌控自己手錶的運作一樣。這是另外一個例證，它印證著：我們錯誤地把所有運作有序的結果都看成是我們自己的功勞，而事實上，做好所有工作的乃是大自然，而我們在其中的貢獻卻是最少的。然而，無論誰稱頌自己那些可以帶來益處的機能，當他得了結石症或高燒不退的時候，同樣也需要譴責自己身體某方面的機能。缺少這種生來就有的愚蠢觀念，所有有理性的動物都不可能既按照自己的下意識行為考量自己，同時又接納著對壓根不是源自自己意志的行為的稱頌。生命在所有動物身上都是一種複雜的行為，然而對動物本身來說，身在其中的行動只是一種被動行為。我們瞭解呼吸之前，已經必須

要呼吸；我們一直都有的觸覺感知力，則源於大自然給予我們的自警本能和她對我們的恆久監護。對我們而言，自然之作的所有部分（我們人類也無法排除在外）都是神祕莫測的祕密，都不能進行研究。大自然親力親為給我們供應食物，她也並不相信我們的智慧可以讓我們有食慾和咀嚼慾，所以她讓我們擁有了本能，並且用快感引導我們吃飯。這好像是一種選擇行為，我們自己也可以感覺到這種運作，大概還能夠說我們是這種運作的一部分。然而過不了多久，大自然就重現了她的關懷，重新掩飾起我們的知識，而用一種深奧的方式讓我們的生存得以延續，我們甚至根本沒有意識到自己的協助或參與。從那之後，對我們吃喝之物的掌控就永遠徹底聽從大自然的指揮了。而我們理應從吃喝的排泄物中得到怎樣的榮辱呢？它是為繁衍而生的間接手段，還是為植物提供的一種更能信賴的幫助呢？正因為大自然激勵我們去傳承後代，就如同激勵我們去吃一樣。跟其他動物一樣，野蠻人憑藉本能繁殖族類，並不曾有更多的想法或有步驟地繁衍其族類，就像新生兒吸吮乳汁而不曾意識到那是為了讓生命得以延續一樣。

荷瑞修：雖然這樣，出於那些目的，大自然還是讓野蠻人和動物擁有了各自的本能。

里歐‧門尼斯：這不必多說。然而我是想說：各種行為動機都涵蓋著相同的萬物之理，我也深信不疑：野蠻人女子就算一直沒見到或想到過什麼幼年動物的繁殖，沒有弄清嬰兒作為生命體是如何形成時，也依然可以生下幾個孩子；而她如果腹痛，可能會覺得那是她吃了某種美味水果引起的，當她腹痛數月又壓根不瞭解自己懷了孕時，就更是這樣。放眼整個世界，孩子的出生大都會有疼痛相隨，所以生育好像與快樂無關。而且，未被馴化的動物無論多麼勤奮好學而專心致志，都一定要在多次切身感受之後，才會知道一個動物真的可以生育出另一個。

荷瑞修：大部分人結婚都是因為想要孩子。

里歐‧門尼斯：我覺得並非這樣。我認為，許多人並沒有要孩子的打算，最起碼沒有打算那麼快就有子女；就算結了婚，不打算要孩子的人也與打算要孩子的人數目相當。然而在婚姻以外，在大多數沉迷於快樂的苟且中，孩子卻被當成是滅頂之災。不考慮後果的罪惡情愛孕育的孩子，還常會被罪惡的驕傲殘酷地存心扼殺掉。然而這些都是社會中的人的所作所為，他們知道事物會有怎樣的結果。我要重申的是，在此我所說的是野蠻人。

荷瑞修：所有動物的兩性之愛，其初衷都是想要延續其物種。

里歐‧門尼斯：我已經對此闡明立場表示認可了。然而我還要強調一遍：野蠻人並不是因為顧及繁衍物種才去愛。野蠻人在並不瞭解後果時就去做愛，而我也非常質疑：最高尚的夫婦最單純的擁抱是不是也出於繁衍物種的真正想法。一個富人會耐著心思期盼有個兒子來傳承他的姓氏和財產。他結婚可能只是因為這個目的，並非是別的什麼原因。然而，他嚮往自己有個美好的後代，並好像從中獲得滿足，那種感覺卻只能源於對他的自我認可，因為他想到那些後代都是他本人所生。無論此人後代的降生有多少是他的功勞，有一點是毋庸置疑的，也就是這個人的行為初衷就是為了他自己。這裡仍舊有著想要後代的期盼，有著生育孩子的想法和動機，而所有野蠻人夫婦心中都絕對不可能有這種動機。雖然這樣，野蠻人夫婦的虛榮心還是能夠讓他們覺得驕傲，因為他們會發現自己的一切子女及後代全都源於他們——如果他們能親眼見到自己的第五或第六代後人。

荷瑞修：我無法從中看到一丁點虛榮心。我也覺得我自己不可能有這種虛榮心。

里歐‧門尼斯：是的，因為你無法覺察到它。非常明顯，他們對其後代的生存沒有絲毫意義。

荷瑞修：如今你能發誓你的論述尺度不大嗎？

里歐‧門尼斯：不，一點也不大。你如果認同，我就要說：人的欲望源於大自然。宇宙間只存在一個真正的原因，它產生了浩瀚繁雜、讓人震驚的結果，引發了自然所有的造化天工，其中有些可以被我們意識到，有些則是我們不可能感知到的。「父母生育子女」，這個觀點既貼切又合理，就像說「某個工匠的作品之所以巧奪天工，是因為他自己發明和製造的工具」。把水抽入銅桶的潛在的引擎，攪拌水與麥芽的無生命的攪拌桶，這些都是釀酒工藝必不可少的要素；同理，在繁殖動物的程序中，活力四射的雌雄動物也有著一樣至關重要的作用。

荷瑞修：你把人當成了牲畜和石頭。做與不做，難道我們就無法進行選擇嗎？

里歐‧門尼斯：可以，是不是拿我的頭去撞牆，這就是我現在的選擇。可是我但願你無須絞盡腦汁去猜測，也能明白我是否真的會選擇拿頭撞牆。

荷瑞修：然而，我們不是根據自己的想法才移動我們的身體嗎？所有動作不全都是聽憑意志所為嗎？

里歐‧門尼斯：一種激情如果顯而易見起著主要作用，並嚴格駕馭著意志時，那又能說明什麼呢？

荷瑞修：我們的行動起碼是有意識的，人起碼是智慧動物。

里歐‧門尼斯：在我所說的那件事情上，人並不是這樣的。就那件事情而言，無論我們是否情願，我們都會覺得心潮澎湃，都會不由自主地協力進行一種運作，並且還期盼能參與其中。雖然我們批判，但還是十分希望能進行那種運作，它極大地戰勝了我們的理性。我剛剛那個比方非常恰當、入木三分，因為就算你可以假設相愛甚深的夫婦（你如果樂意，還能夠說洞察力最強的夫婦）對生殖的奧祕也一竅不通。不光這樣，就算他們已經是二十個子女的父母，對大自然的運作及他們之間進行的事情，也會

全無所知，沒什麼意識，就像被用於最奧妙、最神奇工作的無生命工具一樣。

荷瑞修：我不瞭解有沒有人會比你還要諳熟如何追溯人類的自豪，會比你還要苛刻地批判它。然而，你一提到這個話題就沒完沒了。我期盼與你討論社會起源的話題，因為闡述社會怎樣從剛剛我們所說的那個野蠻人家庭形成或出現，這是我無能為力的。那些孩子長大後，無法避免因為數不清的理由而爭執不休。人如果有三種最顯而易見的欲望需要去迎合，而缺少政府，他們就不可能一直和平地生活在一起。這是由於，他們儘管都對父親敬仰有加，然而父親如果缺乏遠見卓識，無法為他們的生活立下良好的規矩，我就會認為他們會一直生活在矛盾的狀態中。後代子孫越來越多，那年事已高的野蠻男人就越會深感迷惘，因為他希望能管轄後代，卻缺乏這種能力。後代的人數擴大之後，他們就必須要拓寬自己的活動區域，無法在其出生地一直生活下去。誰都不希望背井離鄉，遠離自己的家鄉，那家鄉如果可以讓他們獲得富足的收成，就更不想離開了。我越是考慮到這一點，越是仔細研究這樣一群人，就越是不能想像他們是怎樣才形成的一個社會。

里歐·門尼斯：可以讓人們擁有社會性的，首先是人們一起置身於危險之中，它可以讓仇深似海的人們結為一體。他們一定要對抗這些危險，這些危險來源於野獸（因為只要有人生活的地方就有野獸的存在）和人類生來就缺少自衛能力。這個殘酷的因素常常會成為我們人類擴張的阻力。

荷瑞修：如此說來，這個野蠻男人及其後代幾乎沒什麼可能一起生活上五十年。我輕而易舉地想到：我們這個野蠻人家族會由於後代太多而面臨諸多困境。

里歐·門尼斯：你所言甚是。一個缺少武裝的男人及其後代，根本無法這麼長時間地逃脫那些食不果腹的獵食動物，它們憑藉一切能捕到的動

物賴以生存；為了填飽肚子，它們會遍尋每個角落，踏遍萬水千山，雖然這要冒生命危險。我之所以說這個野蠻男人及其後代有在一起生活五十年的可能，是因為我打算向你闡述：第一，一個缺少教化的野蠻人絕不會擁有威廉·坦普爾爵士賜給他的那些知識與頭腦；第二，那些與自己的族類交往的子女，雖然是由野蠻人撫育，但還是能夠變得被駕馭；最終，這些子女成年之後就可以適應社會，無論其父母是多麼愚昧，對管理多麼一竅不通。

荷瑞修：理應感謝你有此觀點，因為它讓我懂得了：與野獸最相似的第一代野蠻人，已經能夠產生適應社會的後代了。然而，產生出能夠進行管理事務的人，卻要擁有更多的因素。

里歐·門尼斯：我要重回我剛剛所說的那個推斷上了，那就是讓野蠻人擁有社會性的第一個目的。我們無法清楚地瞭解村民的所有情況，因為他們缺少文字記載。然而在我看來，根據常理，那個目的有可能是他們一起置身於捕食野獸的危險之中。如同這些時時刻刻都打算為自己的幼崽捕捉獵物的狡猾野獸一樣，人也會去抓捕那些缺少防衛能力的動物，一些更勇猛的野獸則公然對成年男女發起攻擊。讓我對這個觀點更加深信不疑的，是我們廣泛認同的一種觀點，它能夠上溯到最久遠的年代，並且出現在各個國家之中。在所有民族年輕時代的歷史裡，遍佈了有關人獸衝突的記載。它是最古老時代的英雄們的偉大功績，他們最顯赫的功績都是關於降妖除魔的。

荷瑞修：你認為世上真的有人面獅身怪、怪蛇、飛龍和口中噴火的公牛嗎？

里歐·門尼斯：就如同我不相信當今的女巫一樣，我也不相信這些。然而我認為，這些虛假的怪物全都源於那些殘暴至極的野獸，源於它們導致的各種禍患，源於其他許多讓人害怕的現實。我依舊認為：如果所有人

都沒有見過馬背，我們就一直不可能聽說肯陶洛斯（古希臘神話中的怪物，一半為人一半為馬）。我們也可以斷言，其他動物身上也帶著一些野蠻動物顯示出來的那種巨大力量和殘酷，也隱藏著許多有毒動物毒液的那種讓人震撼的力量。毒蛇出其不意的瞬間攻擊，毒蛇有很多品種，鱷魚的巨大身軀，某些魚類的五花八門，還有一些魚類的翅膀，這些都會讓人產生恐懼。僅憑恐懼這種激情讓嚇破膽的人想像出了喀邁拉（古希臘神話中噴火的妖怪，獅頭，羊身，蛇尾），這是令人無法置信的。白天發生的危險常常會在夜裡擾人清夢，這又讓人平添了幾分恐懼；而人們腦海中的夢境則會很容易與現實混為一談。除此之外，人生來就是愚昧的，但又期盼知識的滋養，這常常會讓他們更容易輕信，而輕信則是期盼與恐懼所導致的最大後果；另外，絕大部分人都非常期盼能贏得稱讚頌揚，都非常看重罕見，非常看重它的目擊人和闡述者。我的意思是，你如果顧及這些，就會非常容易意識到：儘管許多生靈都是值得被探討的話題、描述的對象，被一本正經地描摹一番，而事實上它們卻是憑空捏造出來的。

荷瑞修：對於妖怪的由來，對於每個神話傳說的由來，我並不覺得驚訝。事實上我知道：在你用來闡釋讓人為了共同利益結為一體的那個最大目的的理由當中，我卻看到了某種讓人特別迷惘的東西，而我沒有考慮過它。我想到了你形容的人的生存狀態：人類兩手空空，缺少自衛能力，在許多動物面前，牠們飢餓難耐、貪婪無度、嗜血成命，力量遠勝過人類，並且生來就擁有進攻的武器，所以，我實在不能想像人類到底是怎樣存活下來的。

里歐・門尼斯：你這個想法非常需要關注。

荷瑞修：這的確讓人震撼。獅子和猛虎是多麼粗暴野蠻的野獸啊！

里歐・門尼斯：我倒覺得牠們是相當完美的動物。最讓我佩服得五體投地的，就是獅子。

荷瑞修：我們說獅子虛懷若谷、有恩必報，這的確是相當稀奇的。你覺得牠們真會這樣嗎？

里歐・門尼斯：我並不會花工夫去研究獅子，我所稱頌的是獅子的筋骨、身體結構及牠非比尋常的欲望，因為牠們都恰如其分地相互映襯著。在大自然的所有作品上，你都可以發現秩序、對稱和勝過萬物的睿智。然而，大自然裡卻不存在一台機器會如同獅子那樣，其所有部分都合乎各自在整體中所要實現的目的。

荷瑞修：那個目的就是杜絕其他動物的存在。

里歐・門尼斯：這非常正確。然而這個目的又是多麼顯而易見，它沒有半點神祕色彩，真真切切！葡萄的用途就是釀酒，人是組成社會的因數，這些真理在所有個體身上無法展現得一覽無遺；而在所有單個的獅子身上卻都有著真正威嚴的象徵。但凡在獅子面前，連最健碩的動物也會恭恭敬敬，顫抖不已。細心考量獅子那分量巨大的利爪，龐大體型結實的肌肉；細心考量牠恐怖的牙齒，健碩的顎部，以及同樣讓人心驚的寬大獅口，我們就會對牠有何用途非常清楚了。不但這樣，獅子四肢的結構，獅子肌肉筋腱的強悍有力，獅子骨骼的結實，也遠遠勝過了其他動物，而獅子的周身結構及其永無止境的怒氣、行動的敏捷與靈活，這些全都讓牠成為野獸之王。如果顧及這些，而無法看到大自然的初衷，無法看到大自然為獅子這種美麗的動物策劃了多麼讓人歎為觀止的技能，讓其可以去進攻和戰勝其他動物，那就是愚昧。

荷瑞修：你是位傑出的畫家。然而，你評價一種動物時，為什麼要根據牠那些被誤解的特性，而不是根據牠的起源，即剛開始產生牠的原因呢？天堂樂園裡的獅子原來是脾性馴服而忠誠的動物。聽一下彌爾頓是怎麼形容獅子在亞當和夏娃面前的表現吧。

他們在那美麗的、軟綿綿的河岸旁躺著，那裡到處都是鮮花：

……在他們附近，地上的各種野獸在嬉戲，牠們從樹林或荒野、森林或洞穴中走來；

獅子在蹦蹦跳跳，用爪逗幼崽們玩；

狗熊、老虎、山貓和豹子

也都在他們面前盡情玩耍。……

身處樂園之中，獅子以什麼為食？這些食肉野獸又靠什麼來果腹呢？

里歐・門尼斯：我無從得知。信奉《聖經》的人，誰都沒有質疑：天堂樂園的情景以及上帝與第一個人之間的溝通，都是超脫於自然之上的，就像太初創世一樣。所以，我們無法想像用人的理性去說明它們。如果可以用人的理性來加以說明，那麼，摩西就無須去回答那些他不能回答的問題了。他為我們敘說的那些時光的歷史非常簡單，沒有瑕疵，都被涵蓋在其他人對那些敘說的說明和注釋裡。

荷瑞修：除了摩西的話裡有加以驗證的東西，彌爾頓不曾涉及樂園裡的其他情況。

里歐・門尼斯：從摩西的話裡，壓根無法驗證那種天真單純的情形是否延續了很長時間，甚至維持到了山羊或其他所有胎生動物可以生養、哺育幼崽的時候。

荷瑞修：你是說，天堂樂園裡絕不會有動物幼崽。我肯定不可能對一首那麼完美的詩這麼挑挑揀揀，我壓根不曾有這個想法。我把這些詩句讀一下，只是想要跟你闡明：在天堂樂園裡，獅子一定是有無皆可、無足輕重的；除此之外，那些自詡找到了自然之作的瑕疵的人，可能會對大自然進行公允的斥責，因為她沒有意義地讓一種優秀動物擁有了這麼眾多的傑出特性，而這純粹是奢侈無度。他們會說，大自然讓一種動物擁有了如此五花八門的毀滅性武器！讓牠擁有了多麼讓人震撼的四肢及肌腱力量！它們有什麼意義呢？僅僅是用於撫慰和挑逗幼崽而已。我知道：在我看來，

如此分工，派給獅子這樣的任務非常不合適，並且明顯缺乏考慮，就像你讓亞歷山大大帝去做看護一樣。

里歐·門尼斯：你如果發現獅子正在酣睡之中，大可放心地在牠身邊來來回回，反反覆覆多少次都沒問題。如果除了目睹公牛在母牛群裡神態悠然地吃草，而不曾見過其他情況下的公牛，那誰都不可能想到公牛有需要運用牠犄角的機會。然而，你如果看到一頭公牛被狗群、狼群或隨便一群天敵襲擊，就會迅速意識到：犄角對公牛來說是相當重要的。獅子並非生來就一直生活在天堂樂園裡的。

荷瑞修：我認可你這個觀點。如果創造獅子是出於天堂樂園以外的那些初衷，那麼，有一點就非常顯而易見：人的沉淪從創世之日起就已是必然的了。

里歐·門尼斯：這是早就瞭解的。所有事情都無法躲過全能上帝的視線，這是毋庸置疑的。然而我肯定不會認同它破壞或削弱了亞當的自由意志也是前定的。「前定的」這個字讓世人為此掀起了多少風浪，這個字本身向來是許多重大爭論的源頭。因為不好對它進行準確的詮釋，我曾發誓一定不讓自己置身於它有關的所有辯論之中。

荷瑞修：我無法逼你如此行事。然而，你這般稱頌的那種事情，卻一定要搭上我們人類的千百條性命。為數甚少的人在還沒有火器或起碼在還沒有弓箭的條件下，竟然可以保護自己，在我而言這堪稱奇蹟。要有多少個兩手空空的男女，才可以在與一對獅子的鬥爭中勝出呢？

里歐·門尼斯：雖然這樣，我們人類畢竟存活下來了。在一切文明國家裡，人們都不可能重新成為野人了。我們人類有比其他所有動物都要傑出的智力，這已經讓那些動物覺得恐懼了。

荷瑞修：我由理智可知，必然是這樣。然而，我必須要說的是：當人類的判斷力根據你的目的為你解開什麼難題的時候，它向來是準備充分和

有十足發展的；而在其他一些情況下，知識與推理論證則屬於時間上的工作範疇，直到多少代以後人才可以做些正確的思考。請跟我說一下，人在裝備武器之前，他的判斷力在與獅子對抗方面能有什麼用呢？到底是什麼讓人沒有剛一出生就淪為野獸的美餐呢？

里歐‧門尼斯：上帝。

荷瑞修：是的，但以理就是因為奇蹟挽回了性命的；然而，對其他人的情況又能做何解釋呢？我們瞭解，在每個時代，都曾有許多的人慘遭野獸蹂躪。我想瞭解的是：當人類既缺少自衛武器，又缺少強大的防禦工事去抗衡野蠻殘暴的野獸的時候，人們是怎麼存活下來的，整個人類為什麼沒有被野獸毀滅殆盡呢？

里歐‧門尼斯：我已經告訴過你了，那是上帝。

荷瑞修：你用什麼來證明那是憑藉奇蹟的護佑呢？

里歐‧門尼斯：你所指的還是奇蹟，然而我所指的是上帝，也可以說是上帝掌控全部的智慧。

荷瑞修：在世界源起之時，那種智慧也就像而今這樣，不憑藉奇蹟，在我們人類與獅子之間占了一席之地，你怎麼可以跟我證明這一點：那麼，你在我看來就是一個奇蹟。就目前來說，我能斷言：一頭殘暴的獅子起碼會如同撲向一頭牛或一匹馬那樣，敏捷地撲向一個兩手空空的人。

里歐‧門尼斯：所有特徵、本能，以及我們所說的（有生命的和無生命的）事物性質的東西，都是因為那種智慧而生的或是其最終結果，你不認可這個觀點嗎？

荷瑞修：我一直不曾有這樣的想法。

里歐‧門尼斯：這樣我就很容易給你印證這一點了。除了在相當酷熱難耐的國度裡，獅子向來不會在野外生活，這就如同熊是極寒地域的產物一樣。不過，絕大部分的人類都鍾愛溫暖宜人的氣候，所以最喜歡生活在

溫帶地區。人非常不樂意去適應冰冷的氣候，或者憑藉能力和耐力去適應酷熱的氣候；然而，讓人體覺得最舒服的，還是溫和的空氣以及在寒冷與炎熱極限之間的氣候。所以，大多數人類都自然地生活在溫帶氣候裡。同樣的適宜條件也讓其他動物只選擇溫和的氣候生存。這會在很大程度上減少人類遇到的困難，它們源於那些最野蠻、最無法抗擊的野獸。

荷瑞修：然而，生活在熱帶國家裡的獅子和老虎，以及生活在寒冷國家裡的熊，到底是不是只會生活在牠們各自預設的邊界裡，而從來不越界一步、不到處徜徉呢？

里歐‧門尼斯：我認為牠們必然會越界。在比較偏遠的地方，人和家畜也經常會成為獅子的盤中之物。所有野獸對我們人類的致命危險，都比不上人類相互之間的爭鬥來得危險。被敵人窮追不捨的人們會逃到那些他們肯定不喜歡去的氣候或國家裡苟且偷生。同理，貪婪與好奇也常常會讓人甘心去面對那些並不一定得去面對的危險。而人們如果對天性的需求已經心滿意足，只是出於保障生活而和其他動物用一樣的簡單方式去做事，是能夠遠離那些危險的。其他動物不像人一樣有如此強的虛榮心，並對自己的處境非常稱心如意。我絲毫沒有懷疑，在全部這些情形之中，人類的大部分都曾有過被野獸和其他有害動物危害的經歷。我也絕對認同：僅僅因為這一點，在創造弓箭或更優越的武器之前，為數眾多的人群要定居或生活在酷熱難耐或冰天雪地的國度裡，那是絕對不現實的。然而，所有這些都不能推翻我這個觀點，我打算驗證的是：第一，一切動物都憑藉本能選擇了讓其覺得最合適的冷熱氣候，所以，世界上就不存在相應的空間，讓人類既可以在那裡進行世世代代的繁殖，也無須去承擔一點被獅子或狗熊吃掉的風險。第二，最天真的野蠻人就算不憑藉其理性的幫助，也會意識到這一點。這就是所謂的「上帝的工作」，即在對宇宙的合理匹配中，那個最高的存在體現出來的亙古長存的智慧，即那條難以領悟的因果鏈之

源，毋庸置疑，在那個鏈條上，所有事件都彼此制約、相輔相成。

荷瑞修：你對這個問題的闡釋，要好過我所預料的。然而，你提到的那個讓社會形成的首要目的，估計與它沒有絲毫關係。

里歐·門尼斯：無須憂慮，世上還有許多野獸，而人類如果缺少武器、如果不組合成群、如果不彼此幫助，就不能抗擊牠們。在適宜的氣候下，大部分仍處於野蠻狀態的國家都一定會潛藏著狼群危害的可能性。

荷瑞修：我在德國親眼看見過狼。狼的個頭和獒相仿，然而，我那時覺得狼主要是以羊為食。

里歐·門尼斯：所有可以被狼捕到的動物都會成為牠的腹中之物。狼相當殘忍，如果是飢餓難耐，不僅會抓捕羊，而且也會抓捕人和牛馬。狼有跟獒差不多的牙齒，除此之外牠還有用於撕扯的利爪，而那是犬類所缺乏的。最健碩的人的氣力也很難戰勝狼。而最棘手的是，狼往往成群行動，襲擊整個村莊。狼一次能生下五六隻或更多的狼崽，人們如果不攜起手來一起抗擊，並把消滅狼群視為重要使命，狼就會迅速在全國範圍內蔓延開來。同理，野豬也是危險的動物，而在溫帶氣候下，野豬不會出沒的大森林和野豬不會生活的地方是相當稀罕的。

荷瑞修：野豬的獠牙是牠們的致命武器。

里歐·門尼斯：而且，野豬的身軀和力氣也要遠遠大過狼。歷史中有許多對古代狼患的敘述，也有許多涉及英勇的人由於戰勝狼而聲名鵲起的敘述。

荷瑞修：那都是確確實實的。不過曾經那些與怪物抗衡的英雄卻都配備了武器，起碼其中大部分都有。然而，一些兩手空空、手頭什麼武器也沒有的人，到底是憑什麼去和凶殘狼群的伶牙利爪抗衡呢？一個人朝野豬遍佈棕毛的厚皮上抽一下，又會給牠帶來怎樣的傷害呢？

里歐·門尼斯：一方面，我已經羅列了人一定會恐懼野獸的各種原

因，所以，另一方面，我們也不能夠將那些對人有利的因素拋諸腦後。首先，在憑藉氣力、聰慧和活力的技藝方面，對困難已經習以為常的野蠻人要遠遠勝過文明人。其次，置身於野蠻狀態之中，人的怒氣可以讓人比在社會裡更快速地振奮精神，可以更有效地激勵人進入戰鬥狀態。在社會中生活的人，從小就要經由各種途徑掌握自衛的技能。他必須要這樣。他一定要掌握用自己的害怕去戰勝和約束大自然賜給他的優秀技藝。我們發現：大部分野生動物在其生命（或其幼崽的生命）面臨危險的時候，都會堅定地戰鬥至死。但凡還有一口氣，它們就會竭力抗擊，既不考慮對手的數量遠遠超出了自己，也不擔心自己的處境艱難。我們還發現：動物越是沒有受過馴養，越是不明白要前思後想，就越會被那種最高激情所影響。父母對孩子的那種生來就有的愛護之情，會讓男人和女人為了自己的孩子不惜搭上自己的性命，為自己的孩子從容赴死。然而他們常常由於搏鬥而送命。一對小心戒備的父母雖然兩手空空，然而但凡他們決心已定，那麼，一隻狼想要叼走他們的孩子就絕非易事。

就人生來就缺乏自衛能力之事，一個熟悉自己胳膊力量的人，居然會從來不瞭解自己的手指關節，起碼不瞭解手指關節有何用處，不了解手可以把東西抓住的能力，這實在是難以置信的事情。就算最缺乏教化的野蠻人，在他長大以前也早就會運用棍棒和長竿了。人面對最多的威脅源於野獸，所以，人一定會最謹慎、最拚命地遠離這些危險。為了打擊這些敵人，為了毀滅它們的幼崽，人會設計陷阱，還會用盡其他一些詭計。人找到了火之後，立刻就把這種自然要素用於保障自己的安全，讓這些敵人困惑不已。因為火的幫助，人沒多久就掌握了把木頭削尖的本領，這讓當時的人設計出了長矛和其他砍殺武器。人對來犯、逃竄或飛走之敵形成了相當大的怒火之後，常常會把手頭的東西投向牠們。人有了長矛，當然會立刻發明飛鏢和投槍。到那時，人可能會有片刻停留。然而，等到時機成

熟，人就會根據同樣的思路發明弓箭。木棍和樹條的彈性顯而易見，而我也能斷言：用獸皮做繩比用亞麻製繩的歷史更為久遠。我們由經驗可知：在所有的政府形式（父母管轄其子女的政府除外）出現之前，人類大概就有了上述所有武器，大概還有了更多的武器，並且已經相當熟悉它們的用途了。同理，我們還非常明白：當野蠻人的數量達到一定水準，力量非常雄厚時，就算缺少更好的武器，他們也會頂著風險去主動出擊，甚至去對那些最殘暴的野獸窮追不捨，獅子和老虎也包含在內。還有一件事情需要考慮，某些動物雖然對人傷害不大，但生活在溫和氣候中的人還是有理由對牠萬分恐懼。

荷瑞修：是狼和野豬嗎？

里歐‧門尼斯：非常正確。狼曾以人為食，這是板上釘釘的事實；然而狼的本性卻是捕食羊和家禽；而但凡狼可以找到死屍或隨便什麼可以填飽肚子的東西，牠就不會輕易去進攻人或其他大型動物。正由於這一點，形單影隻的人在夏季才無須太過害怕受到狼的襲擊。同樣需要相信的一點是：野豬有可能追擊人，許多野豬的胃囊中都被人肉填充著，然而野豬生來卻是以橡實、板栗、榭果和其他蔬菜為食物的。僅僅是在無法找到其他食物時，在氣候非常糟糕、田野遍地荒蕪、地面都被大雪覆蓋的時候，野豬才必須要去找肉吃。因而說：除了在冰天雪地的冬季，這兩種野獸對人造成的危險都說不上太大，也說不上是太直接。而且在溫帶也不會輕易出現嚴寒的冬季。不過，牠們畢竟永遠都是人類的敵人，牠們會摧殘和吞食所有可以被人充當食物的東西。所以，我們不但絕對有必要對牠們保持相當的警覺心，而且一定要持續地聯合起來，以追擊和搗毀牠們。

荷瑞修：我已非常明白：人類如果沒有彼此幫助，一起抗擊野獸，就無法存活下來並繁衍生息，並且克服其他所有對人類有害的動物。人們一定要攜起手來形成群體，這大概就是通往社會的第一步。到目前為止，

我能夠非常肯定地說：你已經驗證了你那個主要觀點。然而，把所有這些都看作上帝的功勞，並覺得如果缺乏上帝的允諾就徒勞無功，這好像與我們對這位最高存在的認識並不相符，因為祂在我們眼中十全十美、宅心仁厚。有害的動物身上都大概會有一些對人類有好處的東西。在呂坎（拉丁詩人，39-65，著有《藥典》）所說的那些害處最大的毒蛇體內，是不是並不存在某種還沒有被發現的解毒劑或是其他良藥，我不打算與你就這個問題展開辯論。然而，形形色色的食肉嗜血的動物，牠們不但在氣力上比我們人類大得多，而且很明顯都擁有與生俱來的武器，事實上那些武器就是用來戰勝人類的。當我意識到所有這些時，就會想到：這些動物除了被用於懲戒我們人類之外，不曉得還存在其他什麼功用。我不瞭解上帝創造牠們是出於怎樣的目的。然而我更不能想像，上帝的智慧居然會把牠們當成讓人類抵達文明的手段。在與這些動物的對峙中，必然已經有數以千計的人們被牠們吞入腹中了！

里歐・門尼斯：在一個漫長的冬季裡，十群野狼，每群有五十隻，能夠給上百萬手無縛雞之力的人帶來滅頂之災；然而，其中一半的人都明白：因為一場瘟疫而葬送性命的人要比這麼多野狼同時吃掉的人多得多，雖然人們用很棒的藥物和優秀的醫生全力地抗擊瘟疫，結果卻依舊是這樣。正是因為我們生來就有的驕傲之心，因為人類對自己的絕口稱讚，人類才覺得宇宙萬物首先都是為了迎合人類的需求才產生的。這個誤解讓人類產生了數以千計輕浮的舉動，並對上帝及其工作形成了各種卑俗的、最沒有意義的見解。狼吃人肉，這與人吃羊肉或雞肉的殘忍程度是相似的，更不可理喻。野獸之所以被設計而生是為了實現怎樣的初衷，為了實現多少初衷，這並非在我們人類所能裁定的範疇之內。然而我們明白：牠們是被設計而生的，其中有許多一定會給一切稚嫩的民族及人類所處的世界招致災難，這一點基本上是毋庸置疑的。你已經對這一點持絕對肯定的態

度。不但這樣，你還更深層地意識到牠們在很大程度上有礙於我們人類的生存，是人類生存無法躲避的絆腳石。為了回答你所問的這個難題，我之前對你詳述了根據動物的各種本能與特定性向，大自然創造了數目龐大的人類，雖然那些最殘忍的野獸脾性極壞、力量超群，人又兩手空空、手無縛雞之力，但是人依然憑藉自己的智慧逃脫猛獸的攻擊，得以存活下來，一直繁衍生息，最終憑藉後天勤勤懇懇的才能和製造武器，襲擊和解決全部野獸，無論人打算到世界上什麼地方去拓荒生活，都無一例外。

我們從太陽那裡獲取的必不可少的恩惠，連孩子都明白。少了陽光，地球上目前存在的所有的生命都無法生存，這也是非常明顯的。不過，太陽如果除此之外再無任何意義，那麼，太陽有八十多萬個地球那麼大，而實際上千分之一的太陽就可以給地球提供充足的陽光了，如果它按比例離地球再近一點。在我看來：創造太陽其實還有照亮和溫暖地球以外其他行星的需要。創造火和水有數不清的目的，其用途也迥然不同。然而，我們接受這些恩惠而只是考慮到自己的時候，在浩瀚的宇宙體系中，有可能還存在數以千計的其他事物，其中可能還涵蓋我們人類自己這部機器，正在為某種極為睿智的目的服務，而我們對此卻全然不知。按照為地球定下的這個計畫（也就是對政府的設計，它包括生活在地球上的有生命動物），動物的滅絕和延續，同樣都是不可或缺的。

荷瑞修：我已經在《蜜蜂的寓言》裡對這個見解有所領會了。我認為自己看到的那些話相當正確，即：如果所有的物種一直都不死的話，到了相應的時候，它就會把其他所有物種全都碾壓成片，雖然最早因它滅絕的是羊，之後才是全部的獅子。然而我不能設想：最高的存在要創造社會，為什麼會把那麼多人的生命當作犧牲品，而如果用較為友善的方式去創造社會，結果能夠更好一點。

里歐・門尼斯：我們目前探討的是那些已經身體力行的事情，而不是

那些原本可以做卻沒來得及做的事情。毋庸置疑，造就鯨魚的相同力量，原本能夠把人打造得身高七十英尺，並且賜給他與之匹配的力量。但是，那個為地球預設的計畫卻希望所有物種中的死亡與出生總體持平，你也知道應該是要這樣的。既然這樣，為何又要滅絕帶來死亡的各種工具呢？

荷瑞修：難道疾病、醫生和藥劑師們還遠遠不行嗎？難道海陸戰爭還遠遠不行嗎？它們讓人類搭上的生命，已經遠遠不只是過剩的人口了。

里歐‧門尼斯：是的，它們大概果真如你所言。然而事實上，疾病和戰爭並非一直能達成這樣的後果。我們發現，在人山人海的國家，戰爭、野獸、絞刑、溺水，還有成千種突發事件，再加上疾病及其一切後果，幾乎都無法與人類的一種無形機能同日而語，那就是人類繁衍自己物種的本能。對上帝而言，所有事情都能輕而易舉地實現；然而站在人的立場來說，在創造這個地球及世上萬物時，為滅絕動物而創造各種方法及工具，以及為讓動物繁衍生息而創造各種方法及工具，兩者要求的智慧和思慮很明顯是相同的。同樣淺顯易懂的是：按照對人的身體的設計，人的壽命僅僅這麼長而已；事實上，根據對某些種類的馬的設計，牠們還沒有人類活的時間長。不過，我們對死亡的天生反感卻廣泛存在。提及死法，人們的看法差別很大。我向來不曾聽說過人們廣泛地對某一種死法存在特殊的偏好。

荷瑞修：不過，不會有人選擇殘忍的死法。被殘忍的野獸撕裂成碎片或生生吞入腹中，那種折磨是多麼難以言表，多麼慘不忍睹啊！

里歐‧門尼斯：我能夠跟你承諾，那並不比天天被胃痛或膀胱結石折磨得死去活來要糟糕多少。

荷瑞修：你怎麼能給下我這個承諾？你如何印證這一點呢？

里歐‧門尼斯：我的證據就是我們自己，也就是人體本身，因為人體無法容忍哪一種痛苦不堪的折磨。人生中痛苦與快樂的水準都是可數的，

並且各自與每個人的體力相匹配。如果是這個範圍之外的痛苦與快樂，都會讓人知覺全無。無論誰之前由於遭受殘酷折磨而暈倒過，如果對當時的感覺還記憶猶新，他就會明白自己到底可以承擔多大的痛苦。殘暴的野獸對人的真正禍害，牠們給人類帶來的災禍，遠遠比不上人與人之間的摧殘凌辱和數不勝數的致命傷害還要慘痛。設想一下，你身邊有一個士兵，他因為戰鬥導致肢體殘缺不全，又被二十匹馬踩躪。請你跟我說一下：百般無奈地躺在地上，大部分肋骨折斷，頭骨裂開，在死亡的深切痛苦中消磨上幾個小時，與被一隻獅子一口吞下，哪個痛苦要弱一點？

荷瑞修：兩個都糟糕至極。

里歐·門尼斯：我們對事物進行選擇時，大部分是因為流行時尚和時代習俗的影響，而較少因為執著理性和自身判斷力的指點。因水腫斃命、被蟲子吞噬，這與掉入海中、葬身魚腹相比並沒有舒服多少。然而，我們淺薄的思維方式裡有著某種有損判斷力的東西。否則，一些以旨趣高雅聞名的人，又怎麼會情願躺在討厭的棺材裡發黴變質，而不願在光天化日之下被焚燒為無害的灰燼呢？

荷瑞修：我能夠坦誠，我特別憎惡所有危言聳聽的、有悖自然規律的事情。

里歐·門尼斯：我不明白你所指的危言聳聽的事情是什麼，然而對於大自然而言，動物以對方為食是非常正常的事情，也非常合乎自然的正常進程。地球上所有生命動物的一切系統好像都是基於這個基礎。在我們所瞭解的動物中，不存在一種不把其他動物（無論是死是活）充當食物。大部分魚類都必須要以其他魚類為食，而這並不是大自然的粗心大意，因為大自然提供了許多的魚類，其數量顯然比其他所有動物都要多。

荷瑞修：你所說的是魚產卵的數量非常之多，這讓人震撼。

里歐·門尼斯：非常正確。魚卵在魚的體內不具備繁殖能力，直到被

排出體外後才具備。所以，雌魚在腹中就大可盡情地產卵，而魚卵本身也會比受精後排列地更為密集。否則，一條魚也絕對不會每年產下數量如此龐大的一群魚。

荷瑞修：雄魚精液可以進入整團魚卵，讓所有魚卵受精，並不會像家禽或其他卵生動物那樣需要有一席之地嗎？

里歐·門尼斯：首先，鴕鳥就要排除在外；其次，其他所有卵生動物的卵子都比不上魚卵排列得那麼密集。然而，即使所有魚卵都可以受精，如果每一個魚卵（有的雌魚體內到處都是魚卵）都在雌魚體內受精（這是絕對不現實的），那麼，雖然雄魚精液並不需要多大的地方，牠依然會像在其他所有動物體內那樣增大，也會讓所有的卵子出現或多或少的增大。就算為數甚多的個體只是增大一點，也會讓整團魚卵形成一大塊，其需要的地方一定要遠遠大過當前魚腹的體積。這裡不是有著一種難以置信的巧妙設計嗎？它是為一個物種的繁衍而服務的，雖然那物種的所有個體天生就擁有破壞該物種的天性！

荷瑞修：你提到的情況只能出現在大海裡，起碼在歐洲大多數的海洋裡是這樣。在淡水中，眾多的魚類並不把同類當作食物，卻仍舊根據相同的方式產卵，其龐大的數量也如同其他魚類一樣讓人驚訝。在牠們當中，只有一種會給人類帶來巨大危害，那就是狗魚。

里歐·門尼斯：狗魚特別熱衷肉食。我們發現：水塘裡只要有狗魚的地方，其他魚類的數量都沒有變多的可能。然而在河流及所有與陸地接壤的水中卻有形形色色的水禽，牠們大部分都靠魚類充飢。有許多地方，這種水禽的數量都讓人歎為觀止。除此之外，吃魚的動物還包括水獺、河狸等。在溪水和淺塘裡，吃魚的水禽則有塘鵝等。這些水禽所需要的魚，數量上可能沒有多少。然而，一對天鵝一年用於果腹的魚苗和魚卵如果還健在的話，絕對可以長成能夠填塞一條河的魚。所以，魚一直是被當作食

物，無論是被同類吞掉還是成為其他動物的腹中之物，結果都沒有區別。我打算印證的是：自然創造的所有動物，其數量再多也不足為怪，然而她卻創造了能夠摧毀牠們的工具。世界上有的地方，昆蟲種類可謂五花八門，所有沒有細心研究過這一點的人，都會對其種類之多覺得難以想像。牠們的美麗也是難以形容。然而，牠們的美麗和多樣，卻都比不上大自然巧妙預設滅絕牠們的工具之多樣更讓人歎為觀止。如果其他所有動物不再留心昆蟲，不再破壞牠們，那麼，只需要兩年時間，目前地球上人類居住的絕大多數地方就會在昆蟲的掌控之中，而在許多國家裡，存活下來的也僅僅剩下昆蟲。

荷瑞修：據說，鯨魚除了魚類不吃任何東西。被鯨魚吃掉的魚想必是數不勝數。

里歐・門尼斯：我覺得大家可能都這麼認為，因為人們一直沒有在鯨魚體內發現一點魚類的蹤影，還因為海洋裡有許多昆蟲，它們在海面上漂來漂去。鯨魚這種動物也能幫助我更具體地闡釋我那個觀點，也就是在所有物種數量的增多上，最關鍵的問題在於一定要把牠們浪費掉。鯨魚這種動物的身形實在太龐大，不能被吞掉，所以，大自然就完全改變了鯨魚的機能，使其與其他魚類相比有很大差異。這是由於：鯨魚是胎生動物，如同其他胎生動物那樣，每胎充其量生兩三條。地球上有數不勝數的動物，為了讓所有的物種都可以延續，所有物種被削減的數量就肯定不能超過其出生的數量。所以，大自然對讓動物死亡、讓其被削減所花費的心思，顯而易見遠遠超出對養育和延續動物的注重。

荷瑞修：請你印證這個觀點。

里歐・門尼斯：每年，大自然中上百萬動物都會食不果腹，並一定會由於缺乏食物而斃命。只要有動物死去，絕對會有其他的動物來把牠們消耗掉。然後，大自然就重新提供同等數量的動物。不會有比大自然不甘

心為動物提供食物更狡猾、更高超的事情了，而大自然的大度也最普遍、最公正無私。她肯定不會為其最卑俗的動物提供上好的食物，而所有動物對自己可以尋覓到的食物都一樣熱愛。普通蒼蠅身體構造的設計是多麼高超！其翅膀的靈敏度是多麼難以超越！它在夏天的所有動作是多麼敏捷啊！如果一位畢達哥拉斯派哲學家也諳熟力學，憑藉顯微鏡的幫助，細心研究蒼蠅這種閃亮昆蟲的所有細微動作，並且恰到好處地研究它高超的機能，他就會覺得：數十億個生機勃勃的蒼蠅，其設計這麼高超而完美，居然天天都被那些對人類沒什麼用處的小鳥和蜘蛛吞掉，這真是太讓人痛心了。難道他不會有這種想法嗎？不但這樣，你自己難道不會覺得：就算蒼蠅的數量比目前少，就算世上壓根就不存在蜘蛛，世界依舊會井井有條嗎？

　　荷瑞修：那個關於橡實與南瓜的寓言，令我記憶非常深刻，所以我不能回答你。我實在不想浪費腦細胞去研究這個問題。

　　里歐·門尼斯：然而，你卻在對那種工具吹毛求疵，而我覺得上帝依靠它讓人類結為一體。所謂工具，也就是人類一起面對野獸帶來的危險，雖然你也知道它大概曾是讓人類聯合在一起的第一目的。

　　荷瑞修：我真是難以想像：上帝對我們人類的關注居然趕不上對蒼蠅和魚卵的關注。我也難以想像：大自然竟然會如同對待昆蟲的生命一樣，把人類的命運當作玩笑，任意踐踏人類的生命。我不瞭解你怎樣把這與宗教有機結合起來，你是這樣虔誠地信仰基督教。

　　里歐·門尼斯：這與宗教毫不相干。然而，我們頭腦中對我們人類、對人類傑出之處的思想委實是太多了，所以抽不出工夫去審慎地考量對地球上萬物的部署。我所說的是地球上有生命動物運作所因循的那個計畫。

　　荷瑞修：我所說的並非我們人類這個方面，而是神那個方面。你覺得上帝是為數眾多的殘忍惡毒事物的始作俑者，這難道與宗教毫不相干嗎？

里歐‧門尼斯：你運用的這些說辭，除了指人類不會是指其他，因為我們覺得這些說法的目的僅僅是為做事，或者是人類對事情的喜好之心。做事者那裡並不存在一點點能夠被看作殘忍惡毒的因素，除非他的思想和計畫存在這種因素。就理論層面而言，大自然裡的所有行為都不存在好壞善惡之分；無論一種行為對充當個體的動物怎樣，在這個地球上，或者在整個宇宙之中，死亡與出生都並非罪惡。

荷瑞修：這會讓人覺得：萬物的最終根源並非是個明智的存在。

里歐‧門尼斯：何出此言呢？你就無法假設一位聰明的，甚至是理性的存在，他不但沒有一丁點殘忍惡毒之心，而且連想都不曾想一下它們嗎？

荷瑞修：這樣的一種存在絕對不會去涉足一丁點惡毒殘忍的事情，也不可能下這樣的命令。

里歐‧門尼斯：上帝也不可能有此舉動。然而，這個話題會讓我們置身於一場關於罪惡起源的辯論之中。這場辯論一定會有關於自由意志與前定性的問題，而我已經跟你說過，這個問題無法尋根究底，我一直不希望涉足其中。然而我向來沒有提到，也不曾想過一點點有辱神明的話。與此相反，我對那位最高存在的見解卻高過世間萬物，並且已經竭盡全力，是一種難以言表的觀念。所以我情願認為，他如果導致了一丁點真正的罪惡，他就消弭於無形了。然而，我非常樂於聽你說一下你估計會更完善地形成社會的方式。請跟我說一下你認為的那種友善的方式吧。

荷瑞修：你已經讓我完全認同：我們所說的對人類懷有的那種與生俱來的愛，與其他動物對其族類的愛並無差別。然而，如果大自然的確賜給了我們相互之間的關愛，那關愛又如同父母對柔弱子女的關愛一樣純粹，人類就會選擇結合在一起，一切東西都無法成為人們聯合起來的絆腳石，無論人們的數量是多是少，無論人們是否擁有知識，都會這樣。

里歐・門尼斯：被蒙蔽的盲人們啊！無知的理性啊！

荷瑞修：你想怎麼驚呼都敬請自便吧！我認為，那種關愛讓人們組成的友愛聯盟，比他們因一起面對源於猛獸的危險而組成的群體更堅不可摧。你到底可以發現它的什麼錯誤呢？互相關愛究竟又會給我們造成怎樣的害處呢？

里歐・門尼斯：它與那個計畫有出入，而上帝很明顯向來都非常喜歡根據那個計畫設計並部署宇宙萬物。如果這種關愛在人身上都變作本能，那麼，人與人之間就肯定不可能出現爭執，也肯定不可能出現致命的仇恨；人們互相之間向來不會殘忍相待，總而言之，世上就不可能出現永不停息的戰爭，數量龐大的人也就不可能因為人類相互之間的仇恨而送命了。

荷瑞修：出於對文明社會的安康和繁衍的考慮，你竟然能用戰爭、暴力和敵意充當藥方。你絕對會是一位世間少見的國醫。

里歐・門尼斯：請不要誤會我的初衷。我可壓根不打算採取這種做法。然而，但凡你還對上帝掌控世界持信任態度，你也就一定要認可上帝會運用各種工具去達成、表露和實施他的初衷和快樂。用事例說明，如果打算挑起戰爭，各個國家之間首先要產生誤解和爭執，雙方君主、統治者或執政者要出現矛盾；只要是運用這種手段的地方，很明顯都一定對運用人心非常熟稔。因而我能夠從中得出結論說：如果上帝的確根據那種被你看作最佳的友善方式部署所有事物，那麼，人類就算要流血，也必然會非常少。

荷瑞修：這又有什麼壞處呢？

里歐・門尼斯：如此一來，有生命的動物就不可能如目前這麼多種多樣了。不但這樣，世界上還不可能存在人類及其必需之物的安身立命之所。如果缺少戰爭，如果上帝部署的一般進程並非如同目前這樣經常性地

被擾亂，那麼，我們人類自身就會填滿地球，形成過剩的局面。所以我覺得：這種情況是與上帝的計畫針鋒相對的，它徹底搗毀了那個計畫，而地球很明顯就是根據那個計畫被設計出來的。我難道說錯了嗎？你向來都不曾合情合理地想過這一點。我以前跟你說過這個觀點，也曾讓你覺得動物的毀滅也如同其繁殖一樣是必不可少的。在削減和扼殺一些動物、為那些持續接替牠們的動物騰出發展空間的巧妙預想當中，也可以發現上帝的智慧，它與一切動物繁衍物種的巧妙預想裡的智慧不相上下。我們人類只有憑藉一種途徑來到這個世界上，你覺得有什麼理由呢？

荷瑞修：因為那種途徑完全夠用了。

里歐·門尼斯：那麼，根據同樣的理由，我們就應該想：離開這個世界可以用多種方式，這是由於只憑一種方式是遠遠不夠的。因而說，「為了保證地球上各種動物的繁衍生息，動物理應死亡」，這個基本命題其實也如同「動物理應出生」的基本命題一樣不可或缺。你撤除或堵塞了引起死亡的方式，事實上就是合上了生死兩扇大門中的死亡之門，我們目睹為數眾多的動物要經由那扇大門走向死亡。難道這比你堵塞動物繁殖更契合那個計畫嗎？難道這對那個計畫的損傷更弱一點嗎？如果世界上從不曾有戰爭，除了自然的死亡方式之外，也不曾有通往死亡的其他手段，那這個星球就連目前十分之一的人也不可能出現，起碼無法保障這些人的生存。在此我所說的戰爭，不但指國與國之間的戰爭，而且指國內外的紛爭、集體屠殺、個人謀殺、毒藥、長劍和所有仇恨的力量。人們雖然自詡珍視同類，然而依舊用這些手段，在世界範圍內相互廝殺，從該隱殺死亞伯[9]的時代到現在，永不停歇。

荷瑞修：在我看來，這些災禍中有據可查的，估計都沒有四分之一；然而按照我們已經知道的歷史，由於這些災禍而喪命的人，其數量是相當讓人震撼的。我能斷言，這個人數要遠遠超過同時生活於地球上的人。然

而你打算從中進行怎樣的推論呢？那些人不可能長生不老，就算並非死於戰爭，戰後也一定迅速死於疾病。一個六旬老翁在野外死於流彈之擊，那是命運剝奪了他（如果留在家中）再活上四年的機會。

里歐・門尼斯：各國軍隊裡估計都有六旬老兵，然而參戰的男人往往都非常年輕。如果有四五千人死於戰鬥，你會意識到其中三十五歲以下的人占大多數。如今請你思考一個情況：許多男人等到不再有能力生養十到十二個孩子的年齡之後才步入婚姻生活。

荷瑞修：如果那些被別人殺死的男人全都還健在，並生養十二個孩子……

里歐・門尼斯：壓根沒有這種可能。我向來不會設想那些危言聳聽的和不一定會出現的事情。換個思路說，就算這些被同類存心奪去性命的人還都如同別的人一樣健在，其境遇也會跟其他不曾被殺死的人一樣，他們的後代也是這樣。他們都會發生可能送上性命或削減壽命的各種飛來橫禍、疾病、醫生、藥劑師及其他災難，只是不曾遇到戰爭和人與人之間的爭鬥罷了。

荷瑞修：然而，當地球上擁擠不堪時，上帝難道不會更頻繁地派來瘟疫和疾病嗎？如此一來，幼童就可能有更多死亡，不孕的女人也大概會增加。

里歐・門尼斯：我無從得知你提到的那種友善方式是不是會被更廣泛地接納，然而你對上帝的認識卻與上帝非常不匹配。人們可能生來就擁有你提到的那種本能，然而，這如果是可以讓造物主欣喜的事情，其中就一定蘊藏著其他的運作原理。地球上的萬物從出現之初大概也是根據與目前迥然有別的方式進行部署。但是，先制訂計畫，等事實印證它有瑕疵時再修改它，這卻是有限智慧的手法。修改錯誤、斧正和彌補曾經的過錯、重整那些被經驗證明非常不合理的措施，這只能是人的思維方式。然而，上

帝的智慧卻是源於永恆的最高智慧，不可能產生過失，不可能犯錯誤。所以，上帝的所有工作都十全十美，所有事情都做得天衣無縫。上帝的法律及誡命的一以貫之是永久的，所以，他的決定也如同他的法令一樣不能改動、亙古不變。就在剛剛短短一刻鐘之內，你還把戰爭看作解決人口過剩的必要方式，為什麼而今你又覺得這些方法不能奏效了呢？我能夠向你證明：大自然創造人類時提供了數量充足的男性，來填補因戰爭而喪命的男性，讓男性得到及時的補給，其方式非常顯著，就如同她提供了充足的魚類，以彌補由於同類相食而產生的大破壞一樣。

荷瑞修：請跟我說一下，大自然是用怎樣的方式達成這一點的？

里歐・門尼斯：採取向世界上輸送比女性更多的男性的辦法。你輕而易舉就會認可我的觀點，也就是：男性擔負著海洋和陸地上所有困苦和危險的沉重負擔，而這也就是說男性死亡的數量要比女性更多。如果我們發現（我們也必然會發現）每年出生的嬰兒中男嬰一直都是明顯比女嬰多，難道不覺得大自然已經提供了充足的後備人口，如果他們不曾被扼制，則不僅會過剩，而且還會給所有大國帶來有害的後果嗎？

荷瑞修：出生男性的數量顯而易見比女性要多，這著實讓人相當震撼。我還有印象曾經見過相關的報導，是倫敦城市和郊區出生及死亡報表。

里歐・門尼斯：那是八十年間的統計資料，其中女性的出生數量一直比男性少，偶爾還會差數百名之多。為填補戰爭和航海導致的男性成批死亡，大自然造就了更多的男性。如果考慮到兩個情況，我們馬上就會搞清楚：兩性數量的差距，要遠遠超過人們只是憑藉那個出生率差距所預料的。首先，女性最有可能感染各種疾病，而那些疾病對於男性而言僅僅是小菜一碟。其次，女性常常會由於其性別而遭遇許多苦難，並會因此而成批死亡，而男性則絕對不可能受到那些災難影響。

荷瑞修：這絕對不會是機會的偶爾為之，然而如果缺少戰爭，它就會有損於你從我那個友善計畫中得到的結果，因為你不希望想到——人類數量的無止境膨脹只是基於一個假定而已，也就是一些因戰爭而喪命的男人就算活著也不該需要女人。從男性比女性多的情況推論，他們很明顯應該並且一定需要女人。

里歐·門尼斯：你此言甚是，然而，我的最大初衷卻是希望讓你明白：你希望的那個解決辦法與那個計畫的其餘部分非常不相符，而事物如今顯然是根據那個計畫來運作的。這是由於，如果男多女少的情況剛好反過來，如果大自然創造人類的時候曾一直仔細填充在與男人毫不相干的災難中死去的女性，那麼，由於同類相殘送命的全部男人如果還健在，肯定都會有自己的女人。我曾經說過，如果少了戰爭，地球上就會擁擠不堪。如果大自然始終都如同目前這樣，換句話說，出生的男性始終都比女性多，因疾病喪命的女性也始終比男性多，那麼，如果一直都沒有出現過什麼戰爭，世界上男人的數量就一直會遠遠多於女人。男女人數的比例失調就會導致數不勝數的災禍，而目前不存在其他自然因素可以避免那些災禍，只有人們對自己物種的鄙夷，以及人們之間的衝突才可以實現這一點。

荷瑞修：這種情況導致的災禍，在我看來不會有比目前還要大的了，因為目前沒有結婚就死掉的男性人數是最多的。這是不是算作一樁確實的罪惡，非常需要探討一下。

里歐·門尼斯：女人始終短缺，男人一直過剩，這會給社會帶來多麼大的不安定，無論人們會多麼深愛對方，都是這樣。女人的價值和價格將會因此而大為上升，乃至只有家境殷實的男人才有足夠的能力買她們。你不這麼認為嗎？僅憑這一點就可以給我們創造另一個世界。人類一直無法得知那個最迫切，目前又綽綽有餘的源泉。一切容許有奴隸存在的國家，

都甘心用所有辛勞而卑賤的勞動從那個源泉持續得到供給。在此我所說的那個源泉，是指窮人的孩子。他們是源於社會的所有暫時幸福中最普遍、最關鍵的因素，文明國家的所有安逸生活都必不可少地仰仗他們。還有許多其他事情可以讓我們清楚地發現：人對自己物種的這種熱衷一點也不合乎現在的這個計畫。世人也一定會與由於嫉妒和競爭帶來的所有勤勉失之交臂。不把鄰國的幸福當作犧牲品，不被視為恐怖的民族，所有社會都沒有機會坐享榮華富貴。每一個人都會去執著於平等，政府將不再是必須的，世界上也不可能出現什麼大騷亂。細心研究那些最傑出的古代名人、最卓越的古代成就，以及歷代名人雅士推崇備至的所有東西，如果只做同樣的勞動，你覺得人的什麼能力、大自然的什麼幫助才是最合適的工具？是你希望的那種發自肺腑的關愛的本能——既沒有野心相隨，也不存在對榮譽的青睞，還是一種驕傲與自私的固有成見，它把那種關愛當作理由並被誤當作那種關愛呢？我拜託你思考一點：所有被這種本能左右的人都會命令他人為自己服務，自己卻不樂意為他人提供相同的服務，因而你就非常容易搞懂，如果這種現象遍地都是，社會的面貌將會與目前有天壤之別。這樣一種本能大概對另一個世界是適用的，其設計是有別於我們的。在那個世界上，你不會發現有易變的東西，不會發現對變化與新奇的飢渴之情，而只能發現那裡的動物都以稱心如意的安逸精神一直捍衛著廣泛的穩定。那裡的動物都擁有與我們不一樣的欲望，儉樸而不貪心，慷慨而不驕奢。它們對未來幸福的巨大期盼在其生活中清晰而明確地展現出來，就像我們追求今生的各種享受一樣。然而，說到我們生活的這個世界，你如果細心研究各種追求成就與輝煌的方式，以及所有被用來追逐凡人幸福的各種動力，就會意識到：你提到的那種本能一定已經有損那些成就和光榮，有礙於它們的存在，那些成就和光榮是所有人類社會用當下的智慧贏得的。

荷瑞修：我不再執著於我之前友善的計畫了，因為你已徹底說服我：如果每一個人生來都謙謙有禮、溫良和善而又極具美德，那麼，世上既不可能如同現在這般喧囂浮躁、五彩斑斕，也不可能如同現在這樣漂亮了。我知道，形形色色的戰爭及疾病乃是避免人類迅猛膨脹的自然手段，然而我不能設想野獸竟然也是出於削減人口而創造出來的，因為如果人類數量還少，不需要銳減而是需要擴增時，野獸僅僅可以充當削減人口的手段；而及至後來，當人類變得非常強大之後，野獸如果依舊是出於削減人口而創造的，牠們已經不可能發揮那種功用了。

里歐・門尼斯：我向來都沒有提及野獸是出於削減人口而被創造的。我之前闡述過：許多事物都是出於五花八門的動機而設計的；在關於這個地球的設計裡，也勢必涉及了諸多與人類毫不相干的事物；「宇宙是為人類而設的」這個觀點是滑稽的。我曾經還說過：我們所有的知識都源於對經驗事實的總結，所以，按照事實之外的東西推理可謂是魯莽的行徑。世上既有野獸，也有野蠻人，這是既定的存在。只要是在野蠻人為數甚少的地方，野獸就一定會鑄成極大的隱患，並常常對人們的生命造成危險，這也是毋庸置疑的。考慮到人類生來就有的各種激情，考慮到處於野蠻狀態的人的愚鈍，我不能發現絲毫緣由或目的，可以如同源於野獸的威脅那樣輕易把人們聚合成群，去捍衛大家一致的利益。在野蠻狀態的國度裡，人們勢必會一起抵禦那種廣泛存在的危險。他們置身於本身就變動無常的小家庭裡，既缺少政府，又不能彼此倚仗。我認為，這通往社會的第一步屬於其結果之一，而其原因也全都是一樣的，也就是我們時常所說的那種一起抵禦的危險。那種危險會一直給居住在這種環境下的人類帶來這樣的結果。除了我之前對你提及的這個動機之外，我既無法自詡可以斷言之所以設計出野獸有什麼其他的目的，也無法斷言設計出野獸到底還要實現多少初衷。

荷瑞修：然而，無論創造野獸有什麼目的，它都跟你的看法是一樣的，即：讓野蠻人組合成群一致抗敵，肯定是設計野獸的初衷之一。在我看來，這好像與我們對上帝之友善的觀點並不一致。

里歐・門尼斯：你如果把人的激情看作上帝的功勞，如果用人類最卑微的能力去估測浩瀚無窮的智慧，那麼，所有被我們看作「自然之罪」的事物都好像與我們對上帝之友善的見解是截然相反的。你已經有兩次類似的舉動了。我覺得我已經就此給出了答覆。我也如同你一般，不希望把上帝看作罪惡的始作俑者。然而我同時也認可：對那位最高權威而言，所有一切都並非巧合而已；所以，但凡你覺得世界在上帝掌控之中，你就一定要認同：戰爭及人類經歷的源於野獸的所有禍患，包括瘟疫和其他一切疾病，所有這些都是受一種智慧指揮，而那種指揮可謂神祕莫測。因果肯定相連，因而，一切事情都無法被認作是湊巧出現的，只不過人們不瞭解某些結果的緣由而已。我能夠用一個顯而易見且大家熟知的例子，來給你驗證這一點。對一個壓根不熟悉網球場的人而言，網球的跳躍和彈回看起來只是巧合，因為他不知道網球落地之前會飛向什麼方向。因而，當網球最後落在剛好是他預料到的那個地方時，他就會覺得網球是湊巧落在那裡的。與之相反，經驗豐富的網球手卻非常瞭解網球的飛行規律，所以會徑直跑到肯定可以接到網球的地方。不存在有比擲骰子看上去更像是巧合導致的結果了，然而骰子卻也如同其他所有東西一樣順應重力和運動的一般規律。透過對骰子給人的印象推測，它們絕對不會依循別的方式下落。擲一整輪骰子時，人們壓根不瞭解骰子哪個面會在上面，我們遲鈍的理解力又不能跟上它們顯示的點數的快速運轉，所以，公平競爭中骰子落下後的點數就成了人類困惑不已的謎題。不過，如果投擲兩個邊長為十英尺的立方體，其經過的方向如果與一對骰子、擲匣、接骰子的桌子、擲者手指運動經過的方向是一樣的，兩個立方體從被拿起到落定的運動線路如果也

一樣，那麼，其結果也必然是絕對相同的。如果清楚地瞭解了運動量（也就是碰撞擲匣和骰子的力度），而運動本身又被放得極為緩慢，原本三四秒鐘的運動需要花費一個小時才可以實現，人們就會輕而易舉地發現每次投擲的原因，所以就有機會清楚地掌握怎樣預測那立方體的哪面會在上面了。因而說，「湊巧」、「恰好」這些字眼很明顯不存在其他含義，而只是說明因為我們的知識、預見性和洞察力不足而不能掌控這些現象。我們如果細心地考量這一點，就會明白：人類的能力真的是太過匱乏，以至於壓根就沒有最高存在——只用一眼就知分曉的普遍直覺。而無論是人類視野之內的還是視野之外的事物，無論是曾經、當下還是將來的事物，最高存在都可以運用那種直覺分辨得一清二楚。

荷瑞修：我對你心服口服了。你讓我可以問到的一切難題都迎刃而解。我一定要認可：你對讓野蠻人聚合成群的第一目的的觀點，既不違背常識，也不與我們對神性的所有認識有所抵觸。與之相反，在回答我的質疑時，印證了你推斷的現實性，而你對上帝能力和睿智的闡釋，也比我之前耳聞和目睹的全部東西都更傑出、更清晰。上帝的能力和睿智展現於對地球的計畫中，既涵蓋在對這個計畫的策劃裡，又涵蓋在對這個計畫的操作裡。

里歐・門尼斯：能讓你稱心如意，我非常開心，然而並不是由於你的謙卑讓我擁有許多優點而心生快慰。

荷瑞修：而今我已非常明白：由於每一個人都必然要死，所以一定要有實現這個初衷的方式；透過對那些方式或死因的數量分析，我們絕對不能把人的仇恨、野獸的殘忍及所有有害動物剔除一邊；如果那些手段確實是大自然創造出來，並為那個初衷服務的，我們就沒有什麼合理理由對死亡本身的過失吹毛求疵，對各種恐怖疾病的過失挑三揀四，顯而易見，它們隨時都是導致死亡的源頭。

里歐・門尼斯：它們都被涵蓋在那個詛咒之中，人類沉淪之後，上帝順理成章地把那個詛咒施予整個地球。它們如果都是確切的罪惡，我們就理應把它看作是那樁罪孽的後果，看作是人類應有的懲罰，它是我們的第一對父母給每一個後裔遺留下來的懲罰。

　　我絕對認同：世界上的每一個民族、人類社會中所有的人，無論文明還是野蠻，每一個都是閃、含和雅弗[10]的後裔。我們已經由經驗得知：最傑出的帝國也有壽終正寢之時，管轄最好的國家和王國也終有毀滅的一天，所以，最優秀的民族也會由於分崩離析和艱難困苦而頃刻間走向頹敗，其中有的民族還由於災難，從文雅開明的祖先最終墮落至最卑賤的野蠻人。

　　荷瑞修：你說自己已經對這些深信不疑，如果的確是這樣，那麼，另一個源於目前依舊還有的野蠻人的問題也就無須證明了。

　　里歐・門尼斯：你好像是說，但凡野蠻人接受文明薰陶，並扎根於各種井井有條的大型社會裡，人類需要應對的源於野獸的危險就全都銷聲匿跡了。然而如此一來，你就會發現：我們人類將一直都不能完全脫離危險，因為人類向來是一不小心就會重新淪為野蠻人，其原因是：曾經真的有普羅大眾蒙受過這樣的災難，而他們肯定都是挪亞的後裔。所以，類似的災難絕對不會降臨到地球上最明智君主的後代身上，這就不對了。野獸可能會在一些文明化程度很高的國家不復存在，然而牠們會在其他野蠻國家大肆蔓延。如今，許多野獸已經成為許多地方的主宰，而那些地方之前有段時間還試圖把牠們趕走。我一直認同：地球上所有有生命的物種，都會像剛開始那樣，還會受到那被看作賦予牠們生命的同一位上帝的眷顧，絕無例外。你已經非常細緻地跟我進行了這番探討，我依舊是興致勃勃。你我已經釐清了通往社會的第一步，所以也該稍事休息了。今天到這就結束吧。

荷瑞修：悉聽尊便。我已讓你說了這麼多話，然而但凡你還有工夫，我仍舊願聽下文。

里歐・門尼斯：明天我一定會去溫莎吃飯，你如果沒有什麼其他預約，我能夠把你也帶上，而你的惠顧將會備受矚目。明天早上九點，我的馬車會準備齊整，我會從你家門口走的。

荷瑞修：那會是一次絕好的機會，能夠讓你我聊上三四個小時。

里歐・門尼斯：少了你，我會非常孤單。

荷瑞修：我會跟你同去。我明天會恭候你。

里歐・門尼斯：再見。

【注釋】

1. 漢尼拔（前246-前182），迦太基大將，曾戰勝羅馬人（前216年）。——譯者注

2. 亞歷山大・塞維魯斯，羅馬帝國塞維魯斯王朝的最後一個皇帝，埃拉伽巴路斯皇帝的養子；222年掌權，235年在宮廷衛隊政變中死去。——譯者注

3. 埃拉伽巴路斯，羅馬皇帝，因奢靡無度聲名狼藉，205年掌權，222年在宮廷衛隊政變中死去。——譯者注

4. 阿波隆紐斯，古希臘畢達哥拉斯派哲學家、作家，在西元3世紀被世人奉為神明。——譯者注

5. 奧菲斯，希臘神話裡的詩人、音樂家。——譯者注

6. 花神節據說是源於西元前238年，古羅馬人把每年的4月28日至5月3日春夏之交定為花神節，人們戴上花環盡情跳舞敬酒，舉行競技活動，此外還會向花神佛洛拉獻祭，其活動內容充滿了濃重的縱欲色彩。——譯者注

7. 雅各，《舊約》中猶太人的祖先之一，其後代發展成以色列的十二個部族。雅各是以撒的次子、亞伯拉罕的孫子，出生時用手抓著孿生哥哥以掃的

腳跟，故取名「雅各」（「抓住」的意思）。——譯者注

8. 塞爾蘇斯，羅馬百科全書編纂者，他曾在248年發表《真話》一書抨擊基督教。西瑪求斯（342-402），著名政治家，因為異教信仰捍衛而被格拉提安皇帝（359-383）流放。波菲利（233-約304），西元3世紀時的希臘學者、歷史學家，傳聞說曾寫過15本書抨擊基督教，今有殘篇傳世。希羅克勒斯，傳聞說他曾在303年挑起對基督教徒的迫害運動，並出版過批判基督教的書，而今早已銷聲匿跡。——譯者注

9. 亞當和夏娃的長子該隱由於嫉妒而把兄弟亞伯置於死地。該隱意即「得到的」，亞伯意即「虛空」。該隱和亞伯代表世上兩種人，該隱代表犯罪而自義的人，亞伯代表有信心而敬畏神的人。——譯者注

10. 閃，挪亞的大兒子；含，挪亞的二兒子；雅弗，挪亞的三兒子。——譯者注

6. 荷瑞修與里歐・門尼斯的對話

荷瑞修：我們如今已經不在溫莎城堡鄉間的石板路上了。我們不能消磨時光，我覺得，你更深一層的闡述會讓我從中獲得無窮的樂趣。

里歐・門尼斯：通往社會的第二步，就是人們帶給對方的危險。為此，我們應該細心研究一下所有人生來就有的驕傲及對野心的固有成見。不同的家族會盡量生活在一起，並時時刻刻準備抵抗共同的危險。然而如果少了需要一致抵禦的敵人，那這些家族之間就不存在多少價值了。在這種情況下，力量、機敏和勇氣是一個人最有用處的品性，而許多家族又無法長時間生活在同一個屋簷下，我們如果把這些考慮在內，就能夠明白：有些人會因為我提到的那種信念而居於優勢地位，而這一定會挑起紛爭。在紛爭中，最無力、最怯懦者會出於對自身安全的考慮，去奉迎那個被他們尊崇備至的人的看法。

荷瑞修：這肯定會讓眾多的人分解為許多團夥和群體，它們每組都會有自己的領袖，而其中最龐大、最勇猛的群體向來都會消滅那些最柔弱、最怯懦的群體。

里歐・門尼斯：你的闡述，與我們對那些野蠻民族的描述完全一致，他們目前仍舊居住在這個世界上。如此一來，人類大概會有許多世代都要忍受苦難的折磨。

荷瑞修：剛開始的一代人是在父母的培養之下長大成人的，所以可以被管轄。之後出現的所有人難道不會比前人更睿智嗎？

里歐・門尼斯：他們的知識和精明肯定會持續擴展。時間和經驗對他

們的左右也就像對其他人一樣。對他們頻頻經手的一些事物，他們的知識和經驗更是會遞增。他們常常會如同最文明的民族那樣對那些事物了然於胸。但是，他們放蕩不羈的激情及其造成的騷亂，卻一直不可能讓他們覺得開心，他們之間的紛爭會持續地損毀他們的改良、摧垮他們的創造，讓他們的各種計畫終成泡影。

荷瑞修：然而，過了一段時間之後，他們所經歷的這些困難，難道不能讓他們明白那些矛盾的源頭嗎？他們的知識難道不能讓他們去簽署契約，以泯滅相互之間的傷害嗎？

里歐·門尼斯：這種可能性非常大。然而，在這些缺少教養、缺少文化的人裡，如果沒有利益關係逼迫他們臣服，那誰都不可能一直履行契約。

荷瑞修：難道他們不會去運用宗教（也就是對一種潛在原因的害怕）來捍衛其契約嗎？

里歐·門尼斯：有這種可能，這沒有必要爭執，並且在非常久遠的時代大概就已經有這樣做了。然而，對他們來說，宗教的用途充其量僅僅是與其在文明國家當中一樣。在文明國家中，為數甚少的人們才會相信神明會有報復，誓言自身也被認為是不存在什麼用處，不存在什麼人力可以維護契約的信守並責罰離經叛道的人。

荷瑞修：一個人努力想去當領袖的抱負，同樣會讓他期盼自己管轄的眾人在內政方面都唯他是從，你不認同這個觀點嗎？

里歐·門尼斯：我對此非常認同。不但這樣，所有的人群在這種動盪不安、岌岌可危的狀態下過上三四代這樣的日子，人們就會開始研究人性、探索人性。領袖們會意識到：他們管轄的民眾當中越是矛盾重重，那些民眾就越是沒什麼用處。這會讓領導人千方百計地來馴服民眾。他們會禁止殺人和打架；他們會出臺刑法，對用暴力搶奪相同群體中他人妻兒者嚴懲不貸。他們早就意識到：在關係到自己利益的事情上，誰都不應該充

當自己的法官；而老年人則往往比年輕人有更多的閱歷。

荷瑞修：他們但凡出臺了禁令和刑法，我就理應覺得所有難題都易如反掌了。不明白你為什麼會說他們「大概在苦難中歷經了很多個世代」。

里歐·門尼斯：我還未曾說及一件關係重大的事情。少了那件事情，隨便多少數量的人群都無法獲得快樂。如果少了所有能證明契約價值的依據，最強大的契約還存在什麼價值呢？在需要準確性的事務方面，口頭規定還存在什麼可靠性呢（特別是當口頭語言還沒有達到盡善盡美的時候）？口頭報告會輕而易舉導致沒來由的斥責和爭端，而書面記錄則能夠規避這個缺陷。人盡皆知，書面記錄是非常可靠的證據。許多人都打算曲解法律條文的含義，從中可知：在那些缺少法律的社會裡，基本上不存在可行的方法去維護正義。所以，通往社會的第三步，也即最後一步，就是文字的出現。少了政府，所有民眾都不可能和平共處；少了法律，所有政府都不可能存在；少了能記錄下來的法律條文，所有法律都不可能經久不衰。僅僅想到這一點，就能夠讓我們看清人的本性了。

荷瑞修：我覺得並非這樣。政府少了法律就無法存在，其理由是在所有的人群中都存在壞人。但是，我們評判人性時如果把那些壞人作為實例，而不把按照理性的指令行為處事的好人作為實例，那就沒有公平可言了。就算是評判畜生，我們也不應該這麼有失公允。我們如果是由於幾匹害群之馬就覺得每一匹馬都是這樣並大加鞭笞，而對大部分的馬都是品性卓越的生靈，其天性大部分都溫良馴服這點視而不見，那就可謂是彌天大錯了。

里歐·門尼斯：你如果有此言論，我就一定要重申昨天和前天我闡述的全部觀點了。我原本覺得你已經被我說動，並認為你已經心悅誠服了。在我看來：人與生俱來獲取思想和語言的能力儘管比其他動物要強一些，然而，當人還處在野蠻狀態，沒有與同類溝通時，這些特性對他而言就不存在什麼價值。沒有教育經歷的人孤身一人時，都會根據其天然衝動行為

處事，而不顧及別人。所以，他們每一個人都是壞人，並且沒有學好的可能性。同理，未曾馴服好的馬也都不能掌控，因為我們言下的「劣性」，意味著牠們常常會拳腳並用、撕撕扯扯、盡力褪掉韁繩，把騎手甩到一邊，不遺餘力地解除束縛，以重獲自然激勵牠們去看重和希求的無拘無束。被你稱之為「天性」的東西，其實很顯然是後天的，它源於調教。缺少管教，所有品性卓越的馬都不可能溫良順從。有的馬可能到了四歲才上鞍，而之前很長一段時間，人們就開始馴服牠們，跟牠們溝通，為牠們打理鬃毛了。牠們由看馬人餵養，受到管轄，時常被關照，時常受到靈敏機智方面的訓練。牠們還小的時候，那些教牠們恐懼我們人類的所有訓練都一應俱全。人們不僅讓馬歸順人類，而且讓牠以擁有歸順人的傑出才能而揚揚得意。然而，你如果打算評判馬廣而有之的天性，看牠是不是適合被管束，那就可以選一百匹最優秀的良種牝馬和最優秀的種馬孕育的幼崽，讓牠們在大森林裡自由自在，讓小母馬和小公馬一起生活，等到牠們七歲之時，然後再看一下牠們會怎樣被馴服吧。

荷瑞修：它們肯定不可能被馴服。

里歐·門尼斯：這種過錯是誰造成呢？那些小馬並不曾渴望遠離牝馬，而牠們每一個都是由於受到管束才變得溫良順服的。人的惡德也有與劣馬一樣的源泉。期盼放蕩不羈、逍遙自在，無法容忍管轄，這些不僅在馬身上表現出來，人身上也同樣顯而易見。因而，一個人如果隨心所欲地根據其沒有教養或粗野的天性放縱欲求，與法令和禁令背道而馳，他就會被視為「品性惡劣」。每一個人都會呵斥這種天性。這種人熱衷於擁有自己鍾愛的全部東西，並不顧及自己是不是有資格這樣做。他會無所顧忌地大行其道，不顧及其行為給他人會招致怎樣的結果。與此同時，他卻痛恨一切根據相同的原則行為處事，壓根不周到地考慮他人的舉動。

荷瑞修：總而言之，這充分說明了：人生來就是「己之所欲，不施於人」了。

里歐・門尼斯：非常正確。正因為此，人的天性裡還有著另一番道理。把自己跟他人做對比時，所有人都無法做出公允的評判。兩個相同的人之間，對對方的評價向來不可能比對自己的評價要高。如果所有人都具備一樣的裁斷權，那麼，但凡送給他們一件禮物，上面有「送給最有資格擁有它的人」的字樣，就必然會引起他們無休止地爭吵。生氣的人，其行為跟其他生氣的動物如出一轍。在謀求繁衍生息的過程中，他們都會騷擾那些讓自己生氣的對象：他們都會因為自己程度各異的怒火，要麼不遺餘力去摧毀對手，要麼不遺餘力去給對手帶來痛苦和不悅。這些有礙於社會形成的絆腳石都是人的不足，或更確切地說，都是人的天性使然。從中可知：為人類的各種現實幸福而訂立的規矩和禁令，其實全都是為了奉承人類，為了防止我提到的所有人對人類卑俗天性的呵斥。所有國家的基本法律都有相同的取向，不存在一條不是針對人生來就有的某些對社會有害的短板、缺憾或不足。然而，每一種法律的初衷卻很明顯都提供了各種途徑，以癒合和削弱人那種妄自尊大的天然本能，它讓人擁有了「萬物皆為我所用」的妄念，攛掇人自詡有能力把可以涉及的全部據為己有。這種取向和動機是出於社會的現實利益考慮去改善人類天性，它在上帝本人訂立的那部扼要而完備的法律中一覽無遺。當年，以色列人在埃及充當奴僕時，被其主人的法律所統轄。所以，我們有根據認為：第一，以色列人在還沒有獲悉上帝的法律之時，已經定下了許多規矩和協定，而《十誡》也並沒有把它們作廢；第二，以色列人一定擁有是非之分，他們當中勢必有著批判暴力、批判侵犯財產的條款，這是非常明晰的。

荷瑞修：為何認為是非常明晰的呢？

里歐・門尼斯：理由就是《十誡》[1]本身。明智的法律全都與其服從者非常匹配。舉例說明，按照第九條誡命[2]，我們很明顯能夠發現：一個人自己所列的證據並不能夠印證他自己的事務，世間沒有一個人可以充當自己案件的法官。

荷瑞修：那條誡命僅僅是避免我們作偽證去坑害鄰人。

里歐‧門尼斯：是的，所以這條誡命的真實目的和動機，預先考慮並且一定蘊藏了我剛剛提到的那種情況。不過，禁止偷盜、通姦和對鄰人所擁有的全部東西虎視眈眈，卻更顯而易見地與此雷同，並好像是些補充和改良，目的在於完善之前已被認可的規定或契約的缺陷所在。我們如果從這個角度去衡量剛剛所說的那三條誡命，就會意識到它們都是非常有說服力的證據，不但可以印證人類心中有著妄自尊大的天性（在其他場合，我把這種天性看作「放蕩不羈的精神」），有著利慾薰心的強烈動機，而且可以印證：消滅它們，搗毀它們，把它們從人心中一掃而光，這是相當不容易的。這是由於，從第八條誡命[3]我們能夠得知：我們儘管約束自己不要劫取鄰人的東西，然而仍舊還有一種危險，也就是這種本能攛掇我們私下裡竊取鄰人的東西，並用他理應這樣來說服我們。同理，第七條誡命[4]也讓我們明確地瞭解：雖然我們不支持搶走一個男人擁有的女人，可是我們依然擔憂：我們如果真心中意這個女人，那種生來就有的、要求我們迎合自己所有欲望的強烈動機，就會說服我們去把她看成自己的女人那樣呼來喚去。雖然供養她和她所有的孩子是我們鄰人的責任，動機也說服我們去這樣做。《十誡》的最後一條[5]與我的論斷特別匹配。它直接訴諸罪惡的根源，並且公然挑明了第七條和第八條誡命所說的那些禍害的真正源頭。這是由於，如果沒有人首先背離第十條誡命，誰都不可能有違背第七條和第八誡命的機會。而且，第十條誡命還相當明確地讓我們考慮到了兩點：第一，我們這種本能的力量相當強悍，是一種基本上沒有癒合可能的缺陷；第二，我們會期盼具備鄰人手中全部的東西，而不會顧及這麼做是否合情合理，是否有失公允；正是因為這個原因，第十條誡命才嚴令禁止我們覬覦鄰人的一切東西。這表明，上帝對人類這種利慾薰心的力量一清二楚，私欲一直在逼迫我們把所有的東西都看作自己的。一個人如果的確渴慕一件東西，這種天性、這種欲求就會駕馭他，並攛掇他想方設法地迎合自己

的欲求。

荷瑞修：你如此闡釋《十誡》，讓它們契合人性的各種缺陷，因而，根據你的方式，依照第九條誡命，我們就理應有如下看法：所有人生來都具有作偽證的極大欲求。這可是史無前例的。

里歐・門尼斯：我也從來都沒有聽說過。坦白地說，你這次的反駁聽上去合情合理。然而，這個責難無論看上去多麼合理，都有失公允。你如果是由於仔細區分了天然欲望本身與它們讓我們染指的各種罪過（我們並不是違背它們）而開心，你就不可能發現你暗示的那個結果。其內在原因是：我們儘管不是天生就有作偽證的欲望，卻有多種其他的欲望是與生俱來的，如果不審慎小心，到了相應的時候，它們就有可能會逼迫我們作偽證或其他更不堪設想的事，因為不出此下策就無法迎合那些欲望。你所說的那條誡命準確地蘊含了幾點內容：第一，在所有關鍵時刻，我們的天性都會讓我們情不自禁地想到私利；第二，一個被私利掌控的人，不僅會顯而易見地傷及他人，就像第七條和第八條誡命所闡述的那樣，甚至會出現有違良心的行徑。這是由於，所有的人都不可能存心作偽證去坑害鄰人，因而作偽證是另有所圖，無論那個意圖為何，我都把其看作作偽證者的私利。嚴禁殺人的法律已經跟我們表述得清清楚楚：所有事物如果與我們自己進行比較，其價值都會被我們極大地壓縮。其理由是，儘管我們非常害怕毀滅，儘管我們不瞭解有什麼災難會比我們自己的死還要慘烈，然而，妄自尊大的本能讓我們做出的這種非常偏頗的判斷，還是會讓我們與自己的意志背道而馳（我們的意志就是求得幸福），而寧可把死亡的災難讓他人來承擔；如果覺得誰阻擋了我們迎合私欲，我們就讓他銷聲匿跡。人出此下策，不但是因為眼下的困境，或者馬上會出現的困難，而且還是因為那些沒有分毫賠償的往事。

荷瑞修：在我看來，你最後這句話是指向復仇。

里歐・門尼斯：非常正確。我提到的人類天性中妄自尊大的本能，在

復仇這種激情中體現得最清晰不過了。所有人生來都擁有這種激情。就算是最優雅、最博學的人能克服它的情況也很少見。這是由於：無論誰自詡要為自己復仇，都自忖掌控著一種執法權，即覺得自己有資格懲罰他人。復仇打破了所有人群中的和睦友善，所以，任何文明社會首先要從任何人手中奪取的權利，就是復仇權（因為它是一種相當可怕的工具），而只把這種權力交由政府控制，也就是至高無上的權威。

荷瑞修：你對復仇的這番闡述，比你所說的全部話語都更令我信服：我們天性中真的具有妄自尊大的欲求；然而我仍舊不能搞懂某個人的惡德為何會被視為是整個人類的惡德。

里歐·門尼斯：因為所有人都能輕而易舉地展現這些只有人類才有的惡德，它們與人類共存，就像每一種類的動物都有相應的疫病與之共存一樣。馬可能感染的疾病，對很多牛來說卻壓根沒有可能感染。所有惡德纏身的人，在他為之而觸犯法律以前，身上都勢必早就出現了那種惡德的苗頭，那就是讓他具備那種惡德的根源。因而說，所有立法者都一定要思考兩個主要問題：第一，在他們可以掌控的事物中，可以造福社會的到底為何物？第二，人類天性中有什麼激情或屬性會有益於社會的福祉，什麼會阻隔社會的福祉？監督你魚塘裡的狗魚和鸕鶿，避免牠們襲擊其他魚群，這是非常明智的。然而，如果對火雞、孔雀或其他既不以魚為食，又無法捉魚的動物也同樣小心提防，那就是荒誕滑稽了。

荷瑞修：《十誡》的頭兩條是針對人性的什麼弱點或缺陷而設的呢？或者根據你的觀點，那兩條與人性中的什麼弱點或缺陷最匹配呢？

里歐·門尼斯：它們針對的是：人類生來就對那位真正的神明全然不知。這是由於，儘管每個人生來都有趨向宗教的本能，這種本能在我們長大之前也有些許跡象，然而，人生來就有對一種或數種潛在原因的害怕，卻並非如同野蠻人對一種或數種原因的性質與特徵的迷茫那樣廣泛。而這一點最好的證據就是……

荷瑞修：我實在不喜歡聽你羅列證據。從古至今的歷史已經是最好的明證了。

里歐・門尼斯：請讓我解釋一下。我打算闡述的是，這一點最好的證明就是第二條誡命[6]，它針對的極有可能是人們已經做出並會一直做出的那些滑稽的、讓人厭煩的行為，它們源於一種對潛在原因的錯誤害怕。在這方面，我認為所有東西都無法如同聖明的智慧那樣，只憑那條誡命的隻言片語就包羅了這麼寬廣的範圍，歸納了人類所有的胡作非為。那些行為讓許多人去敬仰空中所有浩渺的東西，敬仰地上所有骯髒粗鄙的東西，或用五花八門的方式把它當成他們迷信的對象。

荷瑞修：有的人敬仰的神明就是鱷魚，

還有人對著吃蛇的朱鷺顫抖，

就在門農蕭穆的半截殘雕上，

長尾猴的金像還在閃閃發光。

不愧是一尊猴神！我知道這些詩句是對我們人類的斥責，它斥責了人類中居然有人把上述動物視為上帝來敬仰。然而，那是迷信導致的無知。

里歐・門尼斯：我並不認同你的看法。猴子仍舊是有生命的動物，所以終歸要勝過那些無生命物。

荷瑞修：我原本理應考慮到：與人們敬仰這麼荒誕低俗的動物相比，人們對太陽和月亮的崇拜可實在不能說是滑稽的。

里歐・門尼斯：崇拜太陽和月亮的人未曾發問過，然而他們卻都睿智而優秀，可是，我說「無生命物」時，卻想到了你剛剛提到的那位詩人所說的話，即人把韭菜和洋蔥視為神來敬仰，它們是人們在自家菜園裡養育出來的神。

人們是這般的埋汰神明，

居然把韭菜與洋蔥咀嚼吞嚥，

聖潔的民族啊，這些神都是在你的菜園中成長起來的！

然而，尤維納利斯死去一千四百年後，美洲的情形就天翻地覆了。尤維納利斯生前如果瞭解墨西哥人那種駭人聽聞的信仰，他可能就不會如此關注埃及人的信仰了。悲哀的墨西哥人，為了闡述對維茲立普茲利神戰勝所有的惡毒和恐怖的殘忍本性的看法，一定嘗盡了千辛萬苦。我時常會為此而嘆服。他們覺得那位神既讓人提心吊膽，又古靈精怪，難以言表。他們挖出活人的心臟，祭祀給那個神明。那個讓人討厭的偶像身形巨大、奇醜無比，栩栩如生地體現了令人同情的墨西哥人的淒苦認知，一種統轄萬物的潛在力量逼迫他們形成了那些認識。祂也讓我們準確地看到：墨西哥人儘管覺得那神明相當恐怖蠻橫，然而同時又對祂頂禮膜拜。他們謙卑審慎地顫抖著，不惜把人血作為代價給祂祭拜，這就算不是想要撫慰祂的暴怒，起碼也是為了用某種方式去逃脫各種災禍，他們覺得祂是那些災禍的根源。

　　荷瑞修：我必須要認同，最有效地讓人可以立刻想到極力斥責偶像膜拜的方式，肯定是對第二條誡命的反思。然而，我剛剛不曾仔細聆聽你的話語，因為我始終在考慮另一件事情。想到第三條誡命的意思，我形成了一個觀點，它可以強悍地批判你對所有法律及《十誡》的認識。如你所知，我覺得一以概之、把壞人的缺陷視作全人類的缺陷，這是不對的。

　　里歐・門尼斯：我也持這種觀點。我認為我已經回答你的問題了。

　　荷瑞修：我只想再做一次嘗試。請跟我說：虛情假意的賭咒發誓到底是源於人性的缺陷，還是由於交友不慎而出現的惡習？

　　里歐・門尼斯：肯定是源於後者。

　　荷瑞修：這樣我就搞懂了一點：這條法律只是針對壞人而定，即存在這種惡德者的。它並非就普通人類的哪個弱點而設。

　　里歐・門尼斯：我認為你對這條法律動機的理解有誤。我覺得，它的動機要遠遠超出你所預想的。你或許對我所說的還有印象：要讓人類可以被管轄，對權威的崇敬是不可或缺的。

荷瑞修：我印象非常深刻。你還提到，敬畏是包含了畏懼、愛和尊重三合一的有機整體。

里歐・門尼斯：如今我們可以看一下《十誡》裡都有些什麼內容。它簡明扼要的前言非常明確地指出：以色列人理應明白跟他們說話的是何人，上帝在祂的選民面前展現了真實面貌。祂用自己傑出的力量製造了一個最讓人歎為觀止的奇蹟，把以色列人作為對象。事實上，所有的以色列人都不可能對他們從上帝那裡贏得的福澤視若無睹。這句前言內涵明晰、言辭莊重，其內裡的崇高與威嚴可謂登峰造極。我能夠對學界發起挑釁，因為我覺得他們壓根不會跟我說：有哪句話會如同這句一樣內涵豐富、鏗鏘有力和尊嚴十足，可以用如此簡明扼要的詞句準確地實現初衷，並把其目的展現無餘。第二條誡命談及了人為何需要依循上帝的法律，並用最為沉穩莊嚴的口吻，說到了上帝對視他為敵的人及其後代的怒氣；還牽涉了上帝對尊敬他、恪守其誡命者的仁慈。我們如果分寸恰當地研究這些段落，就會意識到：其中明確地訓誡以色列人要對上帝充滿敬畏、要膜拜上帝，要對上帝致以無上的尊崇。在此它採取了最管用的方式，以激勵人們用這三種因素產生深邃的認知，而這三種激情組合在一起形成了敬畏之情。這樣做的原因非常淺顯：要人們遵循那些法律的約束，要逼迫人們恪守法律，最關鍵的絕對是讓人們對上帝百般關注、尊崇有加，因為他們一定要遵循上帝的指令，一定要因背離他的指令而身受責罰。

荷瑞修：你這番話該怎樣看作對我質疑的答覆呢？

里歐・門尼斯：慢慢來，別著急，我立刻就回答你的質疑。人生來喜怒無常，酷愛變化、酷愛多樣。人們輕易不會把對事物起先的新鮮印象一直延續下來，當新鮮印象變得普普通通以後，人們就算不鄙夷它們，也常常會小瞧它們。在我看來，第三條誡命[7]就是針對這個弱點而設的，即關於人類生來的易變性。我們恪守對造物主的責任時，只有遵照這條誡命，且除非在關鍵時刻、在最緊要的事情中以最隆重的方式借用上帝之名外，絕

對不能假借上帝之名，才可以最有效地預防這種弱點帶來的糟糕後果。因為最強悍的原因，《十誡》上述的經文已經細緻地激發了人們的尊敬，所以，要強化這種尊敬之情，並讓其永恆存在，最聰慧的做法就是這條法律的內容了：太過瞭解會導致輕視，所以，我們如果太瞭解最神聖的事物，那麼，我們對其理應懷揣的最高敬意就無法永恆存在。

荷瑞修：這才是對我的問題的回答。

里歐‧門尼斯：我們可以從另一條誡命中意識到：要實現馴服，敬畏理應博得多大的關注。兒童除了從父母或代父母運用權威者那裡，不存在別的機會去明白自己的義務，所以，人們不但一定要遵照上帝的法律，而且一定要百般敬仰那些最先充當上帝法律的傳導者，並讓人們明白這就是上帝的法律的人們。

荷瑞修：然而你之前有言，孩子對父母的敬仰體現在孩子會效仿父母的舉動，這是自然而然出現的。

里歐‧門尼斯：依你之見，人們如果已經甘心遵從第三條誡命行事，那就不可能存在這條誡命了。然而我希望你必須要想一下這一點：子女對父母的敬仰儘管是順其自然的，其中有的是源於子女從父母那裡感受到的威嚴，有的是由於子女敬仰父母勝過他們的能力。我們由經驗可知：這種敬畏大概會被一些更迫切的激情所制服；所以，這就成了所有政府需要解決的關鍵問題。而上帝覺得，需要親手出臺一道特設的命令，以強化和捍衛人的社會適應性。不但這樣，因為要激發人的社會適應性，上帝還給人承諾：人如果可以維繫社會適應性就能獲得獎勵。恰恰是我們的父母最早消解了我們生來就有的野性，最先激發了我們與生俱來的獨立精神。我們恰好是從他們那裡懂得了最初的馴服，所有社會都覺得：人的服從心理源於子女對父母的恭敬孝順。我們天性中妄自尊大的本能，以及嬰兒因為這種本能而生的固執率性，在人的理性剛開始出現時（甚至在這之前）就有些跡象了。舉例說明，那些被輕蔑、缺乏教育的兒童絕對是最固執、最頑

皮的孩子；而沒有自控能力的孩子最不好管教、最熱衷於胡作非為。

荷瑞修：因而你就覺得，人成年以後就未必會恪守這條誡命。

里歐‧門尼斯：絕對不僅僅是這樣，因為，在我們還沒長大，還需要父母養育時，我們得到的這條誡命所期盼贏得的政治益處最多。然而也正是由於這樣，那條誡命所規定的義務才絕對沒有盡頭。我們從孩提時代就喜歡模仿那些比我們強的人；父母在子女長大後還能贏得子女的尊崇和敬仰，這個先例會對每一個未成年人相當奏效，因為它可以讓未成年人明白自己的責任所在，並且要他們無法抗拒其他睿智的成年人打算承擔的責任。憑藉這種手段，當成年人理解力越來越強時，這種義務就會慢慢變作一種風尚，而他們的驕傲到頭來也不可能讓他們對那種風尚視若無睹。

荷瑞修：你最後這句話勢必可以闡釋：為什麼身處上流社會，就算是心腸最歹毒、最卑鄙的人也會表現得對父母尊敬有加，起碼要在世人面前做得像模像樣，就算他們的行動與此南轅北轍，就算他們心中厭惡父母，仍舊會這樣。

里歐‧門尼斯：還有一個例子會說服我們：文質彬彬與心腸歹毒並不是非此即彼；人能夠遵循禮儀，竭力讓自己看上去儒雅有禮，而與此同時又壓根不把上帝的法律當回事，過著鄙夷宗教的生活。所以，親眼看見一個男人身材魁梧、精力旺盛，又溫文爾雅、衣著精緻，在與年老體衰父親的爭吵中他有所退讓、百依百順。在讓上流社會的人看上去恪守第五條誡命方面，不存在什麼訓導比這說服力更強，也不存在什麼說教能比這更好地教導青年的了。

荷瑞修：你是不是覺得，上帝所有的法律（就算是那些好像只關乎上帝自己、上帝的力量與榮光，以及要我們不去顧及鄰人而歸順上帝意志的法律）也都把社會的利益及上帝子民當下的幸福考慮在內了呢？

里歐‧門尼斯：這是毫無疑問的，但凡看一下安息日[8]的傳統就會明白這一點。

荷瑞修：透過閱讀一期《旁觀者》雜誌，我們發現了關於安息日的翔實證據。

里歐‧門尼斯：不過，安息日起初在人類事務中卻扮演著相當重要的角色，要遠遠超過那篇文章的作者所最為看重的。人類在千辛萬苦地組成社會的道路上遭遇的艱難險阻數不勝數，而在所有困難中，最讓人迷惘、最讓人絞盡腦汁的應該是界定時間。我們的地球每年圍繞太陽運轉，其週期無法跟某個完整天數或小時數保持一致，這個現象讓人們做了大量的研究，付出了相當多的汗水。核對一年的時間以預防季節擾亂，不可能有比這還要讓人費盡心機的工作了。然而，就算是按照月亮的盈虧把一年劃分為許多月份，估計常人也不明白該怎樣才能準確界定時間。把二十九天或三十天的月份銘刻在心，其中的節日又不存在什麼規則可言，其他日期也是這樣，這一定會給記憶造成沉重的負擔，並且給那些不瞭解內在規律的人帶來持續的困擾。與之相反，一個很短的週期卻會輕而易舉地印在人的腦海中，恆定的七天循環往復，這勢必會讓那些記性最差者的記憶翻開新的一頁。這跟其他的計時方式相比差別極大。

荷瑞修：我知道，安息日對計算時間幫助極大，它在人類事務中所起的作用，比那些一直不瞭解缺少安息日將會是何種情形的人所能預料的，還要遠遠高出許多。

里歐‧門尼斯：然而，第四條誡命中最需要關注的卻是：上帝在人面前一展真面目，讓一個年輕的民族瞭解了真理，而那時世界上的其他人在歷經多少時代之後才明白那些真理。人沒多久就可以意識到太陽的力量，發現天空中的各種隕星，並且開始對月亮及其他星星的影響有所疑慮。不過，在自然的理性可以把普通人的思想昇華到對一種浩渺存在（也就是宇宙萬物的創始人）的冥想之前，人類度過了相當長一段時間，才在對最高存在的認識方面獲得了很大的提升。

荷瑞修：剛剛你提及摩西的時候，已經對這一點進行了詳細的說明。

我們還是更深層地探討一下社會的建立吧。我已經得償所願地瞭解到：通往社會的第三步是文字的發明；少了文字，所有法律都無法得到永恆的施行；除此之外，所有社會的基本法律都是彌補人類缺陷的良藥。換句話說，那些法律都是為了提供某種修繕手段，以避免人性的某些潛在缺陷導致的惡果。那些缺陷本身沒有什麼能左右，都阻礙著社會的進步，是社會潛在的危險。你還讓我認同：《十誡》裡清楚地把這些弱點剔除出來；《十誡》是由超凡的智慧制定的；其中不存在一條誡命未曾考慮到社會當下的利益和那些更為緊要的事務。

里歐‧門尼斯：我竭盡所能打算印證的，確實就是這些。如今，會阻隔眾人構成一個政治實體的巨大阻力和因素，都被徹底地消解了。人們但凡受到成文法律的約束，其他問題馬上就迎刃而解了。在這種情況下，財產、生命及後代的安全就可以放心了，而這理所當然會讓大家愛好和平，並讓和平遍佈開來。但凡人們嘗到了安寧的甜頭，任何數量的人群和隨便哪個人都無須擔心自己的鄰人，就算他們不思進取也會期盼自己的勞動成果被大家一而再，再而三地分享。

荷瑞修：老實說，我不明白你是什麼意思。

里歐‧門尼斯：我剛剛說過，人生來就喜歡效仿別人的舉動，而這就是野蠻民族行為處事都大同小異的原因。這阻隔了他們改良自己的生存條件，雖然他們向來都有改善它的想法。然而，如果第一個人只負責製作弓箭，第二個人只負責提供食物，第三個人只負責搭建草舍，第四個人只負責做衣服，第五個人只負責製作器皿，那麼，他們不但會變得相互依賴，而且，在經歷同等的時間後，他們所做的那些行業和手藝本身的改進，也會遠遠超過比缺少專人從事它們所獲得的進步。

荷瑞修：你這番話非常正確，其正確性在鐘錶製造業裡展現得一覽無遺，這個行業已經達到了相當高的完善水準，而製作鐘錶的全部流程如果永遠都由一個人來負責，鐘錶工藝就不可能發展得這麼完善。你已經讓我

信服：鐘錶充裕的產量、準確性及漂亮美觀，大多都是鐘錶工藝的眾多勞動分工的功勞。

里歐・門尼斯：同理，文字的使用也一定在很大程度上改進了口頭語言本身，而文字還沒出現的時候，口頭語言一定相當簡陋貧乏，缺少恆定的表達方式。

荷瑞修：我非常開心你又涉及了口頭語言。你如果是剛剛就涉及它，我原本是不可能讓你的話暫停的。請跟我說一下：你提到的那對野蠻人夫婦第一次見面時，是用什麼語言進行交流？

里歐・門尼斯：按照我已經提到的那些情況，他們第一次見面時很明顯壓根就不曾採用語言。起碼我是持此種觀點。

荷瑞修：如此說來，野蠻人一定擁有一種心有靈犀的直覺，而在他們受教化之後，那種直覺就消失了。

里歐・門尼斯：我認為，大自然造化動物的時候，已經讓同類動物在彼此溝通時就可以理解對方了，溝通的範圍只包括保證動物本身及其物種繁衍生息一定會有所關聯的內容。對於我提到的那對野蠻人夫婦而言，我認為他們早在彼此交換更多聲音以前，已經可以非常準確地洞悉對方的心意了。置身於社會之中的人要憑空想像出這樣的野蠻人及其生存環境，這遠非易事。如果無法對抽象思考習以為常，就基本上不可能想像出如此粗陋的生存狀態。處於那種狀態裡的人，其欲望大概非常少，其願望充其量是野蠻天性的本能需要。在我看來，有一點是確切無疑的：這樣的野蠻人夫婦不但不存在什麼語言，而且也不可能意識到自己有什麼需要，就算是有這樣的想法，也不可能覺得缺少那東西會帶來什麼麻煩。

荷瑞修：你為什麼會有這樣的想法呢？

里歐・門尼斯：因為所有動物都無從得知自己壓根不瞭解的東西。不但這樣，我還認為：成年野蠻人男女聽到對方的言語，會明白說話有什麼用，所以會意識到自己無法說話。當他們的能力慢慢拓展之後，學說話的

渴求也會明顯增大。如果他們練習說話，就會意識到那是一種相當不容易的勞作，是一件絕對不可能做到的事情，這是由於成年人的說話器官已經沒有兒童那種天生的靈敏度，兒童在還沒掌握好說話時，大概已經掌握如何自如地演奏小提琴或其他所有最精密的樂器了。

荷瑞修：畜生可以通過幾種清晰的聲音來展現不一樣的心理波動。譬如，在覺得相當痛苦或置身於極大危險之中的時候，所有的狗都會發出有別於平常生氣時所發出的叫聲，而各種狗都會用嗥叫作為對悲痛的表達。

里歐‧門尼斯：這也無法說服我們認可大自然為何讓人類生來就有說話的能力。有的野獸還擁有數不勝數的其他獨一無二的屬性和本能，而人卻沒有這些功能。雛雞一落地就可以隨便亂跑，而大部分四足動物剛剛出世，自己走路都沒有問題，不需要任何幫助。如果語言源於本能，那麼，所有使用語言的人勢必天生就對語言裡所有的單詞都瞭若指掌。然而，身處未經馴化的野蠻狀態中的人，要掌握一種可以說得上名字的最簡陋的語言，卻沒有一絲一毫這樣的機會。一個人的知識如果被界定在很小的範圍內，他就只好遵照天性的簡單命令，而缺少口頭語言，這個不足則能輕而易舉地用不聲不響的姿勢所彌補。野蠻狀態的人用手勢作為自己的表達手段，這比聲音還要自然。不過，我們生來就擁有一種能力，它可以讓我們無須藉助言辭就可以讓他人明白我們的所思所想。在所有動物中，人的這種能力超越其他萬物。某些表達悲傷、高興、愛戀和驚訝的動作是所有人類都具備的。兒童的啼哭是大自然恩賜的，其功用是召喚幫助、惹人同情，而之後，哭聲就不明就裡地變成了惹人同情的辦法，它比其他所有聲音都管用。誰會對此有疑問呢？

荷瑞修：你是指激起母親和保姆的同情？

里歐‧門尼斯：我的意思是激起絕大部分人的同情。鼓舞鬥志的音樂往往都可以引發並強化士兵的激情。你認同我這個觀點嗎？

荷瑞修：我認為我非常認同。

里歐・門尼斯：這樣我就要重申：嬰兒柔弱的啼哭會引發大部分人的同情；聽到那哭聲的人大都會產生同情之心，這比用鼓聲和號角聲趕走聽者的害怕更加百試百靈。我們之前已經對哭泣、大笑、微笑、皺眉、哀歎和大叫都有所涉及了。眼睛的語言是如此廣泛，如此多元！在關於人類的許多關鍵問題上，憑藉眼睛這一語言的助力，即便是天涯海角的民族，見到彼此那一刻就都能洞悉對方的意思，無論他們是否有文化。我們提到的那對野蠻人夫婦第一次見面就可以憑藉眼睛的語言，大大方方地向對方表明心跡，而無論是哪對文明人夫婦如果要大膽表露出他們想要表達的意思，卻全都會面紅耳赤。

荷瑞修：無須多言，男人必然可以用眼睛表達卑鄙的意思，如同他用舌頭表達的一樣。

里歐・門尼斯：所以，上流人士之間才要遠離交換一切類似的目光和眼睛的某些自然動作，並無別的原因，僅僅是由於它們的意思太淺顯了。因為相同的原因，在別人面前伸懶腰、打哈欠，這也必然是不禮貌的舉動，在有男有女的時候，更是這樣。有一點這類舉動的跡象都是魯莽冒昧的，所以，關注到這些跡象或是看上去明白它們的意思，也會讓人無比尷尬。這些有失禮數的跡象無論什麼時候出現，無論是因為粗心大意還是存心舉止魯莽，其中大部分都不可能贏得上流社會人士的目光，並被其洞悉其真正意圖，其原因就是他們既不是它們的使用者，也對它們一無所知。野蠻人不具備語言能力，他們只能靠姿勢和動作進行交流，除此之外，不存在其他任何工具，所以，這些目光和眼睛動作的意思估計一定是相當明瞭的。

荷瑞修：然而，那對野蠻人夫婦如果一直都不想或無法說話，他們就無法讓自己的孩子們學習說話。如果是這樣，語言又是如何從兩個野蠻人那裡衍生出來的呢？

里歐・門尼斯：如同其他藝術和科學的出現一樣，語言的出現也是

一個緩慢推進的過程，花費了相當長的時間。農業、醫學、天文學、建築學、繪畫等的出現，也無一例外。語言能力進步緩慢的兒童，其表現讓我們有根據相信：野蠻人夫婦就算沒有學習說話，也可以憑藉表情和姿勢理解對方。不過，他們共同生活了這麼久之後，在最需要經常溝通的事情上，他們絕對會意識到有一些聲音，能夠讓對方意識到這些不在視線範圍內的事情，而他們會讓自己的孩子們學習這些聲音。他們一起生活的時間越長，他們創造的這些聲音就越是多元，那些聲音對應的動作和事物也越是多元。他們會注意到自己的孩子們說話的技巧更高，聲音更敏銳，遠遠超過自己印象中童年時的能力。如果不是有的孩子大概會不經意間運用自己發音器官的卓越天賦，無論那是刻意為之還是無心之作，就絕對不會出現每代人的發音器官都要優於上代人的現象。這一定就是語言出現的源泉，而說話本身也並不是源於上帝的引導。不但這樣，我還認為：語言（我是指人創造的語言）進步到比較完善的水準時，甚至就算是到了人們可以用恰當的單詞表達生活中所有的動作和身邊的所有事物時，表情和姿勢依舊會與語言並行不悖，因為它們和語言全都是為共同的目的服務的。

荷瑞修：講話的用途就是可以讓別人明白我們的所思所想。

里歐・門尼斯：我對此並不認同。

荷瑞修：怎麼！難道說話不是想要讓別人明白嗎？

里歐・門尼斯：在某種層面上這種說法是正確的。然而，這句話卻有著兩層內涵，我認為你不希望讓它有歧義出現。你提到的「說話是想要讓別人明白」，如果它是指人們說話時都期待別人明白自己口中的聲音為何意，我就認可你這個觀點。然而，如果你這句話是指：人說話是為了讓別人領會自己的所思所想，為了讓別人瞭解自己此刻的心情（這也可以闡述為「說話是想要讓別人明白」），我就無法認同你這句話。所有人生平所做的第一個姿勢、發出的第一個聲音，都是源於發明那些姿勢和聲音的人。我認同一種看法，在它看來：說話的第一目的就是讓別人相信，說話

是為了讓聽者相信說話者、根據說話者的想法做事，或形成與說話者一樣的情緒。

荷瑞修：人們也憑藉說話去教育別人，給別人以忠告，為別人提供對他們有好處的消息，也為了我們自己的目的去勸誡別人。

里歐‧門尼斯：因而，憑藉語言的助力，人們可以斥責自己，可以對自己的罪行供認不諱；然而任憑是誰都不可能為了那些動機去創造語言。我探討的是讓人說話的初衷、目的和緣由。我們從兒童身上可以發現：他們竭盡所能用詞句闡述的第一批事物乃是自己的要求和期待；他們口中的話語僅僅是在用已然存在的表達手段，確定自己有無需要或是否反對。

荷瑞修：你為何會假定，人們在已經具備用詞句準確表達自己意思的能力之後，還不會放棄運用手勢呢？

里歐‧門尼斯：這是由於手勢可以準確表達詞句，就如同詞句可以準確表達手勢一樣。我們發現，就算是文明人，在緊要關頭也基本上都會同時運用它們。一個幼兒用磕磕絆絆的、意義模糊的聲音討要蛋糕或玩具，同時還拿手指向它們，伸手去取，這種雙重努力會讓我們印象非常深刻。如果那孩子用詞句準確地表達了自己的需要，無需什麼手勢，或者只是沉默不語，直勾勾地盯著他想要的東西，伸手去取，就不可能讓我們印象如此深刻。話語和動作缺一不可，而我們由經驗得知：二者同時出現，比僅用其一給我們留下的印象要更為強烈，並且說服我們的概率也會更大；合起來更威力無邊。幼兒如果一起用它們，其行為原則就跟演說家的如出一轍，因為演說家也會為他們悉心準備的雄辯附上合適的手勢。

荷瑞修：按照你這話的意思，我好像理應覺得：行動不僅比話語自然得多，而且更久遠；而我原本會覺得這是個前後不一的觀點。

里歐‧門尼斯：然而這是毋庸置疑的。你會發現一個規律，性格最開朗、最可愛、最豪爽的人說話時，會比耐心細緻、文靜的人更熱衷於藉助手勢。

荷瑞修：看法國人怎麼把這一點用到極致，確實是一件讓人相當開心的事情。葡萄牙人在這一點上則更為誇張。其中有的人在平時溝通時，臉部和身軀都會與平時大不一樣，手足的姿勢也相當奇特，目睹這些場景，我往往會覺得頗有趣味。然而，我在國外時，最讓我無法忍受的卻是大部分外國人之間那種鏗鏘有力而又抑揚頓挫的爭辯聲，連地位尊貴的人也是這樣。在我還沒有適應它的時候，它一直會讓我擔憂自己的處境，因為我非常確定那些人十分憤怒。我會頻頻反思自己說了什麼，看其中是否含有一些應該讓他們對我憤怒的因素。

里歐・門尼斯：所有這些緣由就是人生來就有的野心、力爭上游的迫切渴望，以及遊說他人的迫切渴望。在合適的時機抬高或降低語調，這是一種極妙的手段，它可以左右頭腦愚笨的人。高亢的聲音也如同動作一樣對講話很有幫助。不合理的思想、語法的疏漏乃至可有可無的話，全部都會恰到好處地被噪音和喧鬧壓制下來。許多觀點之所以會讓人深信不疑，其說服力一概是因為說話者字裡行間的激情洋溢。演說術的魅力也會在一段時間內為貧乏的語言增姿添彩。

荷瑞修：還好英國富有涵養的人流行輕聲細語，因為我實在無法忍受大聲吼叫和狂躁不安。

里歐・門尼斯：然而大聲說話卻與人的天性更為匹配。你所鍾愛的那種時尚裡如果既不存在規定大聲說話，也不存在類似的先例，那麼，任憑是誰都不可能有此舉動。人如果年輕時就不適應大聲說話，將來想要大聲說話簡直是難於登天。然而在恭維術當中，大聲說話卻是一條最惹人歡心、最恰當的禮數規矩，是人類為之驕傲的一大發明。這是由於：如果有個人心平氣和地跟我說話，沒有手勢，頭部和身體也不存在什麼動作，如果他的話音一直抑揚頓挫，安穩祥和，沒有起伏不定，我就會覺得：首先，他用一種讓人中意的方式表現了自己的溫文爾雅；其次，他好像是在用這點表達對我的禮貌，對我表示相當的尊崇，因為他覺得這樣會讓我開

心，從中可知：在他看來我並不被我的激情所掌控，而只是聽憑我理性的指令。由此可見，他在意的是我的評判力，所以非常期待我可以沒有一絲干擾地思索他的話。如果不確定我的涵養，不確定我有理性的評判力，任憑是誰都不可能如他一樣行事。

荷瑞修：我一直都非常欣賞這種一點也不裝模作樣的說話方式，然而我向來都沒有這麼仔細地研究過它的意義。

里歐‧門尼斯：我想到，除了英國人的語言簡練和恢弘氣概之外，我們還可以從英國人的交談中發現這種優雅語言的力量與美妙。一直以來，這種平和語言在英國已經內化為一種習慣，它比其他所有國家都更顯而易見。在各國的上流社會中更是這樣，而上流社會可以讓語言更臻於完善。

荷瑞修：我原本認為讓語言優雅完善的背後推手是傳教士、劇作家、演說家和優秀作家。

里歐‧門尼斯：這些人大概最善於運用既有語言，然而詞彙和短語真正的不二產地卻是宮廷及各國的上流社會，因為那裡掌握著語言的所有規矩。當然，技術詞彙和藝術用語都各自是由其對應的藝術家和從業者創造出來的，他們是最早在自己的業務中採用了這些詞彙初始含義的人。然而，無論從這些詞彙或其他（當下的或以往的）語言中透過什麼來進行比喻，它都一定要首先徵得宮廷和上流社會的默許，才可以充作日常用語。宮廷和上流社會未經採用的說法，或者未曾獲得允許就外露出來的說法，無論它是什麼，要麼就是粗鄙不堪，要麼就是時過境遷的。因而說，演說家、歷史學家和所有詞語傳播者採用的語言，統統都是在既定詞語的範圍之內。他們都從既定詞語的寶庫中遴選出最恰當的部分服務於自己的目的。然而他們卻沒有資格發明自己的新詞語，就像銀行家沒有資格自己發行錢幣一樣。

荷瑞修：到目前為止，我還是搞不懂：大聲說話或輕聲細語，這對語言本身到底會造成怎樣的影響呢？如果把我如今說的話記錄下來，那麼，

過了半年，只憑文字記錄去評判我這些話到底是大聲狂喊的還是輕聲細語的，那必然會讓人絞盡腦汁。

里歐・門尼斯：我認同一種看法，在它看來：頗有能耐與教養十足的人們如果對上述提及的那種說話方式習以為常，經過一段時間的沉澱，那種方式就勢必會左右語言，讓語言的表現力更強。

荷瑞修：有何原因呢？

里歐・門尼斯：如果只有本人向聽眾朗讀才管用的話，那麼，如果打算讓別人對自己的話深信不疑，人們就勢必會去探索思想怎樣才能強大、表達怎樣才會明晰，而且會去探索那些鏗鏘有力的詞句，探索怎樣讓詞義更精準，怎樣讓風格前後一致，怎樣恰如其分又優雅完美地表達思想。

荷瑞修：這好像太勉為其難了。我還是無法洞悉內裡的真諦所在。

里歐・門尼斯：所有講話者無論其聲音是高是低、有無手勢相伴，統統都期盼能讓聽者信服，也都會竭盡所能遊說聽者，並都期盼能獲得聽者的認同。

荷瑞修：你曾經有言，說話是為了讓別人信服才出現的。估計你太過看重這種作用了。說話必然還有更多別的目的。

里歐・門尼斯：我不反對這種看法。

荷瑞修：人們出言不遜地互相指責、詬病和謾罵。在這種情形中，說話又有什麼目的呢？讓聽者認為他們比自己預料的還要壞，如果說話是為了這個目的，那麼，我認為它取得成功的概率會非常渺茫。

里歐・門尼斯：謾罵就是存心大張旗鼓，跟別人說明我們對他們的無比厭煩。用髒話罵人的人常常會竭力讓聽者認為：他們對聽者的認識比切實存在的還要壞很多。

荷瑞修：比確實存在的認識還要壞很多！這又是怎麼回事呢？

里歐・門尼斯：其理由就是嘲笑者和謾罵者的舉動和普遍的做法。他們不僅大肆張揚和吹噓敵手的短板和弱點，而且還去張揚和吹噓親戚朋友

所有令人捧腹的、讓人鄙夷的事情。他們常常會對與自己基本上沒有瓜葛的事情反應相當迅速，但凡那些事情略帶一點可以譴責的成分，例如對手的工作、對手聲援的黨派或對手的國家等諸如此類，無一倖免。他們落井下石般地再三說到對手或其家庭碰到的災難和倒楣事。他們把對手的倒楣視作出於公正的天意之手。他們深信不疑地覺得那是對手該有的劫數。無論對手是不是觸犯了法規，他們都會拿出有如鐵證似的姿態控訴他是有罪之身。他們把能收集的全部材料當成自己的幫手，例如無端的揣度、模糊的報告及人盡皆知的誣衊。他們還頻頻譴責對手的某些所作所為，而如果換作其他場合，即使是他們自己都不會對那些事情信以為真。

荷瑞修：然而，整個世界範圍內絕大部分的粗人都熱衷於罵人，這又做何解釋呢？其中一定有著某種不為人知的樂事，只不過我無從得知罷了。請你跟我明示，人們期待從罵人中獲得怎樣的快慰或利益呢？罵人者到底有著怎樣的思維邏輯呢？

里歐‧門尼斯：人們萬分焦灼時說出汙言穢語或出口傷人，其根本原因和內在目的首先是為了宣洩憤怒，因為克制和隱藏怒氣會讓人煩躁不安；其次是為了惹惱敵手並讓敵手難過，自己又有更多可能性不會有懲罰加身，因為如果給敵手造成更多真實的傷害，法律就會站在敵手這一邊。不過，在語言還沒有進步到比較完善的時候，在社會還沒有企及一種文明的高度的時候，罵人絕對不可能歸入習俗之列，也絕對不可能被視為習俗之一。

荷瑞修：認為髒話是文雅禮貌帶來的後果，這實在是一件讓人捧腹的事情。

里歐‧門尼斯：你想怎麼說都行。就罵人的根源而言，它很明顯是一種預防打架及其造成的惡果的權宜之計。其原因就是，但凡有資格打人，又無須擔心什麼後果，誰都不可能只是說對方是地痞惡霸而已。因而，只要人們僅僅是破口大罵，而並不更多地加害對方，都暗示著那裡關於嚴禁

武力和暴力的法律非常完善。而人們也都依循並尊重那些法律。如果一個人憤怒時會用罵人這種不足掛齒的方式去充當打架的替代品，而且僅僅這樣就能稱心如意，那麼，他已經可以說是個還算合格的臣民，並且已經差不多是半個文明人了。少了剛開始的苛刻的自我約束，就絕對不可能做到這一點。這是由於，如果不是這樣，人就會傾向於用另外那種更簡單、更實在、更不禮貌的方式去宣洩怒氣，即打架，因為打架源自天性，人類與其他動物天生都懂。在剛出生兩三個月且還沒見過哪個人發火的嬰兒那裡，我們也可以目睹這樣的情景。當任何東西惹惱嬰兒時，就算是如此年幼的孩童，他們依然會去抓、去扔、去打那個東西。嬰兒動不動就發火，而且大都是沒有根據的。讓他們發火的常常是飢餓、疼痛以及其他病痛。我深信不疑：在嬰兒還沒有體現一絲智慧和理性的蹤影時，他們有此舉動純屬本能使然，也就是其體質，也就是身體本身的運作原理。我也深信不疑：大自然特地讓人們懂得怎樣去打架；而孩子們用雙手肉搏，這就好像馬兒會踢、狗兒會咬、公牛會用角攻擊一樣是理所應當的。我把人與畜生混為一談，這還希望你能多多見諒。

荷瑞修：這本就是最自然而然的事。然而，如果情況不是這般明朗，你是不可能漏掉這個批判人性的時機的，你向來都未曾給人性留情面。

里歐・門尼斯：我們最可怕的敵人就是我們生來就有的驕傲。但凡我還有一點能力，我都會一直抨擊它，竭盡所能地把它的真實面目公之於眾。這是由於，我們越是認可傑出之人的最大長處是源於後天教育，我們越會關注教育，越會對教育形成由衷的期盼。優秀的早期教育是必不可少的，要對此有明確的認識，最管用的辦法就是去揭示人類野蠻狀態的醜陋天性。

荷瑞修：你我還是回到說話的問題上吧。如果說話的第一動機是說服，那麼，法國人在這方面就已經遠遠超出我們了。他們的語言的確是妙不可言。

里歐‧門尼斯：所以，法國人肯定也是魅力十足。

荷瑞修：我還覺得，所有懂法語、瞭解法語魅力的人也是這樣。你不覺得法語非常動聽嗎？

里歐‧門尼斯：的確，就對自己胃口非常重視的人而言，法語真的是非常動聽，因為其中蘊藏著相當多的烹調術用語，還有所有與吃喝有關的詞彙。

荷瑞修：除了譏諷，你不覺得相比英語而言，法語作為說服的工具更恰當嗎？

里歐‧門尼斯：在我看來，法語可能比英語用於巧言令色和甜言蜜語更為恰當。

荷瑞修：我難以搞懂你道明這個區別是何居心。

里歐‧門尼斯：你說的區別裡壓根沒有把斥責和詆毀包含在內。能力最為卓越的人（這裡一點也不存在詆毀他們的意思）也會如同最軟弱者一樣被說動。不過，會拜倒在花言巧語之下的，卻往往都被看作是那些冥頑不靈、頭腦愚鈍的人。

荷瑞修：請你談一下最重要的問題吧。法語和英語，在你看來到底哪個更完善？

里歐‧門尼斯：這難以斷言。天下最頭痛的事情就是評判兩種語言孰優孰劣，因為這種語言裡大加稱讚的東西，常常是另一種語言裡枯燥乏味的東西。就這一點而言，「美麗」或「道德美」是五花八門的，並由於每個民族的人們的天賦不同而有所差別。我沒有自封為裁判的打算，而只想把此話一吐為快：就這兩種語言而言，我頻頻目睹的情況是，法語中討人歡心的用語都適用於撫慰和逗樂；而英語裡最讓人拍手叫絕的用語都適用於揭發和批判。

荷瑞修：你這番話就沒有一點偏見嗎？

里歐‧門尼斯：我覺得是這樣的。然而，如果其中潛藏著什麼偏見

的話，我可不曉得該怎樣表達歉意。關於有些事情，人們理應事先顧及其中涵蓋的社會利益，然而，人們熱愛自己的祖國何錯之有？根據相同的原則，我也不覺得人們對自己的語言有所偏愛是不對的。法國人把我們視為異類，而我們卻認為法國人喜好奉承。我不認同法國人對我們的意見，他們想相信什麼都無所謂。你對《熙德》裡的那六行詩還有印象嗎？傳聞說，還有人因為這個送給高乃依[9]六千個銀幣的禮物呢。

荷瑞修：我印象非常深刻——

埃利維爾，我父親和那最大的希望都已消逝，

因為他的朋友羅德里克的驟然出擊而斃命；

哭吧，哭吧，我的雙眼，讓淚水淹沒你們，

我生命的一半已把另一半葬身墳墓，

逼迫我復仇；在這不幸的打擊過後，

我已經告別了曾經的那個我。

里歐・門尼斯：如果用英語闡述相同的意境，它在法語裡的最大優點卻只會讓英國觀眾喧譁不已。

荷瑞修：就英國觀眾的喜好來說，你這話肯定不會是奉迎。

里歐・門尼斯：我不瞭解他們的喜好。人們的喜好可能沒什麼區別，然而仍舊無法簡單地想明白一個人的一半為何要讓另一半葬身墳墓。就我個人來說，我坦承自己看不懂這句話在說什麼；而如果把它視為英雄雙行詩，其中就浸透著太過濃重的謎語氣息了。

荷瑞修：難道你對那思想的華麗之處視若無睹嗎？

里歐・門尼斯：的確發現了，然而它編織得華麗過頭了，華麗得就像蛛網，其中沒有一點魄力。

荷瑞修：我向來都非常看好這些詩行，然而如今你讓我不再被它們蒙蔽了。我還找出了其中一個更為嚴重的缺陷。

里歐・門尼斯：在哪兒呢？

荷瑞修：作者讓他的女主角提及一件事情，然而那件事情事實上是假的，即：施曼娜說「我生命的一半已把另一半葬身墳墓，逼迫我復仇」。請與我明示，「逼迫」這個動詞的主語為誰？

里歐・門尼斯：主語是「我生命的一半」。

荷瑞修：缺陷就在此處。我覺得錯就錯在此，因為此處提到的她「生命的一半」，很明顯是指那僅存的一半，而那也就是她的情人羅德里克。羅德里克如何會逼迫她去復仇呢？

里歐・門尼斯：羅德里克的所作所為，逼迫施曼娜去復仇，因為他是殺死施曼娜之父的凶手。

荷瑞修：此話錯矣，里歐・門尼斯，這個藉口相當不完滿。施曼娜的災難源於她進退維艱的境地：她一定要在愛情和責任之間進行抉擇。這是由於：她一定要踐行責任，而責任逼迫她去請求國王懲罰殺父之人，要她竭盡所能運用一切才能和口若懸河的能力，祈求國王處斬羅德里克，而愛情卻已經讓她把羅德里克視為高於自己生命的人。因而說，逼迫她去請求正義評判的是那已經死去的一半，也就是她已經入土為安的亡父，而並非羅德里克。如果那個逼迫她遵照的命令源於後者，那麼，它大概轉眼就會被作廢，而施曼娜也會就此停手，重新開始，不可能傷心欲絕了。

里歐・門尼斯：請允許我和你持不同觀點，然而我認為作者是對的。

荷瑞修：請思考一下，讓施曼娜控訴羅德里克為戴罪之身的，到底是愛情還是責任？

里歐・門尼斯：我已經考慮再三，然而我仍然忍不住會想：施曼娜的情人把她的父親置於死地，從而逼迫施曼娜去請求對他的懲罰。這就好像一個有借無還的人會逼迫債主們去懇請逮捕他一樣。同理，如果一個執褲子弟用言語衝撞了我們，我們也會警告他說：「先生，如果你依舊不改的話，你就是逼迫我們對你不留情面了。」雖然身處這種情形之中，那個借錢的人壓根不希望被捕入獄，那個執褲子弟也壓根不希望被我們拳打腳

踢，就像羅德里克壓根不希望遭受懲罰一樣。

荷瑞修：我認為你所言甚是。我要祈求高乃依諒解了。與此同時，我由衷地期盼你跟我說一下你對社會還有什麼更深層次的見解。文字的出現完善了人們的法律和語言，除此之外，人們從文字的發明中還收穫了怎樣的好處呢？

里歐‧門尼斯：文字的發明還在很大程度上帶動了其他發明，因為它讓所有關於對改進有用的知識能夠留存下來。當法律開始家喻戶曉、踐行法律開始收穫大家的支持幫助時，大部分人就有機會在其內部維繫一定水準的和諧。只有到了那個時候，人類智慧優越於其他動物的傑出所在才能被一覽無遺。這種傑出性讓人擁有了社會性，而在未開化狀態下，人的社會性卻遭受了重重阻隔。

荷瑞修：請跟我說一下為什麼會這樣。我搞不懂你是什麼意思。

里歐‧門尼斯：首先，智慧的傑出讓人可以體驗到喜怒哀樂，讓人的悲喜感受比其他動物的更為多元、更為廣博。其次，智慧的傑出可以讓人更仔細地取悅自己，換句話說，它為人的自愛之心提供了花樣繁多的手段，讓其在緊要關頭把作用發揮到極致，而能力遜於人類的動物運用其自愛之心的方式卻遠不及人。同理，優越的智慧還讓我們擁有遠見卓識，並用希望激勵我們，而其他動物擁有所謂的遠見和期盼的則為數甚少，因為對牠們而言只有眼前的事物才能映入眼簾。所有這些都是自愛用於說服我們去覺得心滿意足的手段和根據，可以讓我們頑強地迎接五花八門的煩惱，以迎合自己最火急火燎的欲望。身處在一個政治實體裡的人，會意識到這對他相當有幫助，而這也一定會讓他由衷地熱愛社會。反之，曾經身處自然狀態時，相同的天分和相同的才智超群，卻只會讓人無法避免地討厭社會，讓人比其他所有處境相同的動物都愈加堅強地捍衛那種自然狀態下的自由。

荷瑞修：我無從得知該怎樣批判你才好。你的這番話裡蘊含著一種合

情合理的思想。我必須要對它表示認同。然而它看上去依舊不同凡響。你到底是怎樣看透人心的？你又是怎樣獲得論述人性的能力呢？

里歐・門尼斯：根據分辨有涵養者的超凡品德有什麼的確是後天習得的東西。當不偏不倚地進行了這種研究之後，我們就可以斷言其餘的一切就是天性使然了。正由於不曾恰當地分辨這兩類品德，人們才對這個問題存在如此之多的滑稽荒誕的認識。這些品德常常被視作讓人形成社會適應性的根源。缺少在社會中接受教育經歷的人，都不可能生來就有這些品德。它們是歷經上百年才演變出來的文明舉止。然而，那些恭維人類的人卻向來都存心對我們掩飾這一點。他們沒有把後天習得的品德與生來就有的品德區分開來，道明這兩者的差異，而是竭盡所能把二者混為一談。

荷瑞修：他們為何要出此下策呢？我沒發現其中有對人類的奉承，因為無論是後天習得的品德，還是生來就有的品德，全都是同一個人所具備的，兩者都與他緊密相連。

里歐・門尼斯：源於天性的東西與人有著最密切的關係，最完完全全地為人自己所有。為了自己看重的自我，人們才器重或鄙夷、喜好或討厭其他所有事物。如果剔除了這個自我中所有外來的東西，人性的得分就少得可憐了。它展示出最真實的原貌，或者起碼是把剔除所有之後的真相公之於眾，而任憑是誰都不希望親眼看見它。我們會竭盡所能把所有有意義的品德變為點綴自己的東西，基本上把它們視為我們的附屬品；即便是財富、權力及命運賦予的所有禮物，也是這樣（然而它們很明顯不為我們所有，距離我們非常遙遠）。但凡這些東西變作我們的權力和財產，我們就會期待人們把它們視為我們不可分割的部分。我們還明白：人是從一個卑俗的開端慢慢發展成世界之主的，所以，人非常討厭談論自己的源頭。

荷瑞修：不是每一個人都是這樣。

里歐・門尼斯：然而我覺得絕大部分人都是這樣，雖然大概會有個例。我上述的觀點也不是沒有道理可言。一個人由於其才能而驕傲，並且

期盼別人能讚賞他的睿智、遠見、機敏和勤奮，他大概會坦承自己的心跡，甚至會說到自己父母的情況。為了讓自己的諸多優點一覽無遺，他甚至會提及自己卑賤的出身。然而，這種辦法往往都是針對那些地位比他低的人而言的，因為這會削弱那些人對他的忌恨之心，還會讓他們由於他坦承了自己的缺憾而大加稱讚他心地坦蕩、謙卑有禮。不過，當面對遠勝於他的人們時，他卻對此三緘其口，因為那些人為自己的出身而自豪。在出身優於自己，卻與自己地位相當的人面前，這種人也會由衷地期盼他們毫不知曉自己父母的情況，因為這種人明白：自己地位的擢升會招來那些人的嫉妒，自己的卑下出身也會被那些人所鄙夷。然而，我還有一種更簡單可行的方式去印證我的觀點。請跟我說一下：如果跟一個人說他出身卑賤，或者對他低微的出身心知肚明卻有意跟他顯露這一點，這可以說是禮貌之舉嗎？

荷瑞修：不，這非常不禮貌。

里歐·門尼斯：的確如此，我的觀點僅僅是大部分人對此的認識罷了。被尊崇的祖先，以及所有被看作榮耀、備受尊崇的東西，但凡能與我們有一絲關聯，全都算作我們個人的優點。我們無一例外都期盼別人把這些東西視為我們自己的優點。

荷瑞修：奧維德可並不這麼認為，因為他曾有言：「就血統和祖先而言，以及我們全部沒有的東西，我不會輕易把那些東西視為我們的。」

里歐·門尼斯：那真的是一段人類謙卑之辭的難得佳作，其中，一個人想方設法地印證朱庇特[10]是他的曾祖父[11]。一個被人的真實舉動所摧垮的理論，還有什麼價值可言呢？你是否知道有哪位地位尊貴之人甘心被大家以雜種相稱，雖然他坦承自己（以及自己的高尚）大都源於他母親的齷齪行徑？

荷瑞修：我原本認為，你提到的「後天習得的東西」是指學問與美德。你為何又把出身和血統扯進來了呢？

里歐・門尼斯：因為我希望你能明白，人們都不希望讓所有可能招致榮耀的東西與自己毫無瓜葛，雖然那些東西和他們有千里之遙，沒有絲毫關係，他們仍舊會這樣。我希望能說服你：把我們與確實為我們所有的東西、與被品行兼優和才智超群的人認為唯一可以贏得別人認可的各種條件區別開來，我們非常不希望別人會這樣做。人們擁有了優雅的涵養，就會對自己邁出的第一步覺得慚愧，而他們正是由這第一步開始才漸漸走向完善的。人越有涵養，就越是會把被人洞悉到沒有改良的本性當成是傷害。當親自編選作品時，最完美無瑕的作家們也會對那些被他們棄於一旁的作品覺得慚愧，而那些作品當年自然也是出自他們之手。所以，作家被比作建築師再恰當不過了：因為後者先要把鷹架撤到一邊，然後才把自己建造的大樓展示在眾人面前。所有裝飾物都充斥著我們對被裝飾物的看法。人臉上塗的第一層胭脂或白粉，頭上戴的第一個假髮，都絕對是私底下塗上和戴上的，其動機無一不是欺騙，你不這麼認為嗎？

荷瑞修：在法國，人們目前已經把繪畫視為女裝的一部分了。法國人對此已經習以為常。

里歐・門尼斯：人們也對一切與此有關的欺騙手法見怪不怪，因為它們已經漫天遍地都是了，就如同整個歐洲的男人假髮一般。然而，如果這些東西可以被隱藏起來，可以蒙蔽視聽，那麼，黃褐色皮膚的妖嬈女人就會由衷地期盼：她為自己塗上的那層幼稚的脂粉在人家看來會是其真正的面色；而禿頭公子也會希望別人把他的全套假髮當成真髮；戴假牙的人，無一不是希望掩飾自己掉落的牙齒。

荷瑞修：然而，一個人的知識難道不是他內在的一分子嗎？

里歐・門尼斯：是的，一個人的優雅涵養也是他內在的一分子。不過，知識和禮貌卻都不能歸於他的天性之列。這就如同他的金錶和鑽戒不能算是他的天性一樣。然而他甚至竭盡所能希望人們按照這些東西去判斷和敬仰他的天性。上流社會的優秀人士享受著外在的榮光，明白怎樣讓自

己穿著考究，而他們的服飾及其穿戴技巧如果未曾被當成他們自己的一部分，他們就非常不高興。不但這樣，他們還覺得：對於素不相識的人，只有這個部分才可以讓他們有機會走近地位最高者，也就是國王與貴族。置身那個圈子之內，男人和女人是不是會被認同，絕對在於其服飾為他們修飾出的形象，而與他們是不是品行兼優，是不是頭腦聰慧壓根沒有絲毫關係。

荷瑞修：我認為我知道你是什麼意思了。我們儘管基本上不明白自我是由何種因素組合而成的，然而恰恰是為了迎合那個自我，我們才首先會意識到修飾我們的本性。我們想方設法地修繕、潤色和改良天性時，相同的自愛就會讓我們不希望別人把裝飾品與被裝飾物分得一清二楚。

里歐‧門尼斯：內裡的原因顯而易見。揭露我們的本質面目，譴責我們的各種天然欲望（本該說，譴責我們天性的低俗與不足）的，好像就是我們所看重的那個自我（無論它是不是經過了一番修飾）。毋庸置疑，戰爭中派得上用場的勇敢是後天造就的。雖然這樣，在兩三場勇敢戰鬥之後，士兵卻很明顯還是要被詭計和紀律所蒙蔽，被哄騙得士氣大振、英勇善戰。這樣的士兵肯定無法容忍別人說他其實毫無英勇可言，雖然每個瞭解他的人及他自己都明白他原是個完完全全的膽小鬼，而今他仍舊是這樣。

荷瑞修：不過，人類對自己族類與生俱來的愛、關懷與善心，並沒有比其他動物對其族類的多很多，如果是這樣的話，人又為何要千方百計來表露這種愛，而且比其他動物表露得更直白呢？

里歐‧門尼斯：因為其他所有動物都不會如同人一樣可以或有機會去表露它。然而，你可能還會追問，人表露的恨為什麼也要多於其他動物。一個人的知識越淵博，手中的財富或權力越大，他就越有資本讓別人覺察到左右他的那種激情，其中既有恨也有愛。一個人在野蠻狀態中生活的時間越長，他就越是近於自然狀態，他的愛也越無法始終如一。

荷瑞修：在單純的、未開化的人們當中，真誠比在城府更深的人們中要多得多，而欺詐也更少。所以，我理應加入那些生活在自然的單純狀態下的人們當中，去尋覓真正的愛和天真無邪的關懷，而不應在其他地方費工夫。

里歐‧門尼斯：你提及真誠，然而在未開化的人當中，我提到的愛比在文明人中更不可靠，我們先假設兩者的愛都是發自肺腑的。有城府的人可能會假裝有愛，會假裝心中有情，就算心中壓根不存在，他們也會有此舉動。然而他們也如同野蠻人一樣被各種激情和與生俱來的欲望所掌控，僅僅是迎合激情和欲望的方式與野蠻人有所差異罷了。就選擇飲食和用餐方式而言，涵養頗佳的人與野蠻人相比簡直是天上地下，兩者的性愛方式也非常不一樣。雖是這樣，兩者的食欲和性欲卻仍舊一樣。心機了得的人，不，理應說最狡猾的人，無論其有怎樣的外在表現，大概都會在心底留有對自己妻子兒女的摯愛，而最坦率的人能做到的也僅僅是這樣而已。我的使命就是跟你說明：人們誇大了人性及整個人類的優秀品德，而它們無一不是後天一點點培養起來的。

野蠻人心中的愛非常不可靠，是由於他們的各種激情飄忽不定，變化莫測。對於野蠻人而言，那些激情比在受教育者身上更頻繁地彼此冒犯、占盡上風。有教養者有著良好的教育經歷，已經懂得了怎樣讓個人更為悠閒，生活更為自在，怎樣為了自身利益而依照規矩和法令行事，往往會包容較小的不便，以遠離更多的不便。在最卑賤的粗人中，在受教育最少的人中，長時間的和諧真是難得一見。你會發現：一對彼此相愛至深的夫妻在這個小時裡還是甜言蜜語，然而不出多久卻會為了區區小事而爭吵。很多家庭的生活最後淪為悲慘的境地，其原因除了夫妻相互間無視禮貌、沒有小心謹慎之外，沒有其他過失可言。他們常常出其不意地說出衝撞對方的話，而最後搞得大家都發火。雙方都不能靜下心來，女人對男人破口大罵，男人則對老婆拳打腳踢。女人放聲啼哭，這讓男人心軟，讓他覺得心

存愧疚，兩人於是握手言和，而且都最由衷地發誓一輩子絕不翻臉。兩人之間所有這些會不出半天工夫就煙消雲散，然而大概每個月都會上演，可能頻率會更高，這就要看是不是存在爭吵的緣由，要看其中一方是不是更容易惱火。缺少人為的方法，兩個人之間肯定不可能一直保持堅不可摧的好感。最好的朋友如果一直在一起也必然會有口角，除非雙方都非常謹小慎微地相處。

荷瑞修：我一直都認同你的一個看法，即人越有文化就越開心。然而，任何一個民族只有在漫長時間的洗禮之後才會變得溫文儒雅，而人在缺少成文法律之前又必然是境遇慘澹的，如果是這樣的話，詩人和其他作家為何又會花費那麼多筆墨去頌揚黃金時代[12]呢？為何他們會說那個時代到處都是和平、愛和真誠呢？

里歐‧門尼斯：出於相同的原因，紋章局的信使也可能說那些原本出身卑賤、默默無聞的人血統高貴。出身名門者全都因自己的家族而自豪，所以都竭盡所能稱頌自己祖先的品行與福報，而這向來會讓所有的社會成員都覺得開心。然而，你提及了詩人們的虛情假意，這到底是想重中什麼呢？

荷瑞修：你批判所有異教迷信的闡述都相當明晰、信手拈來，一次也沒有讓自己踏進迷信的陷阱之中。然而，你在涉及有關猶太教和基督教信仰的事情時，卻還是如同一個俗眾那樣單純。

里歐‧門尼斯：你有如此認識，我深感抱歉。

荷瑞修：我所說句句屬實。一個人如果可以對諾亞及其方舟的故事信以為真，就沒有理由譏諷杜卡利翁和皮拉的傳說。[13]

里歐‧門尼斯：因為一個老頭和妻子從肩頭朝身後擲了塊石頭，我們就理應認為是石頭創造了人，如同認為一個男人及其家人，還有許多的鳥獸被一隻為救贖他們而特地製造的大船所搭救那樣嗎？

荷瑞修：這是因為你固執己見。用石頭做人和用泥土做人，這兩者之

間到底有什麼不同？我可以輕而易舉地設想出一塊石頭怎樣搖身一變成為一個男人或女人，也會輕鬆地想像到一個男人或女人怎樣搖身一變成為石頭。我還覺得，一個女人如同達芙妮那樣變作一棵樹，或者如同尼俄伯[14]那樣變作大理石，這跟她如同羅得之妻[15]那樣變為一根鹽柱差不多，都非常稀鬆平常。而今，請你與我進行一番我問你答式的討論吧。

里歐·門尼斯：我非常期待這之後你可以讓我說一下自己的觀點。

荷瑞修：沒問題，沒問題。請告訴我：你認同海希奧德嗎？

里歐·門尼斯：不。

荷瑞修：奧維德的《變形記》[16]呢？

里歐·門尼斯：不。

荷瑞修：然而你卻對有關亞當、夏娃和天堂樂園的傳說信以為真。

里歐·門尼斯：是的。

荷瑞修：你認為他們是在眨眼間出現的嗎？換言之，你認為他們是搖身一變就成為成年人的嗎？你認為是一抔泥土造就了亞當嗎？夏娃是亞當身上的一根肋骨嗎？

里歐·門尼斯：是的。

荷瑞修：你認為他們一經出現就可以說話、可以思考並擁有知識嗎？

里歐·門尼斯：是的。

荷瑞修：總而言之，你信奉天堂樂園的單純、幸福及其所有傳奇，而它們都出自同一個人之口。而就在這一刻，你卻不能認同許多人跟我們說到的那些事情，即黃金時代的坦率、和睦與幸福。

里歐·門尼斯：你說得非常正確。

荷瑞修：而今，請容許我跟你闡述一下你在這個問題上是多麼無憑無據，多麼固執己見。首先，你認為大自然中那些絕對不會出現的事情是真實的，這違背了你自己的邏輯，違背了你所持的那個見解，而我覺得那個見解是正確的，因為你已然印證：第一，如果沒有學習經歷，任憑是誰都

沒有說話的能耐；第二，人的推理和思考能力的培養需要經過相當長的慢慢進步的過程；第三，所有事物如果未經傳遞給大腦並經由感官與我們交流，我們就對它一概不知。其次，在被你視為無法相信而予以批判的傳說中，壓根沒有什麼是不可能的。我們由歷史可知，日常經驗也一再給我們揭示：挑起人類動盪的所有戰亂和私人恩怨，全都是由於想要占盡上風和對我的（東西）和你的（東西）的看法有別。所以，在奸詐狡猾、貪得無厭和坑蒙拐騙悄悄潛入這個世界之前，在人們明白榮譽頭銜、明白主僕之分以前，數目既定的人群為何就無法安寧祥和地一起生活呢？他們為何就無法有福同享，對豐厚土壤和適宜氣候中的大地物產心滿意足呢？你為何就無法認同這些呢？

　　里歐・門尼斯：人群的數量無論多寡，缺少法律和政府的管制都可以和平共處，這違背了人類的天性，無論那些符合最豪華設想的土壤、氣候和物產多麼讓人開懷，也都是這樣。不過，亞當絕對是上帝創造出來的，是天外之物。他的說話水準和淵博知識，他的純潔友善，如同他身體的任何部分一樣，都堪稱神奇。

　　荷瑞修：里歐・門尼斯，你這番話讓我實在不能認同，因為我們探討哲學的時候，你卻悄悄地把奇蹟摻雜進去。我為何不能也跟你學一下，說「奇蹟也讓黃金時代的人類相當快樂呢」？

　　里歐・門尼斯：在一個特定的時刻，一個奇蹟製造了一個男人和一個女人，而他們理所應當是其他每一個人的祖先。這種情況出現的概率要遠遠超過另一種情況，即憑藉接二連三的奇蹟，數代人都擁有了生命，並且其行為都有違天性。其原因是，後一種情況一定源於我們對黃金時代和白銀時代的那番形容。《摩西五書》[17]記載著，第一個在自然中出生的人、女人產下的第一人把自己的弟弟置於死地，這已經絕好地印證了我曾再三重申的人性裡的那種掌控精神和妄自尊大的猛烈欲望。

　　荷瑞修：你算不上是愚笨之人，然而你仍舊對每一個傳說都深信不

疑，而就連我們的一些牧師都覺得：如果僅僅看其字面意思的話，那是非常荒誕的。然而，你如果對天堂樂園失去了信心，我也就不可能認同黃金時代的存在。一個睿智的人或位哲學家，都應相信這兩者是荒誕不經的。

里歐・門尼斯：不過你以前跟我說你信奉《舊約》和《新約》。

荷瑞修：我向來沒提過我認同其中所有的表面意思。然而，你為什麼會對奇蹟信以為真呢？

里歐・門尼斯：因為我必須要認可它們。你如果可以跟我印證：少了奇蹟，人依舊有降臨到這個世界上的可能，就算只是一絲一毫也可以，我就肯定不會提「奇蹟」這個字了，哪怕是一次。你認為曾出現過一個人自己造出了自己的事情嗎？

荷瑞修：絕對不信，那顯然是說不通的。

里歐・門尼斯：所以，我們就能夠明確地認識到：世界上的第一個人一定是由某種事物創造而生的。我對人之根源的認識，也可以用來闡釋所有物質和運動的緣由。萬物源於原子的交匯和意外的混合，伊壁鳩魯的這個論斷比其他所有拙見都還要可笑，還要囂張。

荷瑞修：然而，你卻無法用數學方式去批判它。

里歐・門尼斯：如果有人企圖印證太陽對月亮不存在引力，他也缺少任何證明的手段。然而我仍舊覺得，認可這兩種觀點，較之於認同大部分童話故事裡講的仙女和怪物而言，這顯然更要有辱人類的理解力。

荷瑞修：但是，有一條比數學論證稍微差點的公理，它與空穴來風的創造論截然不同，即巧婦難為無米之炊。你可以說明一下嗎？

里歐・門尼斯：坦白地說，我沒有這個能力，這就好像我無法闡釋永恆或上帝本身一樣。然而，當我的理性讓我對某個事物的存在深信不疑，而我卻不能參透時，我最明白不過的公理和證明就是：錯在我能力不足，錯在我理解力太差。按照我們對太陽和星星的大小、距離和運動非常狹隘的認知，按照我們對動物的相對明顯的軀體及其運作的深層次認識，我們

能夠印證：它們統統都是由一種智慧原因導致的結果，統統都是一位有著無窮智慧和力量的實體的上乘之作。

荷瑞修：然而，儘管那智慧大概優於其他所有東西，那力量也大概無人能及，我還是不能設想它們如果缺少作用對象的話該怎樣發揮功用。

里歐‧門尼斯：我們不能設想的真切事實遠遠超過這一件。世界上第一個人是如何出現的？我們無從得知。然而人類仍舊出現在這個世界上。熱氣和潮濕很明顯是各種顯而易見的原因導致的結果，儘管它們變化莫測，在動物界、植物界和礦物界無一例外。如果沒有種子，不可能長出一棵嫩草來。

荷瑞修：同理，我們自己及我們親眼看見的所有事物，肯定也都是某個整體的構成要素。在有些人看來：這個整體，也就是這個宇宙統統都源於永恆。

里歐‧門尼斯：這種見解，其實與伊壁鳩魯的那個論斷相比，並沒有更讓人信服，也並沒有更淺顯易懂。在伊壁鳩魯看來，萬物是由偶然因素締造的，是潛意識中的原子式那種散漫相互運動的結果。我們發現了一些事物，而我們由理性得知：缺少一種在人類理解範圍之外的智慧和力量，那些事物就不可能出現，此時此刻，有什麼會比那些事物更違背、更抵觸人的理性呢？那些事物都相當鮮明地展現了創造它們的那種不凡才智和傑出力量。雖然這樣，那個被冠名為史賓諾沙主義的論斷，在被擱置一旁多年之後，如今還是再次回歸主流，而原子論則缺少了根基，因為無神論和迷信是五花八門的，而它們被摧垮之後，也都存在週期，都會捲土重來。

荷瑞修：讓你把這兩種迥然不同的東西混為一談的，究竟為何物呢？

里歐‧門尼斯：這兩者有很多雷同，其遠遠超出你所想像的。它們源於相同的根源。

荷瑞修：啊！無神論和迷信嗎？

里歐‧門尼斯：是的，就是這樣。它們都源自相同的原因，源自人

類思維中相同的不足，也就是我們缺少區分真理的水準，我們生來就無法參透上帝的內涵。人類在其最稚嫩的年華中並不曾獲得真正的宗教信念的教誨，之後也沒有接著延續真正的宗教信念的苛刻教導，所以，人類統統都置身於一種險峻的危機之中，即要麼信奉無神論，要麼相信迷信；這就在於各種氣質和體質、各種環境和各種交流者的左右。才智愚鈍者和在蒙昧的、卑賤的環境裡成長起來的人，常常都會聽從命運的擺佈；而那些一味盲從的人、貪婪無度的人和無比吝嗇的人，也都會輕而易舉、順其自然地認同並依戀迷信。較之於一種現象，這看上去並沒有更滑稽、更無法自圓其說。那種現象就是：人類當中的敗類、大部分賭徒、二十個女人中的十九個都肯定不能掌握、認同那些潛在的緣由。因而說，大部分人都沒有被反宗教的汙點所玷汙；國民的文明水準越低，其輕信的範圍就越大。同時，才能卓越的人、積極思考的人、頭腦睿智的人和深思熟慮的人、推崇自由的人（例如鑽研數學和自然哲學的人），以及生活悠閒自在的好奇心最強的人和清心寡欲的人，如果這些人年輕時未曾有過宗教教育的經歷，未曾夯實真正的宗教信念的基礎，則常常不會成為宗教的信眾，其中那些比凡人更傲慢、更有錢的人更是這樣。這些人如果是落到無神論者手中，就有極有可能成為無神論者或懷疑論者。

荷瑞修：你鼎力推薦的那種讓人認可一種見解的教育方法，可能在培養盲目的信徒方面相當管用，並且能培養一大批教士。然而要培養優雅的臣民、培養有道德的人，最好的手段卻是鼓舞青年熱愛美德，持續給他們傳授正義觀和正直觀以及真正的榮譽觀和禮節觀。這些都是切切實實的特效藥，能夠治癒人性的弱點，能夠消滅人心中妄自尊大和利慾薰心的極大欲求，因為它們充斥在人心中，對人危害極大。就宗教的教育而言，逼迫青年人去認可一種信仰，這種做法比讓青年維繫無信仰狀態，直到他們長大後再進行判斷和選擇更有失公允，更沒有公正可言。

里歐‧門尼斯：恰恰是你極力推薦的這種公正無私的美好方式，才

會持續地鼓勵和拓展無信仰的空間。在英國，最能鼓勵自然神論擴展的因素，就是宗教信仰教育上的博大胸懷，在上流社會中，它偶爾甚至會盛極一時。

荷瑞修：我們最在意的本應是公眾的利益。我絕對認同，社會急切需要的並非是對一種教派或教義的盲目信仰，而是大部分人在所有行為中的坦誠與剛正，以及人們之間的友善。

里歐‧門尼斯：我並非為盲目信仰者抗爭。只要是切實有過基督教信仰的完整教育經歷的人，都無法把坦誠、剛正和友善拋在一邊，而這些美德如果不是因為那個宗教動機，則其所有表現都沒有必要去相信。一個人如果不能認可真的有來世，就不存在什麼東西可以逼迫他在現世裡心地坦誠，因為置身這種情形之中，連他自己的誓言都壓根不可能制約他。

荷瑞修：對一個膽敢用假誓蒙蔽大家的偽君子，誓言還存在什麼約束力可言呢？

里歐‧門尼斯：如果瞭解一個人有過發假誓的經歷，那麼，誰都不可能相信他的誓言。同理，一個人如果跟我坦承自己是個偽君子，我就絕對不會被他欺騙。無神論者如果本人沒有坦承自己不信上帝，我也肯定不可能認為他是這樣的人。

荷瑞修：我不認為世界上有絕對的無神論者的存在。

里歐‧門尼斯：我不打算就詞句跟你辯論，然而我們現代的自然神論也如同無神論那樣難以信服。其原因是：一個人如果不認同有上帝和來世，那麼，他對上帝的看法，甚至是對一種充滿智慧的首要原因的看法，就一無是處了，無論對他自己還是對別人，無一例外。

荷瑞修：然而我依舊覺得，美德與輕信之間不存在必然聯繫，就像它與無信仰之間不存在必然聯繫一樣。

里歐‧門尼斯：如果要讓我們的觀點前後呼應，那麼，美德就常常應該與輕信相關。如果人們的舉止被自己恪守的原則所掌控，被自己當眾

認同的觀點所掌控，那麼，所有無神論者就統統都是魔鬼，而所有迷信者則統統都是聖徒了。然而這並非事實。世上既有品行端正的無神論者，也有傷風敗俗的迷信者。不但這樣，我還認為：最壞的無神論者的卑鄙行徑（不信神也包括在內），迷信者也一應俱全。其原因是：在桀驁不馴者和賭徒當中，最頻頻發生的就是有辱神明的行為，那些人敬仰的是鬼魂，恐懼的是魔鬼。我對迷信的評價跟對無神論的評價差不多。我的初衷是遠離和小心無神論和迷信。我認為：要搗毀這兩顆毒瘤，我所說的那種辦法就是人類唾手可得的最管用、最可靠的良方。

我儘管認同亞當是整個人類的祖先，然而我仍舊是非常睿智的動物。就這個問題而言，我只能如是回答。我們都認為：人類的理解力是狹隘的；但凡稍做思考，我們就會推出一個結論，也就是人類的理解範圍是非常狹隘和局促的，這點是一個獨一無二的因素，它極大程度上構成了我們依靠洞察力去進一步考察人類起源問題的絆腳石。其最終導致：要探明這個起源的原委（這對我們非常關鍵），我們就必須要去認可一些事情。然而問題是有哪些事情是需要相信的？該是誰的忠實信眾？我如果無法跟你證明摩西曾得到了上帝的指點，你就必須要認同：在一個迷信最氾濫的時代裡，一個在數不勝數的偶像崇拜者（他們對神性擁有最淺薄、最卑賤的認識）當中成長起來的人，竟然不憑藉我們所瞭解的那些幫助，而只是憑藉其與生俱來的能力就探測到了最深邃、最關鍵的真理，世上再也不存在比這更稀奇古怪的事情了。這是出於，除了擁有對人性的高度認識（如同《十誡》對人性的認識那樣），他還瞭解什麼是從無到有的創造，瞭解那種創造了宇宙的潛在力量是前所未有、浩瀚無窮的。他還把這些傳授給了以色列人，而過了一千五百年，地球上其他每個民族才洞悉了它們的真諦。不但這樣，我們還無法迴避：《摩西五書》裡關於世界和人類起源歷史的敘述，是所有現存歷史中最久遠、不確定性最低的。摩西之後，也有其他人寫過相同的題目，然而其中大部分很明顯都是東施效顰，屬於摩西

的拙劣模仿者。而那些好像並非援引於摩西的文字，例如我們讀到的索摩那科多姆和孔子等人的形容，則比《摩西五書》的敘述更不合乎常理，並且還要誇大五十倍之多，所以也就是五十倍的難以信服。談及信仰和宗教所體現的意義，談及它們展示的上帝的計畫本身，我們如果細緻地考量前面提到的各種理論，就會意識到：因為我們一定要有個源頭，因而，把人類的起源看作一種不能參透的創造力量，把它看作萬物的首要動力和創造者，不存在其他事情比這更合乎情理、更符合邏輯的了。

荷瑞修：我曾不止一次聽你闡述過你的這些觀點。我向來沒有聽說過有誰可以像你這樣，對上帝擁有這般崇高的認識和這般偉大的情操。請跟我說一下：你在看《摩西五書》時，當讀到對天堂樂園運作狀態的形容及上帝與亞當的對話時，難道就沒有意識到某些卑劣、毫無意義並與你對那位最高的實體向來具備的崇高見解相互矛盾的話嗎？

里歐・門尼斯：我能夠如實奉告，我不僅考慮過你這個問題，而且還一直備受其困惑。一方面，人類的知識越是積累，上帝的智慧就越是看上去十全十美，它表露在我們可以認識的所有事物中；另一方面，我們到目前為止所瞭解的事物，無論是湊巧瞭解的還是經由辛勤研習得知的，與我們所不瞭解的、更壯觀的事物的無邊無際的範圍相比，其數量與價值簡直都不足掛齒。一想到這些，我就禁不住設想：我們所找出來的《摩西五書》裡的那些錯誤，可能自有其相當明智的原因，可但凡世界還有一天，我們就對那些原因一概不知，並且會一直持續下去。

荷瑞修：然而，就算我們不認同伯內特博士和其他幾個人的觀點（他們覺得那些話都有其深層含義，屬於隱喻，理應從象徵的意義上去認識），也可以非常輕而易舉地化解那些難題，如果是這樣，我們為什麼還要絞盡腦汁鑽研它們呢？

里歐・門尼斯：我並不批判這樣的研究。我向來頌揚人類的非凡才華和優良構造。人們向來都竭盡所能試圖把宗教奧義與人類的理性及現實

性糅合在一起。然而我始終堅信：任憑是誰都不能印證《摩西五書》裡隨便哪個最淺顯易懂的字面含義。宗教之敵在濫竽充數上的自由是人盡皆知的：他們先隨便誤讀《聖經》，然後用一個新的論據，去批判《聖經》的真實性。如果我有權利擁有他們那樣的自由，我就會鄙夷人們杜撰故事的才華，因為人們編造不出一個最十全十美的神話，以闡述人是怎樣來到這個世界上的，並可以讓我無法從中找到宗教之敵的那麼多瑕疵，而可以充分地批判《摩西五書》的相關記載。

荷瑞修：大概是這樣。然而，我是挑起如此長時間離題千萬里的爭論的源頭，因為是我第一個涉及了黃金時代。因而，如今我非常希望能夠重返我們之前探討的那個問題上。從你提到的那對野蠻人夫婦進化為一個文明程度很高的民族，你覺得這要歷經多長時間、多少個世代？

里歐‧門尼斯：這不太好說。我認為，我們對這個問題無法有非常準確的看法。按照我們曾經提到過的情況，由這樣的夫婦進化而來的家族，很明顯會出現幾次分分合合，然後再次組合到一起，再度瓦解，最後，整個家族或它的一部分才可能上升到某種水準的文明狀態。各種最佳形式的政府都會爆發革命，並且為了捍衛一個人們共處的社會，還需要形形色色的因素一起運轉良好，然後人們才會進化為一個文明的民族。

荷瑞修：這種情況大部分是由於：在一個民族進化的過程中，人們的精神與才能參差不齊，難道並非這樣嗎？

里歐‧門尼斯：除了那些與氣候相關的不同之外，沒有例外，而政府精通統治的功效會迅速大過氣候不同的功效。民眾是不是的確很勇敢，統統在於執政者是怎樣利用權力和踐行紀律的。藝術與科學比財富充盈早出現的可能性非常少見，其發展的速度，完全在於執政者的能力高低、民眾的情形及人們是不是有完善藝術與科學的可能。然而執政者的能力是第一要素。在許多持不同觀點的人之間保持安寧和諧的狀態，讓他們所有人都為了相同的利益去奮鬥，這是個困難重重的任務。人類事物中，不存在其

他比執政術對豐富知識的渴求更大的了。

荷瑞修：根據你的觀點，穩妥掌權比小心人的本性所渴求的知識，還略勝一籌。

里歐‧門尼斯：然而，對人性形成恰當的認識卻要經歷漫長的時間；而辨別各種激情的功效，培養一位政治家——他可以讓社會成員所有的短板都變成能造福於社會的一部分，可以依靠精明的管理，把私人惡德轉化為公眾利益，這些也是世世代代共同努力的結果。

荷瑞修：一個時代如果出現了許多偉大人物，必然是那個時代的最強有力的資本。

里歐‧門尼斯：協助人們出臺完備法律的是天分，然而更多的是經驗的功勞。梭倫、呂庫古、蘇格拉底和柏拉圖，其知識都是從旅行中得來的。在旅行中，他們還把知識傳授給別人。人類能夠出臺最完美無缺的法律，大部分原因是因為壞人躲過法律，因為壞人的奸詐常常可以逃脫之前不夠完備的法規的制裁。

荷瑞修：在我看來，鐵的出現，鐵器的發展，這必然對社會的完善造成無比深遠的影響，因為缺少鐵，人們就不可能有工具，也無法有農業。

里歐‧門尼斯：鐵肯定是非常有用的，然而，貝殼、燧石及經火變硬的木頭，也可以讓人憑此製造出一些粗陋的工具，但凡人們可以維持安定，可以祥和地生活，可以享用自己的勞動成果就行。你可知道：一個缺少手的人也可以在不斷磨練之後，讓自己寫出相當完美的字母，只憑腳就能飛針走線，然而這是我們親眼所見的事實。聽一些可靠的人傳言，墨西哥和祕魯的美洲人有著世界幼年的所有表象，因為歐洲人第一次闖入他們生活中的時候，他們急需許多看似輕而易舉就能創造出來的東西。然而，他們既缺乏一個能夠有借鑑意義的先例，也壓根沒有鐵。思及此處，他們為什麼能夠企及我們所瞭解的進步階段，這的確讓人饒有興致。首先，我們無從得知，在他們創造文字、出臺成文法律之前，那麼多人在此起彼伏

的紛爭狀態下度過了多少個年頭。其次，因為史籍裡有相當多空白之處，我們由經驗可知：文字出現的具體步驟和時間已經是一個永遠的謎題。戰爭與人間紛爭但凡導致眾人四散逃竄，就容易會讓一些最優秀的民族蕩然無存。大浩劫對藝術與科學也如同對城池和王宮一樣，沒有一絲情面。人生來都有一種非常迫切的欲求，卻缺乏管理能力，這就引發了無止境的善惡之爭。入侵與迫害讓人類分分合合，已經讓世界面目全非。有時候，強盛的帝國被割裂成了許多小塊，因而締造了新的王國和公國。還有些時候，勇猛的征服者在幾年之內就把諸多迥異國家統一起來。僅由羅馬帝國的垮臺，我們就能夠知曉：比起建築物或碑文來，藝術與科學會輕而易舉地銷聲匿跡，其毀滅也更為迅速；粗魯莽撞的大洪水可能在各國洶湧而至，而各國卻仍舊可以延續下去。

荷瑞修：那麼，究竟是什麼能夠讓各國從最卑微的源頭發展成鼎盛城邦和強悍國家的呢？

里歐・門尼斯：那是上帝的旨意。

荷瑞修：然而，上帝的旨意卻把具象的工具也包羅在內，我非常好奇這是怎樣運作的。

里歐・門尼斯：在《蜜蜂的寓言》裡，你已經瞭解了讓所有國家繁榮強盛所需要的全部基礎工作。井井有條的政治及所有統治術，全都是基於對人性的熟悉。政治家的責任，往往都是竭盡所能鼓舞並獎賞所有善良有益的舉動，懲罰（或起碼是消解）所有有損或威脅社會的舉動。憤怒、淫欲和驕傲大概會釀製數不勝數的禍端，對它們都理應慎之又慎。然而把這些都擱在一邊，僅僅是為了摧毀和預防貪婪與嫉妒讓人想出的危及鄰人的各種狡猾伎倆，就已經構成了需要制定無數法規的充分原因。你如果認同這些真理，那就用一兩個月的工夫，細心地探索、研究所有的藝術和科學，研究倫敦這樣的城市中所有的商業、手工業和其他行業，研究每一部的法律、禁令、法令和法規（為提防立場不同的個人及團體危及公共福祉

與平安、提防他們堂而皇之或私底下加害對方，人們覺得它們是必不可少的）。如果你不覺得費心，能夠這樣行事，你就可以意識到想要遊刃有餘地治理一個大城市，怎樣的條件和前提是必不可少的，然而，它們全都是為了實現相同的目標，即壓抑、束縛和消解人的各種恣意妄為的激情和害處頗多的缺陷。不但這樣，你還會看到更需要稱頌的一點：合理地理解這眾多的法規，你就能夠瞭解其中有很多條款都凝結了最高的才智。

荷瑞修：世上如果缺乏才智超群、能力卓越的人，這些東西又怎麼會出現呢？

里歐‧門尼斯：在我所說的那些事情裡，只是單憑一個人或一代人做出的成果少之又少。其中絕大部分都需要人們幾個世代的不懈努力。請把我們第三次對話時我的關於造船工藝和文明禮貌的見解牢牢記住。我提到的智慧並不是源於不錯的理解力或細緻的思考，而是源於深邃而細緻的判斷力，它是長期的經驗和諸多觀察的結果。憑藉這種智慧和長期錘鍊，人們就能夠瞭解：治理一個大城市，其實跟編織長襪差不多，並沒有難多少（請寬恕我這個比喻是如此拙劣）。

荷瑞修：這個比喻實在是不恰當。

里歐‧門尼斯：雖然這樣，除了把它比喻成編織框，我還是不明白怎樣更確切地比喻一個井井有條的城市的法律及其運作。乍一看，這台機器相當精密，難以參透，然而其功效卻絕對是十全十美，其產品的精密嚴謹也讓人訝異。然而，這些產品的完美與精緻卻源於機器發明者的別出心裁，就算不是所有的，也要占大部分比重。這是由於，最傑出的藝術家用這部機器為我們打造出的東西，也大概與隨便挑一個經過半年訓練的惡棍做出來的沒有分別。

荷瑞修：我一定要坦承，你這個比喻儘管相當不恰當，卻把你所要表達的意思闡述得一清二楚。

里歐‧門尼斯：在你說此話時，我腦海中浮現了一個恰如其分的比

喻。人們製作了可以相當精確地演奏樂曲的鐘錶，如今它們已經非常普遍了。製造這種精密器件，一定由始至終都浸透著研究和勞動、失望的困擾和一再拆裝的辛勞，思及此處，人們就會交口稱讚。這與富足的大城市一直運轉了數個世代的政府的運作機理多少有點相同之處。這些城市的完備法規，就算是最繁瑣的法規，所有的細枝末節都是在漫長的艱苦勞動和審慎的思索之後才誕生的。你如果研究一下隨便哪一個此類城市的歷史及古代習俗，就會意識到：這些管理城市的法律和法規，統統都有著數不勝數的更改、廢止、填補和修訂的歷程。不過，但凡它們達到了人的技藝和智慧所能企及的完善水準，整部機器大概就會自行運轉，而管理它的技術可能跟給鐘錶上發條的難度差不多。一個大城市的政府但凡有條不紊，行政官員僅需竭盡所能，它就可以在相當長的時間內保持運轉良好，就算其中缺少聰明人也會這樣。除此之外，上帝的關懷自始至終都在，監控著整個局面的運轉情況。

荷瑞修：就算一個大城市的政府從建立那天起，就輕而易舉地實現了運轉的正常化，整個國家和王國卻不可能這樣。所有人的心中都滿載著榮譽感和信任感，所有人都清正廉明、品行卓越，這不是一個國家最大的幸運嗎？

里歐・門尼斯：是，還要讓所有人都學識淵博、克勤克儉、勤儉持家、童叟無欺、和善友愛，但凡腦海中能有的優秀品德，他們都一應俱全。但是，與此同時，這樣的地方卻不能加以有效管理，而職能機構也只能聘用你所形容的這種人去工作。

荷瑞修：你字裡行間好像在說英國沒幾個好人。

里歐・門尼斯：我並不是單指我們英國，而是指所有的國家和王國，我想闡述的是：讓所有才能及權勢平平者，都能夠擔當地方政府及所有行政分支機構（它們都是才華橫溢的設計傑作）中的所有最高職務，這與各國的利益完全一致。

荷瑞修：這完全不現實，起碼在我們這樣的國家裡不可能，因為如此一來，你又讓誰去擔任法官和上議院大法官呢？

里歐・門尼斯：研究法律儘管相當煩悶、相當無趣，然而這個職業卻有著豐厚的報酬，且可能滿載聲譽。這最終會導致除了才華橫溢、踏實肯幹的人之外，只有為數不多的人有機會出類拔萃。但凡是一個好律師，如果他還稱得上誠實、年歲已高、嚴謹負責，都可以充當法官。擔任議院大法官，這委實需要一個人擁有更傑出的才華。他不僅應該是個好律師，為人坦誠，而且應該擁有更淵博的知識和更非凡的洞察力。然而上議院大法官終究只有一個人。顧及我就法律所談論的那些話，顧及野心和貪婪對人類的左右，根據常理，大法官法庭的律師當中，其實不會存在這種情況，即在何時何地都只有這個或那個人才有資格勝任大法官的角色。

荷瑞修：所有的國家都一定有精通公共談判的人才，一定有才智超群的人去擔當公使、大使和全權大使，難道並非這樣嗎？各國國內不是都肯定存在可以跟外交部部長們去斡旋的人才嗎？

里歐・門尼斯：所有的國家都不乏這樣的人才，這是必然的；然而我卻非常好奇：國內外與你有聯繫的人們是否已然說服你，你提及的那些事務壓根不需要那麼才華橫溢的人去負責？成長於君王宮廷中的位高權重者，其中那些擅長談判的人，都一定要擁有不凡的風度和卓越的膽識，因為在所有會議和談判中，這是兩種最必不可少的才能。

荷瑞修：一個國家如果像我國這樣債務纏身，高額的稅賦壓在身上，那麼，要善於使用各種資金並暸解如何運轉，缺少優秀的天分，不能將這種才能發揮到極致，就不可能精通這門學問。所有國庫主管的工作一定要交給最能夠信賴的人，同時，這個職務又會遭遇重重困難。

里歐・門尼斯：我並不認同你的看法。其實，在公共管理機構內部的人看來，公共管理機構的大多數分支並沒有局外人看上去的那樣困難重重。一個非常聰明的人如果沒有見過烤肉架，如果不暸解它有幾斤幾兩，

對烤肉的方式也一竅不通，那麼，如果讓他說一下兩三個穿滿肉串的烤叉為什麼會一直轉動幾個小時而不停歇，他就會覺得相當迷惘，而十分之九的人都會對廚師或烤肉師讚譽不絕。在財政部負責的所有事務中，規章制度本身能包攬九成的工作，並且有條不紊地監督著所有的運作過程；而國王欣然指派的財政大臣則運氣頗佳，因為他絕對沒有太過操勞之時，絕對沒有對自己的職責愁眉苦臉之時，而想必加諸給他的那份信任一定與他遭遇的困難一樣相當神似，既不可能過多，也不可能過少。把一個龐大機構的所有事務首先劃分為若干部分，然後把那些部分再細分為更小的部分，如此一來，其中所有人的工作就會變得相當明晰而確定，以至於但凡那種工作上手了，他就基本上不會有紕漏。同理，細緻地規範所有人的權力，審慎地權衡任何一個人是否能夠信賴，憑藉這種辦法，就可以對所有的官員是否忠誠心知肚明，誰假裝忠誠，立刻就會被洞察。恰恰是由於這些技巧的出現，人們才會把至關重要的事務中的絕大多數工作坦然地交給才能平庸的人去負責（那些人最在意的僅僅是健健康康、開心幸福），也恰恰是由於這些技巧的存在，大型辦公機構及其所有部門的工作秩序才會井井有條。與此同時，這個機構的整體結構卻看上去相當龐雜、難以參透，不但在旁觀人眼中是這樣，在為數甚多的受雇於其中進行工作的人眼中，也是這樣。

荷瑞修：我知道，我們財政部的結構確實是一種堪受嘉許的創造，是為了預防各種欺詐和貪汙行為。然而在讓財政部得以運轉的財政廳內部，欺詐和貪汙行為卻有了更大的活動空間。

里歐・門尼斯：為什麼會這樣呢？皇家司庫或（如果財政委員會負責行使這一職權）財政大臣，也如同手下最底層的職員一樣缺少貪汙錢財的特權。

荷瑞修：他們撥款不是經由國王許可的嗎？

里歐・門尼斯：是的，在國王許可權範圍的金額之內，或者是國會命

令用金錢負擔的那些開支，無一例外。就算向來英明的國王被蒙在鼓裡，允許大肆地花銷，無論其是否合情合理，但違背了立法院的直接命令，皇家司庫依然會遵循國王的旨意。

荷瑞修：然而，還存在其他職位，起碼還存在另一個更為關鍵的職位，需要其擔當這一職務的人比上述提及的所有的職位都要更為才華橫溢、更為博學多才。

里歐‧門尼斯：請您見諒，皇家司庫已經是無人能比了，負責這項工作的人確實應該擁有比其他任何人更卓越、更傑出的才能。

荷瑞修：你對首相有何看法？首相是負責所有事物，直接聽從國王的差遣。

里歐‧門尼斯：在我們英國的政體中並不存在首相這個職位，正由於這樣，所以才把整個行政機制劃分給若干分支部門，其理由相當充分。

荷瑞修：然而，到底該由何人負責向各路元帥、行政官員及駐外使節下達命令和指示呢？到底該由何人負責捍衛國王在整個王國裡的利益和平安呢？

里歐‧門尼斯：理應讓國王和他的樞密院（缺少樞密院，王室的權威就無法運用）監督所有事務，而只要是君主沒有時間親自解決的事情，都應該讓對口的管理部門去負責，在那些部門中，所有人都有明確的法律可遵從。就捍衛國王的利益一事，則與捍衛國家的利益一樣，該讓國王的衛隊維護國王的人身安全。而國家的所有事務，無論為何種性質，全都由國王指派的某位高官負責。這些高官統統都由於其讓人敬仰的頭銜而聲名遠播，無比受人尊崇，出類拔萃。我能夠跟你發誓：那些頭銜中不包括首相這個名號。

荷瑞修：你為何要騙我？你自己和世人都瞭解並親眼見過有這樣的首相；而我也能輕而易舉地印證這樣的首相一直都存在。考慮到我們英國的國情，我並不認為國王是可以缺少首相的。王國記憶體在諸多平庸之輩，

要選拔國會議員，要慎之又慎地完成歷次選舉，要處理上千件一定要做的事情，以摧毀不滿者的各種陰險狡猾的伎倆，小心企圖篡奪王位者。解決這些事務需要深邃的洞察力、卓越的才幹、祕而不宣和敏捷果敢。

里歐・門尼斯：荷瑞修，無論你表面是多麼虔誠地為這些事情抗爭，我都能夠斷言：分析一下你所說的那些原則，你並不曾仔細地思考過這個問題。我無法對我們探討的這些事務的嚴峻性進行評判，然而我無意瞭解君主們及其大臣們的品行和活動。所以，我只能印證我對這個國體的看法並無差錯，除此之外，我並不覺得自己有能力可以印證其他什麼看法正確與否。

荷瑞修：我並不期望你如此行事。你僅需回答我一個問題就行，即是有這樣的重擔壓身，把整個歐洲的事務全盤掌控在手，這樣的人一定要才華橫溢、知識淵博，並具備其他諸多傑出的才能，你有沒有把這一點考慮在內？

里歐・門尼斯：一個人如果擁有了這麼多的實權，擁有了這麼廣泛的權威（大臣們往往就是這樣），那他就一定會是大人物，其地位也一定會比其他臣民高出許多，這是毋庸置疑的事實。然而在我看來：英國一直都會有五十個人，但凡委以重任，他們就可以勝任大臣的職務，而但凡經過為時不長的培訓，其中的卓越者就可以具備擔任大不列顛王國皇家司庫一樣的能力。位居首相之職的人擁有無以言表的巨大先決條件，這只是因為他是首相，因為人都明白他是首相並對他以首相之禮相待。能夠掌控整個行政機構的所有部門和分支的人，一定有資格和條件想見誰就見誰。他的權力可以讓他知曉更多的知識，可以讓他更詳盡地解釋所有事情，比其他所有熟稔各自掌控的事務、能力又超出他十倍之多的人做得還優秀。一個教育經歷不錯、積極進取又具有魄力和功名心的人，基本上不會不顯露其聰慧、機敏和專業的能力，而但凡他覺得時機成熟，他就可能把所有行政官員的精明、經驗、辛勤與勞動玩弄於股掌之間。如果有充裕的金錢，

可以雇人去為他與王國的所有地方保持緊密的聯繫，他也可以瞭解所有情況。無論是民事軍事、外交內政，但凡他想涉足的話，那基本上所有的事務或交易都會烙下他的印跡，無論他想要加速它的發展還是充當絆腳石，都會這樣。

荷瑞修：我必須要坦言，你這番話聽起來另有深意。然而，我如今有所質疑：經常讓我認可你的見解的，恰恰是你那種傑出的技巧，它讓我根據你所希望的方式去分析事物，還有你那種非同尋常的絕技，它讓所有有意義的東西在你口中都能夠變得一文不值，讓它們百無一用。

里歐‧門尼斯：我反對。我所說的話全都是發自肺腑的。

荷瑞修：一想起自己曾經親眼所見、如今每天還映入眼簾的政治家之間的交易，我就會非常篤定地判斷你的看法是錯的。我研究了為排擠或廢黜首相而採取的各種詭計、權勢和伎倆；研究了為歪曲首相的行為而採取的智謀和聰慧、心機和手段；研究了到處流傳的汙衊首相的傳聞，以及編撰的歌謠和嘲諷詩文；研究了為批判首相而打造的懲惡性講話和存心的譴責；我研究到這些事情及其他所有譏諷或譴責首相的言行時，就深信不疑：要擊垮紛至沓來的計策和權勢，要消除針對首相普遍存在的那麼多仇恨和嫉妒，這必然要求有傑出的才幹。只是擁有普通的謹慎和頑強，任憑是誰都不可能讓自己在首相的職位上做滿十二個月，想要做上許多年更是無從談起了。就算他世事練達、德才兼備，其結果仍是這樣。所以說，你那個斷言裡一定有著某種偏頗之處。

里歐‧門尼斯：要麼是我對自己見解的闡述有漏洞，要麼是我又被你引入歧途了，我說缺乏傑出天分的人也可以擔任首相，是指這個職務的功能，少了這個職務，國王和樞密院在處理國務時就會麻煩不斷。

荷瑞修：要指導和掌控整個政府機器，首相首先得是非凡的政治家。

里歐‧門尼斯：你對那個職位的評價過高了。成為優秀的政治家，這是人類天性所能擁有的最高品德。要想不愧對這個名號，一個人就一定

要博古通今，對歐洲的所有王室都瞭若指掌。他不僅要明白各國公眾的利益所在，還要瞭解各國君主及其臣屬的私人看法、個人喜好、優點和不足。對於所有基督教國家及其附近地區，他理應瞭解其物產、地理、主要城市及要塞，瞭解這些地方的貿易和產品，瞭解這些地方的地勢、自然優勢及當地居民的實力和數量。他一定要擁有洞察人心的能力，一定要博古通今，一定要對人性及人類激情的用途瞭若指掌。不但這樣，他還一定要非常善於隱藏自己心中的各種情緒，熟稔地控制自己的表情和姿勢，並非常精通運用各種騙術和詭計，洞悉別人不為人知的私密。一個人如果這些能力都一應俱全，或擁有其中的絕大多數的才能——這估計實現的概率很小，就算他處理公共事務的經驗非常豐富，也無法被冠以優秀的政治家的稱謂。然而，他卻適合擔任首相的職務，就算他都無法企及那些素質的百分之一，也是這樣。

設立首相這個職位並賦予它最大的權力和利益，這絕對是國王對其恩寵有加，所以，身為首相也必須要獲得國王的青睞。其最終導致每一個君主國家野心最大的人往往都把榮登首相之位當成是最大的褒獎，所以都欣然迎接在贏得和捍衛該職位的過程中遭遇的重重阻隔。所以，我們還會發現：我提到的那些鍛造政治家的優良品格都被他們視若無睹，而對另一些更有價值、更輕易掌握的能力，他們卻欣然嚮往、費盡心機。你在首相們身上發現的那些能力，都歸為這後一種性質，其作用在於讓人成為稱職的廷臣，熟悉以溫文儒雅的奉承和欺瞞君主之術。如果瞭解到君王有什麼需要，就馬上溜鬚拍馬，讓其稱心如意；竭盡所能為君王提供他鍾愛的全部東西，以取悅君王；這些都是首相們平時的工作。請求並不比抱怨好多少，所以，必須要提出請求的話，這只能是自取抱怨。看到君王委身變作抱怨的僕人，這只能意味著其臣子驕橫無禮。無比周到的首相可以洞悉其主人有何願望，不需要主人明示，就可以滿足主人的所有願望。所有平庸的奉承者都可以對任何一類言行無須思考地大加稱讚，都可以從最卑俗的

舉動中發現智慧和精明。但是，圓滑的首相卻可以遮掩君王顯而易見的有所紕漏的行為，可以讓君王的所有過錯、所有缺陷都像極了美德（或者更恰如其分地說，讓它們盡可能不違背美德）。憑藉履行這些不可或缺的義務，他們既可以博得君王的青睞，也可以集君王的萬般恩寵於一身。只要可以讓自己在宮廷裡成為受歡迎的人，基本上都會被當成必不可少的角色。他如果很幸運地贏得了君王的青睞，就能輕而易舉地讓自己的家族備受君王關注，從此之後除了他自己的人之外，不讓君王有機會與其他人有交集。假以時日，他也就很容易讓行政機構裡所有與自己不是一個陣營的人出局，很容易讓打算仰仗其他優點或功勞平步青雲的人沒有得償所願的一天。因為職位，一個首相會遠遠超過每一個與他針鋒相對的人。那些人當中一個名不見經傳的人會去暫居首相之位，然而無論他是一個盜賊抑或愛國者，最終會樹敵無數，這是毋庸置疑的。如果瞭解了這些內幕，首相管轄的許多事情就算的確是真的，但連不偏不倚、老成持重的人也不可能信以為真了。

提及克服和化解對他們廣泛存在的嫉妒和敵意，如果受寵者本人親力親為，那就確實是被你言中了，他不僅一定要擁有卓越的才華和博大的能力，而且要保持警惕，謹小慎微。然而，化解敵意卻是其跟屁蟲的職責所在，它被劃分成了若干部分，隨便一個與他有一點點關係的人或者隨便一個希望從他那裡獲取什麼利益的人，都把它視為自己的職責所在和頭等大事。因為，首先，為自己的保護人奔走呼籲，宣揚他的優點與才幹，為他的行為辯護，這非常合乎這種人的利益；第二，大力批判保護人的宿敵，貶斥那些人的聲名，用他們排擠這位首相的方法和計謀去跟他們周旋，以其人之道還治其人之身，這也非常合乎這種人的利益。

荷瑞修：這麼說，所有資歷深厚的廷臣，就算沒有參透政治的學問和語言、不擁有其他一切與之相關的才能，也都能勝任首相的職位了。

里歐・門尼斯：除了平時經常會映入我們眼簾的那些才能，其他一概

無用。然而，這人起碼對常識非常熟悉，並且不存在什麼重大的弱點，而在所有國家這樣的人都非常多。他的健康與體格理應還非常好；他理應愛慕虛榮，所以可以享用並容忍名譽讓他這種人必須要處理的那些世俗的應酬，例如始終文質彬彬的舉止風度、優雅禮數、有求者的奴顏婢膝，以及人們對他展示的始終如一的敬仰。他最迫切獲得的必備素質就是勇敢和果決，如此一來他才不可能隨隨便便地被震住，不會隨隨便便就亂了方寸。如果他擁有了這些才能，又具備不錯的記憶力，就更有資格參與諸多的事務，就算不可能時刻保持清醒的頭腦，起碼也可以讓人覺得看上去非常鎮定自如、沉穩安寧，那麼，他的才能就一定會被大加稱頌。

荷瑞修：關於他的美德和誠實，你什麼都沒說，而人們對首相卻百般信賴。他如果貪婪無度，毫不誠實，對自己的國家毫無半點熱愛之情，那大概就會變成竊取公眾財富的盜賊。

里歐・門尼斯：但凡有一點點驕傲之心，任憑是誰多少都會在意自己的名譽。但凡偷竊有可能被逮到，但凡不能保證偷竊不會有懲罰加身，普通的謹慎已經可以讓品行一般的人不去偷竊了。

荷瑞修：然而，在不可能被抓到把柄的地方，君王卻對首相非常信任。例如，首相可以掌控間諜活動的經費，而為了捍衛國家的安定，就算提一下那筆資金也常常是不合適的，更無須提及仔細核實具體資金流向了。在與其他宮廷的斡旋中，首相如果被私心蒙蔽心智、為私利有片刻的鬆懈，而不考慮美德或大眾的利益，那他不是有機會去背叛自己的國家、做民族的叛徒並把壞事做絕嗎？

里歐・門尼斯：在我們英國，首相不會這樣，因為國會年年都有聽證會。外交上的所有重大往來，世人都一定會暸解。如果做了或打算做什麼顯而易見違背了王國、被本國人和外國人看作是極大地損害了我們利益的事情，那就會引起大家廣泛的質疑，把首相置於危險處境。所以，只要頭腦還算精明的人如果還想要待在宮廷裡，都不可能如此行事。提及首相們

可以自由地支配間諜活動經費（可能還有其他資金），我深信他們真的有貪汙國庫的機會。然而想要貪汙國庫而不被人察覺，每次就不可能貪汙太多的錢，還要慎之又慎。一些居心叵測的人隨時都在密切監控著首相們的一舉一動，對首相的職位虎視眈眈，這最讓首相們擔心。這些對手之間的仇視和各個派系之間的對壘，在很大程度上捍衛了國家的安全。

荷瑞修：然而，聘用注重聲名、理智聰慧、知識豐富、經驗老到和廉潔奉公的人去負責公共事務，這個主意不是更加可靠嗎？

里歐·門尼斯：這是毋庸置疑的。

荷瑞修：一方面，人們無論在何時何地都展示出貪慕錢財和夢想發達的臉孔；另一方面，從人們的生活方式也可以顯而易見地瞭解：多少財富和財產都不可能讓人們的開銷和各種欲望稱心如願；如果是這樣的話，我們又該怎樣信任他們所謂的正義感和廉潔奉公呢？除此之外，從那些可以贏得榮譽和利益的職位上，剔掉那些平庸之人或社會蛀蟲，剔掉每一個利慾薰心、野心巨大、愛慕虛榮和迷戀酒色之徒，這難道不是可以更激發美德與優點嗎？

里歐·門尼斯：誰都不會質疑你這個看法的合理性。如果絕大部分的人都用謀求感官快慰、謙卑優雅和當下盛名的熱情，去謀求美德、宗教和來世的快樂，那就最好不過了。如此一來，政府機構的所有職務就只有品行優良、才華卓越的人們才有資格勝任。但是，在一個疆域遼闊、繁榮昌盛的王國裡，期待這樣的情況成為現實，或僅憑這樣的一腔熱情去生活，則體現了對人間世事的孤陋寡聞。以我之見，無論是誰，如果說全民的節約、勤儉和不偏不倚就是國家的福分，都是基本上不明白自己在說什麼。如果由於沒有最好的辦法而出此下策，我們就會意識到：要保證各國目前的成就及珍視的事物，並讓其成為永恆，最好的辦法就是出臺明智的法律，以捍衛並鞏固各自的國體，建立一些管理形式，以預防由於不瞭解事實而使得哪位首相的能力和誠實辜負大家的期盼，而讓公共財富遭受嚴

重的損失。公共管理機構一定要勇往直前，它是一條永不停歇的航船。知識最為淵博、美德最為卓越、私心最為稀缺的首相們絕對是最好的，然而就算這樣的君子不存在，世上也還是一刻都不能缺少首相。在海員身上，詛咒和酗酒被看作巨大的罪過，而如果可以讓那些品行不端的水手重回正道，我就理應覺得那是眾望所歸的國之幸運。然而，就算品行不端之徒真的存在，我們也一刻都不能缺少海員。一生中詛咒過上千次、酗酒起碼十次，如果這樣的人都沒有資格做國王陛下艦隊的水兵，我就可以斷言：這條友好的規定一定會讓海軍付出巨大代價。

荷瑞修：你為何不更直白一點，說世上壓根就不存在美德和誠實呢？你的每一句話都像是想要印證這一點。

里歐·門尼斯：在上一次交談時，我已經相當詳盡地闡述了我對這個問題的認識。我實在是搞不懂你為什麼又說我還在捍衛那個被我斷然否認的觀點。我壓根沒想過人們並不具備美德和宗教情懷。我和那幫奉迎人類者的區別就在於：在我看來世上這樣的好人數量並不如他們所說的那麼多。我覺得，其實你自己也不認為世上真的存在那麼多如你所想的擁有美德的人。

荷瑞修：你為什麼會比我自己還更明白我的所思所想呢？

里歐·門尼斯：如你所知，我已經測試過你對人性的見解了：我剛剛傻傻地頌揚過社會中的某些行業和職業（由低到高，全都包羅在內）的優點，把它們誇得無比美妙。就在那時，我準確無疑地發現了　點：你對人類的總體評價儘管相當高，然而當我們提及某一個人時，你卻也如同我一樣無比嚴苛，一樣鍾愛批評。我一定要問你一個需要思考的問題：大部分人（如果不是所有人）都期盼被視為公正無私，然而我們想要在自己的好惡左右之下做出不偏不倚的判斷，卻相當困難。無論人們多麼公正，我們都會發現：他們的朋友如同他們喜歡這個朋友時說的那樣好，或被那個朋友惹惱時說的那樣壞的情形都非常少見。

就我而言，大致說來，我並不覺得首相們比他們的對手還要壞，那些對手出於自己的利益考慮而詆毀首相們的聲譽，同時又竭力想越位取代。我們可以看一下歐洲隨便哪個宮廷的兩位達官貴人，二人的美德與惡德不相上下，然而分屬兩個陣營。每當我們碰到有如此二人出現，其中一個紅日當頭，而另一個日薄西山，我們就會發現一個規律：無論是誰位居上風，被委以重任，他都會得到自己一黨的百般吹捧；如果每一個部位都正常運轉，他的朋友們就會把所有這些都算作是他的功勞，說他的一舉一動都有其備受稱讚的緣由，而對立的一方卻覺得他百無一用，並覺得他所有的舉動都是率性而為的結果。與此相反，如果什麼事情出了差錯，對立的黨派就必然會說：他們那位保護人如果身處那個位置，那一定不會有同樣的過失。這就是人之常情。

身處同一個王國之內，人們對自己的首腦和軍隊統帥的評價常常會有很大出入，就算那些人有讓人無比稱讚的功勞，也是這樣。我們曾親眼所見：有的民眾把勝利看成是一位統帥的功勞，說他對軍事瞭若指掌，具有異於常人的指揮能力，說如果缺少真正的英雄精神和對祖國的熱愛，一個人就不會如他一樣樂於容忍一切艱難與險阻，不會如他一樣去甘心置身於那些危險之中。如你所知，這只是其中一些民眾的情緒，而另一部分民眾卻把他的戰績統統看作部隊的英勇善戰，看作後方對他軍隊絕對的關愛和傾囊相助。然而事實並不是這樣的，分析一下這位統帥一生的經歷，鞭策他、勉勵他的強大信念，很明顯只有勃勃的野心和對財富永無止境的貪婪。

荷瑞修：我不曉得自己會不會也有此番評價。然而，瑪律博羅公爵終歸是一位不同凡響的人，是一個傑出的天才。

里歐·門尼斯：他真的就是這樣。聽到你最終認同了這一點，我非常開心。

活著仍舊是我們所羨慕的，所以當它被從視野中移開，

我們就雙眼發直，遍尋它的蹤跡。

荷瑞修：順帶提一下。我但願你能讓他們把車停兩三分鐘，有幾匹馬能夠利用這點時間休息片刻，順便撒尿。

里歐・門尼斯：這無須經過我的允許，這裡你才是主人。而且我們時間充裕……你打算下車嗎？

荷瑞修：不，然而我如今打算把那段聽你多次提到的話記錄下來。我常常想向你要那段話，可老是記不起來。那段話就是這位公爵辭世後你那位朋友為他作的墓誌銘。

里歐・門尼斯：給瑪律博羅公爵寫的？我從心底裡甘願效勞。你帶紙了嗎？

荷瑞修：我打算把它記錄在這封信的背面。其實，我今天早上把鉛筆都削好了。那段話開頭是什麼？

里歐・門尼斯：誰進行的戰爭，或者，他也在渴望恆星般永久美好的和平。

荷瑞修：好。

里歐・門尼斯：時光倏然而逝，他已雙鬢如雪。

荷瑞修：我記下來了。請你一次把一整聯都念完，如此一來，句子的意思會更直白一些。

里歐・門尼斯：缺少父親的瑪爾斯[18]，缺少母親的米娜瓦[19]，為何還會被著名的希臘人奉為先祖。

荷瑞修：這的確是相當恰到好處。勇氣和品行，公爵可謂是在這兩個方面的楷模。下面一聯是什麼？

里歐・門尼斯：在這裡，他成為英格蘭之父，如鹽與甕，古人沒有這樣的神明。

荷瑞修：非常感謝。我們的馬車如今能夠繼續前進了。自從我在你那裡讀到這段墓誌銘之後，我發現了有幾段很明顯是模仿它的文字。這段銘

文發表過嗎？

里歐・門尼斯：應該沒有。我第一次讀到它是在公爵葬禮那天，此後它不停地被反覆傳抄，然而我沒有見過列印的版本。

荷瑞修：在我看來，這段銘文可以跟他一整部《蜜蜂的寓言》相媲美。

里歐・門尼斯：你如果當真這麼喜歡它，我可以把它的一種譯文給你看一下，那是牛津的一位先生最近翻譯的，希望我還保留著它。那段譯文的第一聯和最後一聯譯得非常棒，真實地還原了主要的意思。第二聯譯得不太好，說它離原文的意思差之千里也不過分。

荷瑞修：然而，第二聯卻讓人深信不疑地覺得第一聯是真實的。如果一個人想要證明我們關於瑪爾斯和米娜瓦的敘述是錯誤的，那麼，瑪爾斯缺少父親、米娜瓦缺少母親，這就是他夢寐以求的事情了。

里歐・門尼斯：啊，它在這裡。我不曉得你可不可以通讀下來，因為我抄的時候非常匆忙。

荷瑞修：我絕對能通讀下來。

曾經的年代遍佈感激，如果英明神武，

或驍勇善戰，就會被人們奉為神明，

所以，希臘才把她的瑪爾斯和帕拉斯視作戰神，

讓他充當英雄們的榜樣，讓愛國者緊緊跟隨她的足跡。

古人啊，有一位凡人安葬在此；

請讓我看到他位居你們眾神之列。

寫得非常棒。

里歐・門尼斯：相當深刻。拉丁語銘文所要闡述的意思，用英語表達得更淋漓盡致。

荷瑞修：如你所知，只有彌爾頓的詩作能激起我的興致，其他人的英語韻文對我而言都味同嚼蠟。然而，不要因為這個妨礙我們的交談。

里歐‧門尼斯：剛剛，我提到了人們大都無法做到公正無私，並且希望你能記住：人們憑藉自己對行為者的好惡去審視其行為，最後的結論會大相逕庭。

荷瑞修：然而在那之前，你還批判過我的一個觀點，即：管理公共事務一定要有傑出的才能和卓越的品格。當時你還做了其他的補充嗎？

里歐‧門尼斯：沒有。起碼我沒有印象了。

荷瑞修：我認為你提出這些觀點肯定不是惡意使然，然而，就算假設它們都是正確的，可是披露它們，除了可以讓人更加散漫和愚昧，我仍舊不知道還能有別的什麼作用。這是由於：如果缺少學問、能力、才幹或知識的人也可以擔任政府的最高職務，那麼，所有腦力勞動和苦心鑽研就都能夠就此作罷了。

里歐‧門尼斯：我並不曾有過這樣的普遍斷言，然而有一點是毋庸置疑的：城府很深的人就算缺少傑出的才能，也會在行政機構的最高職位和其他關鍵職位上做得非常之棒。所謂的那些最出色的政治家，我不認為世上曾有三個堪稱此名的人同時存在的時候。人們說及並彼此吹捧恭維的才智、淵博知識或真實價值，事實上卻還不到四分之一，而人們外表看上去具備的美德或宗教虔誠，事實上都達不到百分之一。

荷瑞修：有些人的行為出發點充其量是出於貪婪和野心，其行動初衷也只有謀得財富與名譽，而但凡可以實現目的，他們就會稱心如意。我認可這個觀點。然而，還有些人卻把美德和福澤眾生的精神當作行為原則，甘願嘗遍各種苦頭來充實自身，從而讓自己擁有能夠為國服務的才能。如果美德是這般欠缺，為何還存在精通專業的人呢？在我看來，必然還有學問淵博、才能卓越的人。

里歐‧門尼斯：所有無瑕的品德都一定是在人尚處於年輕時代時培養的，在那個階段，我們沒有資格自己去選擇或評判哪條是符合我們時代發展的最合適的道路。我們所目睹的人的進步，其絕大多數都要算作父母和

導師約束有方及關懷備至的功勞。只有為數甚少的父母才會卑鄙到不期盼自己的子女品行出眾。人們想方設法地要為子女留下財富，同樣與生俱來的關愛也讓人對孩子的教育務必關注。而且，對子女教育漠不關心也有違時代發展，所以也歸為恥辱之列。父母教育孩子掌握一種行當或專業的技能，其最大目的就是為了讓孩子可以自力更生。可以促進和鼓勵藝術與科學的，乃是金錢或榮譽的獎勵。如果人並非這般驕傲，或並非這般貪婪，那麼，人們做出的成千上萬種完美成就，估計壓根就不會出現了。野心、貪婪及頻頻出現的各種必需品，乃是讓人去勤勤懇懇、奮力拚搏的動力所在，常常會讓許多人在長大後從消極怠慢中振奮精神，父母或導師在他們年輕時的苦口婆心並不曾讓他們印象多麼深刻。如果專門職業待遇豐厚並相當讓人敬佩，那就一直會有人能從中出人頭地。所以，文明的大國必然鼓勵鑽研各種學問，其國民也會繁衍生息。家境殷實的父母，以及能夠負擔得起的父母，大都會讓其子女選擇學文。從文學這個源源不斷的寶藏中，我們會獲得遠遠超過我們所需要的援助，去迎合一切有關深邃語言知識的職業和專業的要求。在有文化的人裡，有些人但凡能夠識文斷字就鄙夷知識，把書本拋在一邊，其他人則因為日漸成熟而對學問慢慢感興趣，然而大部分人一直都非常珍惜他們努力學得的那些知識。在富人這類人群中向來存在喜歡學習的人，也存在散漫的人。所有的學問都有其忠實的信眾，這全在於人們的趣味和愛好的差異。學術裡所有的邊邊角角都會有人願意為之奮鬥，而奮鬥者的初衷也如同一些人熱衷獵狐、另一些人熱衷垂釣一樣。看一下以研究古物、植物、蝴蝶或貝殼及收集自然界其他古怪產物為業的人終其一生的孜孜不倦，想一下他們各自在自己那個領域運用的奇思妙語，以及他們頻頻給研究對象賦予的稱謂（那些東西大概都不可能讓了無興致的人看哪怕一眼）吧。

富人常被珍玩所誘惑，就像窮人常被金錢所左右一樣。興趣可以引人入勝，就像虛榮可以讓其他人不可自拔，而不凡的奇蹟則常常是這兩者的

合理配比促成的。一個開銷謹慎細緻的人竟然每年能消耗四五千英鎊（或者基本上跟這個差不多，即甘心葬送起碼十萬英鎊的收益），只是為了一個聲譽而已，也就是他手中有為數頗多的稀奇珍寶和小玩意，同時他又貪慕錢財，步入老年後仍在為了賺錢而勤勤懇懇，這種情況難道不讓人百思不得其解嗎？也就是對收益、名望、待遇優厚和出類拔萃的期望激勵著人們去學習。我們說藝術或科學的所有行業都不存在鼓勵可言，其實也只是在說：以那一行為業的大師或專家的辛苦勞動尚未得到應有的回報，無論是精神的還是物質的，都是這樣。

這種情況也把那些最神聖的職業涵蓋在內。神職人員中只有為數甚少的人把名利視若浮雲，不太在意自己相應的物質和精神回報，而更關注服務別人、為他人謀福祉。有些神職人員勤奮進取，嘗遍各種苦頭，然而我們不太容易證明其中大部分人的這種傑出的辛勤是源於造福公眾精神的鼓舞，或源自讓芸芸眾生的靈魂得到撫慰的激情所致。與之相反，他們當中的絕大部分很明顯都是源自希求榮譽和渴求升職，才這麼卯足精神的。

同樣並不罕見的是：學問中大部分有價值的東西都被視若無睹，而最不足掛齒的東西卻備受矚目，因為人們有原因期盼著憑藉後者而不是前者去展現自己的才華。炫耀和嫉妒成就的作家，要超過美德與博愛成就的作家。才華橫溢、博古通今的名人常會為了詆毀和貶斥對方的名譽而辛苦勞作。兩個針鋒相對的人擁有旗鼓相當的見識和廣博知識，而他們擅長的所有技能和謹慎，卻不能讓他們用精緻的外在表現向世人掩飾他們內心的恨意，已經不能讓他們掩飾其彼此挖苦的文章裡的歹毒與仇恨，就這兩個人的行為原則而言，我們又有什麼可說的呢？

荷瑞修：在我看來這樣的行為並不是因為對美德的執著。

里歐·門尼斯：然而你依然瞭解這樣的一個實例：那是兩位不苟言笑的神學家，久負盛名，品行卓越。如果談及他們每個人的美德，他們都會覺得自己的美德被嚴重地打擊了。

荷瑞修：如果有機會憑著一腔對宗教的熱忱或打著為公眾福祉著想的幌子去一展激情，人們就有了相當大的空間。那場爭執是因何而起呢？

里歐‧門尼斯：雞毛蒜皮的小事。

荷瑞修：不過是為了區區小事而已。我實在是難以置信。

里歐‧門尼斯：他們是就古代喜劇詩人的詩歌格律這一話題而爭執不休的。

荷瑞修：如今我知道你所指為何物了：你是說那些詩文字裡行間浸透的喜怒無常的習性。

里歐‧門尼斯：在堪稱文學的東西裡，你還可以說出有什麼事情能比這更不足掛齒、更沒有價值的嗎？

荷瑞修：實在是難以想像。

里歐‧門尼斯：雖然這樣，如你所知，這兩人還是就此展開了那場喋喋不休的爭論，而其關鍵就在於誰最熟悉那些格律，誰研究它的時間最長。以我之見，這個實例讓我們參透了一點：就算人們只是因為嫉妒、貪婪和野心的迫切欲望去行為處事，然而學問但凡自成一家，其中所有的部分（即便是最一無所獲的部分）在如同我們這樣遍佈機遇的國家也絕對不可能讓學者們與之擦肩而過，而這樣的國家已經為學者們設置了各種榮譽席位，已經讓他們享有了優越的物質待遇。

荷瑞修：不過，就像你提到的那樣，人就算才智平平也能夠做好大部分工作，如果是這樣的話，人們為什麼還要自取煩惱，去努力學習，以掌握那些超出實際需要範圍的知識呢？

里歐‧門尼斯：我認為我已經就這一問題給出答覆了。人們出此下策，絕大部分都是由於可以從學習鑽研和知識中發現樂趣。

荷瑞修：然而有的人卻由於努力學習而讓自己的健康每況愈下，事實上就等於是由於學習太過勞累而自取滅亡。

里歐‧門尼斯：然而這樣的人可不比那些由於嗜酒如命而健康每況愈

下、自取滅亡的人多。研習學問和嗜酒如命這兩樣樂事，後者最說不通，也比前者更讓人耗盡心力。然而，我也坦誠一部分人是為了讓自己具備為國服務的能力才努力用功學習的。我要說明的是：只是出於自身利益才努力學習，而較少顧及國家的人，其人數非常多。哈欽森先生曾寫過一本書，題目是《對美與美德觀念起源的調查》。他好像非常擅長對關懷和博愛之類進行劃分和揣摩。我但願那位神奇的玄學家可以不辭辛苦，利用空餘時間，分別考量一下兩種東西，其一是人們並不是緣自私心寡欲的、對自己國家發自肺腑的愛，其二是人們希望被人視為擁有那種愛（雖然他們自己對此毫無察覺）的幻想。換句話說，我但願這位睿智的先生分別考量一下這兩種品德，不偏不倚地衡量一下它們在英國或其他隨便哪個國家所占的比重，然後用他那種可以讓人一覽無遺的方法，跟我們說一下這兩種品德各自所占的比例，就如同塞內卡提到的那樣：在每個人身上的比例分別為多少。而且，大自然恩賜給動物的必然不是對他人的關切之意，恰恰是對其自身的關切之心。人們竭盡全力往往都是想要讓自己的處境變得更好，想要贏得讚譽，想要出類拔萃，想要比別人晉升得更快，也同樣都是源於一己之私。

荷瑞修：你是不是覺得理應獲得晉升的是那些滿腹才華、學識淵博的人，而並非那些能力平平的人呢？

里歐‧門尼斯：如果其他條件都一樣的話，我覺得這樣最為合理。

荷瑞修：那你就一定要認可，起碼那些獲得晉升的人是擁有美德的。

里歐‧門尼斯：我並不是說他們沒有美德可言。同理，那些推舉美德者的人也被看作高尚之舉，並可以獲得真正的榮譽。一個依靠自己的辛苦努力而生活優越的人，如果讓另一個頗有才華的人獲得同樣優越的生活，就會被所有的人大加稱讚，所有的教民也都會對他感激萬分。任何人都不希望自己推舉的人受到質疑，所以，虛榮者也會如同擁有美德的推舉者一樣，拚盡全力跟世人抗爭。只是出於想要獲得讚揚的自發的期盼，就能夠

讓相當多的人從數位候選人當中遴選出最有能力的人（就算是心懷叵測、居心不良的人，其中絕大部分的人也會如是而為），但凡他們瞭解候選者的真實處境，但凡因為親情、友情、利益或其他因素的初衷並不違背我提到的那個欲念（也就是期盼被大加稱讚）就行。

荷瑞修：然而以我之見，根據你的理論，那些最會趨炎附勢的人理應提拔得最快。

里歐・門尼斯：有些學識淵博的人也非常聰明、足智多謀，他們一心一意埋頭苦學，同時又對世事瞭若指掌。他們明白怎樣讓地位高貴者對其產生好感，並為此傾盡了生平所有的才能與辛勞，讓其給自己贏得最大的回報。但凡看一下我們所涉及的那些偉大人物的一言一行，你就會迅速發現讓他們孜孜不倦、不分晝夜的到底所為何物。未曾贏得職位的神父們在君主們的宮廷裡來回徜徉，還一直向熟人喋喋不休，但願能為其謀得一官半職。他們大力呵斥時代的驕縱淫欲、埋怨自己必須要委身順應它；而就在此時，他們卻竭盡全力，不，理應說是迫切希望並竭力謀求生活的舒適，不遺餘力地拷貝上流社會的行為舉止。他們一旦謀得一官半職，就立刻拭目以待，並已經期盼著另一個待遇豐厚、備受尊崇的職位。在所有關鍵時刻，他們死死盯住並以此為樂的只有財富、權力、榮譽和地位。你如果親眼見到了這些狀況，把這些配合默契的證據盡收眼底，判斷出這些人的行為出發點及其奮鬥動機所在，這還算得上什麼難事嗎？換言之，他們的行為出發點和奮鬥動機還需要質疑嗎？

荷瑞修：對神父們我基本上無話可說。我也不可能在這些人身上發現美德的蹤跡。

里歐・門尼斯：雖然這樣，你還是可以在神職人員身上發現美德的蹤跡的，如同你在其他所有層次的人當中發現的差不多。然而在各地，那些美德卻全都是外在成分居多，而真實因素頗少。誰都不希望被視為不真誠或謊話連篇，然而，真的還有一星半點的人非常坦誠，敢於承認自己有什

麼需要，所以可以讓我們瞭解他需要它的動機所在。因而，當我們從人們的言行之中，獲悉人們對於事物真正價值的看法時，就能夠最清楚地發現人們的言不由衷了。毋庸置疑，美德是人所能具備的最有意義的財富，所有人都對美德百般稱讚；然而，所有人都虔誠地崇拜美德，崇拜那種交口稱讚的長處，這樣的理想國又在哪裡？另一方面，金錢理應被稱之為萬惡之源。偉大的道德家和諷刺家都曾對金錢嗤之以鼻，然而卻打著用金錢去積德行善的各種幌子，為了獲取金錢，人們可是嘗盡了千辛萬苦、遭遇了千難萬險！

　　毋庸置疑，金錢身為一種附帶因素，它在這個世界上已經招致的禍患，要超過其他所有原因招致的禍患。雖然這樣，我們還是不能道明另一種原因，文明社會的秩序、運作乃至存在都離不開它。這是由於：這種原因完全是基於人的各種需求，因而，這個基礎上的所有建築都是由人們相互提供的服務組合而成的。在期待別人的服務時，怎樣才能去獲得它們？這是所有的人在生活中最在乎的問題，也是基本上每時每刻都要思考的問題。但願別人會不求回報地為我們服務，這實在是說不通。所以，人們之間的所有交易都一定是源源不斷地以物易物。賣主把一件東西轉讓給他人時，也如同想要擁有它的那個買主一樣，心中顧及的是自己的回報。你如果渴求或鍾愛一件東西，無論其所有者有多少件同樣的東西，無論你多麼渴求它，其所有者都會首先考慮他更滿意的回報，而不會考慮迎合你的需要，然後才會把它拱手相讓。如果對方不期待或不滿意我能給他提供的服務，我又怎樣讓他甘心為我提供服務呢？所有鎮定自如、與社會裡的所有人都沒有糾紛的人，都不可能對律師有什麼利用價值。一個人如果全家身體狀況都非常好，醫生就不可能讓他購買任何服務。然而，在人們可以彼此提供的一切服務中，金錢是一種可以被所有人都欣然悅納的回報，所以，它能排除或掃蕩所有的這些障礙。

　　荷瑞修：然而，從你的理論裡難道無法推出這樣的結論嗎——所有人

對自己的評價都遠遠超出其真實價值，所有人都高估了自己的勞動？

里歐·門尼斯：必然可以，並且已然有了這樣的結論。然而讓人訝異的是：社會人口規模越大，人們的需求越是五花八門，人們越擅長用金錢去迎合這些需求，運用金錢的罪惡所招致的有害後果就會相應減少。與之相反，少了金錢，一個社會的人口越少，其成員迎合自身需求的方式局限越大，而只能維持生存必需，他們就越容易將我提到的那種相互服務變為現實。不過，缺少語言，缺少金錢或它的替代物，一個文明大國要獲得生活所有的舒適，要獲得我提到的那種現世享受，卻是壓根不可能的。在金錢非常充裕，立法機關又對金錢管理極為完備的地方，金錢向來是會充當判斷所有事物價值的一種標準。人們與生俱來的需求帶來了許多有價值的結果。所有人都需要吃喝，而這就是維繫文明社會的橋樑所在。任憑人們怎樣去高估自己，大部分人所能做的工作都永遠是最低賤的。所有數量充裕的東西，無論它對人多麼有價值，都絕對不會是奢侈品。稀少常常比有用更能抬高東西的身價。我們從中能夠明白藝術與科學為什麼總能帶來最優越的回報，因為只有在長期的刻苦勤奮和專心致志之後，或者需要擁有世間少見的特殊天賦，才能成就它們。我們還可以知曉，在所有社會中，幸運為什麼總是青睞某些人，因為他們會去做那些誰都不喜歡做的卑賤低俗的工作。然而我提到的這些，你已經在《蜜蜂的寓言》裡有所瞭解了。

荷瑞修：果真是這樣。我在其中看到了與這個題目相關的一句話，我絕對不可能遺忘它。那位作者說：可以鼓舞窮人去勞動的，除了他們自身的各種需要之外，再無他法，而削弱那些需求乃是上上之策，然而澆熄那些需求卻可謂是下下之策。

里歐·門尼斯：我認為這條箴言非常正確。它不但可以讓窮人真正有所收穫，也好像可以讓富人獲得切實的利益。其原因是：一些勞動者儘管家境貧寒，卻知足常樂，只要讓自己的子女能夠持續在同樣糟糕的條件下生存下去就已經心滿意足，並讓子女從孩提時代就對勞動和順從習以為

常，對最卑賤的飲食和器具習以為常，而這樣的勞動者常常是對自己最好、對公眾最有價值的人。與之相反，有些勞動者對自己的工作百般挑剔，一味地抱怨自己的生存環境太過糟糕，一味地推託顧慮子女的安康，希望透過別人的慈善實現對子女的教育，這一類人為別人提供的服務少得可憐，自己也鬱鬱寡歡。你會發現一個規律：對後一種窮人而言，他們大部分都好逸惡勞、嗜酒成性、放蕩不羈，並且沒有家庭觀念，一心只希望盡可能撇開供養子女的壓力。

荷瑞修：我儘管不支持慈善學派，然而我仍舊覺得：貧苦的勞動者把自己及其所有子女一直束縛在那種奴隸般的環境裡，這實在是殘忍之至；出身卑微的人，無論大概會有怎樣的才能或天賦，在揚高自己社會地位的過程中都會歷盡艱難險阻、困難重重。

里歐·門尼斯：如果你提到的這種情況相當常見，或有人提出過類似的建議，我也會覺得那非常殘忍。然而，在基督教國家裡，所有等級的人本身及其子女都不可能被一直束縛在卑微的奴隸地位上。在地位最卑微的人們當中，各國都不乏有幸運之人。我們每天都會目睹一些人，他們既沒有教育經歷，也缺少朋友的助力，只是憑藉自己的辛苦奮鬥，讓自己從兩手空空一躍成為中等階層，而但凡可以理性地熱愛金錢並屬行節儉的話，他們偶爾甚至會讓自己遠遠超過中等階層。這種情況在那些資質平平的人或能力一般的人身上更是經常上演，而在那些稍微有點能力的人身上出現的頻率卻極低。不過，遏制窮人子女社會地位持續上升，與數以萬計的窮人子女需要從事更有價值的工作時，不分青紅皂白地反對逼迫他們接受教育，這兩者之間卻有著非常明顯的不同。根據常理，有些富人有一天可能會重新變成窮人，有些窮人將來也會搖身一變成為富人。博愛的善舉隨時隨地都激勵辛勤的勞動者逃離苦難的境遇，然而這種廣義的仁慈給整個王國造成的後果，卻並不比一個暴君無憑無據地讓富人們告別安閒和豐裕遜色多少。我們可以設想一下：全國卑賤齷齪的勞動需要三百萬人合力完

成，其中各個部分都由窮人的子女去負責，那些人大字不識，所以沒有教育經歷或教育經歷有限。顯而易見，如果憑藉權力或計謀，讓這些孩子當中的十分之一不再做那些最卑微的苦役，那就一定會出現應由三十萬人合力去做的大量工作存在無法完成的巨大缺口，或者因為裁掉了這些勞工，他們的工作就必須要由其他受過更多教育的孩子去負責。

荷瑞修：所以，當初因為對有些人的慈善而施行的政策，最終會被印證為讓其他人因此而遭殃。

里歐‧門尼斯：這種結果一定會出現。在所有國家的複合體當中，各個等級人口的數量需要控制在恰當的比例之內，這才會將整個社會打造成一個分佈合理的有機整體。這個比例的約定，是各種素質的人之間因其區別自然形成的，是這些人之間的新陳代謝順勢而為造就的，所以，讓這種自然比例順其自然，就是擁有並捍衛它的最佳舉措。從中我們能夠推斷：那些本性不壞的人，其為了蠅頭小利的算計卻有可能減弱我們的一種福分，而但凡沒有人想要改變或遏制那種福分的風尚，它就會從所有大型社會之中順勢噴湧而出。

荷瑞修：我對探討這些抽象的事物沒有絲毫興趣。你對金錢還有溢美之詞沒有言盡嗎？

里歐‧門尼斯：我既不想對金錢大唱讚歌，也不想一味地批判金錢。然而，無論金錢是好是壞，它的力量都相當強悍，並掌控著巨大的疆域，而在所有帝國、國家或王國中，它對人類的影響，一直都不曾像在最聰明、最文雅的時代那樣深刻和廣博。在那樣的時代裡，國家最繁榮昌盛，藝術與科學也是百家爭鳴。所以我覺得：相較於人類的所有其他發明，錢的發明乃是一件最恰如其分地滿足人的所有天然性向的事情。要修整散漫或調皮，金錢是最好的良藥。我曾萬分驚訝地發現：為了錢，最高傲的人也甘心向那些地位低於他們的人表達最虔誠的崇敬。錢可以購買所有服務，可以沖抵所有債務。不但這樣，錢還會有更大的作為，因為當一個人

身為某份職業的雇員時，但凡讓他去工作的那個人是一位可以支付給他優越薪資的主人，那麼，無論那服務多麼辛苦、多麼難搞、多麼讓人憎惡，他都會把它視為自己的分內之事。

荷瑞修：你不覺得，許多從事需要專業知識豐富的職業的優秀人士會不認同你這個觀點嗎？

里歐·門尼斯：我非常瞭解，這些人如果是傾心於做生意或是謀職的，那就誰都不可能免俗。

荷瑞修：你所有的言辭，對於愛慕金錢的人而言句句屬實；然而對於視錢財如糞土的高尚者而言，榮譽的作用遠遠超出金錢的分量。

里歐·門尼斯：最尊貴的頭銜和最卓越的出身，也不可能讓人們摒棄貪欲。品德最優秀的人雖然能做到寬容大度，然而但凡是值得的，他們也常會被利益所蒙蔽，就像最自私自利的技工算計小錢一樣。十八世紀二十年代已經讓我們瞭解了：當出現了可以賺得盆滿缽滿的情形時，要找到視金錢如糞土的清高之士是一件多麼困難的事。除此之外，不可能有比金錢更讓絕大部分人心嚮往之的了。錢可以讓各種身份的人皆大歡喜，上等人、下等人、富人、窮人，無一例外。與之相反，榮譽對卑微的受奴役者的影響非常渺小，對粗俗者的影響基本上可以忽略不計。然而就算榮譽可以對這些產生一點影響，金錢也基本上到處都能買到榮譽。不但這樣，對明白怎樣用錢去緊跟時尚的人而言，有錢本身就能算作一種榮譽。從另一方面說，榮譽也需要財富相助，如果缺少財富，榮譽對其擁有者就是個相當巨大的壓力。具備榮譽頭銜卻沒有金錢，這種壓力比只承擔相同水準的貧困負擔還要沉重，因為隨著人們地位的提升，對生活的需求也就隨之增多，然而金錢越多，就越會迎合最昂貴的需求。金錢是世界上最好的、真真切切的補藥，它可以自發地對人的精神產生影響，因為金錢不但可以鼓舞人們去勞作，並讓人們由衷地喜歡它，而且削減人們的倦怠，並可以幫助人們戰勝所有疲憊和艱辛。隨便從事哪一種工作的工人，但凡可以拿到

與其辛苦匹配的薪水，就會比領取日工資或周工資、薪水不變的工人做得更為賣力。

荷瑞修：在工作辛苦的辦公室裡，也有些人儘管拿著固定薪水，然而依舊勤勤懇懇，努力工作。你不這樣覺得嗎？

里歐・門尼斯：是的，真是不乏這樣的人。然而，世上不存在那樣一種工作，它需要人們聚精會神地一直工作（有些人甘心以此來自尋麻煩、自取其辱），而但凡產生新的麻煩，他們就會身受其累。在那些職位的年收入一成不變的職位或崗位上，你也不可能發現認真、靈活和頑強、不遺餘力地兢兢業業工作的人；而在其他有的行業裡，人們卻會這樣恪盡職守，因為那些行業的待遇一直是與勞動成果掛鉤的，而酬金也要麼是在服務之前預付（例如律師），要麼是在服務後馬上兌現（例如醫生）。我能夠斷言：你我第一次對話時已經對此有所提及。

荷瑞修：城堡就在我們前方了。

里歐・門尼斯：我認為你不會對它抱有一絲遺憾。

荷瑞修：果真這樣。你說到首相與其嫉妒的對手時相當直白，我非常欣喜地聽到了你用同樣直白的話評判國王及其他君主。但凡我發現一個公正無私的人，向來會對他以禮相待，會覺得就算他的話有失偏頗，起碼他是在追尋真理的路上求索。越是用我在這個世界上的所見所聞去衡量你這些觀點，我就越是必須要認可它們。今天一上午我都不曾有一句質疑你的話，而只想更多地聽一下你的觀點，把機會留給你，讓你更詳細地闡述你的見解。你讓我的看法發生了很大改變。從今天起，我會用與之前截然不同的態度去對待《蜜蜂的寓言》。這是由於，儘管《性格論》的文字功底高過《蜜蜂的寓言》，其中對人的社會性的觀點更能服眾、看上去更有理有據，其論述也更為靈活，文采飛揚，然而《蜜蜂的寓言》肯定更真實，基本上全都是關於對人類天性的更準確的描摹。

里歐・門尼斯：但願你再看一下這兩本書。讀完之後，你就會說，你

沒有見過哪兩位作家寫出的作品裡還能涵蓋更多的不同觀點。《寓言》的作者，也就是我的那位朋友，為了激勵和維繫讀者的好奇心，好像寫得相當暢快淋漓，而當他討論我們天性的墮落時，卻表現得相當認真。他讓人從各個角度認清了自己，然後立刻點明了一種必要性：人們的生活中很明顯不但要有啟迪和信仰的幫助，而且需要踐行基督教的原則。

荷瑞修：我並沒有意識到，他是以怎樣的方式點明這一點的呢？

里歐・門尼斯：一方面，他說出了這個世界及其最優雅、自在的虛榮；另一方面，他點明了人類理性和異教美德並不構成讓人獲得真正幸福的充分條件，因為我不瞭解在一個基督教國家裡，在所有人都說要以快樂為終極目標的人群中，一個人就算可以擁有真正的幸福還有什麼其他意義可言。

荷瑞修：你對沙夫茲伯里大人做何評價？

里歐・門尼斯：首先，我贊成你的觀點，他是一位博古通今、文筆卓越的作家。他以優雅的文字和強悍的話語，體現了優秀的想像力和敏捷的思考能力。另一方面，我也必須要坦承：他對自由和人性的看法相當偉大，《性格論》裡也不存在一點媚俗大眾的東西。其次，所以我也必須要坦誠：他覺得人類生來是善良而優秀的，這些思想儘管美好而樸實，卻不能稱其為現實，如同空中樓閣。他想方設法，希望把兩種沒有共同之處的對立事物組合在一起，那就是維繫行為的純粹崇高與追求今生的富貴榮華。為了實現這個目標，他支援自然神論，通過譴責神職者依仗權勢和宣揚迷信，去抨擊《聖經》本身。最後，他還嘲諷了《聖經》裡的許多章節，好像在不遺餘力地摧垮所有神啟宗教的基礎，其出發點就是要踩在基督教的肩膀上建立異教的美德。

【注釋】

1. 十誡，是《聖經》記載的上帝耶和華藉由以色列的先知和眾部族首領

摩西向以色列民族頒佈的十條規定。據《聖經》記載這是上帝親自用指頭寫在石板上的，後被放在約櫃內。猶太人奉之為生活的準則，也是最初的法律條文。——譯者注

2.《十誡》的第九條是「不能作假見證陷害人」。參見《舊約・出埃及記》第20章，第16節。——譯者注

3.《十誡》的第八條是「不能偷盜」。——譯者注

4.《十誡》的第七條是「不能姦淫」。——譯者注

5.《十誡》的第十條是「不可覬覦人的房屋；也不可覬覦人的妻子、僕婢、牛驢，並他所有的全部」。——譯者注

6.《十誡》的第二條是「不可為自己雕像和跪拜偶像」。——譯者注

7.《十誡》的第三條是：「不能隨便說耶和華你神的名；這是由於隨便說耶和華名的，耶和華一定不能認定他是無罪之身。」參見《舊約・出埃及記》第20章，第7節。——譯者注

8. 安息日也就是主日，休息日。猶太教的安息日為星期六，象徵創世記六日創造後的第七日。它在星期五日落開始，到星期六晚上結束。基督教安息日為星期日。——譯者注

9. 高乃依（1606-1684），十七世紀上半葉法國古典主義悲劇的代表作家，在1636年寫出其最著名的戲劇《熙德》。——譯者注

10. 朱庇特，古羅馬神話裡的主神，羅馬統治希臘後將宙斯之名改變成為朱庇特。——譯者注

11. 尤利西斯宣稱自己的父親拉厄耳忒斯是朱庇特的孫子，因而自己就是朱庇特的曾孫。——譯者注

12. 古希臘詩人海希奧德把人類歷史劃分為五個時代，即黃金時代、白銀時代、青銅時代、英雄時代和生鐵時代，其中，黃金時代又名酋長時代，由土星掌控。古羅馬詩人奧維德把人類歷史劃分為四個時代，為黃金、白銀、青銅

和生鐵時代。——譯者注

13. 據古希臘神話記載，宙斯引發的大洪水過後，只有普羅米修斯之子杜卡利翁及其妻子皮拉活了下來。二人根據神諭各自朝身後扔石頭，石頭於是變為男人和女人，再次創造了人類。——譯者注

14. 尼俄伯，古希臘神話中的底比斯王后，由於子女統統被阿波羅殺死而天天以淚洗面，後被宙斯變作大理石雕像。——譯者注

15. 《聖經》中說：亞伯拉罕的侄子羅得之妻逃離立刻要被上帝摧毀的所多瑪城時，違背了上帝的話而回了一次頭，最終變成了一根鹽柱。——譯者注

16. 奧維德的長詩《變形記》代表了作者的最高水準。該書用六音步詩行寫成，全詩共15卷，包括約250個神話故事。全書以編年體的形式，從創世寫到凱撒之死，奧古斯都繼位。其中包括有關人變身為動物、植物和石頭的記載。——譯者注

17. 《摩西五書》，又名《摩西五經》，包括《聖經·舊約》中的《創世記》《出埃及記》《利未記》《民數記》和《申命記》五卷書，據說其作者是摩西。它是猶太教經典中最重要的部分，同時它也是西元前6世紀以前唯一的一部希伯來法律彙編，並作為猶太國國家的法律規範。——譯者注

18. 瑪爾斯，羅馬神話中的戰神，如同希臘神話中的阿瑞斯。羅慕洛之父，朱庇特之後最偉大的神，被描繪為全副武裝的勇士。——譯者注

19. 米娜瓦，古羅馬神話中的智慧女神和女戰神，也就是古希臘神話裡的雅典娜，又稱帕拉斯。——譯者注

海鴿 文化出版圖書有限公司
Seadove Publishing Company Ltd.

作者	伯納德・曼德維爾
譯者	劉霈
美術構成	騾賴耙工作室
封面設計	九角文化設計
發行人	羅清維
企畫執行	林義傑、張緯倫
責任行政	陳淑貞

成功講座 389

蜜蜂的寓言
The fable of the Bees

出版	海鴿文化出版圖書有限公司
出版登記	行政院新聞局局版北市業字第780號
發行部	台北市信義區林口街54-4號1樓
電話	02-27273008
傳真	02-27270603
e‑mail	seadove.book@msa.hinet.net

總經銷	創智文化有限公司
住址	新北市土城區忠承路89號6樓
電話	02-22683489
傳真	02-22696560
網址	www.booknews.com.tw

香港總經銷	和平圖書有限公司
住址	香港柴灣嘉業街12號百樂門大廈17樓
電話	（852）2804-6687
傳真	（852）2804-6409

CVS總代理	美璟文化有限公司
電話	02-27239968 e‑mail：net@uth.com.tw

出版日期	2022年12月01日 一版一刷

特價	499元
郵政劃撥	18989626 戶名：海鴿文化出版圖書有限公司

國家圖書館出版品預行編目資料

蜜蜂的寓言／伯納德・曼德維爾作；劉霈譯.--
一版，--臺北市 ： 海鴿文化，2022.12
面 ； 公分. －－ （成功講座；389）
ISBN 978-986-392-472-2（平裝）

1. 社會倫理 2. 人性論

195　　　　　　　　　　　　　　111018093